BİR BORSA SPEKÜLATÖRÜNÜN ANILARI

Edvin Lefevre

Çeviren: Şehnaz Tahir

SCALA®
YAYINCILIK

BİR BORSA SPEKÜLATÖRÜNÜN ANILARI

EDVIN LEFEVRE

Sertifika No: 44921

Orjinal baskısı 1923 yılında George H. Doran and Company tarafından yapılmıştır.

ISBN: 978-605-74244-4-0

Temmuz 2026

Dizi Editörü: Hakan Feyyat
Çeviri: Şehnaz Tahir
Kapak Tasarımı: Aydın Tibet
Sayfa Düzenleme: Vedat Ateş - Özgür Yurttaş
Katkıda Bulunanlar: Tuğba Atamtürk - Kadir Koçak
Güncelleme: Sibel İlkin Uçuran - Kemal Okur

Baskı: Egem Basım Yayın Sanayi Ve Tic Ltd.
Maltepe Mah. Gümüşsuyu Cad. Odin İş Merkezi
B Blok Kat:2 No: 420 Topkapı-İst
Serfika no: 43624

ScalaYayıncılık
İstiklal Caddesi Han Geçidi Sokak No: 116 3B
Galatasaray - Beyoğlu - 34430 - İstanbul
Tel: (0212) 251 5126
Faks: (0212) 245 2843
E-Mail: scala@scalakitapci.com

İnternet satış:
scalakitapci.com

BİR BORSA SPEKÜLATÖRÜNÜN ANILARI

Edvin Lefevre

Çeviren: Şehnaz Tahir

SCALA YAYINCILIK

İÇİNDEKİLER

JESSE LAURISTON LIVERMORE'A

ÖNSÖZ

Çağımızın en iyi otuz borsacısıyla yaptığım görüşmeler[1] sırasında hepsine sorduğum ortak bazı sorular oldu. Bu sorulardan biri şuydu: Özellikle yararlı bulduğunuz ve borsacı adaylarına önerebileceğiniz kitaplar var mı? Bu soruya aldığım yanıt, hep ***Bir Borsa Spekülatörünün Anıları***, yani yüz yıllık bir kitap oldu.

Bir Borsa Spekülatörünün Anıları'nı böylesine çağdaş kılan şey neydi? Bence bunun nedeni, bu kitabın bir borsacının düşünce tarzını –yaptığı hataları, aldığı dersleri, öğrendiği bilgileri– olduğu gibi aktarabilmesidir. Borsa deneyimi olan okurlara, bu kitapta anlatılanlar çok tanıdık gelecektir. Aslında *Bir Borsa Spekülatörünün Anıları*, kitabın kahramanı olan Larry Livingston'un –gerçek adıyla Jesse Livermore'un– deneyimlerini ve düşüncelerini son derece canlı bir tarzda anlatır. Kitabın okurlarının hepsi olmasa da çoğu, Edwin Lefevre'in Livermore'un takma adı olduğunu sanabilir.

Oysa Lefevre, Larry Livingston'un deneyimlerini ve düşüncelerini kaleme alan kişidir. Lefevre, bir gazeteci, köşe yazarı, ayrıca romancı ve öykü yazarıydı. (*Bir Borsa Spekülatörünün Anıları* kitap haline getirilmeden önce *Saturday Evening Post*'ta tefrika olarak yayımlanmıştı.) Bu kitabı okuyanlar için inanmak zor olabilir ama Lefevre, yaptığı birkaç küçük bireysel yatırım dışında, borsada hiç çalışmamıştı. Ancak usta bir yazardı ve insanların kendisine açılmalarını sağlayabiliyordu. Oğlu şöyle anlatır: "Lefevre günlük yaşamında karşılaştığı insanlarla (sekreterler, taksi şoförleri vb.) tanıştıktan sonra, daha on dakika geçmeden bütün hayat hikâyelerini öğrenirmiş. Jesse Livermore ile de böyle olmuş. Birkaç hafta süren bir dizi görüşme yapmış –bu sırada Liver-

1 Bu röportajlar aşağıdaki kitaplarda yayımlanmıştır:
Market Wizards, New York Institute of Finance, 1989. *The New Market Wizards*, HarperBusiness, 1982 ve *Borsa Sihirbazları*. Scala Yayıncılık, 1998.

more'u borsada çalışırken hiç görmemiş– ve sonuçta da ortaya *Bir Borsa Spekülatörünün Anıları* çıkmış."

Bir Borsa Spekülatörünün Anıları, borsalar ve menkul değerler alım satımı ile ilgili son derece ilginç gözlemlerle doludur. Bu gözlemlerin kimileri Wall Street dağarcığının ayrılmaz birer parçası haline gelmiştir, hatta asıl kaynakları unutulup gitmiştir. Örneğin "Yüksek fiyatlı bir hisse senedini satın almak istiyorsan durma al, fiyat her zaman daha da yükselebilir. Fiyatı düşen bir hisseyi satmak istiyorsan durma sat, fiyat her zaman daha da düşebilir," sözü bu kitaptan kaynaklanır. Elinizdeki kitapta buna benzer o kadar çok satır var ki insan en iyilerini seçmekte zorlanıyor. Yine de size birazdan çevireceğiniz sayfalardan birkaç örnek vermek istiyorum:

"En yanlış şeyi yaptım. Pamuk zarar ediyordu, ben satmadım. Buğday kâr getiriyordu, tuttum onu sattım." "Borsada insan çok gaf yapabilir, ama hataların en büyüğü göz göre göre zarar etmektir. Unutmayın, zararın neresinden dönülse kârdır."

Deneyimli borsacılar, bu satırlarda kendilerini ve kendi yaşadıklarını bulacaklardır; deneyimsiz borsacılarınsa öğrenecekleri çok şey olacaktır. *Bir Borsa Spekülatörünün Anıları*'nda sunulan dersleri anlayıp bunları uygulamasını bilen okurlar, borsa becerilerini de artırabilirler. Borsaya yatırım yapmayan okurlar bile bu kitabı ellerinden bırakamayacaklardır.

Klasik sözcüğü ne yazık ki bir klişe haline geldi. Kanımca, gerçek klasikler hem içerikleri hem de tarzları sayesinde kuşaklar, hatta yüzyıllar boyunca okunan kitaplardır. Bu açıdan *Bir Borsa Spekülatörünün Anıları*'na gerçek bir klasik diyebiliriz. İlk kez 1923'te yayımlanan bu kitap, günümüze iş dünyası hakkında yazılan en iyi kitaplardan biri olarak gelmiştir ve 21. yüzyılda da basılmaya devam edeceğine kesin gözüyle bakılabilir. Bence *Bir Borsa Spekülatörünün Anıları* 21. yüzyılın sonunda bile en başarılı finans kitapları arasındaki yerini koruyacaktır.

Jack D. Schwager

SUNUŞ

Bir Borsa Spekülatörünün Anıları (Reminiscences of a Stock Operator), gerçek hayatta günlük alım satım işlemlerinin öncüsü olan ve tüm zamanların en büyük yatırımcılarından biri olarak kabul edilen Jesse Livermore'un hayatına dayanan ve kurgusal bir biyografi olan Larry Livingston'ın hikâyesini anlatıyor. Yayınlandığı 1923 yılındaki deneyimlere odaklanan bu kitap, bugün hâlâ gelecek vadeden yatırımcı ve spekülatörler için başvurulacak bir ders kitabı olarak kabul ediliyor.

Romanın yayınlanmasının ardından Livermore, yeteneklerini ve deneyimini kullanarak piyasanın düzeltme aşamasına girdiğini belirledi ve 29 Ekim 1929'da, Wall Street Çöküşü'nün yaşandığı gün, kariyerinin en büyük kazancını elde etmesini sağlayan adımları attı. Serbest ve denetimsiz faaliyetleri, piyasa manipülasyonuna karşı yasaları uygulamakla görevli federal bir kurum olan Menkul Kıymetler ve Borsa Komisyonu'nun (SEC) kurulduğu 1934 yılına kadar sürdü.

Bir asır önce olduğu gibi, "bugün de hisse senedi piyasasının zamanlamasını ve yenilmesini belirlemeye yönelik stratejiler ne kadar çekici ve yüzeysel olarak mantıklı görünürse görünsün, bu stratejileri deneyen yatırımcıların zengin olmak yerine fakirleşmesi çok daha olasıdır" anlayışının da net bir şekilde ortaya koyulduğu kitapta, "Hiçbir birey veya yatırım şirketi geleceği öngörebilecek bir kristal küreye sahip değildir ve eğer böyle bir şey yapabileceklerini söylüyorlarsa, onlardan uzak durmalısınız. Bunun yerine, akıllı yatırımcılar çeşitlendirilmiş bir hisse senedi portföyü hedeflemeli, düzenli olarak yeniden dengeleme yapmalı ve uzun vadeli yatırımlar yapmalıdır. Bu basit ve ihtiyatlı yatırım yöntemi, yatırım disiplini, yeterli yatırım bilgisi ve uzun vadeli bir taahhüt gerektirir, ancak spekülatörler bunları reddeder" saptamasına dayanan bir anlayışın ayrıntılarına yer veriliyor.

İlk olarak, Türkiye Cumhuriyeti'nin ilan edildiği 1923 yılında yayınlanan

Bir Borsa Spekülatörünün Anıları, "Şimdiye kadar en çok okunan ve en çok tavsiye edilen yatırım kitabı" olarak tanınıyor.

"Borsa Sihirbazları"nın yazarı Jack D. Schwager, kitabı tanımlarken, "Çağımızın en iyi otuz borsacısıyla görüşmeler sırasında hepsine sorduğum ortak bazı sorular oldu. Bu sorulardan biri şuydu: Özellikle yararlı bulduğunuz ve borsacı adaylarına önerebileceğiniz kitaplar var mı? Bu soruya aldığım yanıt: 'Bugüne değin yazılmış en saygın finans kitaplarından biri, Bir Borsa Spekülatörünün Anıları'," diyor.

Konuya yakın birçok uzman tarafından, "Nesiller boyu okuyucular, bu kitabın onlara piyasaları ve insanları yılların deneyiminden daha fazla öğrettiğini keşfetmiştir. Bu, hayatınızı ve portföyünüzü zenginleştirecek zamansız bir hikâyedir" diye tanımlanan kitabı, ABD merkezli 1986 yılında kurulan finans, varlık yönetimi ve yaşam tarzı dergisi Worth Magazine, "Yaklaşık yetmiş yıl önce ilk kez yayınlanmış olsa da, kitle psikolojisi ve piyasa zamanlaması konusundaki yaklaşımı, yakın zamanda döviz piyasalarında yaşanan çılgınlık kadar günceldir" diye tanımlıyor.

Yine ABD merkezli The Seattle Times, "Yatırım konusunda yazılmış en eğlenceli kitap, Edwin Lefèvre tarafından yazılan ve ilk kez 1923'te yayınlanan Reminiscences of a Stock Operator'dır" diyor.

Amerikalı milyarder yatırım analisti, yazar ve Fisher Investments'ın kurucusu Kenneth Lawrence Fisher, Forbes'ta yayınlanan bir yazısında kitabı, "Bu kitabı ilk kez yirmi yıl önce okumuştum. O zamandan beri defalarca yeniden okudum, ama hâlâ en sevdiğim kitaplardan biri" diye tanımlıyor.

Amerikalı yatırım danışmanı ve finansal analist Martin Edward Zweig da, kitap için, "Bugüne kadar okuduğum en iyi kitap. Yanımda çalışanlara vermek üzere elimde her zaman birkaç nüsha bulundururum" diyor.

Investor's Business Daily Kurucusu ve Başkanı William O'Neil'ın, "Yeni başlayanlar veya deneyimli olanlar dahil tüm yatırımcılar için mutlaka okunması gereken bir klasik" diye tanıttığı kitap için ABD merkezli GQ Dergisi'nde, "Borsa kitapları gelip geçici olsa da, bu kitap seksen yıl sonra hâlâ popüler ve basılmaya devam ediyor" deniliyor.

Kitap ayrıca, yazılım mühendisi ve girişimci Otis Chandler tarafından 2006 yılında açılan özel bir sosyal kataloglama uygulaması Goodreads'te, "İlk olarak 1923 yılında yayınlanan, Bir Borsa Spekülatörünün Anıları, şimdiye kadar en çok okunan ve en çok tavsiye edilen yatırım kitabıdır. Nesiller boyu okuyucular, bu kitabın piyasalara ve insanlara dair yılların deneyiminden daha fazla şey öğrettiğini keşfetmiştir. Bu, hayatınızı ve portföyünüzü zenginleştirecek zamansız bir hikâyedir" diye tanımlanıyor.

Yazar David Wineberg, kitabı şöyle tanımlıyor: "Bir Borsa Spekülatörünün Anıları, ABD Menkul Kıymetler ve Borsa Komisyonu (SEC) öncesi borsalarda yaşanan inişli çıkışlı bir yolculuktur. Finansın vahşi batısı, onun her nüansını anlayan biri tarafından anlatılıyor. Kitap, Edwin Lefevre tarafından birinci şahıs ağzından yazılmıştır, ancak yazar kitap boyunca kahramanı Larry Livingston olarak adlandırmaktadır ve kitabın adandığı Jesse Livermore'un otobiyografisi olduğu yaygın olarak kabul edilmektedir. Kitap ilk olarak 1923 yılında yayınlanmış ve o zamandan beri her on yılda bir yeniden basılmıştır. İnsanların zaaflarının asla modası geçmez. Özellikle de bunlar hayattan büyük ve iyi yazılmışsa."

Letven Capital olarak, piyasaların asırlık gelişimine ışık tutarak yatırım dünyasının önünü aydınlatan bu değerli kitabı siz okurlarla hem elektronik hem yazılı hem de sesli olarak buluşturmaktan gurur duyuyoruz.

İyi okumalar ve dinlemeler...

Kamil Kılıç
Letven Capital Genel Müdürü

BİR BORSA SPEKÜLATÖRÜNÜN ANILARI I. BÖLÜM

Ben ortaokulu bitirir bitirmez çalışmaya başladım. İşim, bir aracı kurumda fiyat tahtasını tutmaktı. Sayılarla aram iyiydi. Okulda üç yıl süren matematik dersini ben tek bir yılda bitirmiştim. Özellikle de kafadan hesap yapmakta üzerime yoktu. Müşterilerin bekleme odasındaki büyük tahtaya fiyatları yazıyordum. Genellikle müşterilerden biri ticker'ın[1] yanına oturur ve fiyatları yüksek sesle okurdu. Ben ne kadar hızlı okunursa okunsun bütün fiyatları yakalıyordum. Bugün bile her türlü sayıyı aklımda tutabilirim. Hem de hiç çaba göstermeden.

Ofiste çalışan pek çok kişi vardı. Elbette diğer elemanlarla arkadaş oldum ama yaptığım iş, eğer borsa hareketliyse, bana sabah ondan öğleden sonra üçe kadar nefes aldırmıyor, pek başkalarıyla konuşma fırsatını vermiyordu. Zaten ben de iş saatleri sırasında sohbet etmeye bayılmıyordum.

Borsa ne denli hareketli olursa olsun, bir yandan da işle ilgili şeyleri düşünürdüm. Yazdığım sayılar benim için hisse başına şu kadar dolar gibi fiyatları ifade etmiyordu. Onlar birer rakamdı. Elbette bir anlamları vardı. Sürekli değişiyorlardı. Beni ilgilendirmesi gereken şey de oydu: Değişimler. Neden değişiyordu fiyatlar? Bilmiyordum. Umurumda da değildi. Bu konuyu fazla düşünmezdim. Yalnızca sayıların sürekli değişmekte olduğunu görürdüm, o kadar. Her gün beş

1 Ticker: Fiyatların geçtiği yazı bandı.

saat, cumartesi günleri de iki saat boyunca yalnızca bunu düşünmek zorundaydım: Fiyatlar değişiyordu.

İşte fiyatların davranışı konusu ilk kez böyle ilgimi çekti. Matematik hafızam çok iyiydi. Fiyatların bir önceki gün, iniş ya da artış göstermeden önce nasıl bir yön izlediğini gayet iyi anımsayabiliyordum. Matematik sevgim işe yarıyordu.

Artış ya da düşüş dönemlerinde hisse senedi fiyatlarının belli eğilimler gösterdiğini farkettim. Üstelik bu eğilimlerin çoğu birbirine paraleldi, ben de benzer örneklerden ders almaya başladım.

Henüz on dört yaşındaydım ama tanık olduğum yüzlerce olay sayesinde fiyatları izlemeye başlamış, düzeylerini değerlendirerek her günkü fiyatları bir gün öncekilerle karşılaştırmayı öğrenmiştim. Çok geçmeden fiyatlardaki artış ve düşüşleri önceden tahmin etmeye başladım. Bana yol gösteren tek şey bu fiyatların geçmişte gösterdikleri eğilimdi. Kendi kafamda bir "yarış listesi" yaratmıştım. Her hisse senedinden belli bir performans bekliyordum. Her hisse senedi için neredeyse saat tutar olmuştum.

Örneğin bir hisse senedini satın almanın satmaktan bir milim daha iyi olduğu durumlar vardır ve bunları önceden kestirebilirsiniz. Borsa bir savaştır ve siz de bu savaşı teleskopla izlersiniz. Teleskopunuz fiyatlardır. Bu teleskop sizi yüzde yetmiş oranında başarıya götürecektir.

Küçük yaşta öğrendiğim bir ders de Wall Street'te her şeyin her zaman aynı oluşudur. Aynıdır, çünkü spekülasyon dünya kadar eski bir şeydir. Borsada bugün olan bir şey daha önce de olmuştur ve mutlaka gelecekte de olacaktır. Bunu aklımdan hiç çıkarmadım. Asıl önemlisi, ne zaman ve nasıl olduğunu hatırlayabilmektir. Benim hafızam iyidir ama, biraz da deneyimlerimden yararlanıyorum.

Bu oyuna kendimi öylesine kaptırdım, hisse senetlerinin fiyatlarındaki gelişmeleri tahmin etmek o kadar hoşuma gitti ki kendime küçük bir defter aldım. Bu deftere gözlemlerimi yazmaya başladım. Bu, bazılarının oyun olsun diye, sonunda akıl hastanesini ya da düşkünlerevini boylamamak amacıyla borsada hayali milyonlar kazanmak ya da kaybetmek için tuttuğu defterlere benzemiyordu. Bu deftere başarılı olduğum ve yanıldığım tahminleri kaydediyordum. En çok fiyatlardaki artış ve düşüşleri tahmin ederken yanılıp yanılmadığımı görmek istiyordum. Bir hisse senedinde bir gün boyunca meydana gelen dalgalanmaları inceliyor ve sekiz ya da on puan kaybetmeden önce hep aynı gelişmeleri gösterdiğini farkediyordum. Bu hisse senedini ve pazartesi günkü fiyatını defterime yazıyor, sonra da geçmişteki performansına dayanarak salı ve çarşamba günü fiyata neler olabileceğini tahmin etmeye çalışıyordum. Sonra da bu yazdıklarımı gerçek fiyatlarla karşılaştırıyordum.

İşte banttan gelen mesajlarla ilgilenmeye başlayışım böyle oldu. Fiyatlardaki dalgalanmaları kafamın içinde aşağı yukarı inip çıkan çizgiler olarak canlandırıyordum. Elbette dalgalanmalar nedensiz olmaz, ama bant, bu işin nedenini, nasılını sormaz. Hiçbir şey anlatmaz. Ben de ondört yaşındayken bu iniş çıkışların nedenini asla sormadım, kırk yaşımda bugün de sormam.

Belli bir hisse senedinin neden değer kazandığı ya da kaybettiği ancak iki, üç gün, hatta haftalar ya da aylar sonra anlaşılabilir. Zaten ne farkeder ki? Bant o anda size gerekli bilgileri verir. Sebebini sonra anlasanız da olur.

Ancak siz de ya hemen harekete geçmeli ya da oyun dışı kalmayı göze almalısınız. Bu sık sık görülen bir durumdur. Borsa hızla yükselirken şirketin birinin sürekli değer kaybettiğini görürsünüz bir gün. Bu değiştiremeyeceğiniz bir gerçektir. Ertesi pazartesi bir de bakarsınız ki şirketin yöneticileri o yıl temettü dağıtılmayacağını ilan ederler. Nedeni budur. Yöneticiler bu kararı önceden biliyordur ve hisse senetlerini satmamışlar ama alım da yapmamışlardır. Olayı bilen herkes hisselerden uzak durmuş, bunun üzerine de hisse değer kaybetmiştir.

Neyse, ben o küçük defteri altı ay kadar düzenli olarak tuttum. İşim biter bitmez eve gideceğime, beni ilgilendiren fiyatları not eder ve değişiklikleri incelerdim. Nelerin tekrarlandığını, hangi hisselerin birbirine benzer davranış gösterdiğini bulmaya çalışır, bu arada farkında olmadan bandı yorumlamayı öğrenirdim.

Bir gün yemek yerken işyerinde yaşı benden daha büyük olan çocuklardan biri yanıma gelip bana alçak sesle param olup olmadığını sordu.

"Niye soruyorsun?" dedim.

"Burlington için sağlam bir tüyo aldım da," dedi. "Eğer kendime ortak bulabilirsem o hisseye oynayacağım."

"Nasıl oynamak yani?" diye sordum. Benim bildiğim borsada tüyo alıp oynayanlar, ancak tonla parası olan kalantor müşterilerdi. Bu oyuna girmek için yüzlerce, hatta binlerce dolar lazımdı insana. Bu da ancak özel arabası ve ipek şapkalı sürücüsü olan adamlarda bulunurdu.

"Basbayağı oynayacağız işte," dedi arkadaşım. "Ne kadar paran var?"

"Ne kadar lazım?"

"5 doları bastırırsak beş hisse alabilirim."

"Nasıl oynayacaksın?"

"Gidip dükkândan paramın yettiği kadar Burlington alacağım," dedi. "Kesin artacak. Bu iş çantada keklik. Paramızı bir dakikada iki katına çıkaracağız."

"Dur bakalım!" dedim ve cebimden defterimi çıkardım.

İlgimi çeken şey paramı ikiye katlamak değil, onun Burlington değer kazanacak demesiydi. Eğer söylediği doğruysa mutlaka defterimde görünürdü. Deftere baktım. Gerçekten de Burlington, gördüğüm kadarıyla, tam değer kazanmadan önceki seyrine girmişti. O güne kadar hayatımda hiçbir şey alıp satmamıştım, öbür çocuklarla kumar da oynamazdım. Ama bunun yaptığım hesapları, en büyük hobimi denemek için bulunmaz bir fırsat olduğunu anlamıştım. Defterim pratikte işe yaramadığı sürece, teorinin boşa olduğunu düşündüm birden. Çıkarıp bütün paramı arkadaşıma verdim, o da birleştirdiğimiz kaynakları toplayarak en yakın bucket shop'a[2] gidip Burlington hisselerinden aldı. İki gün sonra hisse senetlerini sattık. 3,12 dolar kâr etmiştim.

Bu ilk alımdan sonra tek başıma bucket shop'larda spekülasyon yapmaya başladım. Öğle tatilinde gidip hisse senedi alır ya da satardım – hiç farketmezdi. Belli bir sisteme göre oynuyordum, bütün hisseler benim için birdi, üstelik kendimi güvenceye almayı da düşünmüyordum. Aklım sadece işin matematik tarafına eriyordu. Aslında benim tarzım

2 Bucket shop: Kumarhane gibi işletilen, müşteri emrinin borsaya verilmeden broker tarafından üstlenildiği, müşteriye karşı pozisyon alınan brokerler/borsa büroları. Günümüzde gayri kanuni olmasına rağmen finansal piyasaların iyi düzenlenmediği yerlerde işlevini sürdürmektedir. ç.n.

bucket shop'lara çok uygundu, burada insan yalnızca bandın bildirdiği fiyat dalgalanmalarına göre spekülasyon yapar.

Çok geçmeden bucket shop'larda kazandığım para aracı kurumdaki işimden aldığım maaşı aştı. Ben de istifa ettim. Ailem buna karşı çıktı, ama borsadan kazandığım parayı görünce yatıştılar. Henüz çocuk yaştaydım ve aracı kurumdan aldığım maaşın artacağı yoktu. Serbest çalışarak çok daha fazla kazanıyordum.

Onbeş yaşına geldiğimde bin dolarım olmuştu. Bu parayı alıp anneme götürdüm. Eve düzenli olarak götürdüğüm paranın dışında bucket shop'lardan kazanmıştım bu parayı. Annem beni zorlamaya başladı. Para gözümün önünde olmasın diye gidip bankaya yatırmamı istiyordu. Bu parayı sıfırdan başlayıp onbeş yaşında kazanan tek kişinin ben olduğumu söylüyordu. Paranın gerçek olduğuna inanamıyordu bir türlü. Sürekli benim için kaygılanıp söyleniyordu.

Benim için önemli olan tek şeyse, hesaplarımın doğru olduğunu kanıtlamaktı. Bence borsanın en eğlenceli yanı, insanın kafasını kullanarak haklı çıkmasıdır. On hisse alıp tahminlerimde haklı çıktığıma göre, yüz hisse alınca on kat daha haklı çıkacaktım.

Hisse sayıları beni ancak bu yüzden ilgilendiriyordu, hesaplarımın doğruluk oranının arttığını hissediyordum. Daha fazla cesaret mi gerekiyordu? Hayır! Hiç fark etmiyordu. Eğer cebimde on dolar varsa ve ben bunun tümünü riske atıyorsam, bankada milyonları olup da bunun bir milyonunu riske atan insandan daha cesurum demektir.

Her neyse, onbeşime geldiğimde hayatımı borsadan kazanır olmuştum. İşe küçük bucket shop'larda başladım. Buralarda yirmi hisse birden alan ya da satanlar, tebdili kıyafet gezen John W. Gates ya da J. P. Morgan sanılırdı. O günlerde bucket shop'lar müşterilerine pek kazık atmazdı. Buna gerek yoktu. Müşteriler doğru hisseye oynamış bile olsalar, paralarını almanın başka yolları vardı. Simsarlık çok kârlı bir işti.

Her şey yasalara uygun olarak yapıldığında, yani sahtekârlık yapılmadığında, fiyatlardaki dalgalanmalar kimsenin fazla kazanmasına izin vermezdi. Zaten ancak dörtte üç puanlık bir artıştan elde edilen kâr da geldiği gibi giderdi. Üstelik dolandırıcılara buralarda hayat yoktu. Bir kez hile yapan bir daha oyuna geri alınmazdı.

Benim ortağım yoktu. Yatırımları tek başıma yapardım. Zaten benim yöntemimde ikinci bir kişiye yer yoktu. Her şeyi kendi kafamdan hesaplıyordum. Kimseden yardım görmeden fiyatlar benim tahminime uygun olarak iniyor ya da çıkıyordu. Tahminlerim yanlış çıktığında da kimse bunu değiştiremezdi nasıl olsa. Nasıl çalıştığımı kimseye anlatmaya gerek duymuyordum. Dostlarım vardır elbette, ama ben işimde hep yalnız olmuşumdur. Bu yüzden bugüne dek hiç ortağım olmadı.

Tahmin edeceğiniz gibi, çok geçmeden bucket shop'lar sürekli kazandığım için bana karşı cephe aldılar. Bir bucket shop'tan içeri girip parayı uzattığımda paramı almaz oldular. Satış yapamayacaklarını söylemeye başladılar. Bana Çaylak Kumarbaz adını takmışlardı. Sürekli olarak broker değiştirmek zorunda kalıyor, bir bucket shop'tan diğerine gidiyordum. İş öyle bir noktaya geldi ki artık sahte isim vermek zorunda kalıyordum. Önce hafiften başlıyor, on beş-yirmi hisse alıyordum. Benden kuşkulandıklarını hissettiğimde biraz kaybeder gibi yapıyor, sonra da büyük kâr edip çekiliyordum. Bir süre sonra benim kendilerine pahalıya mal olduğumu gören brokerler, bana oradan uzaklaşmamı ve işlerine burnumu sokmamamı söylüyorlardı.

Bir keresinde aylardır çalıştığım büyük bir broker bana kapılarını kapatınca, onlara bir ders vermeye karar verdim. Bu bucket shop'un kentin her yerinde otel lobilerinde ve yakın kasabalarda şubeleri vardı. Ben otel şubelerinden birine gidip müdürle biraz sohbet ettim ve sonra da alım satım yapmaya başladım. Ama aktif hisse senetlerinden biri üzerinde kendime özgü bir oyun yapınca merkezden müdüre mesajlar gelmeye başladı, kimin işlem yaptığını soruyorlardı. Müdür bana bunu aktarınca ben de ona adımın Edward Robinson olduğunu, Cambridge'li olduğumu söyledim. O da içi ferahlayarak genel müdüre haberi iletti. Ama telefonun diğer ucundaki kişi beni tarif etmesini istiyordu. Müdür bunu bana söylediğinde dedim ki: "Esmer, fırça sakallı, şişman biri olduğumu söyleyin!" Ama o beni olduğum gibi tarif etti, sonra da karşı tarafı dinlemeye başladı, birden yüzü kıpkırmızı oldu ve telefonu kapattığı gibi bana defolup gitmemi söyledi.

Ben de ona kibar bir tavırla, "Size ne söylediler?" diye sordum.

"Bana, 'Hay salak, biz sana Larry Livingston'a karşı uyanık ol demedik mi? Hem de göz göre göre bizi 700 dolar içeri soktu' dediler", diye yanıtladı. Başka ne söylediklerini ise anlatmadı.

Diğer şubeleri birbiri ardına denedim ama hepsi beni bellemişti ve hiçbiri paramı almak istemiyordu. Hatta fiyatlara bakmak isterken bile şubede çalışanların hakaretleriyle karşılaştım. Biraz zaman geçsin, belki beni unuturlar diye bekledim ama bu da işe yaramadı.

Sonunda gidebileceğim tek bir yer kalmıştı, brokerlerin en büyüğü ve en zengini – Cosmopolitan Stock Brokerage Company.

Cosmopolitan sınıflandırmada A-1 kategorisine giriyordu ve inanılmaz yüksek hacimle çalışıyordu. New England'ın her sanayi kentinde şubesi vardı. Önce istediğim gibi alım satım yaptım burada. Birkaç ay boyunca kâr ettim, para kaybettim, hisse alıp satmaya devam ettim, ama sonunda aynı şey orada da oldu.

Cosmopolitan küçük brokerler gibi beni tek bir kalemde silmedi. Hayır, sportmenliğe sığmayacağından değil, bir yatırımcı para kazandığı için onunla iş yapmak istemedikleri duyulursa şöhretleri lekeleneceği için. Ama buna yakın bir şey yaptılar ve benden üç puanlık bir marj[3] yatırmamı istediler, ayrıca önce yarım puanlık, sonra bir, en son da birbuçuk puanlık bir prim ödemem için beni zorladılar. Bu da elimi kolumu bağlıyordu. Nasıl mı? Çok basit! Diyelim ki çelik hisseleri 90'a satılıyor, siz de aldınız. Normalde makbuzunuzda, "90 1/8'den on çelik alındı" yazar. Eğer bir puanlık bir prim öderseniz hisse 89 1/4'e düştüğü an zarar edersiniz. Bucket shop'larda müşteri daha fazla marj ödemesi için sıkıştırılmaz ve elindeki hisse senetlerini düşük fiyattan satmaya zorlanmaz.

Ama Cosmopolitan benden prim talep ederek beni en zayıf yerimden vurmuş oluyordu. Ben bir hisse senedi aldığımda fiyatı 90 ise benim makbuzumda "90 1/8'den çelik alındı" yazacak yerde "91 1/8'den çelik alındı" yazıyordu. Hisse senedi ben aldıktan sonra 1,25 puan yükselse bile ben işlemi orada tamamlarsam zarar ediyor oluyordum. Ayrıca benden ilk başta üç puanlık bir marj isteyerek benim alım satım kapasitemin üçte ikisini elimden almış oluyorlardı. Yine de iş yapabileceğim tek bucket shop orasıydı, ben de ya bu deveyi güdecek ya da o diyardan gidecektim.

---

3 Marj: Teminat

Elbette benim de zarar ettiğim zamanlar oluyordu, ama ortalama olarak kazanmaya devam ediyordum. Ancak Cosmopolitan'daki müdürler, bana getirdikleri, en ısrarlı yatırımcıyı bile kaçırabilecek büyük engelden tatmin olmamışlardı. Üzerine bir de beni dolandırmaya kalktılar. Ama ben sezgilerim sayesinde kurtulmayı başardım.

Dediğim gibi, Cosmopolitan benim için son sığınaktı. New England'ın en zengin bucket shop'uydu ve işlemlere sınır getirmezdi. Sanırım ben en fazla alım satım yapan bireysel müşterileriydim, yani düzenli, her gün işlem yaptıran müşterilerinin arasında. Güzel bir ofisleri ve içinde daha önce hiçbir yerde görmediğim kadar büyük ve ayrıntılı bir fiyat tahtaları vardı. Odanın bir duvarını boydan boya kaplıyor ve akla gelebilecek her hisse senedinin fiyatını gösteriyordu. Bunların arasında New York ve Boston Menkul Değerler Borsalarında işlem gören pamuk, buğday, zahire, metal hisseleri, yani New York, Chicago, Boston ve Liverpool'da alınıp satılan her türlü mala ait hisse vardı.

Bucket shop'larda nasıl alım satım yapıldığını bilenleriniz vardır. Para bir memura ödenir ve alınmak ya da satılmak istenen hisse senedi söylenir. Bu memur banda ya da fiyat tahtasına bakarak en son fiyatı öğrenir. İşlemin saatini de makbuza yazar. Bu makbuz bildiğimiz broker raporuna benzer, üzerinde sizden şu gün şu hisse senedinden şu fiyata şu kadar adet aldıkları ve karşılığında sizden ne kadar para aldıkları yazar. Siz alım satımı kapatmak istediğinizde aynı memura ya da kimi bucket shop'larda bir başkasına gidip kendisine isteğinizi iletirsiniz. O da son fiyatı alır ya da hisse senedi aktif değilse banttan gelecek bir sonraki fiyatı bekler. Bu fiyatı ve kapanış saatini makbuzunuza yazar, makbuzu onaylar ve size geri verir, siz de kasaya gidersiniz ve ne kadar alacağınız varsa tahsil edersiniz. Elbette borsa aleyhinize bir gelişme gösterirse ve fiyat, marjınızın belirlediği sınırın altına inerse işlem kendiliğinden kapanır ve makbuzunuz değersiz bir kâğıt parçası haline gelir.

İnsanların beşer hisse senedi alıp satabildiği küçük çaplı bucket shop'larda ise makbuz yerine küçük etiketler verilir –alım ve satım için farklı renkte etiket bulunur– ve zaman zaman, örneğin borsanın müthiş bir yükselme eğilimine girdiği dönemlerde eğer müşteriler de bol alım yapıp tahminlerinde haklı çıkmışlarsa, bucket shop'lar bundan fena halde zarar görür. Sonra bucket shop alış ve satış komisyonlarını paranızdan düşer ve eğer siz bir hisse senedini 20'ye aldıysanız, makbuzunuzda 20 1/4 yazar. Yani paranız ancak bir puanın 3/4'ü kadar artış gösterir.

Ama Cosmopolitan New England'ın en kaliteli bucket shop'uydu. Binlerce müşterisi vardı ve sanırım onları korkutan tek insan bendim. Ne benden aldıkları prim ne de üç puanlık marj zorunluluğu beni borsadan uzaklaştırabilmişti. İzin verdikleri kadar alım satım yapmaya devam ediyordum. Hatta kimi zaman elimde aynı anda 5.000 hisse senedi bulunduğu olurdu.

Size anlatacağım olayı yaşadığım gün şekerde otuz beş bin hisse "kısa"[4] durumdaydım. Elimde her biri beş yüz hisselik yedi büyük pembe renkli makbuz vardı. Cosmopolitan üzerinde boşluklar bulunan büyük makbuzlar kullanır, gerektiğinde bu boşluklara marj ilave edebilirdi. Elbette bucket shop'lar hiç fazladan marj istemez. Onlar için ip ne kadar incelirse o kadar iyidir, çünkü sizin zararınız onların kârı demektir. Küçük bucket shop'larda marj ilave etmek istediğinizde genellikle size yeni bir makbuz keserler, böylece sizden alış komisyonu keserler ve her puanlık düşüş için size ancak 3/4 puanlık kâr bırakırlar, bunu yeni bir işlem olarak değerlendirir ve satış komisyonunu buna göre hesaplarlardı.

O gün, hatırlıyorum, 10.000 dolarlık marjım vardı.

Nakit olarak 10.000 dolar biriktirdiğimde daha 20 yaşındaydım. Bir de annemi duysaydınız. Sanki insanın 10.000 dolarının olması günahmış gibi konuşuyor, sürekli bana artık bu işi bırakıp gidip kendime herkes gibi bir iş bulmamı söylüyordu. Onu bir türlü bu paranın kumardan gelmediğine, hesaplarım sayesinde alnımın teriyle kazandığıma inandıramıyordum. Annem benim 10.000 dolarıma takmıştı, ben ise marjımı sürekli artırmaya 105 l/4'ten 3.500 şeker hissesine talip olmuştum.

4 Kısa: "Short position": Fiyatların aşağı düşeceği beklentisiyle açığa satış yapmak. ç.n.
Uzun: "Long position": Fiyatların yukarı çıkacağı beklentisiyle alım yapılması.
Açık Pozisyon: Kısa (short) veya uzun (long) pozisyon durumunda olup kapatılmamış (realize edilmemiş) pozisyondur. ç.n.

Salonda bulunan Henry Williams adında biri de 2.500 hisse "kısa"ydı. Ben arada tahtanın yanında oturur ve fiyatları tahtaya yazan çocuğa yüksek sesle okurdum. Fiyat düşündüğüm gibi gidiyordu. Önce hemen iki puan kadar düştü ve tekrar dalışa geçmeden önce durup biraz soluklandı. Borsa genelde yüksekti ve durum iyi görünüyordu. Sonra birden şekerin öyle yerinde duruşundan işkillendim. Huzursuz oldum. İşlemi kapatmamın iyi olacağını düşündüm. Sonra şeker 103 puandan satmaya başladı –o gün için düşük bir orandı bu– ama içim rahatlayacağı yerde daha da kuşkulandım. Bir yerlerde bir tuhaflık vardı ama nerede! İşin kötüsü tatsız bir durumla karşılaşacağımı biliyordum ama ne olduğunu tam çıkaramadığım için hazırlıksız yakalanacaktım. Demek ki işlemi bir an önce noktalamam gerekiyordu.

Ben hiçbir şeyi körü körüne yapmam. Huyum değildir. Hiçbir zaman da olmamıştır. Çocukken bile her yaptığım şeyin nedenini bilmek isterdim. Ama bu kez önümde belli bir neden yoktu, oysa içim o kadar huzursuzdu ki buna daha fazla dayanamayacaktım. Kalabalığın içinde Dave Wyman adında bir tanıdığıma seslendim ve ona, "Dave, biraz benim yerime geçer misin?" dedim. "Senden bir şey rica edeceğim. Şekerin fiyatı geldiğinde biraz geç oku, tamam mı?"

Kabul etti, ben yerimden kalkıp bandın yanına onu oturttum, o da tahtaya fiyatları yazan çocuğa fiyatları okumaya başladı. Cebimden yedi tane şeker makbuzu çıkardım ve işlem kapanışında makbuzları işaretleyen görevlinin durduğu gişeye doğru yürüdüm. Fakat hâlâ işlemi neden kapatmak istediğimi bilemiyordum. Gidip hiçbir şey söylemeden bankoya yaslandım, makbuzları görevli göremesin diye elimde saklıyordum. Hemen sonra telgraf aletinin sesini duydum ve görevli Tom Burnham'ın kafasını o tarafa çevirdiğini gördüm. Kesinlikle ortada bir şeyler döndüğünü hissediyordum, o yüzden daha fazla beklememeye karar verdim. Tam o sırada bandın yanında Dave Wyman'ın "Şe -" dediğini duydum, yıldırım hızıyla makbuzları gişeye fırlattım ve Dave fiyatı söylemeden önce "Şekeri kapat!" diye bağırdım. Böylece şekerimi bir önceki fiyattan kapatmış oldum. Dave'in bildirdiği fiyatsa yine 103 oldu.

Defterime göre şekerin 103'ün altına düşmüş olması gerekiyordu.

Motor düşündüğüm gibi çalışmıyordu. Ortada bir şeylerin döndüğüne emindim. Zaten alet de deli gibi vızırdıyordu ve görevli Tom Burnham bıraktığım yerde makbuzları işaretlemeden unutmuştu, sanki bir şeyleri bekliyordu. Ben de ona seslendim: "Hey, Tom, ne bekliyorsun? Makbuzlara şu fiyatı işlesene. Haydi yazsana 103 diye."

Salondaki herkes beni duymuştu, bize bakıp ne oldu diye sormaya başlıyorlardı. Cosmopoliton'da o güne dek hiç böyle bir şey yaşanmamıştı, ama orada da bankalarda olduğu gibi müşterilerin birbiri ardına paralarını geri istemeleri işten değildi. Bu da Cosmopolitan'ın felaketi olurdu. O yüzden Tom'un suratı hemen asıldı, ama yine de gelip makbuzlara kapanış fiyatını işledi ve üzerlerine "103'ten kapandı" diye yazdı. Sonra da makbuzları bana doğru itti. Suratı beş karıştı.

Tom'un durduğu yerle vezne arasında iki metre ya vardı ya yoktu, ama ben daha paramı almak için vezneye varmamıştım ki Dave Wyman heyecanla bağırdı: "Aaaa! Şeker 108!" Ama artık olan olmuştu, ben de gülüp Tom'a, "Bu sefer işe yaramadı değil mi ahbap?" dedim.

Elbette işin içinde iş vardı. Henry Williams ve ben şekerden altı bin hisse kısaydık. Bucket shop'ta benim ve Henry'nin marjı vardı, belki o anda kısa olan başkaları da vardı; toplam sekiz ya da on bin hisse olabilirdi. Diyelim ki 20.000 dolarlık şeker marjı vardı ellerinde. Bu da bucket shop'un New York Menkul Değerler Borsası'ndaki fiyatı etkileyip bizi üçkağıda getirerek silmesi için yeterdi de artardı bile. Eskiden bir bucket shop belli bir hisse senedine yüksek yatırım yapıldığını gördüğünde bir brokere o hissenin fiyatını özellikle indirtir, böylece o hissede uzun pozisyonda olan müşterilerin ellerindeki hisseleri satmalarını sağlardı. Böylece bucket shop birkaç yüz hisse başına bir iki puan kaybeder, ama sonuçta binlerce dolar kâr ederdi.

Cosmopolitan da benim, Henry Williams'ın ve diğer şekercilerin elindeki kısaları almak için böyle bir numaraya başvurmuştu. New York'taki brokerler fiyatı 108'e çıkardılar. Elbette fiyat hemen sonra düştü ama Henry ve diğer birçok yatırımcı silinip gitti. O zamanlar bir hisse senedinin fiyatında açıklanamayan ani bir düşüş ve bunu izleyen bir yükselme olduğunda gazeteler buna "bucket shop hareketi" adını verirlerdi.

İşin gülünç yanı, Cosmopolitan'dakiler bana kazık atmaya çalıştıktan on gün kadar sonra, New York'lu bir borsa spekülatörü ellerinden yetmiş bin dolar kaptı. Bu adam o dönemin ünlü borsacıları arasındaydı ve New York Menkul Değerler Borsası üyesiydi, ünlü '96 Bryan krizinde fiyatların düşmesine neden olan kişi olarak epey ünlenmişti. Sürekli olarak borsa kurallarını çiğner, meslektaşlarına zarar verecek işler çevirirdi. Bir gün bucket shop'ların zaten hileyle kazandığı paraları dolandırırsa ne borsadan ne de polisten şikâyet gelmeyeceğini düşündü. Size bahsettiğim olayda bucket shop'lara müşteri kılığında 35 kişi gönderdi. Bunlar merkez ofise ve büyük şubelerden bazılarına gittiler. Önceden kararlaştırılan bir gün ve saatte bu adamlar belli bir hisse senedinden alabildikleri kadar aldılar. Belli bir oranda kâr ettikten sonra da hisseleri sattılar. Ünlü borsacı da çevresindekilere bu hisse senedinin artacağı tüyosunu verdi ve daha sonra borsa salonuna inerek bazı işlemcilerin yardımıyla fiyatı artırdı. Bu iş için doğru hisse senedini seçmişti ve fiyatı üç dört puan artırmak hiç de zor olmadı. Bucket shop'lardaki adamları da daha önceden anlaştıkları gibi bu hisse senetlerini sattılar.

Bir arkadaşım bana bu borsacının yetmiş bin dolar kâr ettiğini, bu arada adamlarına da belli bir ücret ödediğini söyledi. Bu oyunu ülkenin dört bir yanında büyük bucket shop'ların hepsinde oynamış ve New York, Boston, Philadelphia, Chicago, Cincinnati ve St. Louis'deki bucket shop'lara bir ders vermişti. En sevdiği hisselerden biri Western Union'du, çünkü böyle yarı aktif olarak tanımlanabilecek bir hisseyi yerinden birkaç puan oynatmak hiç de zor değildi. Adamları bu hisse senedini belli bir fiyattan alıp iki puanlık bir kâr karşılığı satmışlar, sonra kısa işlem açmışlar ve bu düşüşten üç puan daha kazanmışlar. Geçenlerde bu borsacının yoksul ve unutulmuş bir halde öldüğünü duydum. Eğer 1896'da ölmüş olsaydı herhalde New York'taki bütün gazeteler bunu sekiz sütuna manşet verirdi. Oysa benim okuduğum haber beşinci sayfada iki satırdı.

II. BÖLÜM

Ben üç puanlık marja ve bir buçuk oranındaki prime kulak asmayınca Cosmopolitan Stock Brokerage Company'nin beni sahtekârlık yoluyla saf dışı bırakmaya kararlı olduğunu anlamıştım. Ayrıca firmada çalışanlar artık beni ortalıkta görmek istemediklerini iyice belli etmeye başlayınca, New York'a gidip işlerimi New York Menkul Değerler Borsası üyelerinden birinin ofisinde yürütmeye karar verdim. Artık fiyatların telgraf aracılığıyla bildirildiği Boston'daki ofislerden sıkılmıştım. Olayların kaynağına yakın olmak istiyordum. New York'a geldiğimde 21 yaşındaydım ve cebimde bütün servetim olan 2.500 dolar vardı.

Size yirmi yaşımdayken on bin dolarım olduğunu söylemiştim, söz ettiğim şeker işindeki marjım ise on binin üzerindeydi. Ama kaybettiğim zamanlar da oluyordu. Yaptığım alım satımlar sağlam bir temele dayanıyordu ve genellikle kaybettiğimden çok kazanıyordum. Eğer ilk planımı sürdürmeyi başarırsam kazanma şansım ona yediydi. Kazanacağım zaman hisse senedini almadan önce doğru işi yaptığım konusunda emin hissederdim kendimi. Kaybetmeme neden olan şey, ilk planımdan vazgeçmem, yani borsadaki göstergelerin duruma uygunluğunu denetlemeyi bırakmam oluyordu. Her şeyin bir zamanı vardır, ama o dönemde ben bunu bilmiyordum. İşte Wall Street'te kazananlarla kaybedenleri ayıran şey budur. Bildiğimiz aptallar vardır, bunlar her şeyi yanlış yerde, yanlış zamanda yaparlar, bir de Wall Street aptalı vardır, her zaman bir şeyler alıp satması gerektiğini düşünür. Hiç kimse, her gün durmadan hisse alıp satacak şansa ya da bilgiye sahip olamaz. Ben de bunun canlı bir kanıtıyım. Bandı deneyimlerimin ışığında okuduğum zamanlarda para kazanıyor, tamamen duygularımla hareket edince de kaybediyordum. Ben de herkes gibiydim. Tam karşımda fiyat tahtası duruyordu, insanlar banttan gelen fiyatları izliyor, bu arada ellerindeki makbuzların paraya ya da bir kâğıt parçasına dönüşmesine tanık oluyorlardı. Ben de arada sırada bu heyecanlı havaya kapılıyordum. Bucket shop'ta oynayanların marjı dardır, uzun vadeli yatırım yapılmaz oralarda. İnsan göz açıp kapatana kadar silinip gidebilir borsadan. Wall Street'te sürekli hareket arayan ve bu hareketin nedenini araştırmayan insanlardır zarar edenler, bunların arasında kendilerini ücretli işçiler gibi her gün eve para götürmek zorunda hissedenler de vardır. Unutmayın, bense daha çocuktum. O günlerde bugünkü aklım yoktu, oysa onbeş yıl sonra iki hafta boyunca değer kazanacağını hissettiğim bir hissenin otuz puan yükselmesini izleyecek, ancak o zaman hissenin güvenli olduğuna inanarak alım yapacaktım. Hiç param yoktu, borsaya yeniden girmeye çalışıyordum ve bunun için dikkatli olmam gerekiyordu. Haklı olduğuma inanmak için beklemek zorundaydım. Bu, 1915'te oldu. Aslında uzun hikâyedir, yeri geldiğinde anlatırım. Şimdi kaldığımız yerden, bana yıllarca kazanç sağlayan bucket shop'ların beni yaya bıraktığı günlerden devam edelim. Üstelik beni resmen uyutmuşlardı. Yaşamımın daha sonraki dönemlerinde de tekrarlandı bu. Bir borsa spekülatörünün her şeyden önce kendi içindeki düşmanlarla savaşması gerekir. Neyse, cebimde 2.500 dolarla New York'a geldim. Burada insanın güvenebileceği bucket shop'lar yoktu. Borsa ve polis el ele verip iyice daraltmıştı bucket shop'ları. Ayrıca ben oynayacağım paraya sınır getirilmeyecek bir yerde alım satım yapmak istiyordum. Elimde fazla para yoktu ama kısa sürede bunu çoğaltacağımı umuyordum.

Başlangıçta benim için en önemli şey, üçkağıda getirilmeyeceğim bir yer bulmaktı. Bu yüzden bizim orada şubesi olan bir New York Menkul Kıymetler Borsası firmasına gittim. Bu aracı kurum kapanalı çok oluyor. Orada fazla kalmadım, ortaklardan biriyle anlaşamadık, ben de A. R. Fullerton & Co.'ya gittim. Birileri onlara geçmiş deneyimlerimden söz etmiş olacak ki, çok geçmeden bana Çaylak Borsacı demeye başladılar. Ben zaten hep yaşımdan genç göstermişimdir. Bu zaman zaman bir dezavantaj olabiliyordu, ama sürekli benden yararlanmaya çalıştıkları için kendimi başkalarına karşı savunmaya da teşvik ediyordu. Bucket shop'lardaki insanlar beni hep genç görüp, şansım yaver gittiği için kazandığımı ve kendilerini bu yüzden geride bıraktığımı sanıyorlardı.

Ama altı ay sonra cebimde tek kuruş para kalmamıştı. Oldukça aktif bir yatırımcıydım ve ortalıkta sürekli para kazandığım söylentisi yayılmıştı. Herhalde benim üzerimden yüksek komisyon kazanıyordu aracı kurumlar. Hesabımda para kalmadığı pek olmuyordu ama nedense sonunda kaybediyordum hep. Dikkatli oynuyordum ama yine de kaybetmekten kurtulamıyordum. Bunun nedeni de bucket shop'larda elde ettiğim başarıydı.

Oyunu ancak bucket shop'larda oynarsam kazanabiliyordum, çünkü buralarda dalgalanmalara göre seçiyordum hisse senetlerini. Banttan gelen fiyatları buna göre okuyordum. Bir hisse senedini satın aldığımda fiyatı önümdeki tahtada görebiliyordum. Hatta alımı yapmadan önce bile o hisseye tam olarak ne kadar para ödeyeceğimi biliyordum. İstediğim zaman da satabiliyordum hisseleri. Her zaman kıl payı kurtuluyordum, çünkü yıldırım hızıyla hareket edebiliyordum. Bir saniye içinde şansımı denemeye ya da daha fazla zarar etmemek için elimdeki hisseleri satmaya karar verebiliyordum. Örneğin bazen bir hisse senedinin en az bir puan oynayacağından emin oluyordum. Hemen koşup hisseye saldırmama gerek yoktu, bir puanlık bir marj açabilir ve paramı anında iki katına çıkarabilirdim; ya da yarım puanı yeğler, kârımı sınırlardım. Günde yüz, iki yüz hisse olunca, bir ay içinde epey bir kâr sağlardı bu bana.

Bu işin bir sakıncası vardı, o da bucket shop'un benim yüzümden sürekli zarar edecek kadar parası olsa da, bu zarara girmek istememesiydi. Kimse dükkânında sürekli kazanan bir müşteri görmeye dayanamazdı.

Neyse, bucket shop'larda kusursuz işleyen bu sistem Fullerton'ın ofisinde işe yaramıyordu. Ben Fullerton'da hisse senetlerini fiilen satın almak ve satmak zorundaydım. Bantta şekerin fiyatı 105 iken ben üç puanlık bir düşüş olacağını tahmin edebiliyordum. Ancak banttan gelen fiyat 105 ise borsa salonundaki fiyat 104 ya da 103 olabiliyordu. Fullerton'un borsadaki adamı benim bin hisse senedi satma talimatımı aldığında fiyat daha da düşmüş olabiliyordu. Ben de elime makbuz geçene kadar hisselerimi ne kadardan sattığımı bilemiyordum. Bir bucket shop'ta bana 3.000 dolar getirebilecek bir işlem, borsa ofisinde tek kuruş bile getirmeyebiliyordu. Elbette bu biraz uç bir örnek, ama

A. R. Fullerton'un ofisinde banttan gelen bilgiler işime yaramıyordu ve ben bunun farkında değildim.

Bir de tabii, eğer satış talimatım yüksek ise bu fiyatı daha da düşürüyordu. Bucket shop'larda kendi alım satımlarımın borsadaki etkisini hesaplamak zorunda kalmazdım. New York'ta oynanan oyun ise çok farklıydı ve ben bu oyunu kaybediyordum. Her şeyi kuralına uygun oynadığım için kaybediyor sayılmazdım, kazanmama engel olan şey cahilce attığım adımlardı. Bandı hep çok iyi okuduğum söylenir. Ama bandı okumakta uzman olmam beni kurtaramadı. Borsa salonunda çalışanlardan biri olsam, belki de daha başarılı olurdum. Orada işlemlerin tam ortasında olacağım için kendi sistemimi borsanın sistemine uydurma şansını bulabilirdim. Ama bugünkü kadar büyük çapta alım satım yapıyor olsaydım, kendi işlemlerimin etkisini hesaba katmadığım sürece yine de başarılı olamazdım sanıyorum.

Kısacası, hisse senedi spekülasyonundan anlamıyordum. Çok önemli bazı unsurlarını anlıyor ve bunlardan yararlanıyordum, ama yine de bu oyunu tümüyle bilmedikten sonra kazanmama olanak yoktu. Dışarıdan gelen acemi bir çaylağın borsadaki şansı sıfırdı.

Hata yaptığımı farketmem uzun sürmedi ama hatanın nerede olduğunu bir türlü anlayamıyordum. Bazen sistemim kusursuz işliyor, sonra birdenbire, arka arkaya çuvallıyordum. Unutmayın, daha 22 yaşındaydım, kendimi çok akıllı zannedip hatalarımı kabul etmek istemediğimi de sanmayın, o yaşta kimse bir şey bilmez.

Ofiste çalışanlar bana çok iyi davranıyordu. Marj şartı olduğundan istediğim kadar büyük oynayamıyordum, ama A. R. Fullerton ve şirketin diğer elemanları bana karşı çok iyi davranıyorlardı. Altı ay alım satım yaptıktan sonra yanımda getirdiğim ve orada kazandığım paraların hepsini bitirmekle kalmamış, firmaya da birkaç yüz dolar borçlanmıştım.

Henüz çocuk sayılırdım, evimden ilk kez ayrılıyordum ve beş kuruşum yoktu, ama yine de hatanın kendimde değil, yöntemimde olduğundan emindim. Kendimi size biraz olsun tanıtabildim mi bilmiyorum. Ben borsada soğukkanlılığımı asla kaybetmem. Hiçbir zaman banttan gelen bilgilerin yanlış olduğunu iddia etmem. İnsan borsaya kızarak fazla yol alamaz.

Bir an önce tekrar hisse senedi satın almak istiyordum. Hiç vakit kaybetmeden Fullerton'a gidip, "A. R., bana beş yüz dolar borç verir misiniz?" dedim.

"Niçin?" diye sordu.

"Para lazım."

"Niçin?" diye sordu tekrar.

"Marj için elbette," dedim.

"Beş yüz dolar mı?" deyip kaşlarını çattı. "Biliyorsun yüzde onluk bir marj koyman gerekiyor, bu yüz hisse için bin dolar eder. En iyisi ben sana kredi vereyim."

"Olmaz," dedim, "Kredi istemiyorum. Firmaya zaten borcum var. Ben sizden borç istiyorum, bu parayla hemen gidip oynayacağım, sonra da borcumu ödeyeceğim."

"Nasıl oynayacaksın?" diye sordu.

"Bir bucket shop'a gidip orada oynayacağım," dedim.

"Burada oyna," dedi.

"Olmaz," dedim. "Bu ofisteki oyuna yetişemiyorum ama bucket shop'ta kazanacağımı çok iyi biliyorum. Ben onların oyunundan anlıyorum. Burada ne hata yaptığımı anladım galiba."

Bana parayı verdi, bucket shop'ların korkulu rüyası haline gelmiş olan ben de bütün paramı kaybettiğim o ofisten çıktım. Eski kasabama dönemezdim çünkü oradaki bucket shop'lar beni içeri bile almazdı. New York söz konusu değildi, çünkü o dönemde orada bucket shop kalmamıştı. 1890'larda Broad Street ve New Street bu dükkânlarla doluymuş. Ama benim ihtiyacım olduğunda hepsi kapanmıştı. Ben de biraz düşündükten sonra St. Louis'e gitmeye karar verdim. Orada bütün Orta Batı'yı elinde tutan iki büyük bucket shop olduğunu duymuştum. Şubeleri her kente yayılmıştı. İşlem hacimlerinin Doğu kıyısındaki dükkânları kat kat geçtiği söyleniyordu. Bu bucket shoplar herkese açıktı ve en iyi yatırımcılar burada diledikleri gibi alım satım yapıyordu. Bir tanıdığım bu firmalardan birinin sahibinin Ticaret Odası başkanı olduğunu bile söylemişti ama bu St. Louis'de değildi sanıyorum. Her neyse, beş yüz dolarımı alıp bu bucket shop'a gittim. Bu parayla A. R. Fullerton & Co'da marj olarak kullanabileceğim kazançlar elde etmeye kararlıydım.

St. Louis'e vardığımda otele yerleştim, yıkandım ve hemen çıkıp bucket shop'lara gittim. Bunlardan biri J. G. Dolan Company, diğeri ise H. S. Teller & Co. idi. Buralarda para kazanacağımdan emindim. Hiçbir şeyi şansa bırakmayacak, dikkatli ve yavaş oynayacaktım. Tek korkum birinin beni tanıyıp kim olduğumu onlara söylemesiydi, çünkü Çaylak Borsacı'nın ünü bütün ülkedeki bucket shop'lara yayılmıştı. Bu dükkânlar kumarhane gibidir, hiçbir şey gizli kalmaz.

Dolan'ın yeri Teller'dan daha yakındı, ben de önce oraya gittim. Onlar beni tanıyıp beni oradan kovmadan, biraz iş yapmayı umuyordum. Bucket shop'tan içeri girdim. Dev gibi bir yerdi ve ayakta durmuş fiyatlara bakan en az iki yüz kişi vardı. Memnun olmuştum, çünkü o kalabalıkta farkedilme tehlikesi daha azdı. Durup fiyat tahtasını izledim ve hisse senetlerini dikkatle tek tek incelemeye başladım. Sonunda ilk oyunum için bir hisse seçtim kendime.

Çevreme baktım ve paranın yatırılıp makbuzun alındığı gişeyi buldum. Gişedeki görevli bana bakıyordu, ben de yanına gidip "Pamukla buğday burada mı alınıp satılıyor?" diye sordum.

"Evet evlat," dedi.

"Hisse senedi de alabilir miyim?"

"Alabilirsin, eğer paran varsa."

"Param var, hem de çok," dedim harçlığıyla böbürlenen bir çocuk gibi.

"Var demek," dedi, bir yandan da gülümsüyordu.

"Yüz dolara kaç hisse senedi alabilirim?" diye sordum ciddi bir tavırla.

"Yüz tane, yüz doların varsa tabii."

"Yüz dolarım var. Var ya, iki yüz dolarım da var!"

"Vay canına!" dedi.

"Sen bana iki yüz tane hisse al," dedim hemen.

"Hangi hisseden ikiyüz tane?" dedi, sesi ciddiydi. Artık iş konuşuyorduk.

Tekrar tahtaya baktım ve sanki o an aklıma gelmiş gibi, "İki yüz tane Omaha, 11 dedim.

"Tamam," dedi. Elimdeki parayı aldı, saydı ve sonra da makbuzu yazmaya başladı. "Adın?" diye sordu, ben de yanıtladım, "Horace Kent."

Makbuzu alıp fiyattaki gelişmeleri izlemek üzere diğer müşterilerin yanına oturdum. Fiyat sürekli oynadı, ben de o gün birkaç kez alım satım yaptım. Ertesi gün de aynı şekilde geçti. İki gün içinde 2.800 dolar kazanmıştım ve o haftayı orada geçirmek istiyordum. Bu hızla kazanmaya devam edersem sorunlarım hallolacak gibi görünüyordu. Sonra da gidip diğer bucket shop'ta bir hafta geçirirdim ve şansım yaver giderse New York'a ceplerim dolu dönebilirdim. Üçüncü günün sabahında mahcup mahcup gişeye gidip beş yüz dolarlık B. R. T. hissesi istemek üzereyken görevli bana, "Mr. Kent, patron sizi görmek istiyor," dedi.

Oyunun bittiğini anlamıştım. Ama yine de sordum: "Niçin görmek istiyor beni?"

"Bilmiyorum."

"Nerede?"

"Bürosunda. Şuradan geçeceksiniz." Parmağıyla bir kapıyı işaret ediyordu.

İçeri girdim. Dolan masasının başında oturuyordu. Sandalyesinin üzerinde döndü ve bana, "Otur bakalım Livingston," dedi.

Gösterdiği sandalyeye otururken içimdeki son ümit de kırılmıştı. Beni nasıl tanıdığını bilmiyorum; belki de otel defterindeki kaydımdan.

"Beni niçin görmek istediniz?" diye sordum.

"Bak evladım, sana karşı değilim, anladın mı? Hem de hiç değilim, anladın mı?"

"Hayır, anlamadım," dedim.

Döner sandalyesinden kalktı. İriyarı, dağ gibi bir adamdı. "Şöyle gel bakalım Livingston," diyerek beni yanına çağırdı. Ben de kapıya doğru gittim. Kapıyı açarak salondaki müşterileri işaret etti.

"Görüyor musun?" dedi.

"Neyi?"

"Şu adamları. İyice bir bak onlara. Üç yüz tane müşteri var dışarıda. Görüyor musun? Üç yüz herif! Sonra sen geliyorsun ve iki gün içinde benim iki haftada bu üç yüz adamdan kazandığım paradan daha fazlasını alıyorsun. Bu böyle olmaz. Sana karşı bir şeyim yok. Kazandığın kadarını buyur, sende kalsın. Ama daha fazlasını umma. Artık burada senin için bir şey kalmadı."

"Ama ben..."

"Konu kapanmıştır. Seni önceki gün gördüğümde tipini hiç beğenmedim. Hem de hiç. Numara yaptığını anlamıştım. O salağı çağırdım" –bir yandan da parmağıyla gişedeki görevliyi işaret ediyordu– "ve ne yaptığını sordum, bana anlatınca ona dedim ki: 'O çocuğun tipini hiç beğenmedim. Bize numara yapıyor!' O kuş beyinli de, 'Ne numarası patron! Adı Horace Kent, kendini adam zannediyor ama daha süt kuzusu. Numara falan yok!' dedi. Ben de daha fazla itiraz etmedim. O aptal yüzünden 2.800 dolar zarar ettim. Ama gözüm yok, güle güle harca. Ancak bil ki bundan sonra kasamız sana kapalı."

"Bakın, ben..." diye başladım söze.

"Asıl sen bak Livingston," dedi. "Senin hakkında çok şey duydum. Ben hayatımı başkalarının parası üzerinden kazanıyorum ve sana burada yer yok. Bak ses çıkarmıyorum, şimdiye kadar kazandığını al git. İnat edecek olursan bozuşuruz, haberin olsun, artık kim olduğunu biliyorum. Haydi yürü!"

2.800 dolarım cebimde, Dolan'ın dükkânından ayrıldım. Teller da aynı mahalledeydi. Teller'ın çok zengin bir adam olduğunu, at yarışı bahis salonları da olduğunu duymuştum. Onun bucket shop'una gitmeye karar verdim. Az bir miktarla başlayıp yavaş yavaş bin hisseye mi çıksam, yoksa büyük oynayıp tek bir vurgunla mı yetinsem diye düşünüyordum. O dükkânda da bir günden fazla barınabileceğimi sanmıyordum. Bu adamlar zarar etmeye başladıklarında kafaları hemen çalışıyordu, bu yüzden bin tane B. R. T. almak istemedim. Oysa dört beş puan kazanacağımdan emindim. Ama kuşku çekersem ya da bu hisse senedinde uzun pozisyonda olan çok müşteri varsa, bana hiç hisse satmayabilirlerdi. Ben de fazla açılmadan küçük oynamaya karar verdim.

Burası Dolan kadar büyük bir yer değildi ama daha iyi döşenmişti ve müşterileri daha kaliteliydi. Her şey bana çok uygun göründü ve bin tane B. R. T. almaya karar verdim. Gişeye gidip görevliye, "B. R. T. almak istiyorum. Limit nedir?" diye sordum.

"Limit yok," dedi görevli. "Paranız varsa istediğiniz kadar alabilirsiniz."

"Bin beş yüz hisse istiyorum," dedim ve görevli makbuzu yazarken cebimdeki paraları çıkarttım.

Sonra aniden kızıl saçlı bir adam gişedeki adamı kenara itti. Bana eğilip, "Hey, Livingston, sen Dolan'a git. Senin paranı istemiyoruz," dedi.

"Makbuzumu verin bari," dedim. "Biraz B. R. T. almıştım."

"Makbuz falan yok," dedi. Bu arada diğer görevliler de adamın arkasında toplanmış bana bakıyorlardı. "Sakın buraya adım atayım deme. Senin paran bize lazım değil. Anladın mı?"

Adama kızmanın ya da kavga etmenin hiçbir anlamı yoktu, ben de otele döndüm, oda parasını ödedim ve New York'a giden ilk trene bindim. Canım sıkkındı. Para kazanmaya hazırlanırken o Teller denilen adam bana tek bir işlem bile yaptırmamıştı.

New York'a döndüm. Fullerton'a beş yüz doları geri ödedim ve St. Louis'de kazandıklarımla yeniden oynamaya başladım. Hem iyi hem kötü günlerim oluyordu ama hiç değilse zarar etmiyordum. Ayrıca her şeyi sıfırdan öğrenmeye başlamıştım, borsada spekülasyon yapmanın hiç de benim sandığım gibi bir şey olmadığını görüyordum. Gazetedeki bulmacaları çözmeden rahat edemeyen bulmaca tutkunlarından biri gibi olmuştum. Bulmaca çözenler her sözcüğü bulmadan elindeki bulmacayı bırakamaz. Ben de kendi bulmacamı çözmek istiyordum. Artık yolumun bir daha bucket shop'lara düşmeyeceğine inanmıştım. Oysa yanılmışım.

New York'a döndükten iki ay kadar sonra Fullerton'un ofisine yaşlı bir adam geldi. A. R.'ın tanıdığıydı. Biri bana bir zamanlar ortak olduklarını ve yarış atları olduğunu söyledi. Adamcağızın eskiden parlak günler yaşadığı belliydi. Beni McDevitt adındaki bu adamla tanıştırdılar. Çevredekilere St. Louis'de halkı dolandıran bir at yarışı çetesinden bahsediyordu. Bu çetenin başında da bahis salonları olan Teller diye biri vardı.

"Adı neymiş?" diye sordum.

"H. S. Teller."

"Ben o adamı tanıyorum."

"O herifte hiç iş yok," dedi McDevitt.

"Hem de hiç," dedim. "Aslında benim onunla görülecek bir hesabım var."

"Nasıl yani?"

"Bu adamlardan öç alabilmenin tek yolu cüzdanlarını çarpmak. Belki ona şimdi St. Louis'de dokunamıyorum ama bir gün karşısına çıkacağım." Sonra da McDevitt'e olanları anlattım.

"Aslında," dedi Mac, "adam önce buraya, New York piyasasına girmeye çalıştı, beceremeyince de Hoboken'da bir yer açtı. İstediğin kadar oynayabiliyormuşsun, limit yokmuş ama müşterileri soyup soğana çeviriyorlarmış."

"Nasıl bir yermiş burası?" diye sordum. Bahis salonunu kastettiğini sanıyordum.

"Bucket shop," dedi McDevitt.

"Açık olduğuna emin misin?" diye sordum.

"Evet, birkaç arkadaş gelip anlattı bana."

"Ama bunlar kulaktan dolma söylentiler," dedim.

"Gidip kendin dükkânın açık olup olmadığına bakar mısın, sor bakalım, en fazla ne kadar oynayabilirmişiz?"

"Oldu evlat," dedi McDevitt. "Ben yarın sabah gider araştırırım, sonra da gelip öğrendiklerimi anlatırım."

Söylediği gibi de yaptı. Teller büyük işler çeviriyordu ve eline geçen her parayı cebine indirmeye kararlıydı. Günlerden cumaydı. Borsa bütün hafta yükselmişti –unutmayın ki bu yirmi yıl önce oldu– cumartesi günü banka hesaplarının kabarık olacağına kuşku yoktu. Bu, büyük aracı kurumların piyasaya atlayıp küçük komisyoncuların hesaplarını silkelemeleri için iyi bir fırsattı. İşlemlerin son yarım saatinde, özellikle o gün aktif olan hisse senetlerinde benzer hareketler görülecekti. Bunlar da mutlaka Teller'ın müşterilerinin uzun pozisyonda oldukları hisse senetleri olacaktı, bu yüzden dükkân bu hisselerden kısa pozisyon satışı yapan birini sevinçle karşılayacaktı. Her iki yönlü de (uzun ve kısa) işlem almış enayileri, bu şekilde yakalamak kadar güzel bir şey yok ve bir puan marj ile o kadar kolay ki!

O cumartesi sabahı Teller'ın Hoboken'daki yerine doğru yollandım. Müşteri salonuna şık bir fiyat tahtası yerleştirmiş, her tarafı gişelerle donatmışlardı, bir de ortalıkta gri üniformalı özel bir güvenlik görevlisi dolaşıyordu. Salonda 25 kadar müşteri vardı.

Salonun müdürüyle konuşmaya başladım. Bana nasıl yardımcı olabileceğini sordu, ben de havadan sudan bahsettim; insanın at yarışlarında istediği kadar büyük oynayabileceğini, şansı yaver giderse birkaç dakika içinde binlerce dolar kazanabileceğini, hisse senetlerinde ise birkaç kuruş için günlerce beklemek gerektiğini söyledim. O da bana borsada oynamanın çok daha güvenli olduğunu, müşterilerinden bazılarının ne kadar çok para kazandığını -konuşmasını duysanız onu Menkul Değerler Borsası'nda işlem yapan gerçek bir broker sanırdınız- ve yeterince büyük oynayan herkesin yarışlardan daha fazla kazanabileceğini anlattı. Oradan çıkıp bahisçiye gideceğimi sanıyordu herhalde, paramın birazını atlara kaptırmadan önce orada bırakmamı sağlamaya çalışıyordu. Bana acele etmemi, borsanın cumartesileri saat 12'de kapandığını söyledi. Böylece öğleden sonra yarışlara gidebilirdim. Üstelik doğru hisseleri seçersem kazandığım paraları bahisçide oynayabilirdim.

Ona inanmaz gözlerle baktım, o da beni ikna etme çalışmalarına devam etti. Benim gözüm saatteydi. Saat 11. 15'te "Olur," dedim ve çeşitli hisse senetlerinden satış emri vermeye başladım. Cebimden iki bin dolar nakit para çıkardım, müdür sevinçten ne yapacağını şaşırmıştı. Bana mutlaka çok para kazanacağımı ve oraya sık sık geleceğimi umduğunu söyledi.

Her şey düşündüğüm gibi oldu. Yatırımcılar zarar etmemek için ellerindeki hisseleri birer birer satmaya başladılar ve elbette fiyatlar düştü. Ben işlemlerimi borsa kapanmadan beş dakika önce tamamlattım.

Toplam 5.100 dolar kazanmıştım. Paramı almak üzere gişeye gittim.

"İyi ki gelmişim," dedim müdüre, bir yandan da makbuzlarımı uzatıyordum.

"Afedersin," dedi. "Paranın hepsini şimdi ödeyemem sana. Bu kadar kazanacağını tahmin etmemiştim. Pazartesi sabahı parayı cebinde bil."

"Tamam, ama önce kasada ne varsa ver," dedim.

"Önce küçük oynayanların parasını ödeyeyim, sonra sana ilk yatırdığını, üstüne de kasada ne kalmışsa onu öderim." Diğer kazananlara paralarını ödemeye başladı. Paramın ödeneceğine kuşkum yoktu. Dükkân bu kadar iyi iş yaparken Teller'ın su koyuvereceğini sanmıyordum. Öyle olsa bile kasada kalanları almaktan başka çarem yoktu. İki bin dolarımı aldım, üzerine de kasada kalan sekiz yüz doları ödediler. Pazartesi sabahı geri geleceğimi söyledim. Paranın mutlaka geleceğine yemin etti.

Pazartesi Hoboken'a vardığımda saat 12'ye geliyordu. Müdür, Teller'ın beni kovduğu gün St. Louis'de gördüğüm bir adamla konuşuyordu. Hemen müdürün merkez ofise telefon ettiğini ve onların da olayı araştırması için birini yolladığını anladım. Sahtekârlar kimseye güvenmez.

"Paramı almaya geldim," dedim müdüre.

"Bu o adam mı?" diye sordu St. Louis'li.

"Evet," dedi ve cebinden bir tomar zarf çıkardı.

"Dur biraz!" dedi St. Louis'li ve bana dönerek, "Livingston, sana bizim dükkânlarda dolaşmayacaksın demedik mi?" dedi.

"Önce paramı ödeyin," dedim müdüre ve o da bana 2.300 dolar verdi, dört tane beş yüzlük, üç tane de yüzlük banknot.

"Ne diyordunuz?" dedim St. Louis'liye.

"Sana bizim dükkânlarda oynamamanı söylemiştik."

"Evet, ben de buraya onun için geldim zaten."

"Bir daha da geleyim deme. Defol!" diye bağırdı bana. Gri üniformalı güvenlik görevlisi rastlantıymış gibi hiç istifini bozmadan yanımıza geldi. St. Louis'li yumruğunu sıkarak müdürü azarlamaya başladı: "Bu adam bizi soyarken aklın neredeydi? Bu adamın adı Livingston. Sana bu konuda emir verilmişti."

"Bana bak," dedim St. Louis'liye. "Burası St. Louis değil. Patronunun St. Louis'de çevirdiği dolaplar burada sökmez."

"Bir daha seni bu ofiste görmeyeyim. Buraya adım atayım deme," diye bas bas bağırıyordu.

"Ben buraya gelemezsem kimse gelmez," dedim ona. "Burada üçkağıda yer yok."

St. Louis'li anında yumuşattı sesini.

"Bak evladım," dedi sıkıntılı bir halde. "Bizi kırma. Biraz mantıklı ol! Biz her gün böyle zarar edemeyiz. Patron senin kim olduğunu duyunca küplere binecek. Rica ediyorum Livingston."

"Olur, merak etme," diye söz verdim.

"Mantıklı ol biraz ne olur. Tanrı aşkına gelme bir daha buraya. Bırak burada iyi bir başlangıç yapalım. Buralarda yeniyiz daha. Olur mu?"

"Bir daha geldiğimde bu kadar gürültü istemem," dedim çıkarken. St. Louis'li nefes nefese müdürle konuşuyordu. St. Louis'de beni kovmalarının öcünü almış, epey para kazanmıştım. Artık sinirlenmeye ve daha fazla üzerlerine gitmeye gerek yoktu. Fullerton'un ofisine gidip olanları McDevitt'e anlattım. Sonra da eğer sakıncası yoksa benim için Teller'ın yerine gidip küçük çapta, yirmi, otuz hisselik alımlar yapmasını rica ettim. Böylece dükkândakiler ona alışacaktı, ben de fırsat kollayacak ve iyi bir hisse bulduğumda hisseleri artırması için ona telefonla talimat verecektim.

McDevitt'e bin dolar verdim. Söylediğim gibi Hoboken'a gitti ve çok geçmeden düzenli müşterilerinden biri oldu. Derken bir gün hisselerden birinin aniden düşmeye başlayacağını farkettim ve Mac'e haber verdim, Mac de satabildiği kadar hisse sattı. O gün Mac'e payını ve masraflarını ödedikten sonra cebime 2.800 dolar kaldı. Herhalde Mac kendi hesabına da bir miktar oynamıştı. Aradan bir ay geçmemişti ki Teller Hoboken şubesini kapattı. Ortalıkta dönenler polisin şüphesini çekmişti. Ayrıca yatırdığımız paranın karşılığını alamıyorduk, gerçi orada yalnızca iki kez alım satım yapmıştık. O dönemde borsa çılgın bir yükselme eğilimi içindeydi ve hisse senetleri bir puanlık marjları silecek kadar bile kâr getirmiyordu. Bu arada bütün müşteriler borsanın yükseleceği beklentisi içinde olduklarından hep o yönde oynuyor, hep de kazanıyorlardı. Bucket shop'lar salgın hastalık gibi bütün ülkeyi sarmıştı.

Artık bucket shop'lar çok değişti. Eski bucket shop'larda alım satım yapmak saygın bir brokerin ofisinde spekülasyona girmekten daha avantajlıydı. Öncelikle marj tükenir tükenmez işlem kendiliğinden kapanıyordu, bu da zarar edilmesini önlüyordu. Oynadığınız paradan daha fazlasını kaybetmeniz olanaksızdı, ayrıca verdiğiniz talimatların uygulanmaması ya da geç uygulanması gibi şeyler de söz konusu olmuyordu. New York'taki bucket shop'lar Batı bölgelerindeki dükkânlar kadar liberal değildi. Burada kimi hisse senetlerinden elde edilebilecek kâr iki puanla sınırlandırılırdı. Şeker, Tennesse Kömür ve Demir bunların arasındaydı. Bu hisseler on dakikada on puan hareket etmiş olsalar da makbuz başına ancak iki puanlık kâr edilebilirdi. Aksi halde müşterinin bir dolar koyup karşılığında on dolar kazanarak çok fazla kâr edeceğini düşünürlerdi.

Sonraları en büyükleri de dahil olmak üzere birçok bucket shop'un bazı hisse senetlerini alıp satmayı reddettikleri bir dönem geldi. 1900'de seçimlerden bir gün önce McKinley'in kazanacağı kesinleşince ülkedeki bucket shop'ların hiçbiri müşterilerin hisse senedi satın almasına izin vermedi. Seçim bahisleri bire üç McKinley lehineydi. Pazartesi günü hisse senedi alarak 3 ila 6, hatta daha da fazla puan kâr edilebilirdi. Bryan üzerine bahse girip, üstüne üstlük bir de hisse senedi satın alan herkes zengin olabilirdi. O gün bucket shop'lar hiçbir talimatı kabul etmedi.

Eğer bucket shop'lar benimle iş yapmayı reddetmeseydi onlardan asla vazgeçmezdim. O zaman da hisse senedi spekülasyonunun birkaç puanlık dalgalanmalar üzerinde oynamaktan ibaret olmadığını öğrenemezdim.

III. BÖLÜM

İnsanın acı deneyimlerden ders almayı öğrenmesi uzun sürer. Her madalyonun iki yüzü vardır. Oysa menkul değerler borsasının tek bir yüzü vardır, borsanın değer kazanması ya da kaybetmesi değildir önemli olan, önemli olan borsayı doğru değerlendirebilmektir. Nedense bunu anlamam, spekülasyonun daha teknik taraflarını öğrenmemden çok daha uzun sürdü.

Borsada haklı olduklarını kanıtlamak için hayali paralarla hayali işlemler yapan insanlar tanıdım ben. Kimi zaman bu hayalet kumarbazlar milyonlarca dolar kazanır. İnsanın düşlerinde milyoner olması kolaydır ne de olsa. Bu bana ertesi gün düello yapacak olan bir adamın öyküsünü hatırlatır.

Yardımcısı ona, "İyi nişancı mısın?" diye sormuş. Adam da gayet alçakgönüllü bir tavırla yanıtlamış: "Yirmi adımdan bir kadehin ayağını vurabilirim."

Diğeri hiç istifini bozmadan vermiş cevabını: "İyi de o şarap kadehini beynine dolu bir tabanca dayamışken de vurabilir misin?"

Ben her zaman düşüncelerimi gerçeğe dönüştürür, hayali paralarla oyuna girmem. Bugüne kadar uğradığım zararlar, bana çekilmek zorunda kalmayacağıma emin olana kadar saldırıya geçmemem gerektiğini öğretti. Ama eğer saldırıya geçemeyeceksem yerimden hiç kıpırdamamayı yeğlerim. Böyle söyleyerek, insan zarar edeceğini anladığında geri çekilmesin demek istemiyorum. Elbette çekilmeli. Ancak kararlı davranmak gerek.

Yaşamım boyunca bir yığın hata yaptım ama kaybettiğim paralar bana deneyim kazandırdı ve artık neleri yapmamam gerektiğini biliyorum. Birkaç kez cebimdeki parayı son kuruşuna dek kaybettim ama hep kendime bir yanılma payı bırakmışımdır. Yoksa bugün bulunduğum yere hiç gelemezdim. Hep ikinci bir şansım olacağına ve o zaman yaptığım hatayı tekrarlamayacağıma inanmışımdır. Her zaman kendime güvenim olmuştur.

Eğer bu oyunu kazanmaya niyetliyseniz, kendinize ve karar verme yeteneğinize güvenmelisiniz. Bu yüzden ben tüyo denen şeye inanmam. Eğer Smith'ten gelen bir tüyoyla hisse senedi alıyorsam, o hisse senetlerini yine Smith'in tüyosuyla satmam gerekir. O zaman Smith'e bağımlı olurum. Ya satma zamanı geldiğinde Smith tatilde olursa? Olmaz! Kimse başkasından duyduğu bir şeye güvenerek zengin olamaz. Kendi deneyimlerimden çok iyi biliyorum ki, birisinden gelen tüyo ya da tüyolar bana kendi aklıma güvenerek verdiğim kararlardan daha fazla kâr sağlayamaz. Oyunu, doğru tahminler yaptığımda büyük paralar kazanmamı sağlayacak kadar iyi öğrenmem beş yılımı aldı.

İlginç deneyimler yaşadığımı sanmayın. Aradan yıllar geçti, o yüzden spekülasyon oyununu öğrendiğim günler artık çok uzakta kaldı ve yaşadıklarım da etkisini yitirdi. Birkaç kez bütün paramı kaybettim, bunun asla hoş bir şey olmadığını herkes bilir, ama ben de paramı Wall Street'te para kaybeden herkes gibi kaybettim. Bu konuda bir ayrıcalığım olmadı. Spekülasyon işi zor ve çetin bir uğraştır, spekülasyon işine giren bir insanın borsayı izlemeyi bir an bile bırakmaması gerekir.

Fullerton'daki ilk birkaç olaydan sonra işin sırrı ortaya çıktı: Spekülasyon denilen şeye yeni bir açıdan bakmam gerekiyordu. Oysa ben hâlâ bu oyunu bucket shop'larda öğrendiğim gibi oynamakla yetinmekteydim. Bucket shop'larda oyunu kazandığımı zannederken, aslında ancak dükkânı yeniyor, borsadaki gelişmelere ise aldırmıyordum. Öte yandan bucket shop'ta çalışırken edindiğim fiyatları okuma becerisi ve güçlü belleğim bana çok yardımcı oldu. Bu özelliklerin ikisi de bende doğal olarak vardı. Borsada edindiğim ilk başarıları onlara borçluyum, bilgilerime ya da aklıma değil. O dönemde çok cahildim, henüz kendimi eğitme fırsatını bulamamıştım. Bana oyunu öğreten yine oyunun kendisi oldu. Ama oyunu öğrenirken bol bol ter de döktürdü.

New York'taki ilk günümü anımsıyorum. Bucket shop'ların beni nasıl kovduğunu ve bu yüzden saygın aracı firmalarla çalışabilmek için New York'a gelişimi anlatmıştım size. İlk girdiğim ofisteki çocuklardan biri New York Menkul Değerler Borsası üyesi Harding Brothers adına çalışıyordu. NewYork'a sabah gelmiştim, aynı gün saat 13'te firmada hesap açmıştım ve alım satım yapmaya hazırdım.

Oynamaya başladığımda hiç sorgulamadan bucket shop'larda uyguladığım yöntemin aynısını kullanmaya başladım. Bucket shop yöntemi dalgalanmaları izleyerek küçük fiyat farklarından yararlanmaktı. Aracı firmada kimse burasının farklı bir yer olduğunu ve başka yöntemlere gereksinim duyacağımı anlatmadı bana. Zaten biri çıkıp yöntemimin burada işe yaramayacağını söyleseydi bile ona kulak asmaz, bir de kendim denerdim. Hata yaptığıma ancak para kaybettiğimde inanırım ben. Haklı olduğuma da ancak para kazandığımda emin olurum. İşte spekülasyon budur.

O dönem borsa çok canlıydı ve ortalık cıvıl cıvıldı. Bu da hemen havaya girmemi sağladı. Hemen yerimi benimsedim. Gözümün önünde eski dostum fiyat tahtası duruyordu ve ben bu tahtanın dilini daha onbeşime varmadan sökmüştüm. Eski işyerimde benim yaptığım işi yapan küçük bir çocuk da vardı. Alıştığım türde müşteriler tahtaya bakıyor ya da bandın yanında durarak fiyatları bildiriyor ve borsa hakkında sohbet ediyorlardı. Bütün makineler benim bildiğim makinelerdi. Ortam, benim Burlington'da borsadan ilk kazancım olan 3,12 dolar kazandığım günlerdeki ortamın aynısıydı. Bant aynıydı, görevliler aynıydı, yani oyun aynıydı. Üstelik unutmayın, henüz 22 yaşındaydım. Oyunu A'dan Z'ye bildiğimi sanıyordum herhalde. Bilmediğim ne olabilirdi ki?

Tahtayı izledim ve gözüme hoş görünen bir hisse senedini seçtim. Her şey olması gerektiği gibiydi. 84'ten yüz hisse satın aldım. Yarım saat geçmeden 85'e çıkınca sattım hisseleri. Sonra yine hoşuma giden bir hisse senedi daha gördüm, onunla da aynı şeyi yaptım; kısa süre içinde net dörtte üç puan kâr etmiş oldum. Bu iyi bir başlangıç sayılırdı.

Şimdi beni iyi dinleyin: Saygın bir Menkul Değerler Borsası aracı kurumunun müşterisi olarak ilk günümde, hem de ilk iki saat içinde bin yüz adet hisse alıp sattım. O günkü sonuç ise tam bin yüz dolar zarardı. Yani daha ilk günümde sermayemin yarısı elimden uçup gitti. Üstelik de aldığım hisselerden bazıları bana kâr getirdi. Ama sonuçta o günü eksi 1.100 dolarla kapattım.

Ancak üzülmüyordum, çünkü bu olanların kendi hatam olduğunu farketmemiştim. Seçimlerim gayet yerindeydi ve eğer Cosmopolitan'da oynasaydım, bu yöntemle kâr ederdim. Bir şeylerin ters gittiği açıktı ve benim bunu 1.100 dolar zarar ettikten sonra anlamam gerekirdi. Oysa ben hâlâ yöntemime güveniyordum. İnsan 22 yaşındayken bu kadarcık cehaleti normal karşılamak gerekir.

Birkaç gün geçtikten sonra kendi kendime, "Burada bu yöntemle oynayamam. Banttan gelen bilgiler işime yaramıyor burada," dedim. Ama nedense aynı şekilde alım satım yapmaya devam ettim inatla. Hiç param kalmayana dek bir adım ileri, iki adım geri, yöntemimi sürdürdüm. Fullerton'a gidip beş yüz dolar istedim. Sonra hatırlayacaksınız, St. Louis'e gittim ve oradaki bucket shop'lardan kazandığım paralarla geri döndüm. Bucket shop'larda oynayıp da kaybetmeme olanak yoktu zaten.

Bir süre daha dikkatli oynadım ve durum düzeldi. Cebime para girince daha iyi yaşamaya başladım. Kendime arkadaşlar edindim ve eğlenceye de zaman ayırmaya başladım. Daha 23 yaşına bile gelmemiştim, New York'ta yalnızdım, ceplerim kolay kazanılmış para ile doluydu ve artık borsa mekanizmasını çözdüğüme emindim.

Artık talimatlarımı verirken borsa salonunda yerine getirilmelerinin alacağı zamanı da hesaba katıyor ve daha tedbirli davranıyordum. Ama hâlâ banttan gelen fiyatlara göre veriyordum kararlarımı, yani genellemeler yapmıyordum henüz. Bu devam ettiği sürece, yöntemimin hatalı yerlerini göremeyecektim.

Derken 1901 yılında borsa büyük bir patlama yaptı ve ben yaşıma göre oldukça büyük para kazandım. O yılları hatırlayanınız var mı? Amerika hiç olmadığı kadar zengindi. Sanayi kuruluşları güçlerini birleştirerek sermayelerini bir araya getirmeye başlamışlar, bu arada halk kendini tümüyle borsaya vermişti.

Eski parlak dönemlerde Wall Street 250.000 hisse senedinin alınıp satıldığı, 25 milyon dolarlık hissenin el değiştirdiği günlere tanık olmuştu. 1901'de ise 3 milyon hisse senedinin işlem gördüğü günler oldu. Herkes deli gibi para kazanıyordu. Çelik sanayicileri New York'a hücum etti. Bu milyonerlerin paraya sarhoş denizciler kadar bile saygısı yoktu.

Onları tatmin eden tek şey borsaydı. Wall Street'ten gelip geçen en büyük oyuncular o dönemde ortaya çıktı: John W. Gates, arkadaşları John A. Drake, Loyal Smith ve diğerleri; ellerindeki çelik hisselerinin bir bölümünü satarak parasıyla o dev Rock Island sistemi hisselerinin büyük bir kısmını açık piyasada satın alan Reids-Leeds-Moore grubu; Schwab, Frick, Phipps ve Pittsburgh'lular; ayrıca başka dönemlerde büyük borsacı sınıfına girebilecek ama bu karmaşa içinde kaynayıp giden sayısız yatırımcı. İnsan istediği türden istediği kadar hisse alıp satabiliyordu. Keene ABD Çelik hisseleri için ayrı bir piyasa oluşturdu. Bir broker birkaç dakika içinde yüz bin hisse senedi sattı. Ne günlerdi onlar! Ne güzel kazançlar elde etmiştik... Üstelik hisse senedi satışları vergiden muaftı. Bu dönem hiç sona ermeyecek gibiydi.

Elbette bir süre sonra ortalıkta felaket kehanetleri dolaşmaya başladı, borsanın gedliklileri –kendilerinin dışında– herkesin çıldırdığını söylüyordu. Fakat onların dışında herkes para kazanmaktaydı.

Ben de bu gidişin duracağını ve herkesin önüne çıkan hisseyi almaktan vazgeçeceğini sezmiştim, o yüzden alımlarımı durdurup satmaya başladım. Ama hisselerimi sattıkça zarar ediyordum ve eğer çok hızlı hareket etmeseydim çok daha fazla zarar edecektim. İyi fırsatları kolluyordum ve dikkatli oynamaya gayret ediyordum. Hisse satın aldığımda kâr ediyor, kısa pozisyonda satış yaptığımda da bir miktar kaybediyordum. Gençken bile ne kadar yüksek miktarda hisse alıp sattığım düşünülecek olursa borsadaki patlamadan fazla kâr etmediğim anlaşılır.

Ancak elimden bir hisseyi eksik etmezdim, o da Northern Pacific'ti. Bu durumda banttan gelen bilgileri doğru yorumlayabilmek becerisi çok işime yarıyordu. Hisse senetlerinin çoğu yerinde saymaya başlamıştı ama bu hisse yükseldikçe yükseliyordu. Kuhn-LoebHarriman grubunun hem adi[5] hem de tercihli[6] Northern Pacific hisselerini düzenli olarak aldığını sonradan öğrendik. Elimde bin kadar adi Northern Pacific hissesi vardı ve ofiste herkesin tavsiyesine rağmen bunları satmıyordum. Fiyat 110'a çıkınca otuz puan kâr etmiş oldum ve artık satma zamanının geldiğine karar verdim. Böylece brokerdeki hesabım

5 Adi hisse: İlk ihracında herkesin aynı oy hakkına sahip olduğu sıradan hisse senedi.
6 Tercihli hisse: Özel çıkarılan ve daha fazla oy veya diğer birtakım haklar tanınan imtiyazlı hisse senedi. ç.n.

50.000 dolara çıktı. Bu o güne kadar bir araya getirebildiğim en fazla paraydı. Oysa daha birkaç ay önce aynı ofiste bütün paramı son kuruşuna kadar kaybetmiştim.

Belki hatırlarsınız, Harriman grubu Morgan ve Hill'e Burlington-Great Northern-Northern Pacific kuruluşunda hisse istediklerini bildirmişti. Morgan da önce Keene'e elli bin N.P. hissesi satın alma talimatı vermiş, böylece hisselerini artırmaya çalışmıştı. Keene ise Robert Bacon'a yüz elli bin hisse alma emrini vermiş, bu emir de yerine getirilmişti. Keene, broker'larından biri olan Eddie Norton'u N.P. yatırımcıları arasına göndererek yüz elli bin hisse aldırtmış, bunu sanıyorum elli bin hisselik bir alım emri daha izlemiş ve derken ünlü çekişme başlamıştı. Mayıs 1901'de borsa kapandığında bütün dünya bir devler savaşının başladığının farkındaydı. Ülkemizde bir daha o boyutta iki sermaye karşı karşıya gelmedi hiç. Harriman Morgan'a karşı; yerinden kıpırdatması olanaksız bir kayaya karşı direnmesi imkansız bir güç!

9 Mayıs sabahı uyandığımda elimde elli bin dolar nakit ve sıfır hisse senedi vardı. Biraz önce söylediğim gibi, bir süredir yeni alım yapmıyordum ve aradığım fırsatı sonunda bulmuştum. Neler olacağını çok iyi biliyordum. Fiyatlar aniden tepetaklak düşecek, sonra da çok sağlam hisseleri çok iyi fiyattan alabilecektik. Borsa çok geçmeden toplarlanacak ve bu arada da doğru hisseyi seçmesini bilenler bol kâr edecekti. Bunu görebilmek için Sherlock Holmes olmaya gerek yoktu. Hisseleri düşerken alıp yükselirken satacaktık ve bu kez turnayı gözünden vuracaktık.

Her şey tahmin ettiğim gibi oldu. Çok haklıydım, ama elimdeki paranın hepsini kaybettim! Hiç beklemediğim bir şey çıktı karşıma. Zaten bu beklenmedik şeyler de olmasa insanların hepsi birbirine benzer, yaşam da pek sıkıcı olurdu. Borsa oyunu toplama ve çıkarmadan oluşan bir matematik işlemi haline gelirdi. Hepimiz tek bir doğrultuda düşünen bir muhasebeciler sürüsüne dönüşürdük. İnsan zekâsını geliştiren şey tahmindir. Daha doğrusu, doğru tahmin etmesini öğrenmektir.

Tam tahmin ettiğim gibi, borsa fokur fokur kaynıyordu. İşlemler çok büyüktü ve borsa daha önce böylesine bir dalgalanma yaşamamıştı. Borsaya birbiri ardına bir sürü satış emri verdim. Ancak açılış fiyatlarını görünce neye uğradığımı şaşırdım, fiyatlar çok düşüktü. Brokerlerim işlerinin başındaydı. Hepsi de son derece bilgili ve bilinçli insanlardı, ama emirlerimi yerine getirene kadar hisslerin değeri 20 puan daha düşmüştü. Banttan gelen bilgiler piyasanın çok gerisindeydi ve herkes aniden borsaya hücum ettiği için fiyatlar çok geç bildirilebiliyordu. Derken fiyat 100 iken satış emri verdiğim hisse senetlerinin 80'e satıldığını, yani bir önceki günün kapanış fiyatının otuz ya da kırk puan altına düştüğünü öğrendiğimde farkettim ki aslında ucuza kapatmayı hayal ettiğim hisse senetlerini ben başkalarına ikram ediyordum. Herhalde borsa sıfıra inmeyecekti. Ben de bir an önce kısa pozisyondan çıkmaya karar verdim.

Brokerlerim satın alıyordu ama benim sandığım fiyatlardan değil, emirlerimin borsadaki adamlarına ulaştığı andaki fiyattan. Düşündüğümden 15 puan kadar daha fazla ödediler. Bir günde 35 puan zarar etmek her babayiğidin harcı değildi.

Banttan gelen fiyatlar borsanın çok gerisinde kalınca, benim de hesaplarım şaştı. Ben o güne dek bandı dostum olarak görmüş, kararlarımı hep bandın bildirdiği fiyatlara dayanarak vermiştim. Fakat bu kez bant benim aleyhime işliyordu. Banttan çıkan fiyatlarla borsada o anda geçerli olan fiyatlar arasındaki fark kuyumu kazmıştı. Daha önce de yaptığım hatayı tekrarlıyordum. Şimdi brokerin yapacağı işlemleri hesaba katmadan, sadece banttan gelen fiyatlara dayanarak alım satım yapmak çok aptalca görünüyor ama o zamanlar aklım neredeydi bilemiyorum.

Hatamı anlamamakla kalmadım, alım satım yapmaya, gerçek fiyatları düşünmeden kararlar vermeye devam ettim. Ben hiçbir zaman limitli alım satım yapmayı sevmem. Borsada şansımı sonuna kadar zorlamak isterim. Aklımda tek bir şey vardır, borsayı yenmek. Satmam gerektiğini düşünüyorsam satarım. Hisse senetlerinin değerinin yükseleceğini düşünüyorsam satın alırım. Beni kurtaran da bu genel spekülasyon ilkesine uymam oldu. Belli limitler içinde alım yapmak zorunda olsaydım, eski bucket shop yöntemimin broker ofisine uyarlanmış kötü bir kopyası olurdu her şey. Borsa spekülasyonu nedir hiç öğrenemez, kısa deneyimime göre içime ne doğuyorsa onu yapardım.

Banttan gelen fiyatlar borsanın gerisinde kaldığında zarar etmemek için fiyatları sınırlamaya çalıştığımda, borsadaki fiyatların çoktan bu sınırları aşmış olduğunu görüyordum. Bu o denli sık oldu ki sonunda bu yöntemden vazgeçmek zorunda kaldım. Fiyatın birkaç saat içinde hangi düzeye geleceğini tahmin etmek yerine, uzun vadede izleyeceği yönü kestirmenin daha kârlı olduğunu anlamam yıllarımı aldı.

9 Mayıs felaketinden sonra borsada alım satım yapmaya devam ettim, yöntemimi biraz değiştirmiş ama hâlâ düzeltememiştim. Arada bir para kazanmasaydım, belki borsanın özünü daha çabuk kavrayacaktım. Ama iyi bir yaşam sürdürmeme yetecek kadar para kazanıyordum. Arkadaşlarımla birlikte eğlenmeyi seviyordum. Yüzlerce Wall Street talihlisi zengin gibi ben de o yaz Jersey Coast'ta oturuyordum. Ne var ki kazancım zararlarımı kapatıp zengin bir yaşam sürdürmem için yeterli değildi.

Borsadaki yöntemimi sırf inadımdan sürdürmüyordum. Bir türlü hatanın nerede olduğunu bulamıyor, bu yüzden de çözüm geliştiremiyordum. Bu konuyu bu kadar vurgulamamın nedeni size gerçekten kâr edecek duruma gelene kadar nerelerden geçtiğimi anlatabilmek. Eski tabancam, ancak makineli tüfekle kazanabileceğim bu oyun için yetersiz kalıyordu.

O yılın sonbaharında yine meteliksiz kaldım ve bu kez bu işten o kadar bıkmıştım ki New York'tan ayrılıp başka bir yerlerde şansımı denemeye karar verdim. On dört yaşından beri borsanın içindeydim. İlk bin dolarımı kazandığımda henüz on beş yaşımı sürüyordum. İlk on bin dolarımı biriktirdiğimde yirmi bir yaşındaydım. O zamandan beri kaç kez on binlerce dolar toplayıp sonra da kaybetmiştim. Kazancım ve sonra da zararlarım New York'ta elli bin dolara çıkmıştı. Bildiğim başka bir iş, başka bir becerim yoktu. Birkaç yıl içinde başladığım noktaya geri dönmüştüm. Hayır, daha da beteri; bu süre içinde alışkanlıklar edinmiş, ancak çok parayla sürebileceğim bir yaşamı benimsemiştim. Yine de beni en çok rahatsız eden şey bu yaşamdan vazgeçmek değil, borsayla ilgili tahminlerimde sürekli haksız çıkmaktı.

IV. BÖLÜM

Sonuçta eve döndüm. Ama eski kasabama ayak bastığım anda biliyordum ki yaşamda tek bir amacım vardı, o da para bulup Wall Street'e geri dönmek. Orası borsada gönlümce oynayabileceğim tek yerdi. Günün birinde, yeterince param olunca, öyle bir yere ihtiyaç duyacaktım. İnsan haklı çıktığı zaman ufak ödüllerle yetinmez.

Fazla ümitli değildim, ama yine de bucket shop'lara yeniden girmeyi denedim. Bucket shop'ların çoğu kapanmıştı, bazıları da el değiştirmişti. Beni anımsayanlar yeni bir fırsat tanımaya yanaşmıyordu. Onlara gerçeği, orada kazandığım paranın hepsini New York'ta kaybettiğimi söyledim; artık aklımın başıma geldiğini anlattım; dükkânlarında oynamama izin verirlerse, bundan her ikimizin de kâr edeceğine inandırmaya çalıştım. Ama hiçbiri buna inanmadı. Yeni açılan yerlereyse güvenemiyordum. Sahipleri, "insan doğru tahminde bulunduğuna eminse yirmi hisseyle yetinmesini bilmeli" gibi bir kanı taşıyordu.

Paraya ihtiyacım vardı ve büyük bucket shop'lar düzenli müşterilerden bol bol para koparmaktaydı. Bir arkadaşımı benim adıma alım satım yapması için dükkânlardan birine gönderdim. Ben de oralarda dolaşıp olan biteni izliyormuş gibi yapıyordum. Bir kez daha emirleri alan görevliden benim için elli hissecik de olsa bir alım yapmasını rica ettim. Tabii yine hayır dedi. Arkadaşımla bir anlaşma yapmıştık, ben kendisine ne söylersem alacak ya da satacaktı. Ama kazandığı para benim dişimin kovuğuna bile sığmıyordu. Derken ofis, arkadaşımın emirlerini de almak istemedi. Sonunda bir gün yüz adet St. Paul hissesi satmak istediğinde onu geri çevirdiler.

Sonradan öğrendik ki müşterilerden biri, bizi dışarıda konuşurken görüp ofise haber vermiş, arkadaşım görevliye gidip o yüz St. Paul hissesini satmak istediğinde aldığı yanıt, "St. Paul satış emirlerini kabul edemiyoruz, hele sizden asla," oldu.

"Neden? Ne oldu Joe?" diye sordu arkadaşım.

"Hiç boşuna dil dökme," dedi Joe.

"Benim param burada geçmiyor mu? Al kendin bak. İşte hepsi burada."

Ve arkadaşım onluk banknotlar halinde yüz doları, benim yüz dolarımı, Joe'ya uzattı. Bir yandan da sinirlenmiş numarası yapıyordu, bense kayıtsız bir tavır takınmıştım; ama diğer müşteriler tartışmayı duyunca yanımıza yaklaştı. Zaten bu hep böyledir, birileri yüksek sesle konuşsa ya da dükkânın sahibi ile bir müşteri arasında en ufak bir sürtüşme çıksa, diğer müşteriler hemen oraya hücum eder. Amaçları duydukları tüyoyu değerlendirmek, vakit kaybetmeden kasaya yanaşmaktır.

Joe aynı zamanda müdür yardımcısıydı. Gişeden çıkarak arkadaşımın yanına geldi, önce onu sonra da beni dikkatle süzdü.

"Ne kadar tuhaf," dedi alçak bir sesle, "pek tuhaf, arkadaşın Livingston ortalarda yokken hiç oynamıyorsun. Oturup saatlerce fiyat tahtasını izliyorsun. Parmağın bile kıpırdamıyor. Ama o gelince birden hareketleniveriyorsun. Gerçekten de kendi adına oynuyor olabilirsin, ama artık burada oynayamayacaksın. Livingston'dan tüyo almanı istemiyoruz."

Böylece bu maceranın da sonu geldi. Ama masraflarım çıktıktan sonra bana geriye birkaç yüz dolar kalmıştı. Bu parayı nasıl kullanabilirim diye düşünüyordum kara kara, çünkü NewYork'a dönme isteğim iyice artmıştı. Bir şans daha bulabilirsem, daha başarılı olacağımı düşünüyordum. Yaptığım bazı aptalca hataları düşünecek zamanım olmuştu, ne de olsa insan araya zaman ve mesafe girince bazı şeyleri daha iyi değerlendirebiliyor. Bir an önce kendime bir yerlerden sermaye bulmam gerekiyordu.

Bir gün bir otelin lobisinde düzenli olarak borsada alım satım yapan bazı tanıdıklarımla konuşuyordum. Tek konumuz borsaydı. Benim gibi borsada emirlerini brokerlerine uygulatan kişilerin hiçbir zaman kazanmayacağını söyledim.

Oradaki adamlardan biri çıkıp hangi brokerleri kastettiğimi sordu.

"Ülkenin en iyi brokerleri," dedim. O da bana isimlerini sordu. Birinci sınıf aracılarla çalıştığıma inanmayacağı belliydi.

Yine de, "New York Menkul Değerler Borsası'nın herhangi bir üyesi," diye yanıt verdim. "Adamlar dolandırıcılık falan yapmıyor, üstelik de özenli çalışıyorlar. Ama bir yatırımcı borsada alım emri verince brokerden rapor gelene kadar aldığı hisse senetlerine ne kadar para verdiğini bilemiyor. Fiyatlar belki on, onbeş değil ama bir iki puan oynuyor sürekli. Fakat borsanın dışından emir veren biri de bu küçük iniş çıkışları yakalayamıyor. Ben aslında bucket shop'larda oynamayı tercih ederim, ama orada da büyük oynamaya izin yok."

Benimle konuşan adamı daha önce hiç görmemiştim. Adı Roberts idi. Pek arkadaş canlısı görünüyordu. Beni kenara çekip diğer borsaları deneyip denemediğimi sordu, ben de denemediğimi söyledim. Pamuk borsası ve zahire borsasını, ayrıca bu tür küçük borsaların üyesi olan aracı kurumlar bildiğini anlattı. Bu kurumlar çok dikkatli çalışıyor ve emirlerin icrasına büyük özen gösteriyorlardı. New York Menkul Değerler Borsası'nın en büyük ve iyi kurumları ile gizli bağlantıları vardı. Kişisel ilişkileri sayesinde ve ayda yüz binlerce hisselik iş getirdikleri için tek başına oynayan müşterilerden çok daha iyi hizmet alıyorlardı.

"Küçük müşterilere her türlü hizmeti sunuyorlar," dedi. "New York dışından katılmak isteyenler için özel koşullar sağlıyorlar ve on bin hisselik emirle on hisselik emir arasında ayrım yapmıyorlar. Son derece bilgili ve dürüstler."

"İyi de eğer borsa aracısına 1/8 komisyon ödüyorlarsa nasıl kâr ediyorlar?"

"Aslında sekizde bir ödemeleri gerekiyor ama, anlarsın ya ..." Bana bakıp göz kırptı.

"Anladım," dedim. "Ama borsa aracılarının yapmayacağı bir şey varsa o da komisyondan indirim uygulamaktır. Bu firmaların sahipleri elemanlarının dışarıdan biri için 1/8'in altında komisyon uygulamaktansa adam öldürüp kundakçılık yapmalarını tercih eder. Borsanın hayatı bu kurala bağlıdır."

Benim borsacı tanıdıklarım olduğunu anlamış olacak ki, "Bak şimdi," dedi. "Arada sırada o saygın geçinen aracı kurumlardan biri bu kuralı çiğnediği için bir yıl süreyle kapatılmıyor mu? İndirim yapmanın da yolları vardır." Ona inanmadığımı yüzümden okumuş olacak ki devam etti: "Ayrıca bazı durumlarda, bizde -yani Wire Houses demek istiyorum, sekizde birlik komisyonun üzerine bir de otuz ikide bir oranında bir ücret uygularlar. Ama çok da insaflıdırlar. Bu fazladan komisyonu ancak çok özel durumlarda ve eğer müşterinin hesabı aktif değilse alırlar. Yoksa aldıklarına değmez zaten. Bu adamlar bu işi spor olsun diye yapmıyor."

O arada onun bana bazı brokerlerin reklamını yapmaya çalıştığını anlamıştım.

"Böyle bildiğin güvenilir bir şirket var mı?" diye sordum.

"Ben Amerika'nın en büyük aracı firmasını biliyorum," dedi. "Kendim orada alım satım yapıyorum. Amerika'da ve Kanada'da sekiz yerde şubesi var. İş hacmi çok geniş. Her şeyi kitabına göre yapsalardı her yıl kâr edemezlerdi değil mi?"

"Çok doğru," diye hak verdim ona. "New York Menkul Değerler Borsası'nda işlem gören hisseleri mi alıp satıyorlar?"

"Elbette, ayrıca borsa dışı piyasa dahil, burada ya da Avrupa'daki her borsada el değiştiren bütün kâğıtlar var bu firmada. Buğday, pamuk, zahire, aklına gelen her piyasaya girmiş durumdalar. Her yerde muhabirleri var, her borsaya üyeler. Bazen kendi adlarını veriyorlar, bazen de başkasının adına gizlice üye oluyorlar."

Anlattıklarını çok iyi anlamıştım ama saf numarası yapmaya devam ettim.

"Evet de emirlerin yine de biri tarafından yerine getirilmesi gerekecek. Kimse emrin verildiği andan yerine getirildiği ana kadar geçen süre içinde, borsa salonundaki fiyatın değişmeyeceği garantisini veremez. İnsan buradaki fiyatı öğreniyor, ondan sonra da emri verip New York'a telgrafla bildirilmesini bekliyor, o arada neler neler olur. En iyisi ben New York'a geri dönüp paramı saygın bir kurumda kaybedeyim."

"Para kaybetmek nedir bilmem ben. Bizim müşterilerimiz de bilmez. Onlar para kazanır. Bunu biz sağlarız."

"Sizin müşterileriniz mi?"

"Yani ben bu firmayı çok sevdim, her fırsatta onlara yeni müşteri yolluyorum. Bana her zaman çok dürüst davrandılar ve sayelerinde epey para kazandım. Eğer istiyorsan seni müdürle tanıştırırım."

"Bu firmanın adı ne?" diye sordum.

Adını söyledi. Daha önce de duymuştum bu firmayı. Bütün gazetelere ilan vererek borsa tüyolarını alan müşterilerin kazandığı paraları duyurmaktaydı. Firmanın en büyük hizmeti buydu. Bu firma bildiğimiz bucket shop'lardan değildi ama sahipleri bir taraftan bucket shop'ların yaptığı işi yaparken, diğer taraftan karmaşık bir yöntemle yaptıklarını kamufle ediyor ve saygın bir aracı kurumda çalışan brokerler gibi davranıyorlardı. Bu firma türünün en eski örneklerinden biriydi.

Bunlar bu yıl birer birer iflas eden brokerlerin ilk örneklerindendi. Genel prensipleri ve yöntemleri hep aynıydı ama numaraları eskimeye başlayınca bazı ayrıntıları değiştirerek halkın gözünü boyamanın yeni yollarını buluyorlardı.

Bu adamlar hisse senetleri ile ilgili tüyolar verirlerdi. Yüzlerce kişiye telgraf çekip belli bir hisseden satın almalarını önerirken, yüzlercesine yolladıkları telgraflarda aynı hisseyi satmalarını öğütler, böylece alım ve satımların başa baş gitmesini sağlarlardı. Böylece borsaya emirler yağmaya başlardı. Firma o hisseden diyelim ki bin adedini saygın bir borsa üyesi broker aracılığıyla satın alır ve işlemin raporunu saklardı. Bu rapor, firmayı bucket shop olmakla suçlama cüretini gösteren herkese gösterilirdi.

Ayrıca bu firmalar şubelerinde gizli fonlar oluşturur ve müşterilerine büyük bir lütufta bulunarak onlar adına, onların parasıyla istedikleri gibi alım satım yapabilmeleri için yazılı izin alırlardı. Böylece parası uçup giden müşteriler firmaya karşı yasal şikâyette de bulunamazdı. Kâğıt üzerinde bir hisse senedinden bol miktarda satın almış görünür, sonra da eski bucket shop numaralarından birine başvurarak müşterilerin marjlarını silip süpürürlerdi. Ellerinden kimse kurtulamazdı, ne kadınlar, ne de öğretmenler... Hele yaşlılar en yağlı müşterileriydi.

"Ben brokerlerle iş yapmam," dedim simsar müsveddesine. "En iyisi ben bu konuyu biraz düşüneyim," diyerek, daha fazla konuşmasını engellemek için yanından ayrıldım.

Bu firmayı soruşturdum. Yüzlerce müşterisi olduğunu öğrendim. Hep aynı hikâyeler anlatılıyordu, ama gerçekten kazanan müşterileri onlardan tek bir kuruş bile alamamıştı o güne dek. O ofiste kazanan tek bir kişiye rastlamak olanaksızdı ama ben kazanmayı başardım. O günlerde işleri tıkırında gidiyordu ve karşılarına benim gibi bir çetin cevizin çıkması onları fazla rahatsız etmeyebilirdi. Elbette bu tip işletmelerin çoğu eninde sonunda iflas eder. Kimi dönemlerde arka arkaya birkaç bankanın iflas etmesi gibi, bucket shop'lar da birbiri ardına bir iflas salgınına tutulur. Diğer firmaların müşterileri de korkar ve hemen paralarını geri almak için bu dükkânlara koşarlar. Ama Amerika'da bucket shop sahipliğinden emekli olma şansına erişmiş insanlar da az değildir.

Bu simsar müsveddesinin firması da fazla tehlikeli görünmüyordu, alt tarafı sürekli olarak müşterilerini dolandıran ve dürüstlükten pek hoşlanmayan bir şirketti bu. Uzmanlık alanları kısa yoldan zengin olmak isteyen enayileri kısa yoldan söğüşlemekti. Ama her zaman, önceden müşterinin onayını, hem de yazılı olarak alır, böylece onları yolmaya resmen hak kazanırlardı.

Bir tanıdığım bana bu firmanın aynı günde altı yüz müşteriye telgraf çekerek belli bir hisse senedini acilen satın almaları öğüdünü verirken, altı yüz müşteriye yine telgrafla o hisseyi hemen satmaları tavsiyesini verdiklerini görmüş.

Bunu bana anlatan arkadaşa, "Evet, ben bu numarayı biliyorum," dedim.

"Evet," dedi. "Ama ertesi gün aynı kişilere telgraf yollayarak hemen ellerindeki her şeyi satarak yeni bir hisse senedini almalarını söylediler. Firmanın en büyük ortağına 'Bunu neden yapıyorsunuz?' diye sordum. 'İlk telgrafları anladım. Bazı müşterileriniz sonuçta kaybedecek olsalar da bir süre kâğıt üzerinde kârlı görünüyorlar. Ama bu ikinci telgrafları göndererek onların gözünü korkutuyorsunuz. Nedir bunun ardında yatan neden?'"

"Müşteriler nasıl olsa zarar edecekler. Neyi nerede nasıl ne zaman alırlarsa alsınlar. Müşteri parasını kaybedince ben de müşteriyi kaybederim. Bari paraları bitmeden ben koparabildiğim kadarını alayım, sonra da yeni enayiler ararım," dedi.

Doğrusu firmanın iş ahlakı beni hiç ilgilendirmiyordu. Teller firmasına ne kadar bozulduğumu ve onlardan öç almak için yanıp tutuştuğumu anlatmıştım. Bu şirkete karşı böyle duygular hissetmiyordum. Belki adamlar sahtekârdı, ama belki de göründükleri kadar kötü değillerdi. Onlardan benim adıma alım satım yapmalarını istemedim ya da tüyolarına kanarak yalanlarına inanmadım. Benim tek derdim sermaye toplayıp New York'a dönmek ve insanın bucket shop'larda olduğu gibi her an polis basacağı korkusu olmadan ve kazandığın paraya el konmadan, hepsinin tıkır tıkır ödeneceğinden emin olarak, temiz bir ofiste alım satım yapmaktı.

Her neyse, yasal brokerlerin yanında bu firmanın nasıl avantajlar sağlayacağını denemeye karar verdim. Marj olarak koyacak fazla param yoktu ve bucket shop'lar bu konuda çok daha hoşgörülü davranıyorlardı, elimdeki birkaç yüz dolarla burada çok daha uzun bir süre idare edebilirdim.

Firmaya gidip müdürle kendim konuşmak istedim. Eski borsacılardan olduğumu ve geçmişte New York'ta Menkul Kıymetler Borsası'na kayıtlı brokerlerde hesabım olduğunu, ama bir anda elimdeki her şeyi kaybettiğimi öğrenince hemen ağız değiştirdi, oysa beni ilk gördüğünde paramı oraya yatırırsam beni bir dakika içinde milyoner yapacağına dair sözler vermeye başlamıştı. Benim iflah olmaz bir enayi olduğumu, hep oynayıp hep kaybeden kalın kafalılardan biri olduğumu düşünmeye başladı. Bu tipler ister dolandırıcı olsun, ister aldıkları komisyonlarla yetinen dürüst türden olsun, bütün bucket shop'ların en önemli gelir kaynağıydı. Müdüre benim talimatlarımı dürüst bir şekilde yerine getirecek bir firma aradığımı, çünkü her zaman borsada oynadığımı ve talimatlarımı geç yerine getiren, o yüzden beni yarım ya da bir puan fazla ödemek zorunda bırakan firmalardan bıktığımı söyledim.

Bana talimatlarımı harfiyen yerine getirecekleri konusunda şerefi üzerine söz verdi. Benimle çalışmayı çok arzu ediyorlar, bana birinci sınıf brokerliğin ne olduğunu göstermek istiyorlardı. Bu konuda en yetenekli uzmanlar onların emrinde çalışıyordu. Özellikle talimatların yerine getirilmesi konusunda tanınmışlardı. Eğer talimatın verildiği andan yerine getirildiği ana kadar geçen süre içinde fiyatta bir fark oluyorsa, bu mutlaka müşterinin lehine gelişiyordu, ama elbette bunu garanti edemezlerdi. Eğer onlarda hesap açtırırsam, telgrafla bildirilen fiyattan alım satım yapabilirdim, brokerlerine o kadar güveniyorlardı.

Bu da demekti ki orada bucket shop'larda olduğu gibi istediğim şekilde alım satım yapabilecektim – yani bir sonraki fiyattan yararlanabilecektim. Fazla hevesli görünmek istemedim ve hemen hesap açtıramayacağımı ama yakında onlara kararımı bildireceğimi söyledim. Borsanın o günlerde bol kâr sağladığını söyleyerek bir an önce harekete geçmemi tavsiye etti. Borsa bol kâr sağlıyordu, ama onlara: Fiyatlar yerinde sayıyor, ortalıkta fazla hareket görünmüyordu, yani hisseler aniden değer kaybedince zavallı müşterileri silip süpürecek bir ortam vardı borsada. Adamdan yakamı zor kurtardım.

Adımı ve adresimi vermiştim ve hemen o gün evime telgraflar ve mektuplar yağmaya başladı. Şirket şu ya da bu hisse senedine yatırım yapmamı öneriyor, borsadaki güvenilir kaynaklardan yakında hisselerin elli puan artacağını öğrendiklerini iddia ediyorlardı.

Bense bu tarz borsa vurgunu ile uğraşan benzer broker firmaları araştırmakla meşguldüm. Eğer kazandıklarımı ellerinden almayı başarabilirsem, biraz sermaye toplamanın tek yolu, bu broker taklidi bucket shop'larda oynamaktı.

Gereken bütün bilgileri topladıktan sonra üç firmada hesap açtım. Küçük bir ofis kiralamıştım, buralardan bu üç firmaya telgrafla talimat veriyordum.

Önce gözlerini korkutmamak için ufak oynamaya başladım. Göze batmayacak kadar kazanıyordum, ama çok geçmeden bu firmalar bana benim gibi ofisinden talimat gönderen müşterilerden daha büyük miktarlarda iş beklediklerini bildirdiler. Artık ucuzculardan usanmışlardı. Ne kadar büyük oynarsam o kadar çok kaybedecektim ve ne kadar kaybedersem onlar da o kadar çok kazanacaklardı. Bu, onların açısından gayet güvenilir bir yöntemdi. Bu adamlar hep vasat yatırımcılar ve vasat paralarla uğraşıyordu ve vasat müşterinin parası da fazla dayanmazdı. İflas eden müşteri artık alım satım yapamazdı. Sürekli kaybeden müşterilerse, mızmızlanarak firmaya zarar verecek şeylere yol açabilirdi.

Bu arada New York Menkul Değerler Borsası'na üye olan ve New-York'taki muhabirleriyle direkt telgraf bağlantıları olan bir firmayla da anlaşmıştım. Hisse fiyatları anında ofisime geliyordu, böylece yavaş yavaş küçük miktarlarda alım satım yapmaya başladım. Daha önce de söylediğim gibi, bu iş bucket shop'larda oynamaya benziyordu, ama biraz daha yavaş işliyordu her şey.

Bu, rahatlıkla kazanacağım bir oyundu ve beni fazla zorlamadı.

Hiçbir zaman onda on kazanacak kadar ilerletemedim işi, ama haftadan haftaya, dengeli bir şekilde kazanarak idare ediyordum. İyi yaşamaya başladım ama bir taraftan da para biriktirmeyi ihmal etmiyor, Wall Street'e giderken götüreceğim sermayeyi artırmaya çalışıyordum. Bu firmalardan ikisiyle daha telgraf bağlantısı kurdum, böylece toplam beş firmam olmuştu, elbette bunların içinde ilk görüştüğüm firma başta geliyordu.

Planlarımın pek iyi gitmediği, hisselerin daha önceki hareketlerine göre şaşırtıcı yönler izlediği, beni tamamen yanılttığı zamanlar da oldu. Ama bana fazla zarar vermedi bu olaylar, bunu önlemek için marjlarımı çok dar tutuyordum. Broker'larımla ilişkilerim gayet iyiydi. Hesapları ve kayıtları bazen benimkileri tutmuyordu ve nedense hep benim aleyhime oluyordu bu farklar. Ne tuhaf tesadüf, değil mi? Ben ise hep sözümde diretiyor ve genellikle istediğimi elde ediyordum. Firmalar kazandığım paraları eninde sonunda elimden alacakları ümidiyle yaşıyordu. Kazançlarımı bana verdikleri geçici krediler olarak görüyorlardı herhalde.

Bu firmaların hepsi üçkâğıtçıydı, brokerlik komisyonlarıyla yetinecek yerde, hep dalavereyle para kazanmak amacını güdüyorlardı. Acemi müşterileri spekülasyon yapmayı bilmedikleri, bu yüzden de borsada kumar gibi oynadıkları için bu firmaların çevirdikleri dolaplar da pek göze batmıyordu. "Müşterisini zengin eden zengin olur," deyişi eski ve çok doğru bir atasözüdür ama bu adamlar bunu hiç duymamışa benziyor, yalandan dolandan vazgeçmiyordu.

Birkaç kez bildik numaraları benim üzerimde de denemeye kalktılar. Bir iki defa da boş bulunup onlara aldandım. İstediklerinden az alım ya da satım yaptığımda böyle oyunlar oynuyorlardı. Onları dolandırıcılıkla suçladım ama onlar suçlamalarımı inkâr ettiler ve bir süre sonra her şey eski haline döndü. Üçkâğıtçılarla iş yapmanın en iyi tarafı, bu adamları yakalarsanız sizi hemen affederler, onlarla çalışmaya devam etmek kaydıyla. Onlar için farketmez. Çok alicenap insanlardır!

Neyse, kazancımın artmaya devam etmesi gerekiyordu ve bunu vurguncu bir avuç simsarın insafına bırakamazdım, o yüzden onlara bir ders vermeye karar verdim. Uzun süre borsanın gözdesi olan, ondan sonra da bir durgunluk dönemine giren bir hisse senedi seçtim. İyice ağırlaşmış bir hisseydi bu. Eğer kimsenin adını duymadığı bir hisse senedi seçseydim, benden kuşkulanabilirlerdi. Bu hisse senedinden satın almaları için beş brokerime talimat verdim. Talimatlar alındıktan sonra, brokerler bir sonraki fiyatı beklerken ben borsa üyesi olan firmaya aynı hisseden yüz adet borsada satma emrini verdim. Emrimin acilen yerine getirilmesini istedim. Satış emri borsa salonuna ulaştığında neler olduğunu tahmin edebilirsiniz; şehir dışı bağlantıları olduğu bilinen aracı bir firma uzun süredir yerinde sayan bir hisse senedini hemen satmak istiyordu. Demek ki bu hisseler birinin eline ucuz fiyattan geçecekti. Ama ben beş brokere verdiğim alış emirlerinin işlemlerini banttan gelen fiyat üzerinden ödüyordum. Oldukça düşük bir fiyattan dört yüz hisse uzun pozisyona girmiştim. New York'taki firma bana bunu nasıl bilebildiğimi sordu, ben de bir yerden tüyo aldığımı söyledim. Borsa kapanmadan az önce talimat vererek sattığım hisse senetlerini geri almalarını, kısa pozisyonda kalmak istemediğimi söyledim, fiyat ne olursa olsun hisseleri geri istiyordum. Hemen New York'a telgraf çektiler ve benim acilen yüz hisse senedi alma talebim fiyatı aniden yukarı çıkardı. Elbette bu arada üçkâğıtçı dostlarıma aldırdığım hisselerin satılması emrini vermiştim. İşi tereyağından kıl çeker gibi başarmıştım.

Yine de firmalar bu işten ders almamışlardı, ben de aynı numarayı birkaç kez tekrarladım. Onları hak ettikleri kadar acımasız bir şekilde cezalandırmıyordum, yüz hisse senedi başına bir ya da iki puanın üzerine çıktığım pek olmuyordu. Yine de beni bekleyen Wall Street serüveni için biriktirdiğim paralar gittikçe artmaktaydı. Bazen biraz çeşitleme yapıyor, kısa pozisyona giriyordum ama aşırıya kaçmamaya dikkat ediyordum. Her defasında altı yüz ya da sekiz yüz dolarla yetiniyordum.

Bir gün numaram o kadar iyi işledi ki hesaplarım altüst olarak on puanlık bir yükselişe neden oldum. Aslında brokerlerden birine her zamanki gibi yüz değil iki yüz hisse ısmarlamıştım ama diğer brokerlerde hâlâ yüz hisse senedim vardı. Bu, firmaların keyfini kaçırmaya yetmişti. Çok bozulmuşlardı ve bana telgraf üstüne telgraf çekerek teessüflerini bildiriyorlardı. Ben de gidip ilk gün görüştüğüm, bana hesap açmam için neredeyse yalvaran, sonra da her yakalanışında beni kibarca bağışlayan müdürle konuştum. O konumda biri için biraz fazla büyük konuşuyordu. "O hisse için yapay bir piyasa oluşmuştu ve size tek bir kuruş bile ödemeyeceğiz," tehdidini savurdu.

"Alış emrimi aldığınızda yapay piyasa değildi de şimdi mi oldu? O zaman ses çıkarmadınız, paramı öderken de çıkarmayacaksınız. Bu yaptığınıza dürüstlük mü denir?"

"Evet, denir!" diye bağırdı. "Size birinin numara çevirdiğini kanıtlayabilirim."

"Kim numara çeviriyormuş?" diye sordum.

"Birileri!"

"Kimi kandırmışlar peki?"

"Sizin dostlarınız kesin bu işin içinde," dedi.

Ben de dedim ki: "Siz de çok iyi bilirsiniz ki ben tek başıma çalışırım. Kime sorsanız söyler size. Hisse senetlerine para yatırmaya başladığımdan bu yana bu böyle oldu. Şimdi size dostça bir tavsiyede bulunayım: Şimdi gidip hemen paramı getirin. Burada mesele çıkartmak istemiyorum. Söylediğimi yapsanız iyi olur."

"Ödemeyeceğim. Bu işlem hileli," diye bağırdı.

Canımı sıkmaya başlamıştı. Ona, "Hemen şimdi ödeyeceksiniz," dedim.

Adam biraz daha yaygara yaptı, beni açık açık sahtekârlıkla suçladı ama sonunda parayı verdi. Diğerleri onun kadar gürültü çıkarmadılar. Ofislerden birinin müdürü benim alıp sattığım hisselere dikkat etmişti ve benden emir geldiğinde hem benim istediğim hisseleri alıyor, hem de kendisine ve ofisine özel alım yapıyordu, bu yolla biraz para bile kazandı. Bu adamlar müşterilerin kendilerini sahtekârlık suçuyla mahkemeye vereceklerini pek düşünmüyorlardı çünkü genellikle iyi bir teknik savunma hazırlamış oluyorlardı. Benim ofise haciz getireceğimden korkuyorlardı, nasıl olsa bir yolunu bulup bankadaki paralarını müşterilerden korumayı başarıyorlardı. Bu firmaların kurnaz olduğunu herkes biliyordu, ama ödeme yapmaktan kaçındıkları duyulursa, bu onların sonu olabilirdi. Bir yatırımcının broker firmada para kaybetmesi çok doğaldı ama para kazanıp da kazandığı parayı alamaması bu piyasa için kara bir leke demekti.

Bütün firmalardan paramı almayı başardım, ama o on puanlık

sıçrama benim tereciye tere satma oyunumun da sonu oldu. Artık uyanmışlardı ve kendilerinin yüzlerce zavallı müşterinin cebini boşaltmak için kullandıkları numarayı yakalamak için tetikte bekliyorlardı. Tekrar hisse alım satımına döndüm, ama borsa her zaman benim sistemime uygun işlemiyordu. Yani alabileceğim hisse sayısı sınırlı olduğundan kazancım da sınırlı kalıyordu.

Bu işle bir yıldan fazla uğraştım ve bu Wire House'larda para kazanmak için aklıma gelen her türlü numarayı denedim. Çok rahat yaşıyordum, kendime bir araba almıştım, paramı hiç düşünmeden harcıyordum. Sermaye biriktirmem gerekiyordu, ama bu sırada yaşamımı da sürdürmek zorundaydım. Doğru hisseler üzerinde oynadığım zaman kenara biraz para koyabiliyordum, ama kaybettiğim zaman elimde fazla bir para olmuyordu. Dediğim gibi, sonunda dişe dokunur bir miktar biriktirdim ve kentteki beş Wire House'da yapacağım bir şey kalmamıştı, ben de New York'a dönmeye karar verdim.

Arabam vardı ve benim gibi borsada oynayan bir arkadaşıma bana New York yolunda eşlik etmesini önerdim. Önerimi kabul etti ve hemen yola çıktık. Akşam yemeği için New Heaven'da mola verdik. Otelde eski bir borsacı arkadaşımla karşılaştım. Bana şehirde New York'la telgraf bağlantısına sahip bir bucket shop olduğunu ve gayet iyi iş yaptığını söyledi.

New York'a doğru yola çıktık ama bucket shop'un neye benzediğini görmek için onun olduğu sokaktan geçtik. Dükkânı bulduk ve görünce de içeri bir bakmak istedik. Ortalık fazla şık değildi ama fiyat tahtası, müşteriler, her şey yerli yerindeydi ve oyun sürüyordu.

Müdür, oyuncu ya da sunucuya benzeyen bir adamdı. Etrafındakileri müthiş etkileyebiliyordu. İnsana öyle bir günaydın deyişi vardı ki günün aydınlığını on yıl mikroskopla araştırdıktan sonra bulmuş ve sizi de bu buluşunun, gökyüzünün, güneşin ve firmanın banka hesabının bir parçası yapmak istiyormuş sanırdınız. Spor arabamla geldiğimizi ve üstelik ne kadar genç ve umursamaz olduğumuzu –20 yaşında bile göstermiyordum o dönemde– görünce bizi üniversite öğrencisi sandı. Ben de öğrenci olmadığımızı söylemedim. Konuşmama fırsat vermeden hemen nutuk atmaya başladı. Bizimle tanıştığına ne kadar memnun olmuş, efendim oturmaz mıymışız? O sabah borsa gayet sakin sularda seyrediyormuş, hatta tarihin başlangıcından beri asla hiçbir öğrenciye yetmeyen cep harçlıklarını artırmak için bize adeta elini uzatıyormuş. Şimdi elimizdeki birkaç doları binlerce dolara dönüştürme şansımız varmış. Borsa bize hiçbir öğrencinin düşünde bile göremeyeceği kadar çok para vermeye hazırmış.

Eh, dedim ben de. Bu kadar kibar bir adamı kırmak olmaz. Ona bize ne söylerse yapacağımızı, daha önce bazılarının borsadan çok para kazandığını duyduğumuzu söyledim.

Biraz hisse satın aldım, bir yandan da adamla sohbet ediyordum. Derken kazanmaya başladım ve hisselerin sayısını artırdım. Arkadaşım da beni izledi.

Gece New Heaven'da kaldık ve ertesi sabah ona beş kala o pek konuksever dükkânın kapısındaydık. Müdür bizi sevinerek karşıladı, kazanma sırasının o gün ona geleceğini düşünüyordu. Ama ben o günü cebimde bin beşyüz dolarla kapattım. Ertesi sabah müdür beyimize gidip beş yüz şeker hissesi satma emrini verince önce duraladı, ama sonra sessiz sedasız kabul etti. Hissenin değeri bir puan düşünce ben elimdekileri satmak istedim ve ona makbuzumu uzattım. Tam beş yüz dolar kâr etmiştim, beş yüz dolar da marjım vardı. Müdür kasadan yirmi adet ellilik banknot çıkardı, bunları yavaş yavaş, hem de üç kez saydı, sonra benim önümde bir kez daha saydı. Parmaklarında sanki zamk vardı, paralar eline yapışıyordu, ama sonunda parayı bana uzattı. Sonra da kollarını kavuşturdu, alt dudağını ısırdı, biraz ağzında tuttu ve benim arkamdaki bir pencereye doğru bakmaya başladı.

Ona iki yüz çelik hissesi satmak istediğimi söyledim. Adam yerinden bile kıpırdamadı. Beni duymamıştı. Sözlerimi tekrarladım ama bu kez hisselerin sayısını üç yüze çıkardım. Başını çevirdi. Bir şeyler söylemesini bekliyordum. Ama durmuş yüzüme bakıyordu. Sonra dudaklarını yalayarak yutkundu. O anda muhalefet partisinin entrikaları yüzünden memleketi mahveden hükümetten bahsetmeye başlayacak gibiydi.

Nihayet elimdeki sarı paraları işaret ederek, "Çek şunları gözümün önünden," dedi.

"Neyi çekeyim?" dedim. Ne demek istediğini pek anlayamamıştım.

"Nereye gidiyorsun evlat?" diye sordu. Sesi pek ciddiydi.

"NewYork'a" dedim.

"Demek öyle," dedi. Bu arada başını yirmi kez sallamıştı. "Demek öyle. İyi, demek buralardan gidiyorsunuz. Gidin, çünkü ben iki şeyi çok iyi öğrendim, ne olduğunuzu ve olmadığınızı. Evet! Evet! Evet!"

"Öyle mi?" dedim kibar kibar.

"Evet. Siz ikiniz..." Burada biraz durakladı, sonra da milletvekili havalarını bırakıp avaz avaz bağırmaya başladı. "Siz ikiniz Amerika'nın en kurnaz tilkilerisiniz! Öğrenciymiş! Peh! Ne öğrenci ama!"

Onu kendi kendine konuşurken bırakıp çıktık. Onun için önemli olan para değildi. Hiç bir profesyonel kumarbaz için önemli olan şey para değildir zaten. Her şey kumar için yapılır ve eninde sonunda insanın şansı döner. Onun gururunu inciten şey aldatılmak olmuştu.

İşte böylece üçüncü bir deneme için Wall Street'e geldim. Elbette bu süre içinde biraz araştırma yapmış, A. R. Fullerton & Co.'nun ofisinde paramı kaybetmeme yol açan sistemin hatalarını anlamıştım. İlk on bin dolarımı kazanıp kaybettiğimde yirmi yaşındaydım. Ama artık bunun nedenini biliyordum. Çünkü hep zamansız alım satımlar yapıyordum, araştırma ve deneyime dayalı olan sistemimin işe yaramadığı anlarda gidip gözü kapalı kumar oynuyordum. Kendimden emin değildim, işi şansa bırakıyordum. Yirmi iki yaşındayken sermayemi elli bin dolara çıkardım ve hepsini 9 Mayıs'ta kaybettim. Yine nedenini çok iyi biliyordum. O gün fiyatlar deli gibi inip çıkıyor, banttan gelen fiyatlar gerçek fiyatları yansıtmakta geç kalıyordu. Ama St. Louis'den döndükten sonra ya da 9 Mayıs paniğinin ardından neden kaybettiğimi bir türlü anlayamıyordum. Birtakım teorilerim vardı, bazı hatalarımı yakalamıştım, ama düşündüklerimi uygulamaya geçirmem gerekiyordu.

Bir musibet bin nasihatten iyidir, demişler. İnsan para kaybetmemek için ne yapmaması gerektiğini anlayınca, para kazanmak için ne yapması gerektiğini de anlamaya başlıyor. Anladınız mı? Demek siz de öğrenmeye başlıyorsunuz!

V. BÖLÜM

Borsa kurtlarını yanıltan şey, kendilerine göre oluşturdukları ve hiçbir zaman vazgeçmedikleri sistemleridir. Bu katı tutumları onlara çok şeye malolur. Spekülasyon dediğimiz şey bazı temel kurallara sahiptir, ama sadece matematik ya da formüllerden oluşmaz. Benim geçmiş fiyatlardan yola çıkarak oluşturduğum yöntem bile, sadece matematik hesaplara dayanmaz. Hisse senedinin davranışı olarak adlandırdığım bir şey vardır, o da bir hissenin geçmişte gösterdiği davranışı sürdürüp sürdürmemesi ile ilgilidir. Eğer bir hisse senedi tutarsız davranıyorsa en iyisi ondan uzak durmaktır, çünkü nerede neyin yanlış olduğunu bilmediğiniz için hissenin ileride hangi değere ulaşacağını da bilemezsiniz. Hissenin hastalığını teşhis edemezseniz, tedavi de mümkün olmaz. Tedavi yoksa kâr da olmaz!

Hisse senetlerinin davranışlarını ve performansını izlemek çok eski bir yöntemdir. New York'a ilk geldiğimde bir brokerin ofisinde sürekli tablosundan bahseden bir Fransızla tanışmıştım. Önce onun firmanın delisi olduğunu, zararsız olduğu için de oralarda dolaşmasına ses çıkarılmadığını düşündüm. Sonra da onun son derece usta ve ikna edici bir konuşmacı olduğunu anladım. Dünyada yalan söylemesi mümkün olmayan tek şeyin matematik olduğunu söylüyordu. Çizdiği eğriler sayesinde borsa hareketlerini önceden tahmin edebildiğini öne sürüyordu. Ayrıca bu hareketleri analiz ederek, örneğin Keene ünlü Atchison tercihli hisseleri manevrasında haklı çıkarken neden daha sonra Southern Pacific hisselerinde yanıldı, onu bile bilebiliyordu. Arada sırada profesyonel borsacılardan biri Fransız'ın sistemini deniyor, ondan sonra da vazgeçip kendi bilimsel olmayan yöntemlerine geri dönüyorlardı. Kendi deneme yanılma yöntemlerinin daha sağlam olduğuna karar veriyorlardı sonuçta. Fransız, Keene'in tablosunun yüzde yüz doğru olduğunu, ama bu yöntemin aktif bir borsada kullanılmak için fazla yavaş olduğunu söylediğini iddia ediyordu. Bir diğer ofiste ise günlük fiyat dalgalanmalarının bir tablosu çıkarılıyordu. Tek bir bakışta bir hissenin son aylarda nasıl hareket ettiğini görmek mümkündü. Tek tek hisselerin eğrilerini genel borsa eğrisi ile karşılaştıran ve bazı temel kuralları akılda tutan müşteriler tüyo aldıkları hisselerin gerçekten yükselip yükselmeyeceğini az çok kestirebiliyorlardı. Tablo tamamlayıcı bir ek tüyo yerine kullanılıyordu. Bugün aracı firmaların çoğunda bu tip tablolar bulunabiliyor. Bu tablolar istatistik şirketlerinden hazır olarak geliyor ve yalnızca hisse senetlerini değil hammadde piyasalarını da kapsıyor.

Tablolar ancak onları okumayı, daha doğrusu okuduklarını anlamayı bilenlere yardımcı olabilir. Ancak genellikle tabloları okuyan sıradan yatırımcılar borsada spekülasyonun tabloda görünen iniş çıkışlardan, birincil ve ikincil hisse hareketlerinden oluştuğuna inanmaya başlar. Eğer bu konuda ısrarlı davranırlarsa da, genellikle sonunda beş parasız kalırlar. Saygın bir borsa aracı kurumunun eski ortaklarından olan son derece bilgili bir adam vardı, aynı zamanda da diplomalı bir matematikçiydi. Ünlü bir teknik okuldan mezun olmuştu. Çeşitli borsalardan, hisse senedi, tahvil, tahıl, pamuk, para vs. gibi piyasalardan yola çıkarak fiyatların dakikası dakikasına son derece dikkatli bir analizini yapmıştı. Her yıl fiyatlar arasındaki ilişkileri, dönemsel değişiklikleri, aklınıza gelebilecek her şeyi araştırırdı. Hisse alıp satarken yaptığı tablolardan hiç vazgeçmezdi. Aslında yaptığı şey, ortalama hesaplamak ve son derece ustaca yaptığı bu hesaplardan yararlanmaktı. Bu matematikçi Birinci Dünya Savaşı gelip de borsadaki bütün verileri birbirine karıştırana kadar düzenli olarak kazanırmış. Sonunda o ve onu izleyen grup bu yöntemden vazgeçmiş, ama bu arada milyonlarca dolar kaybetmişler. Oysa dünya savaşları bile koşullar uygunsa borsada fiyatların artmasını ya da düşmesini engelleyemez. Borsada para kazanmanın yolu da bu koşulları doğru değerlendirmekten geçer.

Neyse, konuyu fazla dağıtmayalım, Wall Street'teki ilk yıllarımı düşününce aklıma hep bunlar geliyor. Şimdiki aklım o zaman olsaydı, acemiliklerimin hiçbirini yapmazdım. Bunlar sıradan yatırımcıların her yıl, hiç bıkmadan yaptığı sıradan hatalardı.

New York'a ve oranın Menkul Değerler firmalarına üçüncü gelişimde oldukça aktif bir şekilde alım satım yapmaya başladım. Bucket shop'lardaki kadar başarılı olmayı beklemiyordum ama daha fazla miktarlarla oynayacağım için uzun vadede daha çok kazanacağımı düşünüyordum. Ama şimdi anlıyorum ki asıl hata borsa spekülasyonu ile kumarı birbirine karıştırmış olmamdı. Yine de yedi yıldır fiyat okuyarak edindiğim deneyim ve biraz da doğal yeteneğim sayesinde elimdeki parayla servet elde edemesem de oldukça yüksek bir getiri sağlayabiliyordum. Eskisi gibi kazandığım da kaybettiğim de oluyordu, ama daha dengeli kazanmaya başlamıştım. Kazancım arttıkça harcamalarım da artıyordu. Genellikle öyle olur zaten. Sadece kolay para kazananlar değil, paraya âşık olan bir avuç insanın dışında herkes böyle davranır. Russell Sage gibi bazı adamlar parayı kazandıkları kadar ellerinde tutmasını da bilirler ve onun gibi inanılmaz zengin biri olarak ölürler.

Her gün saat ondan üçe kadar borsa oyununu oynuyor, saat üçten sonra da hayatımı yaşamaya başlıyordum. Beni yanlış anlamayın, hiçbir zaman dünyevi zevklerin beni işimden alıkoymasına izin vermiyordum. Kaybettiğim zaman hisseler konusundaki tahminlerim yanlış çıktığı için kaybediyordum, akşamdan kalma olduğum ya da aklım başka yerde olduğu için değil. Borsadaki işlerimi hiçbir zaman sinirlerim bozuk ya da sarhoş olduğum için boşlamadım. Her zaman fiziksel ve zihinsel sağlığıma dikkat ediyordum. Bugün bile akşamları saat onda yatarım. Gençken de erken yatmaya özen gösterirdim, çünkü uykusuzken işimi gereği gibi yapamadığımı biliyordum. Az da olsa kazanıyordum ve bu yüzden de kendimi hayatın güzel taraflarından yoksun bırakmak istemedim. Nasıl olsa harcadıklarımı borsadan geri alıyordum. İşini iyi yapan ve gelecekte de yapmaya devam edeceğine inanan profesyonel bir borsacının soğukkanlı tavrını takınmaya başlıyordum.

Yöntemimde yaptığım ilk değişiklik, zaman konusunda oldu. Bucket shop'larda olduğu gibi yükselmesi kesin bir hisse senedini alıp ondan sonra da bir iki puan değer kazanmasını bekleyecek zamanım yoktu artık. Fullerton'un ofisindeki gelişmeleri yakalayabilmek için çok daha erken davranmam gerekiyordu. Diğer bir deyişle neler olup biteceğini önceden kestirmeye çalışmam, hisse hareketlerini iyice incelemem gerekiyordu. Bu size çok sıradan gelebilir, ama ne demek istediğimi anladınız herhalde. Benim için önemli olan borsaya karşı tavrımda gerçekleşen değişiklikti. Yavaş yavaş yeni tavrım sayesinde dalgalanmalar üzerinde bahse girmekle, kaçınılmaz yükselme ve düşüşler arasındaki farkı, yani spekülasyonla kumar arasındaki farkı öğrendim.

Artık borsayı izlerken sadece bir saat önceki gelişmelere bakmıyor, çok daha gerilere gidiyordum. Bunu, dünyanın en büyük bucket shop'unda bile yapamazdım. Ticaret raporlarını, demiryollarının kazanç durumunu, mali ve ticari istatistikleri incelemeye başladım. Elbette büyük oynamayı seviyordum, o yüzden bana "Korkusuz Çocuk" adını takmışlardı ama öte yandan fiyat hareketlerini izlemeyi de seviyordum. Bana daha fazla borsa deneyimi kazandıracak hiçbir şeyden kaçmıyordum. Bir sorunu çözmeden önce o sorunun nedenini anlamak gerekir. Ben de bir çözüm bulduğumda bu çözümün doğruluğunu kendi kendime kanıtlamalıyım. Bunu yapmanın da tek bir yolu var, çözümü kendi paramla denemek.

O günlerde kaydettiğim ilerleme pek yavaştı, ama elimden geldiğince hızlı bir şekilde öğreniyor, üstelik de para kaybetmemeyi başarıyordum. Belki daha fazla kaybetseydim, bu beni teşvik edecek ve daha sıkı çalışmama neden olacaktı. Mutlaka daha fazla hatamı bulacaktım. Ama para kaybetseydim yeni bulduğum yöntemleri deneyecek param olmayacaktı, o yüzden fazla kaybetmemem de gerekiyordu.

Fullerton'un ofisinde bana para kazandıran hisseleri inceleyince farkettim ki, borsa konusunda yüzde yüz haklı olsam da –yani genel koşulları ve trendi doğru saptamış olsam da– bu "haklılığın" bana sağlaması gereken parayı bir türlü kazanamıyordum. Neden?

Kaybetmek kadar kısmi başarılardan da ders almak gerekir.

Örneğin borsada yükselme beklentisi olduğunu anlayarak çeşitli hisse senetleri satın alıyordum. Benim tahmin ettiğim gibi borsada bir yükseliş gerçekleşiyordu. Buraya kadar hepsi tamam. Pekiyi ben ne yapıyordum? Yaşlı borsacıları dinleyerek gençliğin bana verdiği ataklığı bastırıyordum. Aklı başında davranarak daha temkinli oynamaya karar veriyordum. Bunu yapmanın yolu da hisseleri satarak o ana kadar elde ettiğim kârla yetinmek, hisselerin fiyatı düştüğünde de bunları geri almaktı. Ben de böyle yapıyordum, daha doğrusu böyle yapmaya çalışıyordum; genellikle hisseleri satıyor, kâr ediyor, sonra da fiyatı bir türlü düşmek bilmeyen hisselerin değer kaybetmesini bekliyordum. Bu arada hisselerin değeri on puan daha artıyor, ben de elde ettiğim dört puanlık kâr cebimde kös kös oturuyordum. İnsan kâr ederek fakir olmaz derler. Doğru, ama insan fiyatların gittikçe arttığı bir borsada dört puanlık kârla yetinerek zengin de olamaz.

Yirmi bin dolar kazanabileceğim yerlerde iki bin dolarla yetinmek zorunda kalıyordum. Fazla temkinli davranıyordum. Ne kadar az kazandığımı keşfettiğim gün bir şey daha keşfettim; o da çaylakların da kendi aralarında birkaç gruba ayrıldığıdır. Acemi çaylak hiçbir şey bilmez ve kendisi de dahil, herkes bunun farkındadır. Ama aradan bir süre geçince çaylak bir şeyler öğrendiğini düşünür ve etrafındakilerin de öyle düşünmesini sağlar. O artık deneyimli bir çaylaktır. Borsanın kendisini araştırmasa da kendisinden daha deneyimli çaylakların söylediği şeyleri kulaktan dolma olarak öğrenmiştir. Bu çaylak en acemi çaylağa göre parasını bazı şeylerden korumayı bilir. Aracı firmaların ekmek kapısı acemi çaylaklar değil, bu deneyimli geçinen çaylaklardır. Acemi çaylağın Wall Street'teki ilk deneme süresi üç haftayla otuz hafta arasında değişir. Deneyimli çaylaklar ise iflas edene kadar ortalama üç, üç buçuk yıl geçer. Genellikle borsayla ilgili beylik lafları ve klişeleri uyduran kişiler de bu deneyimli çaylaklardır. Borsada yapılmaması gereken her şeyi A'dan Z'ye bilir acemi çaylak. Bir tek şey dışında: Çaylaklık etme!

Bu deneyimli çaylak artık borsanın gediklisi olduğunu düşünür, çünkü fiyatlar düşerken hisse senedi almayı öğrenmiştir. Bu düşüşleri dört gözle bekler. Alacağı kelepir hisse senetlerini kaybettiği puana göre ölçer. Yükselme beklentisi olan borsada acemi çaylaklar borsanın kurallarını bilmedikleri için işi şansa bırakarak körü körüne alım yaparlar. Önce kâr eder, fiyatlar doğal olarak düşünce de bütün paralarını kaybederler. Ama deneyimli çaylak benim kendimi çok akıllı zannettiğim, aslında başkalarının aklına göre davrandığım dönemde yaptığım şeyi yapar. Bucket shop yöntemlerimi değiştirmem gerektiğini çok iyi biliyordum, ama bu değişikliğin ne olması gerektiğini bilmediğimden, deneyimli sandığım müşterilerin ağzından çıkan her şeyi altın kural olarak kabul ediyordum.

Çoğu müşteri birbirine benzer. Hepsi Wall Street'in kendilerine borçlu olduğunu düşünür. Bunlar Fullerton'da da eksik olmazdı. Her türden çaylak vardı orada. Müşterilerden yaşlıca bir bey diğerlerine pek benzemiyordu. Bir kere hepimizden büyüktü. Ayrıca hiçbir zaman başkalarına öğüt vermez ve kazancından böbürlenmezdi. Karşısındakini büyük bir dikkatle dinlerdi. Tüyo peşinde değildi, asla başkalarına ne duyduklarını ya da bildiklerini sormazdı. Biri kendiliğinden bir tüyo verdiğinde de kibarca teşekkür ederdi. Eğer tüyo doğru çıkarsa bazen tüyoyu kendisine veren kişiye gidip tekrar teşekkür ederdi. Ama tüyo yanlış çıkarsa asla gidip şikâyet etmezdi, böylece kimse onun verilen tüyoları uygulayıp uygulamadığını anlayamazdı. Bu adam ofiste efsane haline gelmişti, çok zengin olduğu ve isterse çok büyük oynayabileceği söyleniyordu. Ama firmaya fazla komisyon kazandırdığı söylenemezdi, kazandırıyorsa da bunu anlamak kolay değildi. Adı Partridge idi ama arkasından Hindi diye isim takılmıştı. Bunun nedeni de çok geniş bir göğsü olması ve sürekli boynunu kırarak odadan odaya koşuşturmasıydı.

Başkalarından akıl almak ve sonra da başarısız olunca onları suçlamak isteyen müşteriler kimi zaman Partridge'e gidip ona bir arkadaşlarının arkadaşı olan bir borsacının şu ya da bu hisse senedinden almalarını öğütlediğini söylerler, ondan ne yapmaları gerektiği konusunda akıl isterlerdi. Aldıkları tüyo ister almak, ister satmak olsun cevap hep aynıydı.

Müşteri kafasını kurcalayan tüyoyu anlattıktan sonra sorardı: "Size ne yapayım?"

Yaşlı Hindi başını bir yana eğer, babacan bir gülümsemeyle karşısındakinin yüzüne bakar ve sonunda ciddi ciddi konuşurdu: "Biliyorsunuz borsa yükselecek." Ondan defalarca aynı sözleri duydum, "Borsa yükselecek," diyordu hep. Bunu söylerken de size bir milyon dolarlık bir kaza sigortası poliçesi içine sarılı paha biçilmez bir tılsım veriyormuş gibi davranıyordu. Elbette ben de onun ne demek istediğini bir türlü anlayamıyordum.

Bir gün Elmer Harwood adında biri ofise rüzgâr gibi dalarak hemen bir talimat yazdı ve bunu görevliye uzattı. Sonra da Partridge'in yanına koştu. O sırada Partridge, John Fanning'in anlattığı hikâyeyi dinliyordu. John bir keresinde Keene'in brokerlerinden birine bir emir verdiğini duymuş, John da hemen gidip aynı hisseden almış, ama yüz hissede ancak üç puan kâr edebilmiş, sonra da hisseleri satmış. O satar satmaz da hisse senedi üç gün içinde yirmi dört puan çıkmış. Bu, John'un aynı hikâyeyi dördüncü kez anlatışıydı, ama Hindi ilk kez duyuyormuş gibi kibar kibar başını sallayarak dinliyordu

Elmer yaşlı adamın yanına yaklaştı ve John Fanning'den özür dilemeye gerek görmeden araya girdi ve Hindi'ye "Bay Partridge, ben elimdeki Climax Motors'un hepsini sattım. Dediler ki hisse fiyatı düşmek üzereymiş, ben de fiyat düşünce hisseleri geri alacağım. Siz de aynısını yapsanız iyi olur. Yani daha satmadıysanız," dedi.

Partridge'e o hisselerden alma tüyosunu veren Elmer'dı ve borsada insan tüyo verdiklerine karşı kendini borçlu ve sorumlu hisseder. Tüyo ister doğru çıksın, ister yanlış, onları koruması gerektiğini düşünür. Elmer şimdi Hindi'nin yüzüne kuşkuyla bakıyordu.

"Tabii Bay Harwood, hisseler hâlâ elimde. Elbette!" dedi Hindi şükranla, Elmer'ın onu düşünmesine çok sevinmiş gibi davranıyordu.

"İsterseniz şimdi kârınızı alın, ondan sonra fiyatları düşünce hisseleri yeniden satın alırsınız," dedi Elmer. Karşısındakinin de bir an önce harekete geçmesini istiyor gibiydi. Partridge'in yüz ifadesinde bir değişiklik olmayınca Elmer sözlerine devam etti: "Ben elimdeki hisselerin hepsini sattım."

Sesini ve konuşma biçimini duysaydınız, en az on bin hissesi olduğunu sanırdınız.

Ama Bay Partridge başını üzüntüyle iki yana salladı ve "Hayır, hayır, yapamam," diye itiraz etti.

"Ne?" diye haykırdı Elmer.

"Yapamam!" dedi Mr. Partridge. Yüzü pek dertliydi. "Size satın almanız için tüyo vermemiş miydim?"

"Verdiniz Bay Harwood ve size müteşekkirim. Gerçekten. Ama -"

"Durun bir dakika! Bırakın konuşayım. O hisse on günde yedi puan değer kazanmadı mı? Kazanmadı mı?

"Kazandı. Size gerçekten çok teşekkür ederim evladım. Ama ben o hisseyi satmayı aklımdan bile geçiremem."

"Geçiremez misiniz?" diye sordu Elmer, onun da aklı karışmaya başlıyordu. Borsa dünyasında tüyo verenler aniden tüyo alanlara dönüşebilir.

"Hayır, satmayı hiç düşünmüyorum."

"Neden düşünmüyorsunuz?" Elmer Partridge'e biraz daha yaklaştı.

"Eeee, borsa yükselecek ya!" Adam bunu sanki çok uzun ve ayrıntılı bir açıklama yapar edasıyla söylemişti.

"Anladık," dedi Elmer, artık sinirlenmeye başlıyordu. "Tamam, ben de borsanın yükseleceğini sizin kadar biliyorum. Ama şimdi o elinizdeki hisseleri satıp sonra değerleri düşünce geri almanın tam zamanı. Bundan siz kârlı çıkacaksınız."

"Evladım," dedi Partridge, canının ne kadar sıkkın olduğu belliydi –"evladım, eğer o hisseyi şimdi satarsam, daha fazla kâr etme fırsatını kaybederim."

Elmer Harwood başını sallayarak bana doğru yöneldi. Benden anlayış beklediği belliydi. "Ne diyebilirim ki?" diye fısıldadı kulağıma. "Ne denir şimdi buna?"

Ben susmayı tercih ettim. O devam ediyordu: "Ona Climax Motors'la ilgili bir tüyo verdim. Gitti beş yüz hisse aldı. Yedi puan kâr etti, sonra ben ona hisseleri satıp artık çoktan zamanı gelen düşüşten kurtulmasını söylediğimde bana ne diyor? Eğer şimdi satarsa kâr edemezmiş. Bu söze ne denir?"

"Özür dilerim Bay Harwood, ben kâr edemem demedim. Daha fazla kâr etme fırsatını kaybederim dedim," diye araya girdi bizim Hindi. "Siz de benim yaşıma gelince, benim geçtiğim yollardan, atlattığım paniklerden, iniş çıkışlardan geçince anlayacaksınız. Daha fazla kâr etme fırsatını kaçırmayın, buna kimsenin gücü yetmez, John D. Rockefeller'in bile. Umarım hisse fiyatı düşer ve siz de sattıklarınızı daha iyi bir fiyattan geri alırsınız, ama ben yılların deneyimi ile hareket etmek zorundayım. Bu deneyim bana çok şeye maloldu ve artık bir kez daha her şeye sıfırdan başlamak istemiyorum. Ama inanın size çok müteşekkirim. Borsa yükseliyor biliyorsunuz." Sonra da arkasını dönüp gitti, Elmer şaşkınlık dolu gözlerle arkasından bakakalmıştı.

Bay Partirdge'in söylediklerini o zaman pek anlayamamıştım, ama borsa hakkındaki tahminlerim doğru çıksa bile, yeterince para kazanamayınca sözlerini bir kez daha düşündüm. Düşündükçe o yaşlı adamın ne kadar zeki olduğunu daha iyi anladım. O da gençken aynı hataları işlemişti ve kendini çok iyi tanıyordu. Kendisine zararlı olduğunu bildiği zaaflarına kolay kolay teslim olmuyor ve böylece pahalı pişmanlıklardan uzak duruyordu.

Bay Partridge'in "Borsa yükselecek biliyorsunuz," demekle neyi kastettiğini anlamak benim için çok önemli ve öğretici bir adım oldu. Söylemek istediği şey, asıl kârın ufak tefek dalgalanmalardan değil, borsadaki temel hareketlerden geldiği, yani banttan gelen fiyatlara değil, borsadaki genel koşullara ve eğilime bakmak gerektiğiydi.

Bu aşamada bir şey söylemek istiyorum: Wall Street'te yıllar geçirdikten ve milyonlarca dolar kazanıp kaybettikten sonra size şunu söyleyebilirim: Ben düşündüğüm şeyler sayesinde zengin olmadım. Ben oturarak zengin oldum. Anlatabildim mi? Yerimde sıkı sıkı oturarak! Borsadaki tahminlerin doğru çıkması iş değil. Yükselecek ya da düşecek fiyatları önceden tahmin edip buna göre davranan pek çok yatırımcı vardır. Doğru anda doğru tahminlerde bulunan ve en fazla kâr sağlaması gereken anlarda alım satım yapan birçok kişi tanıdım ben. Ve bu kişiler de bir türlü zengin olamadı –tıpkı benim gibi. Hem doğru tahminlerde bulunan hem de sabırla yerinde oturmasını bilen insanlar ender bulunur. Bunu öğrenmesi kolay değildir. Ama borsada para kazanmanın tek yolu bu beceriyi edinmektir. Acemiyken yüz dolar bile kazanmak zordur, ama oyunun kurallarını öğrendikten sonra milyonlarca dolar kazanmak işten bile değildir.

İnsan isabetli tahminlerde bulunabilir, ama beklediği şeyin gerçekleşmesi düşündüğünden daha uzun bir süre alınca, kendinden kuşkulanıp sabırsız davranmaya başlayabilir. İşte bu yüzden, Wall Street'te hiç de acemi sayılmayacak birçok insan para kaybeder. Onlara para kaybettiren şey borsa değil, kendileridir. Akıllı olmalarına karşın yeterince sabırlı davranamazlar. Yaşlı Hindi yaptıklarında ve söylediklerinde çok haklıydı. Hem kendi aklına güveniyor, hem de sabırlı olmasını biliyordu.

Borsanın genel eğilimine değil, iniş çıkışlara göre oynamak benim sonum oldu. Kimsenin bütün dalgaları yakalaması mümkün değildir.

Borsa yükseliyorsa önce hisse senetleri alınır, bir süre sonra da düşme beklentisi oluşunca hisseler satılır. Bunu yapabilmek için genel koşullara dikkat etmek ve tek tek hisselerle ilgili özel faktörlere ya da tüyolara kulak asmamak gerekir. Borsada genel bir düşüş yaşanacağını hissettiğiniz anda elinizdeki bütün hisseleri satın, sonra da koşulların tersine dönmesini bekleyin. Bunu yapabilmek için zeki ve öngörüşlü olmanız gerekir, yoksa bu söylediğim, "ucuza alıp pahalıya sat" gibi basit bir öğüt olarak algılanabilir. Öğrenmeniz gereken en önemli şey, ilk ve son sekizde birliklerden uzak durmaktır. Bunları yakalamaya çalışmayın. Bu yüzden kaybedilen milyonlarla bütün Amerika'yı çevreleyen bir otoyol kurulabilirdi.

Biraz daha akıllandıktan sonra Fullerton'un ofisinde yöntemlerimi gözden geçirirken farkettiğim bir diğer şey de, ilk yaptığım işlemlerde fazla zarar etmemem oldu. Doğal olarak ben de ilk işlemlerimi büyük miktarlarda yapmaya başladım. Böylece başkalarının verdiği öğütlere ya da kendi sabırsızlığıma boyun eğmediğim sürece doğru kararlar verebildiğimi anladım. Kendi kararlarına güvenemeyen biri borsada başarılı olamaz. Benim bunca yılda borsada öğrendiğim tek bir şey var: genel koşulları incelemek, belli hisse senetlerini almak ve ondan sonra da bunları kolay kolay elden çıkartmamak. Artık tek bir sabırsızlık belirtisi bile göstermeden beklemeyi öğrendim. Bir hissenin değerinin düştüğünü görünce hiç telaşlanmıyorum, çünkü bunun geçici olduğunu biliyorum. Bir keresinde yüz bin hisse kısa duruma geçmiştim. Borsanın pek yakında yeniden yükselmeye başlayacağını biliyordum. Bu yükselişin kâğıt üzerinde bana bir milyon dolar kâr getireceğinin de farkındaydım. Yine de hiç istifimi bozmadan bekledim ve kâğıt üzerindeki kârımın yarısının silinip gittiğine tanık oldum. Bu arada kısa pozisyondan çıkıp açıklarımı kapatmak aklıma bile gelmedi. Bunu yaparsam pozisyonumu kaybedeceğimi ve bunun da gelecekteki kârlarımı engelleyeceğini biliyordum. Borsada asıl kâr getiren ufak tefek oynamalar değil, genel hareketlerdir.

Bütün bunları öğrenmem uzun süre aldı. Her yaptığım hatadan ders alıyordum, ama hatayı yaptıktan sonra bunu anlayana kadar uzun bir süre geçebiliyordu. Hatta anladıktan sonra hatanın tam olarak nerede olduğunu saptamak da uzun süre alabiliyordu. Diğer taraftan kazancım fena değildi, çok gençtim ve kayıplarımı farklı şekilde telafi edebiliyordum. Kârımın çoğunu geçmişte olduğu gibi banttan gelen fiyatları değerlendirerek elde ediyordum, çünkü borsanın o günlerdeki durumu bu yönteme uygundu. New York'taki ilk günlerimde olduğu gibi, arka arkaya ve büyük miktarlarda para da kaybetmiyordum. Yine de son iki yıl içinde üç kez sıfırı tükettiğim düşünülürse, durumumun o kadar da parlak olmadığı anlaşılır. Ama unutmayın ki insan en iyi dersi parasız kaldığında alır.

Elimdeki paraları pek biriktiremiyordum. Bunun nedeni de rahat bir yaşam sürdürmemdi. Benim yaşımda ve benim zevklerime sahip bir insanın isteyeceği şeyleri kendimden esirgemiyordum. Kendi arabam vardı ve fazla tutumlu davranmaya gerek görmüyordum. Nasıl olsa harcadığım para borsada bana geri geliyordu. Borsa yalnızca pazar ve bayram günlerinde kapalıydı. İşlediğim hataları ve neden para kaybettiğimi anladığım zaman kendime yeni yeni kurallar koyuyordum. Elimdeki para arttıkça harcamalarım da ona göre artıyordu. Elbette bu arada hoş ya da tatsız birçok deneyim yaşadım, ama şimdi bunları anlatmaya kalksam sözlerimi hiç bitiremem. Aslında en iyi hatırladığım olaylar bana borsadaki günlerimde doğrudan yardımcı olan, bir şeyler öğreten deneyimler, yani hem borsa oyununu hem de kendimi bana daha iyi öğreten olaylar!

VI. BÖLÜM

1906 baharında kısa bir tatil için Atlantic City'ye gittim. O an için elimde hisse senedi yoktu, biraz hava değişikliği iyi gelir diye düşünüyordum. Bu arada ilk brokerim olan Harding Brothers'a geri dönmüştüm ve orada oldukça aktif bir hesabım vardı. Aynı anda üç, dört bin hisse alıp satabiliyordum. Aslında bu miktar henüz yirmi yaşındayken Cosmopolitan'da alıp sattıklarıma eşitti. Ama bucket shop'larda verdiğim bir puanlık marjla New York Menkul Değerler Borsası'nda benim adıma işlem yaptıran brokerlerin istediği marj arasında büyük fark vardı. Anımsayacaksınız, size Cosmopolitan'dayken üç bin beş yüz şeker hissesi ile kısa pozisyonda olduğumu, ortada bir şeyler döndüğünü hissettiğim için de işlemi kapattırdığımı anlatmıştım. Böyle hislere sık sık kapılırım. Genellikle de bunlara kulak veririm. Ama bazen de bu hislerime kulak asmaz, hislerime körü körüne uymanın saçma olduğunu düşünürüm. Bu kapıldığım hisleri fazla puro içmiş olmama, uykusuzluğa ya da karaciğer rahatsızlığıma bağlarım. Ama daha sonra hep bu içgüdülerimi dinlemediğime pişman olurum. Bazen hislerime kulak asmamaya karar veririm. Ertesi gün borsaya gittiğimde her şeyin yolunda olduğunu, hatta hisselerin değerinin artmış olduğunu görür, elimdekileri satmadığıma sevinirim. Ancak daha ertesi gün mutlaka bir düşüş olur. Bir yerlerde bir şeyler ters gitmiştir ve ben fazla mantıklı davrandığım için para kazanma fırsatını elimden kaçırmış olurum. Bunun nedeni de fiziksel olmaktan çok psikolojiktir.

Şimdi size bu olaylardan bir tanesini anlatacağım. Özellikle bu olayı seçtim, çünkü bedeli benim için oldukça ağır oldu. Bu olayı 1906 baharında Atlantic City'de tatildeyken yaşadım. Benim gibi Harding Brothers'ın müşterisi olan bir arkadaşımla birlikteydik. Borsayla hiç ilgilenmiyor, tatilin tadını çıkarmaya çalışıyordum. Benim için borsaya ara vermek kolaydır, elbette elimde önemli hisse senetleri yoksa ve borsa fazla hareketli değilse. O günlerde borsa yükselme eğilimindeydi. Genel piyasa koşulları son derece elverişliydi. Borsa biraz durgundu, ama ortam uygundu ve her şey fiyatların yakında artacağını gösteriyordu.

Bir sabah kahvaltıdan sonra bütün gazeteleri okuyup bitirmiş, denizden topladıkları midyeleri havadan kuma atıp kırarak yemekle meşgul martıları seyretmekten sıkılmış, arkadaşımla kıyı boyunca yürüyüşe çıkmıştık. Gündüz yaptığımız en heyecanlı şey bu yürüyüştü.

Vakit henüz öğlen olmamıştı. Tuzlu havayı ciğerlerimize soluyarak yavaş yavaş yürüyor, zaman öldürüyorduk. Harding Brothers'ın İskele Caddesi'nde bir şubesi vardı, biz de her sabah buraya uğrar, borsa açılış fiyatlarına göz atardık. Bu yalnızca bir alışkanlıktı, çünkü benim elimde hiç hisse senedi yoktu.

O gün borsa oldukça yüksek ve aktifti. Fiyatların daha da yükseleceğine inanan arkadaşımın elinde, o günkü değerinden birkaç puan daha düşükken aldığı bazı hisse senetleri vardı. Bana elindeki hisseleri tutup daha sonra daha yüksek fiyattan satacağını, bunun yapılabilecek en akıllıca şey olduğunu anlatmaya başladı. Oysa o anda benim onu dinleyecek halim yoktu. Durmuş fiyat tahtasındaki değişiklikleri inceliyordum. Hisselerin çoğunun fiyatı yükselmişti, biri hariç: Union Pacific. Birden içime Union Pacific hissesi satma isteği doğdu. Bu hissimin nedenini kendi kendime sordum, ama yanıt bulamadım. İçimde UP hisselerinde kısa pozisyona girmek için inanılmaz bir istek vardı.

Gözlerimi fiyat tahtasında gezdirerek diğer hisselere bakmaya çalıştım ama gözlerim başka hiçbir şey görmüyordu. Aklımda sadece ve sadece Union Pacific hissesi satmak vardı ve nedenini bir türlü anlayamıyordum.

Herhalde çok garip görünüyordum ki yanımda duran arkadaşım birden beni dürterek, "Ne oldu?" diye sordu.

"Bilmem," dedim.

"Uykun mu geldi?" dedi.

"Hayır, uykum gelmedi. Şimdi gidip o hisseyi satacağım," dedim. Sezgilerimi dinlediğim zaman para kazandığımı biliyordum.

Üzerinde boş talimat makbuzları olan bir masaya doğru yürüdüm. Arkadaşım da beni izledi. Borsada bin adet Union Pacific satılması emrini veren makbuzu müdüre uzattım. Ben makbuzu yazar ve kendisine uzatırken müdür gülümsüyordu. Ancak talimatı okuyunca gülümsemesi dağıldı ve bana baktı.

"Doğru mu yazdınız?" diye sordu. Ona bakmakla yetindim, o da makbuzu aceleyle götürüp görevliye verdi.

Arkadaşım, "Ne yapıyorsun?" dedi.

"Satıyorum," dedim.

"Neyi satıyorsun?" diye bağırdı bana. O borsanın yükselmesini beklerken ben nasıl olur da düşecekmiş gibi satış yapabilirdim? Ters giden bir şeyler vardı.

"Bin tane UP," dedim.

"Niye?" diye sordu büyük bir heyecan içinde. Başımı sallayıp belirli bir nedeni olmadığını anlatmak istedim. Ama o benim bir tüyo aldığımı sanmış olacak ki beni kolumdan tuttuğu gibi dışarıdaki koridora çıkardı. Böylece diğer müşterilerin ve ortalıkta dolaşan kişilerin gözlerinden ve kulaklarından uzakta konuşabilecekti.

"Ne duydun?" diye sordu bana.

Çok heyecanlanmıştı. UP onun en sevdiği hisselerden biriydi ve elinde bol miktarda bulunuyordu. Getirisi yüksekti ve arkadaşım gelecekte de fiyatın artacağını umuyordu. Ama yine de kulaktan dolma da olsa fiyatın düşeceğini duyunca ilgilenmişti.

"Hiçbir şey duymadım," dedim.

"O zaman ne diye satıyorsun?"

"Bilmem ki," dedim. Yalnızca gerçeği söylüyordum. "Haydi, uzatma Larry," dedi.

Hiçbir şeyi boşuna yapmadığımı bilirdi. Bin Union Pacific hissesi satmıştım. Borsa bu denli yüksekken bunu yaptığıma göre mutlaka bir nedeni olmalıydı.

"Bilmiyorum," diye yineledim sözlerimi. "İçime bir şeylerin olacağı doğuyor."

"Ne olacak?"

"Bilmiyorum. Herhangi bir nedeni yok. Bildiğim tek şey bu hisseyi satmak istediğim. Şimdi gidip bin tane daha satacağım."

Ofise geri dönüp ikinci bir satış talimatı verdim. Eğer ilk bin hisseyi satmakta haklıysam, bunun karşılığını almam gerekir diye düşünüyordum.

Bana inanıp inanmamakta bir türlü karar veremeyen arkadaşım, "Ne olabilir ki?" diye ısrar ediyordu. Eğer ona birilerinden UP'nin düşeceği tüyosunu aldığımı söyleseydim bir saniye bile düşünmeden, tüyoyu kimden aldığımı bile sormadan satardı elindekileri. "Ne olabilir ki?" diye sordu yeniden.

"Milyonlarca şey olabilir," dedim. "Ama hiçbirinin garantisi yok. Sana sebep gösteremem, gelecekte ne olacağını da göremem."

"O zaman delisin," dedi. "Zırdelisin sen eğer o hisseyi doğru dürüst bir nedeni olmadan satıyorsan. Neden satmak istediğini hiç mi bilmiyorsun?"

"Neden satmak istediğimi hiç mi hiç bilmiyorum. İçimden öyle geliyor," dedim. Kendimi tutamıyordum, o yüzden gidip bin hisse daha sattım.

Arkadaşım daha fazla dayanamadı ve beni kolumdan yakaladığı gibi, "Yeter artık! Sen sıfırı tüketmeden buradan gidelim," dedi.

Sezgilerimi tatmin edecek kadar hisse satmıştım, o yüzden son iki bin hissenin raporunu beklemeden çıkıp gittik. Aslında bu hisse çok iyi bir nedenle bile satmak istemeyeceğim bir hisseydi. Borsa bu kadar yüksekken ve görünürde hiç düşme belirtisi yokken üç bin hisse satmakla yetinmem gerektiğini anlamıştım. Ama daha önce böyle duygulara kapıldığımda düşündüğümü yapmadığımda hep pişman olmuştum.

Bu hikâyelerden bazılarını arkadaşlarıma anlattım, onlar da bana bu duyguların sezgi olmadığını, bunların sürekli aktif olan bilinçaltımın, yani yaratıcı aklın bir dışavurumu olduğunu söylediler. Sanatçılara farkında olmadan bazı şeyleri yaptıran akıl bu bilinçaltıdır işte. Belki de bende bu bir birikimdi, ayrı ayrı önemli olmayan, ama bir araya geldiğinde beni etkileyen faktörlerin bir bileşimiydi. Belki arkadaşımın körü körüne hisse senedi alması beni onun tam tersi bir şey yapmaya itmişti, ben de gözüme herkesin beğenisini toplayan UP'yi kestirmiştim. Sezgilerin nedeni ya da kaynağını anlamak zordur. Bildiğim tek şey borsa gittikçe yükselirken Harding Brothers Atlantic City şubesinden üç bin adet Union Pacific hissesi kısa durumda çıkmış olmam ve içimin de son derece rahat olmasıydı.

Son iki bin hisse için ne fiyat aldıklarını merak ediyordum. O yüzden öğlen yemeğinden sonra ofise gittik. Bir baktım ki borsa daha da yükselmiş ve bu arada Union Pacific biraz daha değerlenmiş.

Arkadaşım, "Boşuna satmışsın hisseleri," dedi. Kendi hisse satmadığı için seviniyordu.

Ertesi gün borsa biraz daha yükseldi ve arkadaşım da pek neşeliydi. Yine de ben UP hisselerini satmakta haklı olduğuma inanıyordum ve haklı olduğumu düşündüğüm zamanlarda asla sabırsızlık etmem. Sabırsız davranmanın ne anlamı olabilir? O gün öğleden sonra UP'nin artışı durdu ve akşama doğru değer kaybetmeye başladı. Çok geçmeden benim üç bin hisselik satışımın ortalama fiyatının altına indi. Kendimi daha da haklı hissetmeye başladım ve elbette bu yüzden daha fazla hisse satmaya karar verdim. Borsa kapanmadan iki bin hisse daha satmıştım.

Tek bir sezgi yüzünden beş bin UP hissesi kısa pozisyona girmiştim. Harding'in ofisindeki marjımla en fazla bu kadar hisse satabilirdim. Tatildeydim ve beş bin hisse kısa durumdaydım, demek ki tatilimi kesip New York'a dönmem gerekiyordu. Hemen o gece New York'a döndüm, orada her şeyi daha yakından izleyebiliyordum. Gerekirse daha çabuk hareket edebilecektim.

Ertesi gün San Francisco'da deprem oldu. Korkunç bir felaketti. Buna rağmen borsa ancak bir iki puan düşüşle açıldı. Fiyatlar hâlâ yükseliyordu. Zaten borsa yüksekse halk hiçbir zaman felaket haberlerine göre karar vermez. Eğer borsada düşme eğilimi varsa durum değişir, o zaman felaketler düşüşü hızlandırır. Her şey genel havaya bağlıdır. San Francisco depremi de borsada yaratması gereken etkiyi yaratmadı, çünkü borsa yükselmeye kararlıydı. O gün bitmeden fiyatlar eski düzeylerini yakalamıştı.

Beşbin hisse kısa durumdaydım. Darbe inmişti ama elimdeki hissenin fiyatı inmiyordu. Tahminimde haklıydım, ama banka hesabım kâğıt üzerinde yerinde sayıyordu. Ben UP hisselerinden satarken benimle Atlantic City'de olan arkadaşım bu duruma hem üzülüyor hem de seviniyordu.

Bana şöyle diyordu: "Amma attın oğlum! Belli ki borsa yükselmeye devam edecek. Herkesin tersine gitmeye ne gerek var? Sonunda sen yaya kalacaksın."

"Biraz bekle," dedim. Fiyatların düşmesini kastediyordum. Tehlikenin ne kadar büyük olduğunun ve Union Pacific'in de düşüşten en fazla zarar görecek hisse olduğunu çok iyi biliyordum. Bu arada Wall Street'in bu kadar kör olabileceğini de aklım almıyordu.

"Biraz bekle de senin gibilerin düştüğü duruma düş. Sürüm sürüm sürüneceksin," diye yanıtladı beni.

"Sen olsan ne yapardın?" diye sordum. "Southern Pacific ve diğer şirketlerin uğradığı milyonlarca dolarlık hasarı görmezden gelip UP hisselerini satın mı alsaydım? Bütün hasarları ödedikten sonra temettüleri ödeyecek parayı nereden bulacaklar? Belki de depremden sonra durumun anlatıldığı kadar kötü olmadığını düşünüyorsun. Ama bu gidip de depremden zarar gören yolların hisselerini almak için yeterli bir neden olabilir mi? Söyle bakalım."

Arkadaşımsa, "Evet, haklı olabilirsin," demekle yetindi. "Ama nedense borsa sana katılmıyor. Fiyatlar yalan söylemez."

"Fiyatları hemen öğrenemiyoruz ki," dedim.

"Bak şimdi. Kara Cuma'dan bir süre önce bir adam Jim Fisk'le konuşuyor, altın hisselerinin pek yakında değer kaybedeceğini gösteren on kanıt sayıyordu. Sonunda kendi sözlerine kendisi de inandı ve Fisk'e hemen gidip birkaç milyon altın hissesi satacağını söyledi. Jim Fisk de adamın yüzüne bakıp, "Sat tabii! Hemen sat! Kısa pozisyona gir sonra da beni cenazene çağır," dedi.

"Evet," dedim; "eğer o adam o hisseleri satsaydı ne biçim zengin olmuştu şimdi! Sen de gidip biraz UP satsana."

"Ben satmam! Ben akıntıya karşı kürek çeken tiplerden değilim."

Ertesi gün o günün borsa raporları gelmeye başlayınca borsanın düşüşe geçtiğini anladık, ama yeterince hızlı düşmüyordu fiyatlar. Artık borsanın esaslı bir düşüşten kurtulamayacağından emin olduğum için gidip beş bin hisse daha sattım ve böylece satışımı ikiye katlamış oldum. Artık çoğu yatırımcı durumu farketmişti ve brokerlerim satışlarıma hiç de itiraz etmediler. Eskisi gibi beni uyararak dikkatsizlikle suçlamadılar. Daha ertesi gün borsa iyice tepetaklak olmuştu. Zamanında uyanmayanlar kafalarını taşlara vuruyordu. Elbette ben şansımı zorlamaya devam ettim. Yine hisse miktarını ikiye çıkardım ve on bin hisse daha sattım. O anda yapılabilecek en iyi şey buydu.

Düşündüğüm tek şey haklı, hem de yüzde yüz haklı çıkmamdı ve bu benim için arayıp da bulamadığım bir fırsattı. Ondan en iyi şekilde yararlanmak benim elimdeydi. Daha fazla hisse sattım. Bu kadar çok hisse sattıktan sonra ani bir yükselişle elimdeki kârın ve hatta sermayenin büyük bir kısmı yok olup gidebilirdi. Bu olasılığı düşünüp düşünmediğimi bilmiyorum, ama aklıma geldiyse de üzerinde fazla durmadığım kesin. Bir kere deprem olmuştu, artık geriye dönüşü yoktu. Yıkılan binaları bir gecede, üstelik de bedavaya tamir edemezlerdi. Para olsa bile bunu birkaç saat içinde yapmaya olanak yoktu.

Körü körüne oynamıyordum. Laf olsun diye satmamıştım o hisseleri. Ne başarı başımı döndürmüştü ne de San Fransisco'nun haritadan silinmesiyle ülkenin geri kalan kısmının da hurda yığınını boyladığını düşünüyordum. Tam tersine! Benim aradığım şey panik değildi. Ertesi gün bütün hesaplarımı kapattım. İki yüz elli bin dolar kâr etmiştim. Bu, o güne kadar kazandığım en büyük paraydı. Birkaç gün içinde elde etmiştim bu kazancı. Borsa, ilk iki gününde depreme fazla aldırmadı. Bunun ilk gün gelen telgrafların o kadar olumsuz olmamasından kaynaklandığı söyleniyor, ama bence halkın menkul kıymetlere bakışını değiştirmek biraz zaman alıyor. O günlerde profesyonel borsacılar bile son derece yavaş ve dar görüşlü davrandılar.

Size verebileceğim ne bilimsel ne de çocuksu hiçbir açıklama yok. Size neyi neden yaptığımı ve bunun sonucunun ne olduğunu anlatıyorum yalnızca. Beni daha çok, cebimdeki iki yüz elli bin dolar ilgilendiriyordu ve gerisi pek umurumda değildi. Artık zamanı geldiğinde istediğim kadar büyük oynama şansına sahip olacaktım.

O yaz Saratoga Springs'e gittim. Aslında tatile çıkmıştım, ama bir yandan da borsayı izliyordum. Bir kere borsadan uzak kalmayı isteyecek kadar yorulmamıştım. Ayrıca birlikte tatil yaptığım herkes borsayla aktif olarak ilgileniyordu. Bir araya geldiğimizde, doğal olarak borsadan söz ediyorduk. Bu arada lafta borsacılık yapmakla gerçek alım satım yapmanın farkını da yakından anladım. Konuştuğum kişilerin bazıları borsadan söz ederken mangalda kül bırakmıyordu, ama bunun gerçek hayatta da böyle olduğuna inanmak zordu.

Harding Brothers'ın Saratoga'da bir şubesi vardı. Şirketin birçok müşterisi yaz aylarını orada geçiriyordu. Ama bana kalırsa o şubeyi reklam olsun diye açmışlardı. Bir sayfiye şehrinde şube açmak birinci sınıf bir reklamdır. Tatildeyken ben de o şubeye gidip müşterilerle sohbet ediyordum. Müdür, New York ofisinden gelen çok kibar bir adamdı ve tanıdık yabancı ayırmadan herkese yardımcı olmaya, bu arada da mümkünse iş yapmaya çalışırdı. Burası tüyo toplamak için en iyi yerdi, at yarışlarından borsaya kadar her tür tüyo bulunuyordu burada. Ofistekiler benim tüyolarla ilgilenmediğimi biliyordu, bu yüzden müdürün New York ofisinden yeni gelen tüyoları kulağıma fısıldadığı olmazdı pek. Sadece gelen telgrafları uzatıyor, "New York'tan gelen haberler burada," demekle yetiniyordu.

Elbette gözüm borsadaydı. Benim için fiyat tahtasını izlerken bir yandan da borsadaki gelişmeler hakkında tahminde bulunmak bütünleşmiş bir işlemdir. Bir gün eski dostum Union Pacific'in artmaya başlayacağını farkettim. Fiyat zaten yüksekti, ama hisseyi düzenli olarak satın alan ve elinde tutan biri var gibiydi. Önce birkaç gün hisseyi izlemekle yetindim ve izledikçe de anladım ki gerçekten de bu hisseleri satın alan biri vardı. Bu kişi ucuz vurguncülardan değil, bankada kabarık hesabı olan ve ne yaptığını bilen biriydi. Son derece akıllıca davranıyordu.

Bundan emin olur olmaz, ben de doğal olarak o hisseden almaya başladım. Fiyatı 160'tı. Azar azar alıyor, her seferinde 500 hisse alarak almaya devam ediyordum. Ben hisseleri aldıkça fiyatı da yavaş ve güvenli adımlarla artıyordu, ben de kendimden çok emindim. Hissenin daha da değerleneceğine inanıyordum ve banttan gelen bilgiler de benim düşüncemi doğruluyordu.

Birdenbire müdür yanıma gelip New York'tan bir mesaj aldıklarını –elbette doğrudan telgraf bağlantıları vardı– ve benim orada olup olmadığımı sorduklarını söyledi. Şubeden evet cevabını alınca, "Sakın bir yere gitmesin. Söyleyin ona Bay Harding kendisiyle görüşmek istiyor," demişler.

Bekleyeceğimi söyledim, bu arada da 500 tane daha UP hissesi aldım. Harding'in benimle ne konuşacağını anlayamıyordum. Bunun borsayla ilgili bir şey olabileceğine ihtimal vermiyordum. Satın aldığım hisseye göre bol bol marjım vardı. Çok geçmeden müdür gelip Ed Harding'in beni şehirlerarası telefondan aradığını söyledi.

"Merhaba Ed," dedim.

O ise, "Ne oluyor sana? Çıldırdın mı?" diye yanıtladı.

"Sen çıldırdın mı?" dedim ben de.

"Neler karıştırıyorsun?" diye sordu.

"Nasıl yani?" dedim.

"O hisseden o kadar alınır mı?"

"Niye, marjım yeterli değil mi?" dedim.

"Marjla ilgisi yok. Acemi çaylaklar gibi davranıyorsun," dedi.

"Anlamadım."

"Niye o kadar Union Pacific hissesi aldın?"

"Fiyatı yükseliyor da ondan."

"Saçmalama" Insider'lar[7] seni göz göre göre kandırıyor. Senin sırtından para kazanıyorlar. Paranı gidip at yarışlarında kaybetsen daha iyi, hiç olmazsa biraz eğlenmiş olursun. Seni böyle kazıklamalarına izin verme."

"Beni kazıklayan falan yok," dedim. "Ben kimseye anlatmadım ki hangi hisseyi aldığımı."

Ama onun da sözü bitmemişti daha: "Sen bu hisseye her dalışında ucuz kurtulamazsın. Hâlâ şansın varken sat şu hisseleri. Artık elinde tutamazsın, o üçkâğıtçılar satıyor bütün hisseleri."

"Ama banttan gelen bilgiler aldıklarını gösteriyor," dedim.

"Larry, emirlerin gelmeye başlayınca az kalsın yüreğime iniyordu. Allahaşkına gözünü aç. Vazgeç bu sevdadan. Hemen. Her an tepetaklak inebilir hissenin fiyatı. Ben üzerime düşeni yaptım. Hoşçakal," dedi ve telefonu kapattı.

Ed Harding çok akıllı, kimsenin bilmediği şeyleri önceden duyabilen biriydi ve üstelik de gerçek bir dosttu.

---

7 İnsider: Başkalarının ulaşamayacağı bilgilere (resmi veya özel) sahip olup bunları haksız ve adil olmayan bir şekilde kullananlar. İçeriden bilgi alanlar. ç.n.

Kendi çıkarını hiç düşünmeden karşısındakine yardıma hazırdı. Kulağının ne kadar delik olduğunu iyi biliyordum. Benim UP alımlarımda güvendiğim tek şey ise, yıllardır hisseleri izlemenin bana kazandırdığı deneyim ve hisse fiyatları artmadan önce ortaya çıkan bazı belirtileri farketmiş olmamdı. O anda fiyatların insider'ların çevirdiği bazı dolaplar yüzünden suni olarak arttığına inanmaya başladım. Belki de Ed Harding'in hata yapmamı önlemek için katlandığı zahmetler beni etkilemişti. Hem aklına hem de iyi niyetine güveniyordun. Onun önerisine uymamı sağlayan şeyin ne olduğunu bilmiyorum, ama sonuçta onu dinledim.

Elimdeki bütün Union Pacific'leri sattım. Elbette fiyatlar düşecek diye elimdeki hisseleri sattığıma göre, biraz da kısa pozisyona girmem uygun olurdu. Ben de sattığım hisselerin üzerine dört bin hisse daha sattım. Satışların çoğunu 162 civarında yaptım.

Ertesi gün Union Pacific şirketinin yöneticileri hisse başına yüzde on temettü vereceklerini açıkladı. Önce Wall Street'te kimse inanmadı bu habere. Köşeye sıkışmış kumarbazların yapacağı bir blöfe benziyordu bu. Bütün gazeteler şirket yöneticilerine saldırdı. Bu arada Wall Street uzmanları kararsız davranırken borsa kaynamaya başladı. Union Pacific'in fiyatı arttı ve dev birkaç işlemden sonra rekor düzeye ulaştı. Borsa salonunda çalışanların bazıları bir saat içinde servet kazandılar ve daha sonra pek de zeki olmayan bir uzmanın yaptığı bir hata yüzünden üç yüz elli bin dolar kazandığını duyduk. Ertesi hafta borsadaki koltuğunu sattı ve ertesi ay kendisine bir çiftlik satın aldı.

Elbette o yüzde 10'luk temettü haberini duyar duymaz kendi deneyimlerimi duymazdan gelerek bir tüyoya kulak asmanın bedelini ödeyeceğimi anladım. Kendi düşüncelerimi bir dostumun kuşkuları yüzünden değiştirmiş, iyi niyetli ve genellikle de haklı olduğu için onun fikirlerine öncelik tanımıştım.

Union Pacific'in rekorunu görür görmez, "Bu hissede kısa pozisyonda olmak akıl kârı değil," dedim kendi kendime.

Dünyadaki bütün servetimi marj olarak Harding'in ofisine yatırmıştım. Bu durum beni fazla kaygılandırmıyor, ama hiç mi hiç sevindirmiyordu. Gün gibi açık bir gerçek vardı o da benim bandı doğru okumuş olduğum, ama sonra Ed Harding yüzünden doğru kararımdan caydığımdı. Artık pişmanlığa yer yoktu, hiç zaman kaybetmeden harekete geçmem gerekiyordu. Hemen kısa pozisyonumu kapatma emrini verdim. Borsada dört bin UP hissesi alma emrini verdiğimde hisse fiyatı 165'ti. Şimdiden üç puan kaybetmiştim. Brokerlerim hisseleri almaya çalışırken fiyat önce 172'ye sonra da 174'e çıktı. Raporlar gelince gördüm ki Ed Harding'in dostluk kaygıları bana kırk bin dolara malolmuş. Kendi kararlarında diretemeyen biri için bu ceza az bile! Bence yine de ucuz bir ders oldu.

Fazla üzülmedim, çünkü hisselerin fiyatı artmaya devam etti. Hissenin fiyatı beklenmedik bir şekilde hareket etmişti. Şirket yöneticilerinin temettü kararını önceden kestirmeye olanak yoktu, ama bu kez ben kendi kafama göre davranacaktım. Kısalarımı kapatmak için dört bin hisse satın alma emrini verir vermez, kâr etmek için banttan gelen fiyatları okumaya başladım. Dört bin hisse satın aldım ve onları ertesi günün sabahına kadar elimde tuttum, sonra da sattım. Böylece kaybettiğim kırk bin doları yerine koymakla kalmadım, ayrıca on beş bin dolar da kâr ettim. Ed Harding beni bu kadar düşünmeseydi çok büyük bir kazanç sağlayabilirdim. Ama yine de bu ders benim için çok yararlı oldu ve borsa eğitimimi tamamlamamı sağladı.

Yalnızca tüyolara boş verip kendi düşüncemde diretmeyi öğrenmedim, aynı zamanda kendime güvenim arttı ve eski alım satım yöntemimin son kırıntılarını da üzerimden atmış oldum. Saratoga deneyimi, keyfi, deneme yanılma yoluyla süren son olay oldu. O günden sonra tek tek hisse senetlerine değil, borsanın genel ortamına bakmaya başladım. Böylece borsacılık okulunda sınıf atlamış oldum. Ama bu benim için uzun ve zor bir aşama oldu.

VII. BÖLÜM

Ben borsanın yükselmesi ya da düşmesi ile ilgili tahminlerimi anlatmaktan çekinmem. Ama kimseye belli bir hisse senedinden satın almaları ya da satmaları için tüyo vermem. Eğer borsada genel bir düşüş varsa, bütün hisselerin fiyatları düşer, genel bir yükseliş varsa yükselir. Ancak diyelim ki bir savaş yaşanıyorsa ve borsa bu yüzden düşmüşse; bu silah hisselerinin de düşeceği anlamına gelmez. Ben genel durumlardan söz ediyorum. Ancak ortalama bir yatırımcı borsadaki genel düşüş ya da yükselişlerle ilgilenmez. Bu yatırımcı hangi hisse senedini satması ya da alması gerektiğini bilmek ister. Hazıra konmaktır niyeti. Yan gelip yatmak ister. Kafasını fazla yormak istemez. Yerde bulduğu parayı saymak bile zor gelir ona.

Ben bu kadar tembel değildim, ama yine de genel borsa koşullarını düşünmek yerine, ayrı ayrı hisse senetlerini değerlendirmek, genel hareketler yerine tek tek dalgalanmalara bakmak kolayıma geliyordu. Bu yöntemi değiştirmem gerekiyordu ve sonunda değiştirdim.

İnsanlar hisse alım satım işinin temel özelliklerini anlarken biraz zorlanırlar. Borsa yükselirken hisse senedi almak en rahat yöntemdir. Önemli olan fiyatları en düşük anında yakalayabilmek değil, doğru anda alış ya da satış yapabilmektir. Borsanın düşeceğini düşünüyorsam ve satış yapmaya başladıysam, yaptığım her satış bir öncekinden daha düşük fiyata gerçekleşmelidir. Eğer satın alacaksam bunun tersi geçerlidir. Fiyatlar sürekli artıyor olmalıdır. Fiyatlar artarken satın almak, düşerken de satmak benim yöntemimdir.

Diyelim ki ben hisse senedi alacağım ve 110'dan iki bin adet hisse aldım. Eğer ben satın aldıktan sonra hisse sendinin fiyatı 111'e çıkarsa demek ki, en azından o an için, yaptığım işlemde haklıyım, çünkü hisse fiyatı bir puan arttığına göre kâr etmiş sayılırım ve kâr ettiğim için gidip iki bin hisse daha alırım. Eğer borsa hâlâ yükseliyorsa, tekrar iki bin hisselik bir alım yaparım. Diyelim ki fiyat 114'e çıktı. O an için bunu yeterli olduğunu düşünüyorum. Şimdi elimde bir hisse senedi bazı oluştu. Ortalama 111 3/4'ten altı bin hisse senedi satın aldım ve şu anda hisse fiyatı 114. O an için daha fazla hisse almak istemiyorum. Oturup bekliyorum. Hisse fiyatı elbet bir noktadan sonra düşecek diye düşünüyorum. Bu düşüşten sonra borsa fiyatı nasıl toparlayacak diye merak ediyorum. Büyük bir olasılıkla, bu düşüş benim yaptığım üçüncü alımdan sonra gerçekleşecek. Diyelim ki fiyat 114'ten 112 1/4'e düşecek, sonra tekrar artacak. Fiyat tekrar 113 3/4'e çıktığı anda borsadan dört bin hisse alma emri veriyorum. Eğer o dört bin hisseyi 113 3/4'e alabiliyorsam, yanlış giden bir şeyler olduğunu anlıyorum ve bir deneme satışı yapmaya karar veriyorum, yani bin hisse senedini satışa çıkarıyor, borsanın buna nasıl tepki verdiğini izliyorum. Ancak diyelim ki fiyat 113 3/4 iken verdiğim dört bin hisselik alış emrinden sonra iki bin hisseyi 114'e, beş yüz hisseyi 114 1/2'ye, geri kalanını da daha yüksek fiyatlara alabiliyor, son beşyüz hisse için de 115 1/2 ödüyorum. Artık kesinlikle haklı olduğumu anlıyorum. Hisse senedini alış koşullarım bana o anda o hisseyi almakta haklı olup olmadığımı gösteriyor –elbette bu arada borsanın genel durumunu iyice değerlendirdiğimi ve borsanın artma eğilimi içinde olduğunu varsayıyorum. Ben hiçbir hisseyi fazlasıyla ucuza ya da fazlasıyla kolay satın almak istemem.

Bir keresinde Borsa'nın en ünlü operatörlerinden biri olduğu dönemde Başkan S. V. White hakkında bir şey duymuştum. Başkan takma adıyla tanınan White, son derece nazik, yaşlıca, çok zeki ve cesur bir adamdı. Duyduğum kadarıyla kendi zamanında harika şeyler başarmıştı

Şeker hisselerinin borsadaki dalgalanmaların baş nedeni olduğu günlerdi. Şeker· şirketinin genel müdürü H. O. Havemeyer zirvede en parlak anlarını yaşıyordu. Eski borsacılar H. O. ve adamlarının şeker hisselerinde istedikleri etkiyi yaratacak gerekli para kaynaklarına ve zekâya sahip olduğunu anlatırlar. Havemeyer'ın o güne kadar hiçbir insider'ın yapamadığı kadar çok profesyonel borsacıyı ezip geçtiğini söylerler. Genellikle borsacılar insider'lara destek yerine köstek olurlar.

Bir gün Başkan White'ı tanıyan biri heyecan içinde White'ın ofisine dalarak demiş ki: "Başkan, eğer iyi bir haber alırsam hemen gelip sana bildirmemi, haber işine yararsa bana birkaç yüz hisse ayıracağını söylemiştin." Durup biraz soluklanmış ve Başkan'ın kendisini doğrulamasını beklemiş. Başkan her zamanki dalgın ifadesiyle ona bakmış ve "Sana tam olarak ne söylediğimi hatırlamıyorum, ama işime yarayacak bilgilerin karşılığını ödemeye hazırım," demiş.

"Tamam işte, şimdi elimde böyle bir bilgi var."

"Aferin," demiş Başkan. Ses tonu o kadar yumuşakmış ki kendisine bilgi getiren adam yutkunup, "Evet efendim, Sayın Başkan," demiş. Sonra da White'a yaklaşmış ve kimsenin kendilerini duymaması için alçak bir sesle, "H. O. Havemeyer şeker hissesi alıyor," diye fısıldamış.

"Öyle mi?" diye yanıtlamış Başkan hiç istifini bozmadan.

White'ın bu tavrı adamın sinirine dokunduğundan bir kez daha üzerine bastıra bastıra, "Evet efendim. Eline geçirdiği her hisseyi alıyor," demiş.

"Emin misin dostum?" diye yinelemiş S. V.

"Başkan, yüzde yüz eminim. Şirket görevlileri alabildikleri her hisseyi alıyorlar. Şeker ücretleri ile ilgili bir şey ve çok yakında patlayacak. Rüçhanlı temettüleri geçecekmiş. Yani en azından otuz puan artacak."

Yaşlı adam "Sence bu olur mu?" diyerek fiyatlara bakmak için taktığı gümüş çerçeveli gözlüklerin arkasından süzmüş karşısındakini.

"Bence bu olur mu? Ne demek bence olur mu? Adım gibi eminim olacağından! Eğer H. O. Havemeyer'la arkadaşları şu anki hızla şeker alıyorlarsa 40 puandan aşağısına razı olmazlar. Borsa da her an kontrollerinden çıkmak üzere, fiyatlar aniden fırlayacak. Hisseler bir ay öncesine göre çok daha zor bulunuyor."

"Demek şeker alıyor, öyle mi?" demiş Başkan dalgın dalgın.

"Almak mı? Fiyatına aldırmadan son sürat kepçeyle ceplerine dolduruyor."

"Eee?" demiş White. Sonra da susmuş.

Ama bu kadarı tüyocuyu sinirlendirmeye yetmiş, "Aynen öyle! Ve bence bu gayet iyi bir bilgi. Bir kere kesinlikle güvenilir."

"Öyle mi?"

"Öyle ve de bence fiyatı yüksek olmalı. Bu haber işinize yarayacak mı?"

"Elbette yarayacak."

"Ne zaman?" diye sormuş tüyocu kuşkuyla.

"Hemen." Başkan seslenmiş, "Frank!" Bu en atılgan brokerinin adıymış ve o sırada da yan odadaymış.

"Buyrun efendim," diye gelmiş Frank.

"Lütfen borsaya inip onbin şeker satar mısın?"

"Satmak mı?" diye haykırmış tüyocu. Sesi öylesine acı doluymuş ki odadan çıkmak üzere olan Frank bile dönüp bakmış.

"Evet, satmak," demiş Başkan yumuşak bir sesle.

"Ama size söyledim, H. O. Havemeyer alıyor o hisseleri!"

"Ne söylediğini biliyorum dostum," demiş Başkan sakin sakin ve brokere dönerek, "Acele et Frank!" diye seslenmiş.

Broker emri yerine getirmek üzere koşar adımlarla oradan uzaklaşmış ve tüyocunun yüzü kıpkırmızı olmuş.

"Geliyorum ve size bugüne kadar duyduğum en büyük haberi veriyorum. Size geldim, çünkü sizin benim dostum ve aklı başına bir insan olduğunuzu sanıyordum. Bu haberi değerlendireceğinizi düşünmüştüm."

Başkan sakinleştirici bir ses tonuyla, "Değerlendiriyorum zaten," demiş.

"Ama size söyledim, H. O. ve arkadaşları satın almaya başlamış!"

"Tamam, sizi duydum."

"Alıyormuş dedim. Almak, almak, satmak değil!" diye bas bas bağırmış bizim tüyocu.

"Tamam, alıyormuş. Ben de öyle anlamıştım," demiş başkan. Bu arada ticker'ın yanında durmuş fiyatlara bakıyormuş.

"Ama siz satıyorsunuz."

"Evet; on bin hisse satıyorum." Başkan başını sallamış. "Satıyorum tabii," demiş.

Sözlerine ara verip dikkatini fiyatlara yöneltmiş. Tüyocu da yaklaşıp Başkan'ın ne gördüğüne bakmış. Yaşlı adamın ne kadar kurnaz olduğunu bilirmiş. Başkan'ın omuzunun üzerinden fiyatlara bakarken, elinde makbuzla bir görevli içeri girmiş. Belli ki bu, Frank'ın gönderdiği rapormuş. Başkan rapora gözünün ucuyla bakmakla yetinmiş. Satış emrinin nasıl yerine getirildiğini zaten banttan gelen bilgilerden görmüş.

Raporu görünce görevliye, "Söyle on bin hisse daha satsın," demiş.

"Başkan, yemin ederim hisseyi satın alıyorlar!"

"Sana Bay Havemeyer kendisi mi söyledi?" diye sormuş Başkan yavaşça.

"Olur mu hiç! O kimseye bir şey söylemez ki. En yakın arkadaşına bile tüyo vermez o. Ama ben bunun doğru olduğunu biliyorum."

"Fazla heyecanlanma dostum," demiş ve elini kaldırmış Başkan. Bir yandan da banda bakıyormuş. Tüyocu acı acı demiş ki:

"Eğer düşündüğümün tam tersini yapacağını bilseydim, ne kendi zamanımı boşuna harcardım ne de seninkini. Yine de sen o hisseden zarar edince sevinmeyeceğim. Senin için üzülüyorum Başkan. Gerçekten de! Şimdi izin verirsen bu haberi kendim değerlendireceğim."

"Ben değerlendiriyorum, merak etme. Borsayı biraz da olsa tanıyorum, belki senin kadar ya da Havemeyer kadar değil, ama yine de biraz tanıyorum. Şimdi senin bana getirdiğin bilgileri geçmişte aldığım derslere göre kullanıyorum. Wall Street'te benim kadar uzun zaman geçirdikten sonra gerçekten de benim için üzülen birilerinin olduğunu bilmek çok güzel. Boşuna telaşlanma dostum."

Adam Başkan'a bakakalmış, karar yeteneği ve direnci karşısında hayranlığını gizlemekte zorlanıyormuş.

Çok geçmeden görevli geri gelmiş ve Başkan'a bir rapor uzatmış. Başkan da rapora bakmış ve "Şimdi de git otuz bin şeker almasını söyle. Otuz bin adet alacak!" demiş.

Görevli hızla dışarı çıkmış ve tüyocu yaşlı tilkiyle başbaşa kalmış.

Başkan, "Dostum," diye açıklamaya başlamış, "Senin bana doğruyu söylediğinden bir an bile kuşkulanmadım. Ama bu haberi H. O. Havemeyer sana kendisi bile söylemiş olsaydı, aynı şeyi yapardım. Gerçekten de H. O. Havemeyer ve arkadaşlarının o hisseleri senin söylediğin gibi alıp almadıklarını anlamanın tek bir yolu vardır, o da benim yaptığımı yapmaktır. İlk on bin hisse gayet kolay satıldı. Ama durum hakkında fazlaca bilgi vermiyordu bu. İkinci on bin hisse anında gitti, hem de borsa yükselmeye devam ediyordu. Demek ki birileri satılan her hisseyi hemen almaya hazırdı. Bu alıcıların kim olduğu şu anda pek de önemli değil. Ben artık kısa pozisyondan çıktım, elimde on bin hisse var ve bana verdiğin bilginin doğru olduğuna inanıyorum."

"Karşılığında bana ne vereceksiniz?" diye sormuş tüyocu.

Başkan, "Şimdi aldığım on bin hissenin beş yüzü senin," demiş. "Sana iyi günler. Bir dahaki sefere bu kadar heyecanlanma, ne olur."

Tüyocu çıkarken, "Başkan, rica etsem siz kendi hisselerinizi satarken benimkileri de satabilir misiniz? Belki de sandığım kadar iyi bilmiyorum borsa işini," demiş.

İşte işin teorisi bu. Bu yüzden ben hiçbir hisse senedini ucuza almak için hemen atılmam. Elbette mantıklı bir fiyattan almaya, borsanın ilerisinde gitmeye çalışırım. İş satmaya geldiğinde hisselerinizi isteyen birini bulamazsanız zaten satış yapamazsınız.

Eğer uzun vadeli ve yüksek miktarda alımlar yapıyorsanız bunu aklınızdan hiç çıkarmayın. Bir yatırımcı önce genel koşulları inceler, sonra kendine bir plan yapar ve sonra harekete geçer. Diyelim ki planı gerçekleşir ve büyük kâr elde eder, ama kâğıt üzerinde. Bu yatırımcı hisselerini canı isteyince satamaz. Borsanın elli bin hisseyi alması yüz hisseyi almasından çok daha zor olacaktır. Bu yatırımcı kendisi için bir piyasa oluşana kadar beklemek zorundadır. Derken hisseleri için bir alıcı kitlesi oluştuğunu farkeder. O kitleye hemen ulaşmalıdır. Zaten belli bir süredir beklemektedir. Hisseleri o isteyince değil, satabildiği zaman satmak zorundadır. En iyi zamanlamayı sağlayabilmek için ortamı dikkatle izlemeli ve sınamalıdır. Borsanın satış için ne zaman en uygun koşullara ulaşacağını anlamak çok zor bir iş değildir. Ancak hisselerin hepsini borsaya sürmeden bir deneme yapmak ve ortamın gerçekten uygun olup olmadığını anlamak gerekir. Unutmayın ki fiyatların tam istediğiniz düzeye çıkmasını ya da inmesini beklemek boşunadır. Ancak ilk işlemden sonra kâr etmemişseniz, asla ikinci bir işleme girmeyin. Beklemeyi tercih edin. İşte bu noktada fiyatları çok iyi izleyin, bir sonraki işlemi ne zaman başlatacağınızı böyle anlayacaksınız. Her şey doğru zamanlamaya bağlıdır. Bunun önemini anlamam uzun yıllar sürdü. Ayrıca bana yüz binlerce dolara maloldu.

Mutlaka piramit yöntemi ile alım satım yapın demiyorum. Elbette bazı yatırımcılar bu yöntem sayesinde büyük paralar kazanabiliyorlar.

Ben sadece şu kadarını söylüyorum: Diyelim ki bir yatırımcı beş yüz hisse senedi alacak. Bence bu yatırımcı, spekülasyon yapmak istiyorsa, bu hisselerin hepsini aynı anda almamalı. Hele kumar oynuyorsa, asla aynı anda almamalı.

Önce yüz hisse senedi aldı diyelim, belki kısa süre sonra zarar edecek... Niçin gidip kendisini zarara sokan hisseden daha fazla alsın? En iyisi, yanıldığını hemen anlayarak o an için o hisselerden vazgeçmelidir.

VIII. BÖLÜM

1906 yazında Saratoga'da yaşadığım Union Pacific olayı beni tüyolardan ve boş laflardan iyice soğuttu, yani ne kadar iyi niyetli ve deneyimli olurlarsa olsunlar, başkalarının fikirlerine ve tahminlerine kulak asmamayı öğretti. Borsa ile ilgili bilgileri çevremdeki herkesten daha iyi değerlendirebildiğimi yaşayarak gördüm. Ayrıca Harding Brothers'ın ortalama müşterilerinden çok daha iyi durumdaydım, çünkü borsa ile ilgili önyargım yoktu. Borsanın yükseliyor ya da düşüyor olması benim için farketmiyordu. Tek önyargım yaptığım tahminlerde yanılmamak gerektiğiydi.

Delikanlılığımda bile gördüğüm her şeyi kendime göre yorumlardım. Çevremde olup bitenlere ancak bu yöntemle anlam katabiliyordum. Ben asla başkalarının düşüncelerini sorgulamadan kabul edemem. O yüzden her konuda kendi fikrimi oluştururum. Eğer bir şeylere inanıyorsam bunun mutlaka bir nedeni vardır. Hisse senedi satın alıyorsam borsanın genel koşullarını inceleyerek buna karar vermişim demektir. Oysa akıllı zannettiğiniz birçok yatırımcı sırf elinde hisse senedi var diye borsanın yükseleceğini iddia eder. Ben elimdeki hisse senetlerinin ya da birtakım dileklerimin önemli kararlarımı etkilemesine izin vermem. O yüzden ben hiçbir zaman borsayla kavgaya tutuşmam. Borsa en beklemediğiniz anda, üstelik de sizin mantığınıza ters bir biçimde hareket etti diye ona kızmak, zatürre oldunuz diye akciğerlerinize kızmaya benzer.

Yavaş yavaş borsada spekülasyon yapmanın banttan gelen fiyatları okumaktan daha fazla bir şey olduğunu anlamaya başlamıştım. Partridge'in borsa yükselirken mutlaka hisse senedi alma öğüdü benim içinde bulunduğum borsayı daha iyi değerlendirmem gerektiğini anlamama yardımcı oldu. Büyük kârların büyük dalgalanmalardan doğduğunu düşünmeye başladım. Büyük dalgalanmalara yol açan ilk neden ne olursa olsun, beraberinde getirdiği sonuçları etkileyen şey, borsacıların manevraları değil, borsanın temel koşullarıdır. Bu dalgalanmanın karşısında kim olursa olsun, ne kadar süreceğini ve sonuçlarının ne olacağını ancak borsada hâkim olan genel koşullar belirleyecektir.

Saratoga'dan sonra her şeyi daha açık görmeye başladım ya da ben olgunlaşmıştım. Bütün hisse senetleri borsadaki genel eğilim doğrultusunda hareket ettiğine göre, tek tek hisse fiyatlarını ya da şu veya bu hissenin davranışını izlemeye gerek yoktu. Ayrıca genel dalgayı göz önüne almak bir yatırımcıyı sınırlandırmıyordu. İsterse borsadaki bütün hisse senetlerini aynı anda alıp satabilirdi. Bazı hisse senetlerinde sermaye karşılığı alınan hisselerin belli bir yüzdesini aştıktan sonra kısa pozisyonda bulunmak tehlikelidir, ama bu da hisselerin nasıl, nerede ve kimin tarafından alındığına bağlı olarak değişecektir. Öte yandan bir yatırımcı, eğer parası varsa, hiç zorlanmadan genel listeden seçerek bir milyon adet hisse senedi alabilir. Eskiden insider'lar kısa pozisyona giren yatırımcıların, onların kaygı ve korkularının sırtından büyük paralar kazanırdı.

Doğal olarak, en iyisi yükselen bir borsada hisse senedi satın almak, borsa düşerken de satmaktır. İnsana fazlasıyla basit geliyor, değil mi? Ama bu ilkeyi anlamak yetmez, uygularken birçok olasılığı göz önünde bulundurmak gerekir. Bu temel ilkeye göre alım satım yapmayı öğrenmek benim uzun süremi aldı. Ancak kendime haksızlık etmeyeyim, o güne kadar o yöntemle spekülasyon yapabilmek için yeterli param olmamıştı. Büyük bir dalgalanma demek yüksek kâr demektir, ne var ki elinizdeki hisse senetlerinin sayısının da çok olması gerekir, bunun için de brokerinizdeki hesabınızın kabarık olması şarttır.

Ben her zaman hayatımı borsadan kazandım ya da kazandığımı düşündüm. Bu yüzden de daha kârlı olabilecek, ancak daha yavaş ve bu nedenle kısa vadede daha pahalı olan dalgalanmalar üzerinden alım satım yapma yöntemine bir türlü geçemedim.

Oysa artık kendime olan güvenim artmaya başlamıştı, bu arada brokerlerim beni şansı açık bir çaylak olarak görmekten vazgeçmişlerdi. O güne dek benim üzerimden bol komisyon kazanmışlardı, ama artık onların bir numaralı müşterisi olmak üzereydim ve bana verdikleri değer, yaptığım alım satımların toplamının çok üzerindeydi. Kâr eden bir müşteri her broker için servettir.

Fiyatları incelemek bana yetmemeye başlayınca hisse senetlerinin günlük dalgalanmalarına duyduğum ilgiyi de kaybettim. Artık oyunu başka bir açıdan izlemem gerekiyordu. Fiyatları bırakıp temel ilkelere döndüm. Fiyat dalgalanmaları ile değil, genel koşullarla ilgileniyordum.

Elbette bu arada günlük borsa haberlerini okumayı ihmal etmiyordum. Bütün borsacılar okur bu haberleri. Ama bu haberlerin yarısı, asılsız çıkan dedikodular, geri kalanı ise yazarların kişisel görüşüdür. Borsadaki temel koşullar hakkında yazılar yayımlayan saygın dergiler de beni tam olarak tatmin etmiyordu. Finans editörlerinin görüşleri benimkilerle bağdaşmıyordu. Bu yazarlar için anlattıkları şeyleri belli bir düzene oturtup belli sonuçlar çıkarmak önemli değildi, oysa benim için gerekliydi. Ayrıca zaman unsuruna bakışımız da tamamen farklıydı. Benim için daha sonraki haftalar için yapılan tahminler bir önceki haftanın analizinden çok daha önemliydi.

Yıllar boyunca deneyimsizlik, gençlik ve parasızlık gibi üç püyük talihsizlik peşimi bırakmamıştı. Ama artık içimde yeni bir şeyler keşfetmiş olmanın umudu vardı. Borsaya karşı yeni tutumum, geçmişte niçin New York'ta bu kadar başarısız olduğumu da açıklıyordu. Elimde yeterli kaynak ve deneyim vardı, üstelik kendime güveniyordum. Bu nedenle bir an önce cebimdeki anahtarı denemek için yanıp tutuşmaktaydım, ama bu arada kapıda ikinci bir kilit olduğunu farkedemiyordum, zaman kilidi! Bu yaptığım son derece doğal bir hataydı. Yine alacağım ders karşılığında ağır bir bedel ödemek zorunda kaldım.

1906 yılında dünyadaki ekonomik duruma bir bakınca işlerin ciddi olduğunu anlamıştım. Dünyadaki zenginliklerin çoğu yokolmuştu. Herkes er ya da geç bunun etkisini hissedecek, kimse kimseye yardım edecek bir konumda olmayacaktı. Bu, on bin dolar değerinde bir evi sekiz bin dolar değerinde yarış atlarıyla dolu bir vagonla takas etmenin getireceği bir sarsıntıya benzemeyecekti. Bu, evin yangında yanıp kül olması, bu arada atların çoğunun tren kazasında ölmesine benzer bir felaket olabilirdi. Güney Afrika'daki savaşta milyonlarca dolar, barut tozu olup uçmuştu, ayrıca hiçbir işe yaramayan bir yığın askeri doyurmak gerekiyordu, bu da geçmişte ülkeye yatırım yapan İngilizleri bölgeden kaçırmıştı. Ayrıca San Fransisco depremi ve yangını üreticilerden çiftçilere, tüccarlardan işçilere, hatta milyonerlere kadar herkesi etkilemişti. Tren yolları bundan büyük zarar görecekti. Bu durumun yakın gelecekte düzelmesine de olanak yoktu. Yapılabilecek tek şey vardı – hisse senetlerini satmak!

Size daha önce de söylemiştim. Borsanın durumunu inceledikten ve karar verdikten sonra, yapacağım ilk işlemden mutlaka kâr etmeliyim. O dönemde de satmaya kararlıydım ve fazla düşünmeden hızla hisselerimi satmaya başladım. Nasıl olsa borsa düşmek üzereydi ve ben de hayatımın en büyük kârını elde edecektim.

Borsa düşüşe geçti. Sonra biraz yükseldi. Derken biraz daha düştü ve sonra da düzenli bir şekilde yükselmeye başladı. Kâğıt üzerindeki kârlarım silindi gitti, zararlarım artmaya başladı. Öyle bir gün geldi ki borsanın bir zamanlar düştüğünü anlamaya bin şahit isterdi. Baktım olacak gibi değil, hisse alarak kısalarımı kapattım. İyi ki de kapatmışım, yoksa tek bir kartpostal alacak kadar param bile kalmayacaktı. Elimdeki paranın çoğunu böylece kaptırdım, ama hâlâ mücadele edecek gücüm vardı.

Bir hata yapmıştım. Ama nerede? Borsa düşerken hisse satmıştım. Tamam, bu akıllıca bir hareketti. Kısa pozisyona girmiştim. Bu da akıllıcaydı. Ama fazla erken satmıştım. Bu bana çok şeye maloldu. Fikir doğru ama uygulama yanlıştı. Yine de her geçen gün borsayı kaçınılmaz sona yaklaştırıyordu. Ben de bekledim ve borsa tökezleyip aşağı doğru kaymaya başlayınca elimde kalan üç kuruşluk marjla satabildiğim kadar hisse senedi sattım. Bu kez haklı çıktım, ama yalnızca koca bir gün boyunca... Çünkü ertesi gün borsa tekrar yükseldi. Beni de fena halde zarara uğrattı. Yine fiyatlara baktım, hisse alıp kısaları kapadım ve bekleyişe geçtim. Bir süre sonra tekrar sattım – yine önce düşen fiyatlar beni umutlandırdı, sonra borsa bir kez daha şahlandı.

Borsa benim eski bucket shop günlerime dönmem için elinden geleni yapıyor gibiydi. İlk kez bir ya da iki hisse senedi yerine bütün borsayı kapsayan, ileriye dönük bir planla hareket etmiştim. Yeterince uzun süre dayanabilirsem kazanırım sanıyordum. Daha o dönemde hisseleri azar azar satarak başladığım özel sistemimi oluşturamamıştım, yoksa önce az miktarda hisse satarak başlardım işe. O zaman marjımın bu kadar büyük bir kısmını kaybetmemiş olurdum. Bu benim yanıldığım gerçeğini değiştirmezdi, ama en azından o kadar zarar görmezdim. Bazı gerçekleri öğrenmiştim, ama henüz onları nasıl biraraya getireceğimi bilemiyordum. Yaptığım gözlemlerin eksik olması, beni engelledi.

Her zaman hatalarımdan ders almasını bilmişimdir. Böylece ben de borsadaki fiyatları düşerken hisse satmanın iyi bir şey olduğunu, ama mutlaka fiyatları yakından izleyerek, harekete geçecek en uygun zamanı kollamanın gerektiğini anladım. Eğer doğru başlarsanız kâr etme olasılığınız artacaktır ve borsadaki hareketleri daha fazla güvenle izleyebilirsiniz.

Elbette bugün gözlemlerimin doğruluğuna daha çok güveniyorum ve bu gözlemlerin benim istek ve umutlarımdan etkilenmemesini sağlıyorum. Ayrıca elimdeki bilgileri doğrulamak ve görüşlerimin doğruluğunu sınamak için daha fazla olanağa sahibim. Ama 1906 yılında borsada arka arkaya yaşanan yükselişler benim marjlarımı ciddi şekilde sarstı.

Yaşım 27'ye gelmişti. Oniki yıldır borsanın içindeydim. Yine de ilk kez borsada bir kriz beklentisine göre hareket ettiğimde, borsayı bir teleskopla izliyordum. Fırtına bulutunu ilk gördüğüm andan fırtınanın kopmasına kadar, yani benim hisselerimi nakde çevirdiğim ana kadar, o kadar uzun bir süre geçmişti ki ben kendi gözlerimden kuşkulanmaya başlamıştım. Bu arada birçok uyarı duyuldu, mevduat oranlarında inanılmaz yükselişler yaşandı. Yine de zamanın en büyük finansçıları -en azından gazetecilerle görüşürken- büyük bir umutla menkul kıymetler borsasındaki yükselişin felaket habercilerini yalancı çıkardığını öne sürdüler. Ben acaba borsanın düşeceğini düşünerek yanılıyor muydum, yoksa erken satışa geçtiğim için zamanlamam mı yanlıştı?

Zamanlamamın yanlış olduğuna karar verdim, ama bu konuda yapabileceğim fazla bir şey yoktu. Derken borsada satışlar arttı. Bu benim beklediğim fırsattı. Satabildiğim kadar çok hisse sattım, ama hemen sonra fiyatlar tekrar fırladı, hem de çok yüksek bir düzeye.

Birdenbire meteliksiz kalmıştım.

Tahminimde haklı çıkmıştım, ama zarardaydım. Başıma gelenler inanılır gibi değildi. Her şeyi şöyle özetleyebilirdik: Önümde kocaman bir dolar yığını belirmişti. Üzerinde bir levha vardı. Levhada kocaman harflerle "İstediğiniz kadar alın," yazıyordu. Yanında da üzerine "Lawrence Livingstone Nakliye Şirketi" işareti bulunan bir araba vardı. Elimde yepyeni bir kürek tutuyordum. Ortalıkta başka hiç kimse yoktu ve bu yığını herkesten önce gördüğüm için dolarların rakipsiz sahibi bendim. Eğer durup da baksalardı bu yığını görebilecek insanlar vardı, ama onlar beyzbol maçı seyretmekle, araba yarışlarıyla ya da parası benim gördüğüm dolarla ödenecek evler satın almakla meşguldüler. İlk kez burnumun ucunda bu kadar çok para vardı ve ben de doğal olarak yığına doğru koşmaya başladım. Ben yığına ulaşamadan rüzgâr yön değiştirdi ve ben yeri boyladım. Paralar hâlâ oradaydı, ama ben küreğimi kaybetmiştim ve araba da gitmişti. Fazla erken davranmanın cezası buydu! Gördüğüm şeyin serap değil, gerçekten bir yığın dolar olduğuna kendimi inandırmaya çalışıyordum. Gördüğümün ne olduğunu çok iyi biliyordum, ama onun karşılığında alacağım ödülü düşünürken dolar yığınına olan uzaklığım gözümden kaçmıştı. Aniden koşmaya başlamak yerine yürümem gerekiyordu.

İşte her şey böyle oldu. Hisse senetlerini satmaya başlamak için henüz zamanın gelip gelmediğini anlayamamıştım. Fiyatlara bakmam gereken anda bunu yapmamıştım. Bu olay bana borsada talebin azaldığı dönemlerin başında fazla aceleci davranmamam ve tüfeğin ters tepmesi tehlikesi kalmayana kadar büyük miktarlarda satış yapmamam gerektiğini öğretti.

O güne kadar Harding'in ofisinde binlerce hisse senedi alıp satmıştım, firma bana çok güveniyordu ve ilişkilerimiz son derece iyiydi. Çok kısa süre sonra benim haklı çıkacağımı anladılar ve her zaman şansımı sonuna kadar kullandığımı bildikleri için bana başlangıç için sermaye sağladılar. Böylece zararımı kapatmayı başardım. Geçmişte benim üzerimden çok para kazanmışlardı, gelecekte de kazanacaklarını biliyorlardı. Böylece belimi doğrultur doğrultmaz, orada tekrar alım satım yapmaya başladım.

Aldığım dersler burnumu biraz sürtmüştü, daha doğrusu daha dikkatli davranır olmuştum, çünkü uçurumun kenarından döndüğümü çok iyi biliyordum. Yaptığım tek şey, satmaya başlamadan önce yapmış olmam gereken bir şeyi yapmak, yani borsayı izlemek ve beklemekti. Artık olan olmuştu, ama ben bir dahaki sefere aynı hatayı işlemek istemiyordum. Eğer insan hiç hata yapmazsa bir ay içinde dünyayı ele geçirebilir. Ama yaptığı hatalardan ders almazsa dünyada dikili bir ağacı bile olmaz.

Neyse, günün birinde güvenim yerine geldi. Bu kez kendimden emindim. İçimde tek bir kuşku kırıntısı yoktu. Bütün gazetelerin ekonomi sayfalarında çıkan bir ilanı okumuştum. Bu ilanı bir önceki denememde de beklemem gerekirdi. Northern Pacific ve Great Northern demiryolları yeni hisse senedi çıkarmışlardı. Ödemeler hissedarların ihtiyacına uygun taksitlerle yapılacaktı. Bu, Wall Street'te yeni bir yöntemdi. Hayra alamet olmadığı da kesindi.

Geçmişte Great Northern hisselerine değer kazandıran en büyük haber, hissedarlara yeni çıkan hisseleri nominal değerden satın alma hakkını veren bir ilan olurdu. Bu haklar çok değerliydi, çünkü borsa fiyatı her zaman nominal değerin üzerinde gerçekleşirdi. Ama artık para piyasası öyle bir hale gelmişti ki, ülkenin en güçlü bankaları bile hissedarların yeni hisseler karşılığında nakit ödeme yapabileceklerini sanmıyordu. Ve Great Northern hisseleri 330 civarında alıcı buluyordu.

Ofise gider gitmez Ed Harding'e "Satma zamanı geldi," dedim. "İşte asıl şimdi satmam gerekiyordu. Şu ilana bir göz at."

İlanı görmüştü. İlanda yazanların ne anlama geldiğini ona anlattım, ama Harding burnumuzun ucundaki fırsatı göremiyordu. Fazla satış yapmadan önce biraz bekleyip borsanın tekrar yükselip yükselmeyeceğini izlememizi istedi. Biraz beklersek fiyatlar düşebilirdi ama biz daha emin olurduk.

"Ed", dedim ona. "Fiyatların düşmesi çok gecikti, demek ki çok ani bir düşüş olacak. Bu ilan bankaların ne durumda olduğunu gösteriyor. Onların korktuğu, benim olmasını istediğim şey. Bu bizim satmaya başlamamız için bir işaret. Bu bizim için yeterli. Eğer on milyon dolarım olsaydı son kuruşuna kadar yatırırdım bu işe."

Biraz daha konuşmam ve onu ikna etmem gerekti. O, hayret verici ilandan benim çıkardığım sonuçları çıkarmakta zorlanıyordu. O ilan benim için yeterliydi, ama ofistekiler için aynı anlamı taşımıyordu. Ben de hisse sattım, ama çok az miktarda, çok çok az miktarda.

Birkaç gün sonra St. Paul gazetelere bir ilan verdi, ya hisse senedi ya da tahvil çıkarıyordu, hangisi olduğunu unuttum. Ama önemli olan o değildi zaten. İlanı okur okumaz ödeme gününün Great Northern ve Pacific ödemelerinden daha önce olduğunu farkettim. Anlı şanlı St. Paul'ün diğer iki demiryolu firmasını atlatıp Wall Street'te dolaşan azıcık parayı kendisine çekmeye çalıştığı apaçıktı. St. Paul'ün bankerleri piyasada üçüne de yetecek para olmadığından çekinmiş, o yüzden diğerlerinden önce satış yapmayı ummuşlardı. Eğer borsada bu kadar az para kaldıysa, ki bunu herhalde en iyi bankacılar bilirdi, sırada ne vardı? Demiryolları umutsuz bir biçimde bu paranın peşine düşmüştü. Ortalıkta para yoktu. Bunun çözümü ne olacaktı?

Hisse senetleri satılmaya başlanacaktı elbette! Gözlerini borsaya diken halk o hafta başka bir şey farkedecek durumda değildi. Akıllı operatörler ise o yıl çok şey gördü. İki kesimi birbirinden ayıran şey de zaten buydu.

Benim için bu, bütün kuşkularımın ve çekingenliğimin sonu oldu. Hemen orada kararımı bir daha değiştirmemek üzere verdim. O sabah o günden beri devam ettiğim seferi başlattım. Harding'e düşündüklerimi ve kararımı anlattım, o da benim 330'dan Great Northern ve belli başlı bazı şirketlerin hisselerini yüksek fiyatlardan satmama ses çıkarmadı. Bu kez eskiden yaptığım ve bana çok şeye mal olan hatalara düşmedim ve daha akıllıca satış yaptım.

Eski şöhretim ve kredim anında geri geldi. İster tesadüfen, ister bilerek, haklı çıkmanın en güzel tarafı buradadır. Üstelik ben bu kez haklı olduğuma son derece emindim. Beni haklı kılan şey, sezgilerim ya da tek tek fiyatları değerlendirmem değil, borsayı etkileyen genel koşullar üzerine yaptığım analizdi. Hiçbir şeyi kafadan atmıyordum. Kaçınılmaz olan şeyi bekliyordum. Hisse senetlerini satmak için cesur olmak gerekmiyordu. Fiyatların gittikçe düştüğünü görüyor, ne yapmam gerekiyorsa onu yapıyordum.

Borsadaki bütün hisseler sünger gibi yumuşadı. Bir süre sonra bir yükseliş oldu ve insanlar gelip beni düşüşün sonunun geldiğini söyleyerek uyarmaya çalıştılar. Kısa pozisyona giren yatırımcıların borsacılar tarafından kazıklanacağını, bunun suni bir düşüş olduğunu söyleyenler oldu. Bu nedenle milyonlarca dolar kaybedeceğimiz ileri sürüldü. Büyük borsacılar bize acımayacaktı. Ben bana akıl verenlere teşekkür etmekle yetinir, onlara karşı çıkmaya bile yeltenmezdim. Çünkü o zaman onların uyarılarına aldırmadığımı düşüneceklerdi.

Benimle Atlantic City'ye gelen arkadaşım çok üzülüyordu. Benim San Fransisco depreminden önce kapıldığım sezgiye hak verdiğini söylüyordu. Sırf içimde bir duygu bana Union Pacific hisselerini satmamı söyledi diye iki yüz elli bin dolar kazanmıştım, bunu unutamıyordu. Hatta kendisi hisse senedi almaya devam ederken benim satmama neden olan şeyin Tanrı'nın bir lütfu olduğunu bile iddia ediyordu. Saratoga'da UP satmamı da anlayabiliyordu, çünkü ona göre insanın sabit olarak alıp sattığı bazı hisseler vardı. Ama benim bütün hisselerin fiyatlarının düşeceğini söylemem onu aşıyordu. Bunun kime ne faydası olacaktı? İnsan böyle bir durumda ne yapacağına nasıl karar verebilirdi?

Yaşlı Partridge'in en sevdiği sözü hatırladım: "Borsa yükselecek, biliyorsunuz." Bu sözleri herkese çok önemli bir tüyo veriyormuş havasında söylerdi ve gerçekten de büyük bir tüyoydu bu. Yatırımcıların onbeş ya da yirmi puanlık bir düşüş yaşadıktan sonra üç puanlık bir artış görünce hemen borsanın yükselişe geçtiğine inanmaları çok ilginçti.

Bir gün arkadaşım gelip bana, "Sattığın hisseleri karşıladın mı?" diye sordu.

"Niye?" dedim.

"Çok iyi bir sebebi var."

"Neymiş o?"

"Para kazanmak. Artık fiyatlar dibe vurdu, her inişin çıkışı vardır, değil mi?"

"Evet, vardır," dedim. "Ama önce en dibe kadar batmaları gerekir. Ondan sonra yukarı çıkarlar, ama hemen değil. Bir iki gün en düşük düzeyde kalırlar. Daha bu cesetlerin yüzeye çıkma zamanı gelmedi. Henüz tam ölmediler."

Eski kurtlardan biri beni duydu. Sürekli anlatacak bir anısı olan adamlardandı. Bir keresinde William R. Travers borsanın düşeceği beklentisi ile hisselerini satarken borsanın yükseleceğini iddia eden bir arkadaşıyla karşılaşmış. Birbirlerine borsa hakkındaki fikirlerini anlatmışlar, sonra da arkadaşı, "Sayın Travers, fiyatlar bu kadar hareketsizken borsanın düşebileceğini nasıl düşünüyorsunuz?" demiş. Travers da, "Yaa," demiş, "aynen bir ölü kadar hareketsiz." Bu Travers bir gün bir şirketin ofisine giderek defterlerini görmek istemiş. Ofisteki görevli, "Bu şirkete ortak mısınız?" diye sormuş.

"Eh, ortaktım desem daha doğru olacak! Yirmi bin hissenizi satıp kısa pozisyona girmiş bulunuyorum."

Neyse, borsadaki yükselişler gittikçe azaldı. Şansımı sonuna kadar zorluyordum. Ben ne zaman birkaç bin Great Northern hissesi satsam fiyat birkaç puan düşüyordu. Diğer hisselerde şansım o kadar yaver gitmedi ve birkaç açık verdim. Ama sonunda hepsi kâr bıraktı, biri hariç, bu da Reading'di.

Bütün hisseler sapır sapır dökülürken Reading kaya gibi sağlam duruyordu. Herkes hisse fiyatının kontrol altında tutulduğunu söylüyordu. Gerçekten de hissenin davranışı bunu kanıtlıyordu. Eskiden Reading hisselerinde kısa pozisyona girmenin intihar olduğu söylenirdi. Ofisteki bazı yatırımcılar artık benim kadar hisse satmışlardı. Ama iş Reading satmaya gelince hepsi imdat diye kaçışıyordu. Ben ise bir miktar Reading satmıştım ve kararımda diretiyordum. Ama aynı zamanda korunma altına alınmış özel hisselerle uğraşmak yerine konumları daha zayıf olan hisselerin peşindeydim. Borsadaki fiyatlar buralardan daha fazla kâr edebileceğimi gösteriyordu.

Reading hisseleri için bir havuz oluşturulduğunu duymuştum. Bu güçlü havuz sayesinde hisse fiyatı düşmüyordu. Bazı dostlarımın bana anlattığına göre, öncelikle ellerinde yüksek miktarda düşük fiyatlı hisse vardı, yani ortalamaları geçerli düzeyin altındaydı. Ayrıca havuzu oluşturan yatırımcıların kredi aldıkları bankalarla aralarında son derece dostane ilişkiler vardı. Hisse fiyatı yüksek kaldığı sürece bankacıların dostluğuna güvenebilirlerdi. Havuz üyelerinden birinin kâğıt üzerindeki kârı üç milyonu geçmişti. Hisse fiyatı biraz düşecek gibi olsa da, bu onu yerinde tutmaya yetiyordu. Hissenin dimdik ayakta durmasına şaşmamak gerekiyordu. Arada sırada borsadaki işlemciler fiyata bakarak dudaklarını yalıyor, sonra bin, iki bin hisseyle deneme yapmaya çalışıyorlardı. Ancak fiyatı yerinden bile kımıldatamayınca bu sevdadan vazgeçiyor, kolay paranın peşinde başka hisse senetlerine yöneliyorlardı. Ben de bu hisseye her bakışımda biraz daha satış yapıyordum. Amacım kendi kendime yeni ilkelerime uyduğumu ve sadece birkaç gözde hisse senedine değil, borsanın geneline yatırım yaptığımı kanıtlamaktı.

Eskiden olsa Reading'in bu sağlam görünüşüne aldanabilirdim. Banttan gelen bilgiler bana hep o hissenin peşini bırakmamı öğütlüyordu. Ama mantığım başka türlü konuşuyordu. Borsada genel bir düşüş bekliyordum ve ister havuzlu, ister havuzsuz, buna tek bir istisna bile olmayacaktı.

Ben her zaman kendi bildiğim gibi hareket etmişimdir. Bucket shop'lardaki günlerimden beri hep böyle olageldim. Benim aklım böyle çalışıyor. Her şeyi kendi gözlerimle görmem, kendime göre yorumlamam lazım. Ama borsa benim düşündüğüm yönde gitmeye başlayınca, birdenbire artık yalnız olmadığımı hissettim. Borsanın genel koşulları benim arkamdaydı. Tüm güçleriyle bana yardım ediyorlardı. Belki bazen benim düşündüğüm sonuçları sağlamakta biraz yavaş davranıyorlardı, ama ben sabırlı olduğum sürece onlara güvenebileceğimi biliyordum. İşi ne sezgilerime, ne fiyatlara ne de şansa bırakıyordum artık. Olayların kaçınılmaz mantığı bana kâr sağlıyordu.

Önemli olan haklı çıkmaktı, haklı olduğuma güvenmek ve ona göre hareket etmekti. Genel koşullar, benim gerçek dostlarım bana "Fiyatlar düşüyor!" haberini veriyordu, ama Reading hiçbir şey olmamış gibi davranıyordu. Bu bize hakaret demekti. Reading'in borsa pek sakinmiş gibi sapasağlam yerinde durması sinirime dokunmaya başladı. O hissenin borsadaki bütün hisseler arasında en fazla kâr getirecek hisse olması gerekiyordu. Çünkü henüz fiyatı düşmemişti ve piyasadaki para sıkıntısı arttıkça havuzdakiler ellerindeki hisseleri satmak zorunda kalacaklardı. Günün birinde bankerlerin dostluğu da para etmeyecekti. Hisse senedi er geç diğer hisselerin kaderini paylaşacaktı. Reading düşmezse demek ki teorim yanlıştı, ben haksızdım, gördüğüm kanıtlar asılsızdı ve mantığım geçersizdi.

Fiyat aynı kalıyordu, çünkü Wall Street bu hisseyi satmaktan korkuyordu. Ben de bir gün tuttum, iki ayrı brokere, aynı anda dört biner adet hisse satma emrini verdim.

O destekli hisseyi, hani şu satmanın intihar demek olduğu hisseyi göreceksiniz. Emirler borsaya ulaşınca öyle bir tepetaklak gitti ki! Birkaç bin hisse daha sattım. Ben satmaya başladığımda fiyat 111'di. Birkaç dakika içinde fiyat 92'ye inmişti bile.

Bundan sonra borsada çok eğlenceli günler geçirdim ve nihayet Şubat 1907'de elimdeki hisselerin hepsini temizledim. Great Northern altmış, yetmiş puan düşmüştü. Diğer hisseler de o civardaydı. İyi kâr etmiştim, ama elimdeki hisseleri çıkarmamın nedeni kısa vadede borsada bir yükselme beklemememdi. Borsa biraz yükselecekti, ama bu benim kâr etmem için yeterli değildi. Elbette pozisyonumun bir kısmını koruyacaktım. Ancak borsa o an için fazla elverişli değildi. Bucket shop'larda kazandığım ilk on bin doları zamansız alım satım yaptığım, genel koşullara hiç aldırmadığım için kaybetmiştim. Aynı hatayı tekrarlamaya niyetim yoktu. Ayrıca unutmayın ki daha kısa bir süre önce fazlasıyla erken satış yapmaya başlamış, bu zamansız hareketim yüzünden de neredeyse beş parasız kalmıştım. Şimdi artık elde ettiğim kârları nakde çevirmek ve haklı olmanın tadını çıkarmak istiyordum. Borsadaki yükselişler daha önce beni zarara sokmuştu. Bir sonraki yükselişin beni kapıp götürmesine izin vermeyecektim. Ben de Florida'ya gitmeye karar verdim. Balık tutmayı çok severim ve ayrıca iyi bir tatile ihtiyacım vardı. Florida'da ikisini de yapabilecektim. Nasılsa Wall Street'le Palm Beach arasında direkt telgraf bağlantısı da vardı.

IX. BÖLÜM

Tekneyle Florida sahillerini dolaşmaya başladım. Balık boldu. Elimde hisse senedi kalmamıştı. İçim rahattı. Güzel güzel eğleniyordum. Bir gün Palm Beach açıklarında gezerken bir grup arkadaşım motorla yanıma geldi. İçlerinden biri gazete getirmişti. Günlerdir gazete okumamıştım ve okuma isteği de hissetmemiştim. Gazetede çıkacak haberlerle ilgilenmiyordum. Ama arkadaşımın gazetesine şöyle bir göz attığımda, ben yokken borsanın önemli bir artış gösterdiğini ve on puan birden yükseldiğini gördüm.

Arkadaşlarıma onlarla kıyıya çıkacağımı söyledim. Arada sırada ufak yükselişler olması normaldi. Henüz borsanın inişi tamamlanmamıştı ama ya Wall Street, ya şaşkın halk ya da borsayı özellikle yükseltmek isteyen birileri, parasal koşulları hiçe sayıyor ve fiyatları akıl almaz bir düzeye çekiyordu. Bu kadarına dayanamayacaktım. Mutlaka gidip borsayı kendi gözlerimle görmem lazımdı. Ne yapıp ne yapmayacağımı bilemiyordum. Ama o an gidip fiyat tahtasına bir göz atma isteği ile yanıp tutuşuyordum.

Brokerlerim Harding Brothers'ın Palm Beach'te bir şubesi vardı. Şubeye girdiğim zaman birçok tanıdığa rastladım. Çoğu borsanın daha da yükseleceğinden bahsediyordu. Bunlar anlık dalgalanmalara göre oynayan ve çabuk kâr etmek isteyen türden yatırımcılardı. Bu tür yatırımcılar fazla ileriye bakmak istemez, çünkü tarzları çok daha kısa vadeli oynamaktır. Bana nasıl New York ofisinde "Korkusuz Çocuk" adını taktıklarını anlatmıştım. Elbette insanlar her zaman yatırımcıların kazandıkları paraların miktarını ve ellerindeki hisse senetlerinin sayısını abartır. Ofisteki görevliler New York'ta hisse satarak ne çok kâr ettiğimi duymuşlardı, şimdi de aynı şekilde yeni bir grup hisse satacağımı ve kısa pozisyona gireceğimi sanıyorlardı. Onlara göre borsa daha çok yükselecekti, ama yine de benim borsanın tersine gideceğini düşündüğüme inanıyorlardı.

Ben Florida'ya balık tutmak için gelmiştim. Çok gerilimli bir dönemi yeni atlatmıştım ve iyi bir tatile ihtiyacım vardı. Ama fiyatların ne kadar yükseldiğini görür görmez tatil ihtiyacım kayboluverdi. Kıyıya çıkınca ne yapacağımı hiç düşünmemiştim. Ama şimdi hisse satmam gerektiğini biliyordum. Ben haklıydım ve bunu kanıtlamanın tek bir yolu vardı – haklı olduğum şeye para yatırmak. O an borsadaki her hisseyi kapsayan bir satış yapmak yapabileceğim en uygun, mantıklı, kârlı ve hatta kahramanca iş olacaktı.

Fiyat tahtasında gördüğüm ilk şey, Anaconda'nın 300'ü geçmek üzere oluşuydu. Son birkaç gündür yüksek artışlarla değer kazanmıştı ve arkasında fiyatın daha da yükseleceğine inanan alıcılar olduğu belliydi. Eskiden bulduğum bir teoriye göre bir hisse 100, 200 ya da 300 sınırını ilk kez aştığında fiyat yuvarlak rakamda durmaz ve daha da yukarı çıkar, bu yüzden hisseyi sınırı geçer geçmez alırsanız mutlaka kâr edersiniz. Temkinli davranan yatırımcılar bir hisseyi fiyat rekoru kırdıktan sonra satın almazlar. Ama ben geçmişte bu teorimi uygulayarak çok kâr ettim.

Anaconda hisseleri çeyrek olarak satılıyordu, yani bir hissenin başa baş değeri sadece 25 dolardı. Diğer hisselerden yüz tane alarak elde edilen değere Anaconda'lardan dört yüz adet alarak ulaşılabiliyordu. Hisse değeri 300'ü geçtiğine göre göz açıp kapayana kadar 340'a tırmanacağını varsaydım.

Unutmayın ki borsanın düşeceğine inanıyordum, ama aynı zamanda banttan gelen fiyatlara göre hareket eden bir yatırımcıydım. Anaconda düşündüğüm gibi davranırsa, çok hızlı bir tırmanışa geçecekti. Ve ben hızla değer kazanan hisseleri severim. Sabırlı olmayı ve zamanında hareket etmeyi öğrenmiştim, ama hızlı oynamaktan da hoşlanıyordum ve o anda Anaconda rüzgâr gibi gidiyordu. Benim bu hisseyi 300'ü geçtiği için satın almamın nedeni de gözlemlerimde haklı olduğumu kanıtlamaktı.

O anda banttan gelen bilgiler hisseye talebin yüksek olduğunu gösteriyordu, bu nedenle artışın bir süre daha devam edeceği meydandaydı. Henüz satış yaparak kısa pozisyona girmek pek akıllıca olmayacaktı. Bu arada ben de boş durmayacaktım elbette. Anaconda hisselerinden satın alıp otuz puan daha değer kazanınca satacaktım. Borsa genelinde satış yapacak, ama sadece tek bir hisseyi satın alacaktım! Böylece otuz iki bin adet Anaconda hissesi aldım, bu da sekiz bin tam hisse ediyordu. Bu bana kolay bir kazanç sağlayacaktı ama genel kanımda diretiyordum ve elde ettiğim kârı daha sonra yapacağım satışlarda marjımı artırmak için kullanacaktım.

Ertesi gün telgraf bağlantısı kuzey bölgelerindeki bir fırtına yüzünden kopmuştu. Harding'in ofisinde haber bekliyordum. Müşteriler, borsada oynayamadıkları zamanlarda olduğu gibi, şundan bundan sözediyor, bir sürü konu hakkında birbirlerine sorular soruyorlardı. Derken ilk fiyat geldi, o gün gelecek tek fiyattı bu ve Anaconda'nın 292'ye düştüğünü gösteriyordu.

New York'tan tanıdığım bir broker de benimle birlikteydi. Benim sekiz bin hisse uzun pozisyonda olduğumu biliyordu. Fiyat gelince yüzünün aldığı renkten, onun aynı durumda olduğunu anladım. O anda hissenin on puan daha düşüp düşmediğini bilemiyordu. Anaconda öylesine hızla yükselmişti ki aniden yirmi puan düşmesine şaşmamak gerekirdi. Yine de ben ona, "Üzülme John. Fiyat yarın kesin yükselir," dedim. Gerçekten de öyle düşünüyordum. Ama o bana baktı ve başını salladı. O hiç de öyle düşünmüyordu. Aklı başında bir adamdı. Ben gülüp geçtim ve yeni bir fiyat gelir diye oturup ofiste biraz daha bekledim. Ama ne gelen vardı ne giden. Elimize geçen tek fiyat bu oldu: Anaconda, 292. Bu benim için kâğıt üzerinde yaklaşık yüz bin dolarlık bir zarar demekti. Hızlı hareket etmek istemiştim, belamı aramıştım ve ne yazık ki bulmuştum.

Ertesi gün telgraf hatları onarıldı ve fiyatlar normal olarak gelmeye başladı. Anaconda 298'le açılış yaptı ve 302 3/4'e çıktı, ama az sonra tekrar inişe geçti. Borsanın geneli de düşecek gibiydi. Anaconda 301'e inerse, bu hareketin suni bir hareket olduğunda karar kılacaktım. Doğal bir yükselişte hisse senedinin hiç durmadan 310'a çıkması gerekirdi. Eğer fiyat düşerse işin içinde bir iş var demekti ve ben haksız çıkacaktım, yapılacak tek şey yol yakınken dönmekti. Otuz ya da kırk puanlık bir yükseliş beklediğim için sekiz bin tam hisse satın almıştım. Bu benim ne ilk ne de son hatam olacaktı.

Elbette çok geçmeden Anaconda 301'e indi. İner inmez telgraf memuruna yaklaştım -New York'la direkt telgraf bağlantıları vardı- ve ona "Elimdeki bütün Anaconda'yı satmak istiyorum, sekiz bin tam hisse," diye fısıldadım. Kimsenin ne yaptığımı anlamasını istemiyordum.

Bana dehşet dolu gözlerle baktı. Ben başımı salladım ve "Bütün hisselerimi satacağım," dedim.

"Tabii Bay Livingston, ama borsa değerinden değil herhalde?" Sanki dikkatsiz bir brokerin yapacağı bir hata yüzünden kendi cebinden iki milyon dolar zarara uğrayacakmış gibi bir tavır içindeydi. Ben de ona, "Bir an önce sat! Benimle tartışma!" dedim.

Jim ve Ollie Black kardeşler de oradaydılar, ama benimle telgrafçı arasında geçen konuşmayı duymamışlardı. Aslında Chicagoluydular ve orada buğday hisseleri alıp satıyorlardı. Şimdi de New York Menkul Değerler Borsası'nda büyük miktarlarda alım satım yapıyorlardı. Son derece zengin ve fiyatları etkileyecek güce sahiplerdi.

Telgrafçının yanından ayrılıp fiyat tahtasının önündeki sandalyeme geri dönerken Oliver Black bana bakarak başını salladı ve gülümsedi.

"Pişman olacaksın, Larry," dedi.

Ben de durup sordum: "Ne demek istiyorsun?"

"Yarın aynı hisseleri geri alacaksın."

"Hangi hisseleri?" dedim. Satışımı telgrafçıdan başka kimseye söylememiştim.

"Anaconda," dedi. "Yarın 320 ödeyeceksin. Attığın pek akıllıca bir adım olmadı, Larry." Sonra tekrar gülümsedi.

"Hangi adım?" diye sordum saf saf.

"Sekiz bin Anaconda hisseni borsa değerinden satmak; hatta zorla satmak," dedi Ollie Black.

Bu adamın pek zeki sayıldığını ve sürekli insider'lardan gelen haberler üzerine hareket ettiğini biliyordum. Ama benim işlemlerimi nasıl bu kadar ayrıntılı olarak bildiğini anlayamadım. Ofisten bilgi sızmayacağından emindim.

"Ollie, nereden biliyorsun?" diye sordum.

Önce güldü, sonra da, "Charlie Kratzer'den öğrendim," dedi. Bu, telgrafçının adıydı.

"Ama yerinden bile kımıldamadı ki," dedim.

"Herhalde senin fısıltını duyacak halim yoktu," diye sırıttı Black. "Yine de New York ofisine çektiği mesajın her satırını okudum. Ben yıllar önce bir mesajdaki hata yüzünden çıkan büyük bir kavganın ardından telgraf çekmesini öğrenmiştim. O zamandan beri senin şimdi yaptığın gibi sözlü bir mesaj verdiğim zaman haberin doğru gittiğini kontrol ederim. Benim imzamla giden mesajın doğru gitmesini sağlarım. Ama sen Anaconda'ları sattığına çok pişman olacaksın. Yakında 500'e ulaşacak."

"Bu sefer değil, Ollie," dedim.

O, yüzüme bakarak, "Sen de amma inatçısın," dedi. "İnatçı olan ben değilim, fiyatlar," dedim. Orada ticker olmadığından fiyatlar düzenli olarak gelmiyordu, ama yine de o benim ne dediğimi gayet iyi anladı.

"Senin gibilere çok rastladım. Banda bakıp fiyat yerine, hisselerin ne zaman inip çıkacağını görürsünüz siz. Ama senin dışındakiler tımarhanede," dedi.

Ben cevap vermedim, çünkü o sırada görevli çocuk bana bir not getirmişti. Beş bin hissemi 299 3/4'ten satmışlardı. Bize ulaşan fiyatların borsanın biraz gerisinden geldiğini biliyordum. Ben satış emrini verdiğimde Palm Beach'teki fiyat tahtasının üzerindeki fiyat 301'di. O anda New York Borsası'ndaki fiyatın daha düşük olduğundan emindim, hatta hisseleri 296'dan satmaya bile razı olmuştum. Ben hiçbir zaman limitli satış yapmam, her zaman bu ilkemde haklı çıkarım. Ya hisse fiyatını 300'le sınırlandırmış olsaydım? Hisseleri asla elimden çıkaramazdım. Zararın neresinden dönülse kârdır.

Aldığım hisseler bana yaklaşık 300'e malolmuştu. Önce beş yüz tam hisseyi 299 3/4'ten satmışlardı. Sonra da bin hisseyi 299 5/8'e elden çıkarmışlardı. Daha sonra da yüz hisseyi 1/2'den, iki yüz hisseyi 3/8'den ve iki yüz hisseyi de 1/4'ten satmışlardı. Son hisselerim 298 3/4'ten gitti. Harding'in en usta işlemcisi o son yüz hisseyi satmak için onbeş dakika ter döktü. Hissenin değer kaybettiğini sezdirmek istemiyorlardı.

Elimdeki en son hisse de satılınca kıyıya asıl çıkma amacımı gerçekleştirmeye karar verdim. Hisse satacaktım. Buna mecburdum. Borsadaki inanılmaz yükselişten sonra talep düşmeye başlıyordu. Ama insanlar hâlâ borsanın yükselmeye devam edeceğine inanmaktaydı. Oysa borsadaki göstergeler bana fiyatların inişe geçeceğini gösteriyordu. Artık içim rahat, satışa başlayabilirdim. Fazla düşünmeye gerek yoktu.

Anaconda ertesi günü 296'nın altında açtı. Fiyatın o gün artacağına emin olan Oliver Black bu artışa bizzat tanık olabilmek ve hisse fiyatı 320'yi aştığında olay yerinde bulunabilmek için erkenden ofise gelmişti. Elinde kaç adet hisse vardı ya da hiç var mıydı bilmiyorum. Ama açılış fiyatını gördüğünde suratı asıldı, günün ilerleyen saatlerinde hisse fiyatı gittikçe düşerken ve talebin sıfır olduğu haberleri gelirken yüzü hiç gülmedi.

Elbette benim için kuşkuya yer yoktu. Her geçen saat kâğıt üzerinde artan kârlarım bana haklı olduğumu söylüyordu. Doğal olarak biraz daha hisse sattım. Her türlü hisseden satıyordum. Fiyatlar düştükçe düşüyordu. Ertesi gün cumaydı ve Washington'un doğum günüydü. Artık Florida'da kalıp balık tutmaya devam edemezdim, çünkü yüksek miktarda hisse satmıştım ve New York'ta bulunmam gerekiyordu. Niçin gerekiyordu? Çünkü Palm Beach New York'tan çok uzaktaydı ve iki şehir arasında telgrafların gidip gelmesi değerli zamanımdan çalıyordu.

New York'a doğru yola çıktım. Pazartesi günü St. Augustine'e vardım. Burada aktarma yapacaktım ve üç saatlik bir bekleme sürem olacaktı. Orada bir brokerlik firmasının şubesi vardı ve elbette ben trenimi beklerken borsanın durumuna bir göz atmak istedim. Anaconda son işlem gününden beri birkaç puan düşmüştü. Ondan sonra da sonbahardaki genel borsa düşüşüne kadar toparlanamadı o hisse.

New York'a vardıktan sonra dört ay kadar sürekli hisse sattım. Borsa her zamanki gibi ufak tefek yükselişler gösteriyordu, ben bu dönemlerde hisse alıp kısalarımı kapatıyor, sonra tekrar satış yapıyordum. Hiç işlem yapmadan yerimde oturup sabırla beklediğimi söyleyemeyeceğim. Hatırlayacaksınız, San Francisco depremi sonrasında kazandığım üç yüzbin doları son kuruşuna kadar kaybetmiştim. Tahminlerim doğru çıkmıştı, ama yine de zarar etmiştim. Artık daha temkinli oynuyordum, çünkü insan zarar ettikten sonra kâr ederse, bunun tadını çıkarmak istiyor ve fazla aceleci davranmıyor. Para ancak çalışarak kazanılır. Çok para kazanmak içinse doğru zamanda haklı çıkmak gerekir. Borsa işinde insanın hem teoriye hem de uygulamaya önem vermesi gerekir. Borsa spekülatörleri yalnızca teori öğrenmekle yetinmeyip bunun uygulamasını da yapmalıdır.

Oldukça başarılıydım, ama ufak tefek taktik hatalar da yapıyordum. Yaz geldiğinde borsa iyice durgunlaştı. Sonbahara kadar borsada kayda değer bir gelişme olmayacağı belliydi. Tanıdığım herkes Avrupa'ya gitmişti ya da gitmek üzereydi. Ben de bunun iyi bir fikir olduğunu düşündüm. Elimdeki bütün açıkları kapattım, her şeyi sattım. Avrupa'ya giden gemiye bindiğimde cebimde yedi yüz elli bin dolar vardı. Bu kâr beni çok mutlu etmişti.

Aix-les-Bains'e giderek çoktan haketmiş olduğum tatilin tadını çıkarmaya başladım. İnsanın böyle bir yerde cebinde bol para, etrafında dostları ve tanıdıklarıyla bulunması, üstelik de eğlenmeye kararlı olması çok güzel bir şeydi. Aix'de istediğim her şey vardı. Wall Street o kadar uzakta kalmıştı ki aklıma bile gelmiyordu, oysa Amerika'daki sayfiye şehirlerinde borsadan kaçamıyordum. Kimseyle borsa hakkında konuşmuyordum. Hisse alıp satmam gerekmiyordu. Bana uzun süre yetecek kadar param vardı, ayrıca geri dönünce bu paradan kat kat fazlasını kazanabilmek için ne yapmam gerektiğini de çok iyi biliyordum.

Bir gün *Paris Herald* gazetesinde New York'tan gelen bir haber okudum. Smelters fazladan temettü dağıtacağını ilan etmişti. Hissenin fiyatı artırılmıştı ve bunun ardından borsa da yükselmişti. Bu haber benim için Aix'de her şeyi değiştirdi. Demek ki her şeye rağmen borsanın yükseleceğini iddia edenler hâlâ savaşıyorlardı. Borsanın nasıl bir düşüşle karşı karşıya olduğunu çok iyi biliyorlar, sağduyuyu ve dürüstlüğü hiçe sayıp fırtına kopmadan ellerindeki hisseleri satabilmek için böyle dolaplara başvuruyorlardı. Belki de tehlikenin benim sandığım kadar büyük ve yakında olduğunun farkında değillerdi. Borsanın dev isimleri de politikacılar ya da acemi çaylaklar kadar iyimser olabiliyor bazen. Ben ise böyle yaşayamam. Bir spekülatör asla bu tutumu benimsememeli. Ancak menkul değerleri piyasaya sürenler ya da yeni şirket kuranlar kendilerini iyimserlik havasına kaptırabilirler, spekülatörler ise asla.

Ne olursa olsun, hisse fiyatlarını yükseltme çabaları başarısızlıkla sonuçlanacaktı. Haberi okur okumaz içimin rahat etmesi için tek bir şey yapmam gerektiğini biliyordum: kısa pozisyona girip Smelters hissesi satmak. Baksanıza, bir para krizinin eşiğinde temettüleri artırmaya kalkan şirket yöneticileri dizlerinin üzerine çöküp bunu yapmam için yalvarıyorlardı açık açık. Resmen bana meydan okuyorlar, "Sıkıysa sat şu hisseyi de görelim," diyorlardı.

Smelters hisselerinden satmak için telgrafla emir verdim ve New York'taki dostlarıma o hisseden kısa pozisyona girmelerini tavsiye ettim. Brokerlerimden satış raporu gelince gördüm ki benim sattığım fiyat Paris Herald'daki fiyatın altı puan aşağısındaydı. Bu, size durumu anlatmaya yeter sanırım.

Planım o ayın sonunda Paris'e dönmek, orada üç hafta geçirdikten sonra da New York'a doğru yola çıkmaktı, ama brokerlerimden gelen raporu okur okumaz Paris'e dönmeye karar verdim. Geldiğim gün gemi acentesini aradım ve ertesi gün New York'a ekspres bir gemi kalkacağını öğrendim, hemen kendime bir bilet aldım.

New York'a ilk başta planladığımdan bir ay daha erken dönmüştüm, çünkü o hisseleri sattıktan sonra borsayı en rahat izleyebileceğim yer orasıydı. Marj için elimde yarım milyon dolardan fazla para vardı. Dönüşümün nedeni ille de borsanın düşeceğinde ısrar etmem değil, mantığımın sesini dinlememdi.

Daha fazla hisse senedi sattım. Piyasada para azaldıkça mevduat oranları yükseldi ve hisse fiyatları düştü. Bunu tahmin etmiştim. Önceleri fazla aceleci davrandığım için beş parasız kalsam da haklıydım ve sonunda zengin olmayı başarmıştım. Beni asıl mutlu eden şey, bir borsacı olarak sonunda doğruyu keşfetmiş olmamdı. Hâlâ öğrenmem gereken çok şey vardı, ama artık ne yapmam gerektiğini biliyordum. Artık hata yapmayacak, işin yarısını doğru yaptıktan sonra, sonunda şaşırmayacaktım. Fiyatları okumasını bilmek işin önemli bir parçasıydı, doğru zamanda başlamak, pozisyonunu kaybetmemek de öyle. Ama benim en büyük keşfim borsanın genel koşullarını izlemek, onları değerlendirmek ve olasılıkları tahmin etmek gerektiğini bulmam oldu. Kısacası çalışmadan para kazanamayacağımı anladım. Artık körü körüne bahse girmiyor, oyunun teknik ayrıntılarına saplanıp kalmıyor, çok sıkı çalışıp net bir şekilde düşünerek kazandığım parayı hakediyordum. Ayrıca başlangıçta herkesin hata yapabileceğini de anlamıştım. Hata yapınca da karşılığında ödül beklememek gerekiyor. Borsa ancak hata yapmadan oynamasını bilenleri ödüllendirir.

Ofisimizde büyük paralar dönüyordu. Benim yaptığım alım satımlar o kadar başarılı olmuştu ki herkesin ağzındaydı ve elbette insanlar aralarında konuşurken başarılarımı abartıyorlardı. Benim isteyerek bazı hisselerin fiyatlarını düşürebildiğim söyleniyordu. İsmen tanımadığım insanlar yanıma gelip beni tebrik etmeye başladı. Beni kazandığım paralardan dolayı kutluyorlardı, ama hiçbiri benim onlara borsanın düşeceğini söylediğim, onlarınsa beni deli yerine koyup söylediklerime kulak asmadıkları günleri hatırlamıyordu. Borsada parayla ilgili çıkacak sorunları önceden tahmin etmem onlar için önemli değildi. Brokerimin defterlerinde tek kuruş borç kaydımın olmaması onlar için dünyanın en büyük başarısıydı.

Arkadaşlarım bana bazı brokerlik firmalarında benden sözedildiğini ve borsanın düşmekte olduğu dönemlerde hisse fiyatlarını özellikle yüksek tutmaya çalışan yatırımcı gruplarına giderek onları tehdit ettiğimin öne sürüldüğünü anlattılar. Bugün hâlâ borsa hikâyeleri arasında benim yaptığım rivayet edilen baskınlar anlatılır.

Eylül sonundan itibaren para piyasaları alarm zilleri çalmaya başlamıştı. Ama insanlar hâlâ bir mucize bekledikleri için ellerindeki hisseleri satmıyorlardı. Ekimin ilk haftasında bir broker bana öyle bir hikâye anlattı ki neredeyse daha fazla hisse satmadığıma pişman oldum.

Hatırlarsınız, eskiden krediler borsa salonunda Para Sütunu'nun etrafında verilip alınırdı. Bankalarından kredili satışları ödeme talimatı alan brokerler aşağı yukarı ne kadar yeni kredi almaları gerektiğini bilirlerdi. Bu arada elbette bankalar da kimlerin kredi vermeye hazır olduğunu ve kimlerin bu kredileri borsaya göndereceğini çok iyi bilirlerdi. Bankalardan gelen bu paralar özellikle vadeli krediler konusunda uzmanlaşan birkaç brokerin idaresinde olurdu. Öğlen civarında o günkü kredi yenileme faizi belli olurdu. Bu, genellikle o saate kadar verilen kredilerin belli bir ortalamasıydı. Krediler genellikle ihaleyle verilir, herkes kimin ne kadar teklif verdiğini bilirdi. Saat 12 ile 14 arasında para piyasasında fazla hareket olmazdı, ama kredi teslim saatinden, yani 14.15'ten sonra brokerler o gün için nakit durumlarının ne olduğunu bilir ve Para Sütunu'nun yanına gidip nakit fazlalarını kredi olarak verir ya da gerekli nakdi diğer brokerlerden borç alırlardı. Bu işlemler de herkese açık olarak yapılırdı.

Neyse, ekim ayının başlarında demin sözünü ettiğim broker bana gelip brokerlerin kredi vermek için fazladan nakitleri olsa da Para Sütunu'na gitmediklerini söyledi. Bunun nedeni birkaç ünlü komisyoncu firmanın orada adam bulundurması ve verilen kredileri hemen kapmasıydı. Elbette halka açık şekilde kredi veren bir broker bu firmaları reddedemezdi. Hepsi de sağlam firmalardı ve teminat gösteriyorlardı. Ancak sorun, bu firmaların aldıkları borçları bir türlü ödememeleriydi. Vadesi gelen borçlarını ödeyemeyeceklerini söylüyor, alacaklı da ister istemez krediyi yeniliyordu. Böylece fazladan nakit parası olan ve kredi vermek isteyen brokerlik firmaları Para Sütunu'na gidecek yerde, adamlarını borsa salonuna yolluyor, kredileri gizli olarak vermelerini istiyorlardı. Herkes dolaşıp birbirinin kulağına, "Yüzlük lazım mı?" diye fısıldıyor, yani yüz bin dolar kredi verebileceklerini açıklıyordu. Bankalar hesabına çalışan para brokerleri de aynı yöntemi benimsemişti. Para Sütunu'nun hali içler acısıydı. Durumu bir düşünün!

Aynı broker bana, Menkul Değerler Borsası'nda genellikle krediyi alan kişinin faiz oranını belirlediğini anlattı. Bu faiz, yıllık yüzde yüzle yüze lli arasında gidip geliyordu. Faizi alacaklının belirlemesi ayıp sayılıyordu, ama sonuçta yine kârlı o çıkıyordu. Krediyi alan taraf yüksek bir faiz ödemesi gerektiğini biliyordu. Dürüst davranıyor ve borcunu diğerleriyle aynı koşullarda ödüyordu. Paraya ihtiyacı vardı ve para bulduğu için memnun oluyordu.

İşler gittikçe sarpa sardı. Sonunda kendilerini iyimserliğe kaptıranların, iddiacıların, inatla borsanın yükseleceğini savunanların uçurumdan aşağı tepetaklak yuvarlandıkları gün geldi. O günü hiç unutmayacağım, 24 Ekim 1907.

Önce para piyasasından kokular çıkmaya başladı. Artık kredi faizlerini krediyi veren taraf belirliyordu. Ortalıkta nakit sıkıntısı vardı. O gün para piyasası fazlasıyla kalabalıktı. Öğleden sonra kredi teslim saati gelince Para Sütunu'nun etrafını en az yüz broker sardı, hepsinin de derdi firmaları için gerekli parayı acilen bulmaktı. Parayı bulamazlarsa marjlarındaki hisseleri satmak zorunda kalacaklardı ve talep çok az olduğundan hisseleri çok düşük fiyattan satacaklardı. Ortalıkta tek bir dolar bile gözükmüyordu.

Arkadaşımın ortağı da benim gibi kısa pozisyondaydı. Firmanın kredi alması gerekmiyordu, ama benim arkadaşım, hani şu size bahsettiğim broker, Para Sütunu'nun etrafındaki ekşi suratlı adamları görünce bana doğru geldi. Benim borsadaki bütün hisselerden sattığımı biliyordu.

Bana, "Aman Allahım Larry," dedi. "Başımıza kim bilir neler gelecek. Ben hayatımda böyle şey görmedim. Artık daha fazla devam edemeyeceğim. Bu iş bir yerlerden çatlak verecek mutlaka. İnsanlar çaresiz kaldı. Hisse satmak mümkün değil, ortalıkta tek kuruş para yok."

"Nasıl yani?" diye sordum.

Arkadaşım beni yanıtlayacak yerde başka bir şey anlatmaya başladı, "Sen okuldayken hiç fanusa kapatılmış fare deneyi yaptın mı? Önce fanustaki havayı boşaltırsın. Zavallı fare gittikçe daha hızlı nefes alıp vermeye başlar, azalan oksijeni ciğerlerine çekebilmek için körük gibi şiştikçe şişer. Sonunda gözleri yuvalarından fırlayacakmış gibi olur ve hayvancık havasızlıktan boğulur. İşte Para Sütunu'ndakilerin hali de böyle. Hiçbir yerde para yok, hisseleri satamıyorlar, çünkü alıcı yok. Borsa meteliksiz durumda!"

Bir an durup düşündüm. Borsada bir düşüş bekliyordum, ama itiraf etmeliyim ki beklediğim tarihin en kötü krizi değildi. Eğer işler böyle giderse, bu kimsenin yararına olmazdı.

Sonunda para bulmak isteyenler için borsada tek kuruş kalmadığı anlaşıldı ve olanlar oldu.

O gün daha sonra duyduk ki Menkul Değerler Borsası'nın başkanı R. H. Thomas borsadaki bütün firmaların adım adım felakete doğru gittiğini bildiğinden yardım aramaya çıkmış. Önce Amerika'nın en zengin bankası National City Bank'ın Genel Müdürü James Stillman'la görüşmüş. Bu bankanın en büyük kıvanç kaynağı verdiği kredilerden en fazla yüzde 6 faiz almasıydı.

Stillman, New York Menkul Değerler Başkanı'nın anlattıklarını dinledikten sonra, "Bay Thomas, en iyisi biz gidip bu konuyu Bay Morgan'la görüşelim," demiş.

Borsayı finans tarihinin en büyük krizinden kurtarmak umuduyla, ikisi birlikte J. P. Morgan & Co. ofisine gitmişler ve orada Bay Morgan'la görüşmüşler. Bay Thomas ona durumu anlatmış. Sözlerini bitirince Bay Morgan, "Siz şimdi Borsa'ya gidin ve paranın bulunduğunu söyleyin," demiş.

"Nerede?"

"Bankalarda!"

O zor anlarda Bay Morgan'ın sözüne o kadar güvenmişler ki Thomas ayrıntıları hiç sormadan Borsa salonuna koşmuş ve idamlarını bekleyen meslektaşlarına müjdeyi yetiştirmiş.

Sonra o gün saat iki buçukta, J. P. Morgan, şirketiyle yakın ilişki içinde olduğu bilinen Van Emburgh & Atterbury firmasından John T. Atterbury'yi kredi arayanların arasına yolladı. Arkadaşım yaşlı brokerin hemen Para Sütunu'na doğru ilerlediğini söyledi. Atterbury ellerini kaldırarak salladı. Başkan Thomas'ın getirdiği haberden sonra biraz sakinleşen kalabalık, Morgan'ın sözünden döneceğinden ve kıyametin her an kopacağından korkuyordu. Ama Bay Atterbury'nin yüzüne bakıp da onun ellerini salladığını görünce hepsi kulak kesildi.

Ortalıkta çıt çıkmıyordu. Atterbury, "Size on milyon dolar kredi vermem istendi. Şimdi acele etmeyelim. Herkese yetecek kadar para var!" dedi.

Sonra da paraları dağıtmaya başladı. Kredileri verirken alacaklının adını söylemiyor, sadece kredi miktarını ve krediyi alan kişinin adını yazıyordu, sonra da "Parayı nereden alacağınızı size bildireceğiz," diyordu. Kastettiği, krediyi verecek bankanın adıydı.

Bir iki gün sonra duyduk ki Bay Morgan, New York bankalarını korkutarak hemen Borsa'ya gereken parayı göndermelerini söylemiş.

Bankalar, "Ama elimizde para yok. Son kuruşumuza kadar dağıttık," diye karşı çıkmışlar.

Morgan, "Mutlaka ihtiyatlarınız vardır," diyerek azarlamış onları.

"Ama zaten yasal sınırın altına indik," diye sızlanmış bankalar.

"İhtiyatlarınızı kullanacaksınız! Onları bugünler için saklıyorsunuz!"

Bankalar onun sözünü dinlemişler ve ihtiyatlarına el atarak yirmi milyon dolar çıkarmışlar. Bu sayede borsa kurtuldu. Banka krizi ise bir sonraki hafta yaşandı. J. P. Morgan gerçekten de ağırlığı olan bir adamdı. Artık böyleleri çıkmıyor.

O gün, borsada geçirdiğim yıllar içinde en canlı olarak anımsadığım gündür. O gün kazancım bir milyon doları aştı. İlk planlı borsa çıkarmam böylece başarılı bir şekilde sonuçlanmıştı. Bütün düşündüklerim gerçekleşmişti. Ama her şeyden öte, en büyük düşüme kavuşmuş, borsanın en mutlu adamı olmuştum.

Bunun nedenini size anlatayım. New York'taki ilk bir iki yılımda neden Boston'da onbeş yaşındayken bucket shop'larda başardığım şeyi New York'ta Menkul Değerler Borsası'nda beceremediğimi kara kara düşünürdüm. Günün birinde nerede yanlış yaptığımı anlayacağımı ve bir daha asla hata yapmayacağımı biliyordum. O zaman beni hep haklı çıkaracak bilgiye kavuşmuş olacaktım. Bu da bana güç verecekti. Lütfen beni yanlış anlamayın. Bu benim kapıldığım boş bir hayal ya da sırf kendimi beğenmişliğimden kaynaklanan bir istek değildi. Bu, bir zamanlar Fullerton'un ya da Harding'in ofisinde başımı döndüren borsanın günün birinde bana diz çökeceği düşüydü. O günün er geç geleceğini biliyordum. Sonunda geldi – 24 Ekim 1907.

Bunları anlatmamın nedeni şu: O sabah brokerlerimle birlikte çalışan ve benim borsanın düşeceği beklentisiyle bol miktarda hisse senedi sattığımı bilen bir broker, borsanın en büyük bankalarından birinin ortağı ile görüşmüş. Aynı zamanda arkadaşım olan broker, bankacıya benim ne kadar büyük miktarlarda satış yaptığımı ve şansımı sonuna kadar zorladığımı söylemiş. İnsan karşılığını alamadıktan sonra haklı çıkmış, ne yazar?

Belki de broker hikâyesini daha ilginç hale getirmek için bazı şeyleri abartmıştır. Belki de beni destekleyen insanların sayısı benim düşündüğümden çok daha fazlaydı. Belki de bankacı durumun ne kadar kritik olduğunu benden çok daha iyi biliyordu. Ne olursa olsun, arkadaşım bana dedi ki: "Ona anlattıklarımı büyük bir ilgiyle dinledi. Ona senin bir iki denemeden sonra herkesin elindeki hisseleri satmaya başlayacağını ve asıl kıyametin o zaman kopacağını söylediğinden bahsettim. Ben sözlerimi bitirince o gün bana bir iş yaptıracağını söyledi."

Komisyoncu firmalar borsada kuruş kalmadığını farkettiklerinde ben de kıyamet saatinin geldiğini anladım. Brokerlerimi bazı grupların içine yolladım. Union Pacific almak isteyen tek bir kişi bile yoktu. Hangi fiyata olursa olsun! Bir düşünün! Diğer hisseler için de aynı şey geçerliydi. Herkes hisselerini satmaya çalışıyor, alıcı bulamıyordu.

Kâğıt üzerindeki kârım inanılmaz düzeye varmıştı. Fiyatları daha da düşürmek için yapmam gereken tek şey, Union Pacific'ten ve birkaç tane de yüksek temettü ödeyen hisse senetlerinden on bin adet satma emrini vermekti. Bundan sonra ortalık cehenneme dönecekti. Ortaya öyle bir panik çıkacaktı ki borsa yönetim kurulu, daha sonra Dünya Savaşı'nın başında Ağustos 1914'te yaptığı gibi, borsayı kapatma kararı alacaktı.

Bu, kâğıt üzerindeki kârımı daha da artıracaktı. Öte yandan bu kârları asla nakde çeviremeyebilirdim. Düşünülmesi gereken başka şeyler de vardı. Örneğin borsanın daha da düşmesi benim şimdiden planlarını yapmaya başladığım yükselişi de geciktirecek, borsanın büyük krizden sonra iyileşmesini güçleştirecekti. Böylesi bir panik ülkenin geneline zarar verebilirdi.

Artık hisse senedi satmak pek akıllıca ve hoş olmayacaktı, o yüzden kısa pozisyondan çıkmam gerekiyordu. Ben de dönüş yaptım ve hisse satın almaya başladım.

Brokerlerim benim için en düşük fiyattan alım yapmaya başladıktan kısa bir süre sonra, o bankacı benim broker arkadaşımı çağırtmış.

"Seni görmek istedim," demiş, "çünkü hemen gidip dostun Livingston'a bugün daha fazla hisse satmasını istemediğimizi söylemeni rica ediyorum. Borsa daha fazla baskıyı kaldıramaz. Panik bu haldeyken bile yatışması zor olacak. Arkadaşının yurtseverlik duygularına seslen. Bu fedakârlığı milletimizin iyiliği için yapması gerektiğini söyle. Sonra da bana gelip cevabını bildir."

Arkadaşım bana gelip söylediklerini tek tek anlattı. Anlatırken kullandığı sözcükleri büyük bir dikkatle seçiyordu. Herhalde benim borsayı çökertmeyi planladığımı ve onun isteğini on milyon doları kaldırıp çöpe atmaktan farksız sayacağımı sanıyordu. Borsanın düşeceğini bildikleri halde, halkı kandırarak hisse almalarını sağlayan bazı ünlü borsacılara kızgın olduğumu biliyordu.

Bu ünlü borsacıların çoğu büyük zararlara uğradı ve benim en düşük fiyatlardan topladığım hisselerden bazıları kısa süre önce finans dünyasının en ünlü isimlerine aitti. Ben bunu o günlerde bilmiyordum, ama zaten farketmiyordu. Hemen hemen bütün hisselerimi kapatmıştım. Artık ucuz fiyattan daha fazla hisse senedi alabilir ve fiyatlarda gerekli artışa katkıda bulunabilirdim –kimse borsayı sabote etmezse elbette.

Arkadaşıma, "Gidip Bay Blank'e onlara katıldığımı ve durumun ciddiyetini onlar seni yollamadan çok önce anladığımı söyle. Bugün hisse satmamakla kalmayacağım, aynı zamanda taşıyabileceğim kadar hisse senedi alacağım," dedim. Ve sözümde durdum. O gün yüz bin adet hisse senedi satın aldım. Dokuz ay boyunca da bir daha kısa pozisyona girmedim.

O yüzden dostlarıma düşümün gerçek olduğunu ve bir an için borsanın en mutlu adamı olduğumu anlattım. O gün borsanın geleceği tamamen benim vicdanıma kalmıştı. Ben asla kendini beğenmiş biri değilim. Borsayı basmakla suçlandığımda ya da yaptığım işlemler abartıldığında kendimi nasıl hissettiğimi size anlatmıştım.

Bu olaydan alnımın akıyla çıktım. Gazeteler Larry Livingston, "hızlı çocuk"un birkaç milyon dolar kâr ettiğini yazdılar. O gün borsa kapandığında kârım bir milyon doları geçmişti. Ama en büyük kazancım parayla satın alınamayacak bir şeydi: Haklı çıkmıştım, ileriye bakmasını bilmiş, ayrıntılı bir plana göre hareket etmiştim. Büyük paralar kazanmak için ne yapmam gerektiğini öğrenmiştim, artık kumarbazlar safhında değildim. Sonunda borsada kafamı kullanarak oynamayı öğrenmiştim. Bu, benim için unutulmayacak bir gün oldu.

X. BÖLÜM

Hem hatalarımızdan hem de başarılarımızdan ders almasını bilmeliyiz. Doğal olarak kimse cezalandırılmaktan hoşlanmaz. Size zarar veren bazı hataların kaynağını bulduğunuzda, o hataları bir daha işlememeye gayret edersiniz, borsada yapılan hatalarsa insanı iki nazik yerinden vurur – cebinden ve gururundan. Size ilginç bir şey söyleyeyim: Bir borsacı hata yaptığını bile bile hata yapabilir. Bu hataları yaptıktan sonra, kendi kendine niye yaptığını soracaktır. Sakin kafayla bir süre düşündükten sonra, bu hataları nasıl, ne zaman, işlemin hangi anında işlediğini anlayabilir, ama neden işlediğini asla anlamayacaktır. Kendi kendine kızacak ve ondan sonra da bir daha bu konu üzerinde düşünmeyecektir.

Elbette bir insan hem akıllı hem de şanslıysa, aynı hataya iki kez düşmez. Ama bir kez işlediği hataya benzer hatalara düşmekten kurtulamayacaktır. Hata ailesi çok geniştir, birinden kurtulduğunuza sevinirken, her an bir diğerine toslayabilirsiniz.

Size ilk milyonluk hatamı anlatmak için hayatımda ilk kez milyoner olduğum günlere, Ekim 1907'deki borsa düşüşüne dönmem gerekiyor. O an benim için milyoner olmak, borsaya yatıracak daha fazla param olması demekti. Para, hiçbir borsacıyı rahatlatmaz, çünkü ister zengin olsun ister yoksul, borsacı hep hata yapmaktan korkar. Bir milyoner tahminlerinde haklı çıktığında tek kazancı para olmaz. Benim için para kaybetmek önemli değildir. Zarar etmek beni üzmez. Bir gecede unuturum. Ama o haksız çıkmak var ya, insanı yiyip bitiren şey, odur. Dickson G. Watts bir öyküsünde çok endişeli bir adamı anlatır. Bu adam o kadar endişeliymiş ki arkadaşı ona nesi olduğunu sormuş.

"Uyuyamıyorum," diye cevap vermiş endişeli adam. "Neden uyuyamıyorsun?" diye sormuş arkadaşı.

"Elimde o kadar çok pamuk hissesi var ki düşünmekten uykum kaçıyor. Bu hisseler beni yiyip bitirdi. Sence ne yapayım?"

"Uykunu kaçırmayacak kadarını tut, gerisini sat," öğüdünü vermiş arkadaşı.

İnsan, içinde bulunduğu ortama o kadar çabuk uyum sağlar ki bazen durumu nesnel değerlendiremez. Artık aradaki farkı algılayamaz ve diyelim ki milyoner olmadan önce hayatının nasıl olduğunu anımsamaz. Yalnızca şimdi yaptığı bazı şeyleri eskiden yapamadığını anımsar. Genç ve normal bir insan, yoksul olduğu günleri çabuk unutur. Ama zengin olduğu günleri unutması biraz daha uzun sürebilir. Bunun nedeni paranın yeni gereksinimler ortaya çıkarması ve eski gereksinimleri de artırmasıdır. İnsan borsada para kazandıktan sonra tutumluluk alışkanlığını çabucak kaybeder. Ama paralarını kaybettikten sonra bu alışkanlığı tekrar kazanması uzun bir süre alabilir.

Ben Ekim 1907'de kısa pozisyonumu kapattıktan ve yeni hisseler satın aldıktan sonra, bir süre dinlenmeye karar verdim. Kendime bir yat satın aldım ve güney sularında bir geziye çıkmayı planladım. Balık tutmayı çok seviyordum ve hayatımın en güzel tatilini yaşayacaktım. Bu tatile çıkmayı çok istiyor, bir an önce gitmek için de sabırsızlanıyordum. Ama bir türlü gidemedim. Borsa beni bırakmadı.

Ben her zaman menkul değerlerin yanı sıra hammadde piyasalarında da alım satım yaparım. Bu işe de gençliğimde bucket shop'larda başlamıştım. Hammadde piyasalarını yıllarca inceledim, ama asıl dikkatimi menkul kıymetler borsasına yöneltmiştim. Aslında ben hisse senedi yerine hammaddeye para yatırmayı tercih ederim. Hammaddeye yatırım yapmak çok daha meşru sayılan bir harekettir ve menkul değerlerin tersine, ticari bir girişim olarak görülür. İnsan hammadde piyasasına ticaret gözlükleriyle bakabilir. Hammadde piyasasında da bazı eğilimleri açıklamak için bazı uydurma gerekçeler bulunabilir, ancak bu kalıcı olmayacaktır. Gerçekler eninde sonunda açığa kavuşacak, ticaret dünyasının herhangi bir alanında olduğu gibi araştırma ve gözlem yoluyla alım satım yapanlar kârlı çıkacaktır. Hammadde piyasasında herkes eşit bilgiye sahiptir, koşulları istediği gibi izleyip tartabilir. Borsa içi bazı oyunları hesaba katmak gerekmez. Pamuk, buğday ya da mısır piyasasında bir gecede temettü ilan edilmez ya da artırılmaz. Uzun vadede hammadde fiyatlarını etkileyen tek bir kural vardır: ekonomideki arz ve talep kuralı. Hammadde piyasasına yatırım yapan bir kişinin tek yapması gereken şey, o anki arz talep durumunu ve gelecekle ilgili tahminleri incelemektir. Hisse senetlerinde olduğu gibi binbir türlü değişik faktörü gözetmek gerekmez. Hammadde piyasaları beni her zaman çekmiştir.

Spekülasyon yapılan bütün piyasalar için aynı şey geçerlidir aslında. Banttan gelen mesaj hep aynıdır. Durup biraz düşünme zahmetine katlanan herkes bunu kolayca anlayabilir. İnsan kendisine bazı sorular sorar ve bazı koşulları göz önüne alırsa, cevaplar kendiliğinden belirecektir. Ama insanlar cevap aramayı bırakır, soru bile sormaya üşenirler. Ortalama bir Amerikalı her zaman uyanık olmasına karşın, nedense brokerin ofisine girerek, ister menkul değerler, ister hammadde piyasalarından gelen fiyatlara bakmaya başladığı anda aptallaşır. Oynamadan önce çok dikkatle düşünülmesi gereken bir oyuna zekâsını ve gerekli kuşkuları bir kenara bırakarak girer. Ucuz bir araba alırken düşünüp taşınır da servetinin yarısını borsaya yatırırken bir an bile duraklamaz.

Banttan gelen fiyatları okuma konusu göründüğü kadar zor değildir. Elbette deneyime ihtiyacınız olacaktır. Ama bundan da önemlisi, bazı temel ilkeleri akılda tutmaktır. Fiyatları okumak fal bakmak değildir. Bant, size önümüzdeki perşembe günü saat 13.35'te ne kadar paranız olacağını haber veremez. Banttan gelen bilgiler size öncelikle nasıl, sonra da ne zaman alım satım yapacağınızı, hisse senetlerini almanın mı satmanın mı daha uygun olacağını anlatır. Bu, pamuk, buğday, mısır, yulaf için de aynıdır, hisse senetleri için de.

Borsayı izlerken, borsa deyince banttan gelen fiyatları kastediyorum, tek bir amacınız olmalıdır: fiyat eğilimini saptamak. Fiyatlar bildiğiniz gibi karşılaştıkları direnişe göre aşağı ya da yukarı doğru hareket ederler. Olayı basite indirgemek gerekirse, fiyatların en az direnç görecekleri yöne doğru hareket ettiklerini söyleyebiliriz. Onlar için hangi yön en kolaysa o yöne doğru seyredeceklerdir, yani artışın önünde az direnç varsa yükselecek, düşüşün önünde az direnç varsa ineceklerdir.

Borsanın düşme ya da yükselme eğilimi içinde olduğunu anlamak kolaydır. Açık görüşlü olan ve biraz ilerisini görebilen bir kişi bu eğilimi rahatlıkla görebilir, ancak insan her şeyi kafasındaki önyargılara göre algılıyorsa, bu biraz zor olabilir. Bir yatırımcı borsadaki eğilimi anladığı andan itibaren alış mı satış mı yapması gerektiğini de bilir. O yüzden ne yönde oynayacağına daha işin başında karar vermelidir.

Diyelim ki borsa sakin bir dönem yaşıyor ve on puanlık bir sınır içinde gidip geliyor, arada 130'a çıkıp sonra 120'ye iniyor. Düştüğü zaman borsa zayıf izlenimini veriyor, ama sekiz on puan değer kazandığında son derece güçlü görünüyor. Bu durumda sadece izlenime dayalı olarak alım satım yapmamak gerekir. Banttan gelen fiyatlar durumun uygun olduğunu haber verene dek beklenmelidir. Bugüne kadar sırf hisse senetleri ucuz görünüyor diye alım yapan ya da pahalı görünüyor diye satanlar milyonlarca dolar kaybettiler. Spekülatör yatırımcı değildir. Amacı yatırdığı paraya yüksek faizle gelir sağlamak değil, spekülasyona girdiği hisselerin fiyatlarındaki düşüş ya da artışlardan kâr etmektir. O yüzden borsada önemli olan şey, en az dirençle karşılaşılacak yönü belirlemek, bunun için de uygun anı kollayarak, ondan sonra harekete geçmektir.

130 iken satışlar alışlardan daha fazla olmuştur ve bu nedenle fiyatta bir düşüş gerçekleşmiştir. Satışın alışlardan fazla olduğu süre içinde, acemi borsacılar fiyatın en az 150'ye çıkacağını düşünür ve hemen o hisseden satın alırlar. Ama fiyat düşmeye başlayınca ellerindeki hisseleri inatla tutar, ya ufak bir zararla satarlar ya da kısa pozisyona geçerek borsanın düşüşe girdiğinden söz etmeye başlarlar. Oysa hisse 120 puandayken değer kaybetme olasılığı çok daha azdır. Alışlar satışları geçer, fiyat tırmanır ve kısa pozisyondakiler hisse alarak açıklarını kapatırlar. Halkın aklı o kadar karışır ki bu olayı bin kez yaşasalar da bir türlü ders almazlar.

Sonunda hissenin fiyatını aşağı veya yukarı hareket ettirecek güçte bir artış oluşur. Bu hareket sonrası hisse fiyatındaki direnç, bir üstteki fiyat veya alttaki fiyat olacaktır. Fiyat 130 da iken ilk defa alışlar satışlardan fazla olur veya fiyat 120 da iken ilk defa satışlar alışlardan fazla olur. Fiyat geçmişteki sınırlarını zorlar ve bilinen limitleri aşar.

Genellikle hisse fiyatı 120 iken fiyatın düşeceğini düşünenler kısa pozisyona girerler, fiyat 130 iken yükselme beklentisi ile hisse alanlar olur ve borsa onların tersi yönde harekete geçince bir süre sonra ya karar değiştirip ters yönde alım satım yapmaya başlar ya da zarar ederek hisselerini ellerinden çıkarırlar. Her iki durumda da fiyatın o yönde seyretmesini sağlamış olurlar. Böylece akıllı borsacılar sabırla, halkın yanlış tahminde bulunarak hata işlemesini izlemiş ve gerekli dersi çıkarmış olduklarından doğru adımı atarlar.

Bu noktada şunu söyleyeyim; bunun matematikle ya da herhangi bir spekülasyon formülüyle ilgilisi yok, ama kazalar, yani beklenmedik ya da tahmin edilemeyen olaylar, bana her zaman borsadaki pozisyonumu belirlemekte yardımcı olmuştur. Size anlattığım Saratoga'daki Union Pacific olayını hatırlayacaksınız. O dönemde hisse alıyordum, çünkü fiyatın yükseleceğini düşünüyordum. Brokerimin beni hisseleri insider'ların sattığına inandırmasına izin vermeyip elimdeki hisseleri satmamalıydım. Şirket yöneticilerinin kafalarından geçen şeyler beni ilgilendirmiyordu. Zaten bunları bilebilmeme olanak yoktu. Benim tek bildiğim şey, bandın fiyatların tırmanmaya başladığını haber vermesiydi. Derken temettü oranının beklenmedik bir şekilde artırıldığını öğrendik ve hisse fiyatı otuz puan yükseldi. Fiyat 164'ken bu yeterince yüksek görünüyordu, ama size daha önce de söylediğim gibi, hisselerin fiyatı asla satın almak için fazla yüksek ya da satmak için fazla düşük değildir. Tek başına fiyat, benim kararlarımı etkilemez.

Uygulamada da alım satımlarınızı benim bahsettiğim yöntemle yaparsanız, göreceksiniz ki borsa kapanışından açılışına kadar geçen süre içinde yayılan önemli haberler mutlaka size fiyatın hangi yöne seyredeceği konusunda bir bilgi verecektir. Borsadaki eğilim haber yayınlanmadan çok önce ortaya çıkmıştır ve borsada yükseliş yaşanırken düşüşe yol açacak haberler görmezden gelinirken, fiyatları artıracak haberler özellikle abartılır. Savaş çıkmadan önce borsa zayıf bir konumdaydı. Derken Almanya'nın denizaltı politikası ilan edildi. Ben yüz elli bin adet hisse satarak kısa pozisyona girmiştim. Bu haberin geleceğini bilmiyordum, yalnızca fiyatların seyrini izleyerek vermiştim kararımı. Yoksa savaş çıkması olasılığı aklımda bile yoktu. Elbette durumdan yararlanmadım ve o gün hisse satın alarak kısa pozisyondan çıktım.

Fiyatları izleyip nerelerde direnç görüleceğini belirleyin, ondan sonra da sizce en az direnç görülecek yönde hareket edin demesi kolay. İş uygulamaya gelince kendinizi birçok şeye karşı, özellikle de kendinize, yani insan doğanıza karşı korumanız gerekir. Bu yüzden ben hep derim ki, her zaman tahminlerinde haklı çıkan insanın lehine işleyen iki şey vardır: borsanın temel koşulları ve tahminlerinde haksız çıkanlar. Borsada fiyatlar yükselirken fiyatların düşmesine neden olabilecek şeyler gözardı edilir. Bu insanın doğasında vardır, ama nedense herkesi şaşırtır. Diyelim ki birileri bu sene buğday hasadının kötü olacağını, kuraklık yüzünden bir iki bölgede başakların yeşermediğini söyledi. Hasat zamanı çiftçiler buğdaylarını teslim ettiklerinde borsadaki fiyatlarda artış bekleyenler, hasadın bu kadar iyi olduğuna şaşırır ve aslında fiyatların düşeceği varsayımından yola çıkarak hareket edenlerin ekmeğine yağ sürmekten başka bir şey yapmadıklarını anlarlar.

İnsan hammadde piyasalarında oynarken kendisini önyargılara kaptırmamalıdır. Açık fikirli ve esnek olmalıdır. Hasat durumu ya da talebin ne kadar olduğu ile ilgili fikirlerinizi bir yana bırakarak, banttan gelen bilgileri okumasını bilmelisiniz. Bir keresinde çok yüksek kâr edebilecekken zamanlama hatası yüzünden bunu elimden kaçırdım. Elime geçen bilgilerden o kadar emindim ki, fiyatların hangi yöne seyredeceğini beklemeye gerek görmedim. Hatta fiyatların seyrini benim belirleyebileceğim kanısına bile kapıldım.

Pamuk fiyatlarının artacağını düşünüyordum. Fiyat aşağı yukarı oniki sent civarındaydı. Bu fiyatın son fiyat olmadığının farkındaydım. Beklemem gerektiğini biliyordum. Ama benim biraz itelememle en üstteki direnç noktasını kıracağı ve yükseleceği kanısına kapıldım.

Elli bin balya pamuk aldım. Fiyat hemen arttı. Ama elbette ben alışımı tamamlayınca fiyatın artışı da durdu. Sonra tekrar benim almaya başladığım noktaya doğru yavaş yavaş indi. Elimdeki pamuğu sattım, fiyatın inişi de durdu. Asıl alışa şimdi başlamam gerektiğini düşündüm ve bir kez daha denemeye karar verdim. Almaya başladım. Aynı şey oldu. Ben pamuğu alırken fiyat arttı, sonra da durdu. Pes edene kadar bunu dört ya da beş kez tekrarladım. Bu bana iki yüz bin dolara maloldu. Bir daha elimi pamuğa dokundurmamaya yemin ettim. Çok geçmeden fiyat artmaya başladı ve eğer başlangıçta beklemesini bilseydim, bana müthiş bir kâr sağlayacak düzeye yükseldi.

Benzer olaylar o kadar çok kişinin başından geçmiştir ki, şöyle bir kural oluşturulabilir: Borsanın durgun olduğu, fiyatların ancak dar sınırlar içinde oynadığı dönemlerde bir sonraki büyük hareketin ne yönde olacağını tahmin etmenin bir anlamı yoktur. Yapılması gereken şey borsayı izlemek, fiyatların alt ve üst sınırlarını belirlemek ve ondan sonra da fiyatlar bu sınırları aşana kadar alım ya da satış yapmamaya karar vermektir. Spekülatörün işi borsadan para kazanmaktır, fiyatlarla inatlaşarak mutlaka kendi düşündüğü yönde seyretmelerini sağlamak değil. Asla fiyatlarla kavga etmeyin ya da fiyatların niye şu ya da bu düzeyde olduğunu sorgulamaya çalışmayın. Borsada pişmanlıkların temettüsü yoktur.

Bundan kısa bir süre önce bir grup arkadaşımla beraberdim. Buğday hakkında konuşmaya başladık. Arkadaşlarımdan bazıları buğdayın değer kazanacağını, bazıları ise kaybedeceğini düşünüyordu. Sonunda benim fikrimi sordular. Ben bir süredir borsayı izliyordum. Benden istatistik bilgi ya da koşulların bir analizini istemediklerini çok iyi biliyordum. Dedim ki: "Eğer buğdaydan para kazanmak istiyorsanız bunun yolunu size anlatabilirim."

Hepsi anlatmamı istedi ben de, "Eğer buğdaydan para kazanmak istiyorsanız onu dikkatle izleyin," dedim. "Bekleyin. Fiyat 1,20 doları geçtiği an satın alın, bakın nasıl kâr ediyorsunuz!"

Arkadaşlarımdan biri, "Neden şimdi, 1,14 dolarken almayalım?" diye sordu.

"Çünkü daha fiyatın yükselip yükselmeyeceğinden emin değilim."

"Öyleyse niye 1,20 dolara alalım? Bu fiyat çok yüksek değil mi?"

"Çok büyük kâr edeceğim diye körü körüne kumar mı oynamak istiyorsun, yoksa aklını kullanarak spekülasyon yapıp daha az, ama kesin bir kazanç elde etmek mi?"

Hepsi, az ama kesin kazancı tercih ettiklerini söylediler, ben de "Öyleyse söylediğimi yapın. Eğer fiyat 1,20 doları geçerse satın alın," dedim.

Daha önce de söylediğim gibi, uzun süredir borsayı izliyordum. Buğdayın fiyatı aylarca 1,10 ile 1,20 dolar arasında gidip geldi ve bir türlü sabit bir noktada durmadı. Sonunda bir gün 1,19 doların üzerinde bir fiyatla kapattı borsayı. Ben de hazırlandım. Ertesi sabah açılış fiyatı 1,20 1/2 dolar oldu, ben de satın aldım. Sonra 1,21, 1,22, 1,23 ve 1,25'e çıktı, ben de satmadım.

O dönemde bu olayın nedenini sorsanız bilemezdim. Belli sınırlar içinde dalgalanırken buğdayın neden böyle davrandığını açıklayamazdım. Fiyatın sınırları aşarken 1,20 doların üzerine mi çıkacağını, 1,10 doların altına mı ineceğini de önceden kestiremezdim. Gerçi içten içe fiyatın yükseleceğini düşünüyordum, çünkü dünyada fiyatları düşürecek kadar bol bir buğday hasadı yaşanmamıştı.

Daha sonra anlaşıldığına göre Avrupa bizden sessiz sedasız buğday almaktaymış, birçok borsacı da 1,19 dolar civarında kısa pozisyona girmiş. Avrupa'dan yapılan alımlar ve diğer bazı nedenler yüzünden yüksek miktarda buğday piyasadan çekilmiş ve sonunda beklenen büyük hareket başlamış. Böylece fiyat 1,20 dolar sınırını aştı. Benim beklediğim işaret buydu. Fiyat 1,20 doları aşınca anladım ki, nihayet sınırın ötesine doğru yükseliş başlıyordu. Diğer bir deyişle, fiyat 1,20 doları aşınca direncin en az olduğu yön de belirlenmiş oluyordu. Böylece borsanın seyri de değişiyordu.

Hiç unutmam, bir gün bizim orada tatildi ve bütün borsalar kapalıydı. Winnipeg'de buğday, kilesi[8] altı sente açılış yaptı. , Ertesi gün bizim borsa açıldığında orada da buğdayın kilesi altı sentti. Fiyat, direncin en az olduğu yöne doğru ilerlemişti.

Size anlattığım yöntem, benim fiyatları izleyerek oluşturduğum alım satım yöntemidir. Önce fiyatların ne yöne doğru hareket edeceğini öğrenirim. Birtakım denemeler yaparak kendi hareketlerimi sınar ve en uygun anı belirlemeye çalışırım. Bunu, ben başladıktan sonra fiyatın ne yöne gittiğini izleyerek yaparım.

İlginçtir, birçok deneyimli borsacı kendilerine hisse senedi alırken

8 Kile: Eski bir hububat ve tonaj ölçü birimi. Günümüzde resmi ölçüler arasında yer almayan kile, hububat ölçüsü olarak Anadolu'da halen kullanılmaktadır. ç.n.

yüksek fiyattan almaya, satarken düşük fiyattan satmaya çekinmediğimi, gerekirse hiç satmadığımı söyleyince şaşırır. Herkes fiyatların seyrine göre alım ya da satış yapsa, son direnç sınırı kırılana kadar beklese, borsada kaybeden olmazdı. İyi bir borsacı elindeki bütün kozları aynı anda oynamaz. Yavaş yavaş alır, yavaş yavaş satar. Önce alacağının beşte birini alır. Eğer kâr etmemişse almaya devam etmemelidir, bu onun yanlış adım attığını gösterir, en azından o an için yanılıyordur. Belki de satış yapmakta haklıdır ama henüz satışın zamanı gelmemiştir.

Ben uzun süre pamukta yaptığım alım satımlarda çok başarılı oldum. Kendime bir teori bulmuştum ve bunu verimli bir şekilde uyguluyordum. Diyelim ki kırk, elli bin balya pamuk üzerine oynamaya karar verdim. Size söylediğim gibi önce fiyatları inceliyor, uygun bir alış ya da satış fırsatı kolluyordum. Diyelim ki son direnç sınırı fiyatların yükseleceğini gösterdi. Hemen on bin balya alıyordum. Bunu aldıktan sonra eğer borsa benim ilk alış fiyatımın on puan üzerine çıkarsa, on bin balya daha satın alıyordum. Yine aynı şeyi bekliyordum. Sonra eğer yirmi puan kâr edebiliyorsam ya da balya başına bir dolar kazanabiliyorsam, yirmi bin balya daha alıyordum. Böylece alacaklarımı tamamlamış oluyordum. Ancak eğer ilk on ya da yirmi bin balyadan sonra zarar ettiğimi anlarsam hemen çekiliyor, yanıldığıma karar veriyordum. Yanlış olan hareketim değil de zamanlamam da olabiliyordu, yine de zarar zarardır deyip çekilmeyi tercih ediyordum.

Bu sistemi yakından takip ederek borsadaki her büyük hareketi yakalayabiliyordum. Bana gereken miktarı toplayana kadar denemelerim sırasında, elli altmış bin dolar kaybettiğim oluyordu. Bu denemelerin fiyatı size çok yüksek gelebilir, ama aslında değildi. Gerçek hareket başladıktan sonra deneme sırasında kaybettiğim paranın kat kat fazlasını kazanıyordum. Doğru zamanda haklı çıkmanın ödülü budur.

Benim borsadaki yükseliş ve düşüşleri belirlerken kullandığım sistem de budur. Önce bir deneme yapar, eğer zarar edeceksem az miktarda ederim. Kâr edeceğimi anlarsam bütün kozlarımı oynar, kazancımı toplarım. Bu şekilde alım satım yapanlar her zaman kârlı çıkarlar.

Profesyonel borsacıların kendi deneyimlerinden yola çıkarak

oluşturdukları ve spekülasyon konusuna bakışlarını ya da arzularını yansıtan bir sistemleri vardır. Bir keresinde Palm Beach'te yaşlıca bir beyle tanışmıştım ama şimdi adını hatırlamıyorum. Bu adamın uzun yıllardır Wall Street'te çalıştığını, hatta İç Savaş sırasında bile borsacılık yaptığını biliyordum. Bir dostum, onun son derece akıllı bir ihtiyar kurt olduğunu, yaşamı boyunca sayısız kriz, patlama ve panik yaşadığını, o yüzden onu borsada hiçbir şeyin şaşırtamadığını anlatmıştı.

Bu yaşlı adam bana bir sürü soru sordu. Benim borsada çalışma tarzımı duyunca başını sallayarak, "Evet! Evet! Haklısınız. Sizin kafa yapınız, sizin kişiliğiniz bu sistemi sizin için çok uygun bir sistem haline getiriyor. Sizin söyledikleriniz lafta kalmıyor, hepsini harfiyen uyguluyorsunuz, çünkü yatırdığınız para umurunuzda bile değil," demişti. "Pat Hearne'i hatırlıyorum. Adını hiç duydunuz mu? Çok ünlü bir kumarbazdı kendisi ve bizde bir hesabı vardı. Çok zeki, çok da cesur bir adamdı. Borsadan çok para kazanırdı, o yüzden insanlar gidip ona danışırlardı. O ise kimseye öğüt vermezdi. Aldıkları ya da sattıkları hisseler hakkında fikrini sorduklarında at yarışlarında kullanılan bir deyimle cevap verirdi: 'Yarış bitene kadar galibi kimse bilemez!' İşlemlerini bizim ofiste yaptırırdı. Aktif bir hisse senedinden yüz adet satın alır, biraz bekler, eğer hisse yüzde 1 değer kazanmışsa yüz hisse daha alırdı ve bu böyle devam ederdi. Hep bu oyunu başkalarına para kazandırmak için oynamadığını söylerdi ve bu yüzden son alış fiyatının yüzde bir altına dur emri koydururdu. Fiyat arttıkça dur emrini de artırırdı. Fiyat yüzde bir düşer düşmez hemen hisselerini satardı. İster marjından olsun, ister kâğıt üzerindeki kârından, asla bir puandan fazla kaybetmek istemediğini söylerdi.

Profesyonel bir kumarbaz uzun vadeli yatırım peşinde koşmaz, sağlam kazanç ister. Elbette uzun vadeli kâr fırsatlarını da kaçırmazdı. Ama Pat borsada tüyo peşinde koşmazdı ya da haftada yirmi puan değer kazanacağı söylenen hisselerin arkasından gitmezdi. Ona gerekli olan şey iyi bir yaşam sürmesini sağlayacak sağlam paraydı. Wall Street'te tanıdığım binlerce insan arasında Pat Hearne borsayı rulet gibi bir şans oyunu sayan tek insandı, ama yine de kendine göre sağlam bir yöntem de geliştirmişti.

Hearne öldükten sonra onunla birlikte alım satım yapan ve onun sistemini kullanan müşterilerimizden biri Lackawanna'dan yüz bin doların üzerinde para kazandı. Sonra başka bir hisse senedine yöneldi ve sermayesi yüksek olduğu için artık Pat'in yöntemine ihtiyacının kalmadığını düşündü. Fiyat yön değiştirdiği zaman kayıplarını sınırlandırıp hisseleri satacak yerde, elinde tuttu. Bu arada sahip olduğu son kuruşu da kaybetti. Sonunda pes etti, ama bu arada bize birkaç bin dolar borcu birikmişti.

İki üç yıl bizim ofise gidip geldi. Parası çoktan tükenmişti, ama borsadan vazgeçmiyordu. Biz de kibar bir insan olduğu için onun gelmesine göz yumduk. Her fırsatta Pat Hearne'in sistemine ihanet ettiği için kendi kendine küfürler yağdırırdı. Bir gün heyecanla yanıma yaklaşıp ofisimizden hisse senedi satmak ve kısa pozisyona girmek için izin istedi. İyi bir insandı ve zamanında iyi bir müşteri olmuştu, ben de bizzat onun hesabına yüz hisselik bir garanti verdiğimi söyledim.

Yüz adet Lake Shore hissesi sattı. Yıl 1875'ti ve borsa Bill Travers'ın oyununa gelmişti. Dostum Roberts o Lake Shore hisselerini tam zamanında satmıştı. Kendini boş umutlara kaptırıp yoksul düşmeden önce Pat Hearne'in sistemini kullanırken yaptığı gibi fiyat iyice düşene kadar satmaya devam etti

Piramit yöntemiyle satışlarına devam etti. Dördüncü günün sonunda hesabında on beş bin dolar kâr görünüyordu. Dur emri vermediğini görünce onu uyardım, o da bana düşüşün yeni başladığını, bir puanlık bir artış yüzünden satıştan vazgeçmeyeceğini söyledi. Bunlar ağustos ayında oluyordu. Eylül ayının ortasında gelip benden dördüncü çocuğuna alacağı bebek arabası için on dolar borç istedi. Elinde başarısı kanıtlanmış bir sistem varken onu izlemedi. Onun gibi çok adam var borsada," diye anlatırken başını salladı yaşlı kurt.

Haklıydı. Ben bazen spekülasyon işinin doğaya aykırı bir iş olduğunu düşünürüm, çünkü borsada spekülasyon yaparken insan kendi doğasına karşı mücadele vermelidir. İnsanların zaafları borsada onları yer bitirir. Bu zaaflar onları insan yapan, başkaları tarafından sevilmelerini sağlayan ve menkul değerlere ya da hammadde piyasaları dışında hiç de tehlikeli olmayan zaaflardır.

Bir spekülatörün en büyük düşmanı kendi içindedir. Umut ve korku insan doğasının ayrılmaz birer parçasıdır. Borsa size karşı işlemeye başladığında, hep her günün son gün olduğunu umar ve bu umudunuz yüzünden biraz daha zarar edersiniz. Oysa nice ulus umut sayesine ayakta kalabilmiş, devlet adamlarına elde ettikleri başarıları hep umut getirmiştir. Borsa sizin lehinize işlemeye başlayınca da korkmaya başlar, ya yarın zarar edersem diye düşünürsünüz ve zamanından önce satarsınız elinizdeki hisseleri. Korku, elde edebileceğiniz kazancı sınırlar. Başarılı bir borsacı bu iki güçlü duyguyla savaşmalı, doğal dürtü dediğimiz bu iki şeyi tersine çevirebilmelidir. Umut etmek yerine korkmalı, korkmak yerine umut etmelidir. Zararının daha da büyümesinden korkmalı, kârlarının daha da artmasını ummalıdır. Ortalama insan ise bunun tam tersini yapar ve bu yaklaşımla borsada oynamak tehlikeli bir kumara benzer.

Ben ondört yaşından beri spekülasyon işindeyim. Hayatta başka işim olmadı. O yüzden ne dediğimi çok iyi biliyorum. Borsada üç kuruşla başlayıp sonra milyoner olarak geçirdiğim yaklaşık otuz yılın sonunda şunu söyleyebilirim: İnsan belli bir zamanda bir hisseyi ya da bir hisseler grubunu altedebilir, ama bütün borsayı asla! İnsan pamuk ya da· zahire alarak kâr edebilir, ama kimse pamuk ya da zahire borsasını altedemez. At yarışları gibi. İnsan bir at yarışını kazanabilir, ama bütün at yarışlarını asla!

Bu söylediklerimi size nasıl daha iyi anlatabilirim, bilmiyorum. Aksini söyleyenlere inanmayın. Ben söylediklerimin doğru olduğunu ve tersini kimsenin kanıtlayamayacağını çok iyi biliyorum.

XI. BÖLÜM

Şimdi Ekim 1907'ye geri dönüyorum. Kendime bir yat satın almış, güney sularına açılmak üzere New York'tan ayrılmaya hazırdım. Ben tam bir balıkçılık delisiyim ve bu kez kendi yatımdan canım ne zaman isterse, nerede isterse tutabildiğim kadar balık avlayabilecektim. Her şey hazırdı. Hisse senetlerinden büyük para kazanmıştım, ama bu kez son anda mısır gitmeme engel oldu.

Bana ilk milyonumu kazandıran para krizinden önce, Chicago'da zahire borsasında alım satım yapıyordum. On milyon kile buğday ve on milyon kile de mısır satmış, kısa pozisyona girmiştim. Zahire piyasasını uzun uzun incelemiş ve hisse senetlerinde olduğu gibi buğday ve mısırın da fiyatlarının düşeceği beklentisine girmiştim.

Önce hem buğday, hem de mısır fiyatı düştü, ama buğday düşmeye devam ederken Chicago'daki en ünlü operatörlerden Stratton bir numara çevirdi ve mısır birdenbire döndü. Hisse senetlerinden kârımı topladıktan sonra, yatımla güneye gitmeye hazırlanırken buğdaydan yüksek kâr ettiğimi, ama mısır fiyatı Stratton sayesinde tırmanışa geçtiği için fena halde zararda olduğumu öğrendim.

Bu fiyatın ülkedeki mısır bolluğunda çok yüksek olduğunun farkındaydım. Her zamanki gibi arz-talep kuralı işliyordu. Ama talep Stratton'dan geliyordu ve ortada arz yoktu, çünkü mısır hareketinde ani bir tıkanma görülmüştü. Geçmesi imkânsız olan yolları dondurarak çiftçilerin mısırı pazara getirmelerini sağlayacak bir soğuk hava dalgasının çıkması için dua etmeye başladım, ama şans yüzüme gülmüyordu.

Büyük bir keyifle planladığım balık seyahatim beni beklerken, mısırda uğradığım zarar elimi kolumu bağlamıştı. Borsa o haldeyken gidemezdim. Elbette Stratton kısa pozisyonda olanları sıkıştırmıştı ve ipleri gevşetmeye niyeti yoktu. Beni köşeye kıstırdığını biliyordu, ben de biliyordum. Ama dediğim gibi, belki hava soğur da bana yardım eder diye umutlanıyordum. Ne havanın, ne de bir başka mucizenin bana yardım etmeyeceğini anlayınca içinde bulunduğum güçlüğü kendi çabalarımla aşmaya karar verdim.

İyi bir kârla buğdaydaki kısa pozisyonumu kapattım. Ancak mısır sorununu çözmem çok daha zor olacaktı. Eğer o anki fiyatlardan on milyon kile mısır alabilseydim, zarar etmeme karşın bunu hemen gözümü kırpmadan yapardım. Ama mısır satın almaya başlar başlamaz karşımda fiyatları sürekli artıran Stratton'u buluyordum. Kendi alımlarım yüzünden mısır fiyatını artırmak yerine, bir bıçak alıp kendi boğazımı kesmeyi tercih ederim.

Mısırın fiyatı yüksekti yüksek olmasına, ama benim balığa gitme isteğim ondan daha fazlaydı, o yüzden bir an önce bir çözüm bulmam gerekiyordu. Stratejik bir geri çekilme ayarlayacaktım. Önce kısa pozisyonda olduğum on milyon kileyi satın alarak zararımı en az düzeyde tutmaya çalışacaktım.

O günlerde Stratton yulaf işine de girmişti ve borsayı birbirine katıyordu. Ben bütün zahire borsalarından gelen hasat haberlerini, ufak tefek dedikoduları izlediğim için ünlü Armour şirketinin Stratton'la arasının pek iyi olmadığını biliyordum. Elbette Stratton'un ihtiyacım olan mısırı bana kendi istediği fiyata satmaya kararlı olduğunun farkındaydım, ama Armour'un Stratton'a karşı hareket ettiğini duyar duymaz Chicago borsasında yardım aramaya karar verdim. Bana Stratton'un satmadığı mısırı satarak yardımcı olabilirlerdi. Gerisi tereyağından kıl çeker gibi kolay olacaktı.

Önce mısırın kilesi bir sentin sekizde biri değer kaybettiği zaman beş yüz bin kile mısır satın alma emrini verdim. Bu emirleri gönderdikten sonra dört ayrı brokere, aynı anda elli bin kile yulaf satma emrini verdim. Bu sayede yulafın fiyatı kısa bir süre için düşecekti. Borsacıların aklının nasıl çalıştığını biliyordum, herkes Armour'un Stratton'a bir oyun oynadığını düşünecekti. Yulaf fiyatının inmeye başladığını görünce, sıranın mısıra geldiğini sanacak ve ellerindeki mısırı satmaya başlayacaklardı. Mısır fiyatı bir kere düşmeye başladığında gerisi çorap söküğü gibi gelecekti.

Gerçekten de Chicago borsacıları tam düşündüğüm şeyi yaptılar.

Yulafın tek tük satışlarla değer kaybettiğini görünce hemen mısıra atlayıp ellerindeki mısırı satmaya başladılar. On dakika içinde altı milyon kile mısır almıştım. Mısır satışlarının azaldığını hissedince geri kalan dört milyon kileyi de borsadan aldım. Bu, fiyatı tekrar yükseltti, ama manevramın sonucunda on milyon kile mısırı, ben alışa başladığım zamanki fiyattan ortalama yarım sent fazlasına almış oldum. Mısır satışını başlatmak için sattığım iki yüz bin kile yulaftan da sadece üç bin dolar zarar ettim. Bu benim için düşük bir bedel oldu. Buğdaydan elde ettiğim kâr, mısır zararlarımın büyük bölümünü kapattı ve zahireden toplam olarak yalnızca yirmi beş bin dolar zarar etmiş oldum. Daha sonra mısırın kilesi yirmi beş sent arttı. Tamamen Stratten'ın ellerindeydim. Eğer fiyata aldırmadan on milyon kile mısır almaya kalksaydım, kim bilir ne kadar zarar ederdim.

İnsan bir işte yıllarını geçirince kendisine göre bazı âdetler ediniyor, oysa acemiler için durum tümüyle farklı. Profesyonellerle amatörler arasındaki fark da bu işte. Borsada kâr mı zarar mı edeceğinizi belirleyen şey, olaylara bakış açınızdır. Halk, kendi çabalarını yüzeysel bir bakış açısıyla değerlendirir. İnsanın egosu ilk fırsatta araya girer, derinlemesine ve kapsamlı düşünmeyi engeller. Profesyoneller ise parayı düşünmeden doğru şeyi yapmakla ilgilidirler, çünkü doğru hareket ettikleri anda paranın kendiliğinden geleceğini bilirler. Bir borsacı, oyunu profesyonel bir bilardocu gibi oynar, yani dikkatini ilk vuruşa yönlendirecek yerde, uzun vadeli düşünür. Bu oyun tarzı bir alışkanlık halini alır.

Anlatmaya çalıştığım konuyu çok iyi örnekleyen bir olayı aktarayım size. Bu olay, Wall Street'ten gelip geçmiş en yetenekli borsacılardan biriyle, Addison Cammack'le ilgili. Birçoklarının sandığı gibi, Cammack sürekli borsanın düşeceği beklentisi ile hareket eden biri değildi, ama daha çok bu yönde alım satım yapmayı tercih ediyor, umut ve korku duygularını kendi yararına kullanmasını biliyordu. En sevdiği laf, "Yeşil ağacı kesme," lafıydı. Borsanın yaşlıları bana Cammack'ın en büyük kârlarını borsa yükselirken elde ettiğini anlattılar, yani o önyargılarına göre değil, borsanın genel koşullarına göre oynayan bir insandı. Son derece becerikli bir borsacı olduğuna kuşku yok. Bir keresinde uzun süredir yükselmekte olan borsanın düşmeye başlayacağına inanan Cammack hisse senedi satmış ve finans yazarı J. Arthur Joseph bunu biliyormuş. Borsa ise özel bazı çabalar ve gazetelerde çıkan iyimser haberler sayesinde hâlâ yükseliyormuş. Cammack'ın borsanın düşmesi ile ilgili bilgiye ihtiyacı olduğunu bilen Joseph bir gün bir müjdeyle Cammack'ın ofisine dalmış.

"Bay Cammack, St. Paul ofisinde çalışan bir arkadaşım var, bana çok ilginç bir şey söyledi. Sizin de bilmek isteyeceğinizi düşündüm."

"Neymiş o?" demiş Cammack yerinden bile kıpırdamadan.

"Borsanın düşmesini bekliyorsunuz değil mi? Hisse sattınız değil mi?" diye sormuş Joseph. Cammack'ın vereceği haberle gerçekten ilgileneceğine, getirdiği bilginin boşa gitmeyeceğine emin olmak istiyormuş.

"Evet, neymiş o ilginç şey?"

"Ben haftada iki üç kez bilgi toplamak için şirketleri dolaşırım, bugün de St. Paul'e uğradım. Orada çalışan arkadaşım bana William Rockefeller'ın hisse satmaya başladığını söyledi. Ben de 'Doğru mu söylüyorsun Jimmy?' dedim. O da bana dedi ki: 'Evet, fiyat üçte sekiz puan yükseldikçe bin beş yüz hisse satıyor. Bu iki üç gündür devam ediyor.' Ben de hiç zaman kaybetmeden gelip size söylemek istedim."

Cammack kolay heyecanlanan biri değilmiş, ayrıca sürekli ofisine deli gibi koşarak gelip kendisine türlü türlü haber, dedikodu, söylenti, tüyo ve yalan anlatan insanlardan o kadar bıkmış ki bu tip şeylere kuşkuyla yaklaşır olmuş. Sadece, "Doğru duyduğuna emin misin Joseph?" diye sormakla yetinmiş.

"Emin miyim? Tabii eminim! Beni sağır mı sandınız?" demiş Joseph.

"Adamın doğru söylüyor mu?"

"Kesinlikle!" diye güvence vermiş Joseph. "Onu yıllardır tanırım. Bana hiç yalan söylemedi. Söylemez de! İmkân yok! Ona çok güvenirim ve söylediği her şeye gözüm kapalı inanırım. Onu çok iyi tanıyorum. Anlaşılan bunca yıl sonra sizin beni tanıdığınızdan daha da iyi tanıyorum."

"Demek ona güveniyorsun..." diyen Cammack bir kez daha Joseph'e bakmış. Sonra da "Eh, madem öyle söylüyorsun... " demiş. Brokeri W. B. Wheeler'ı çağırmış. Joseph onun en az elli bin St. Paul hissesi satma emrini vermesini bekliyormuş. William Rockefeller fiyatların yüksek olmasına güvenerek St. Paul hisselerini elden çıkarıyormuş. Bu hisseleri yatırım amaçlı mı, yoksa spekülasyon için mi aldığı da o kadar önemli değilmiş. Önemli olan tek şey, borsanın en yaman müşterilerinden birinin, Standart Oil grubunun bir üyesinin St. Paul hisselerini satmaya karar vermesiymiş. Sıradan biri güvenilir bir kaynaktan bu haberi alınca ne yapar? Sormaya bile gerek yok.

Oysa Cammack, zamanının en sıkı borsacılarından. Borsanın düşmesini beklerken brokerine, "Billy, gidip bana her puanın üçte sekizi yükselişte bin beş yüz St. Paul hissesi al," demiş. Hisse senedinin fiyatı doksanlı puanlarda dolaşıyormuş.

"Sat demek istiyorsunuz herhalde," diye atılmış Joseph. Wall Street'in yabancısı değilmiş, ama yine de borsaya gazetecilerin, dolayısıyla da halkın bakış açısından yaklaşıyormuş. Bu satış haberi yayılınca hisse senedinin fiyatı mutlaka düşer, diye düşünüyormuş. Hele hele William Rockefeller'ın sattığı duyulunca fiyat kesin düşer diyormuş. Standart Oil hisseleri satsın, Cammack alsın! Olacak şey mi?

"Hayır," demiş Cammack. "Al demek istiyorum."

"Bana güvenmiyor musunuz?"

"Güveniyorum!"

"Size verdiğim habere inanmadınız mı?"

"İnandım."

"Borsanın düşeceği beklentisiyle hareket etmiyor musunuz?"

"Evet."

"Öyleyse niye böyle davrandınız?"

"İşte bu yüzden satın alıyorum. Şimdi beni iyi dinle:

Şu güvenilir arkadaşınla teması kesme, satışlar durur durmaz da bana haber ver. Hemen! Anladın mı?"

"Olur," demiş Joseph ve ofisten ayrılmış. Cammack'ın neden William Rockefeller'ın sattığı hisseleri almak istediğini bir türlü anlayamıyormuş. Cammack'ın borsadaki bütün hisseleri düşüş beklentisi ile satarak kısa pozisyona girdiğini bilmese, belki de bu harekete bir anlam verebilirmiş. Neyse, Joseph St. Paul'deki arkadaşıyla konuşmuş ve ona Rockefeller satışı bitirdiği zaman mutlaka kendisine haber vermesini söylemiş. Ondan sonra da günde iki kez telefon ederek durumu sormuş.

Bir gün arkadaşı, "Rockefeller satışı durdurdu," demiş. Joseph da ona teşekkür etmiş ve hemen Cammack'ın ofisine koşarak bu haberi vermiş.

Cammack onu dikkatle dinlemiş ve sonra da Wheeler'a dönerek, "Billy, ofiste ne kadar St. Paul var?" diye sormuş. Wheeler bakmış ve yaklaşık altmış bin hissenin toplandığını söylemiş.

Cammack borsanın düşeceğine inandığı için St. Paul almaya başlamadan önce bazı hisselerde kısa pozisyona girmiş. Hemen Wheeler'a ellerindeki o altmış bin St. Paul hissesini satmasını, ayrıca St. Paul'den kısa pozisyona girmesini söylemiş. Elindeki St. Paul'leri hisse fiyatlarını genelde düşürmek ve düşüş sırasında kâr etmek için kullanmış.

St. Paul'ün fiyatı kırkdörde kadar düşmüş ve Cammack müthiş kâr etmiş. Elindeki kartları büyük bir ustalıkla kullanarak büyük kazanç elde etmeyi başarmış. Burada önemli olan, borsaya karşı geliştirdiği yaklaşım. Düşünmesine bile gerek kalmamış. Tek bir hisse senedinden kâr etmek yerine, alımlarını kendisi için daha önemli olan bir yönde kullanmayı başarmış; uzun süredir beklediği anın geldiğini ve iyi bir başlangıçla harekete geçebileceğini anlamış. St. Paul tüyosunu alınca hisselerini satmak yerine almaya karar vermiş, çünkü bu hisseleri borsayı düşürmek için cephane olarak kullanmayı düşünmüş.

Tekrar kendime döneyim. Buğday ve mısır işlemlerimi kapattıktan sonra yatımla güneye indim. Büyük bir keyifle Florida sularına açıldım. Bol bol balık vardı. Her şey çok güzeldi. Hayatta hiçbir tasam yoktu ve olmasını da istemiyordum.

Bir gün Palm Beach'te sahile çıktım. Orada Wall Street'ten tanıdığım arkadaşlarla karşılaştım. Günün en büyük haberini konuşuyorlar, bir pamuk spekülatöründen bahsediyorlardı. New York'tan gelen bir habere göre, Percy Thomas bütün parasını kaybetmişti. Bu ticari bir iflas değildi, dünyaca tanınmış bu borsacının pamuk borsasındaki ikinci Waterloo yenilgisiydi sözkonusu olan.

Ben her zaman Thomas'a büyük hayranlık beslemişimdir. Onun adını ilk kez Thomas pamuk fiyatını yüksek tutmaya çalışırken, Sheldon & Thomas adlı menkul değerler firmasının batması olayı sırasında duymuştum. Ortağı kadar ileri görüşlü ve cesur olmayan Sheldon son anda korkmuş, başarının kıyısından dönmüştü. En azından o dönemde Wall Street'te böyle söyleniyordu. Her neyse, büyük kâr edecek yerde, borsanın en büyük fiyaskolarından birini yaşadılar. Kaç milyon dolar zarar ettiklerini unuttum şimdi. Şirket kapandı ve Thomas tek başına çalışmaya başladı. Yalnızca pamuk alıp satıyordu ve çok geçmeden kendini toparladı. Yasalara göre mecbur olmamasına karşın, alacaklılarına borçlarını faizi ile ödedi ve kendisine de bir milyon dolar kaldı. Pamuk borsasına dönüşü, Başkan S. V. White'ın menkul değerler borsasına dönerek bir yıl içinde bir milyon dolarlık işlem yaptığı yıl kadar belleklerde yer etti. Thomas'ın zekâsına ve cesaretine hayrandım.

Palm Beach'te herkes Thomas'ın mart pamuğunda girdiği pozisyonun çökmesinden bahsediyordu. Biliyorsunuz söylentiler ağızdan ağıza dolaştıkça yayılır, abartılır, bilgiler çarpıtılır, haberler değiştirilir. Benim hakkımda çıkan bir söylenti, yirmi dört saat içinde söylentiyi ilk çıkaran kişiye geri geldiğinde, öyle şişirilmiş, öyle ayrıntılar eklenmiş ki o kişi bile bunun aynı söylenti olduğunu anlamakta güçlük çekmiş.

Percy Thomas'ın en son talihsizliği ile ilgili haber benim dikkatimi balıklardan pamuk borsasına çekti. Ekonomi gazetelerini alıp son durumu inceledim. New York'a döndüğümde kendimi tümüyle borsayı incelemeye verdim. Herkes borsanın düşeceğine inanıyor, herkes temmuz pamuğu satıyordu. İnsanlar böyledir işte. İnsan bazı şeyleri sırf etrafındakiler yapıyor diye, bir sürü psikolojisine kapılarak yapar. Bunun açıklaması ne olursa olsun, yüzlerce kişi o an yapılacak en akıllıca, en uygun, üstelik en güvenli şeyin temmuz pamuğu satmak olduğunu düşünüyordu. Herkes kendisini bir satış furyasına kaptırmıştı. Borsanın yalnızca tek bir yönüne bakılıyor, gözler edilecek büyük kârdan başka bir şey görmüyordu. Fiyatların her an düşmesi bekleniyordu.

Ben bütün bunların farkındaydım ve kısa pozisyona girenlerin açıklarını kapatmak için fazla zamanlarının olmadığını gördüm. Durumu inceledikçe bu fikrim daha da güçlendi ve sonunda temmuz pamuğu almaya karar verdim. Hemen harekete geçerek yüz bin balya satın aldım. Alım işlemi çok kolay oldu, çünkü çok sayıda satıcı vardı. O an bir milyon dolarına bahse girebilirdim ki borsada temmuz pamuğu satmayan tek bir Allah'ın kulu yoktu.

Mayısın son günleriydi. Ben aldıkça aldım, onlar sattıkça sattı. Sonunda değişken kontratların hepsini toplamıştım ve elimde yüz yirmi bin balya pamuk vardı. Ben son balyamı aldıktan bir iki gün sonra fiyat çıkmaya başladı. Yükseliş başladıktan sonra da durmak bilmedi, günde kırkla elli puan arası tırmandı.

Ben alımlarıma başladıktan on gün kadar sonra, bir cumartesi günü fiyat yukarı doğru kıpırdadı. Satışta temmuz pamuğu kalıp kalmadığını bilmiyordum. Bunu benim bulmam gerekiyordu, ben de son on dakikayı bekledim. Genellikle o saatte birçokları kısa pozisyona girer ve borsa kapanışında fiyatı garanti altına almış olurlardı. Ben de dört farklı brokere emir vererek borsadan aynı anda beşer bin balya pamuk almalarını söyledim. Bu, fiyatı otuz puan artırdı ve kısa pozisyondakiler bir an önce hisse almak için ne yapacaklarını şaşırdılar. Borsa kapanışında fiyat en yüksek düzeye ulaşmıştı. Tek yaptığım şey, son yirmi bin balyayı satın almak oldu.

Ertesi gün günlerden pazardı. Ama pazartesi günü Liverpool'un New York'taki artışa başa baş bir düzeyde, yirmi puanlık bir artışla açılması gerekiyordu. Oysa artış, elli puan oldu. Yani bizdeki artışı yüzde 100'ü geçmişti. O borsadaki artışla benim hiçbir ilgim yoktu. Bu da bana hesaplarımın doğru olduğunu ve doğru yöne, yani direncin en az olduğu sınıra doğru hareket ettiğimi gösteriyordu. Ama aynı zamanda elimde bir an önce kurtulmam gereken yüksek miktarda pamuk vardı. Borsa aniden ya da yavaş yavaş yükselse de, belli bir miktarın üzerindeki satışları sindiremeyebilir.

Elbette Liverpool'dan gelen telgraflar bizim borsayı çılgına çevirdi. Bir baktım ki fiyatlar arttıkça temmuz pamuğu daha zor bulunur hale geldi. Ben inatla elimdekileri satmıyordum. O pazartesi günü, borsanın düşmesini bekleyenler için heyecanlı, ama aynı zamanda sıkıntılı bir gün oldu. Buna rağmen ortalıkta bir panik görünmüyordu, borsa, bir an önce hisse alıp kısalarını kapatmaya çalışan insanlarla dolup taşmıyordu. Benim elimdeyse satmam gereken yüz kırk bin balya pamuk vardı.

Salı sabahı ofisime giderken binanın girişinde bir arkadaşımla karşılaştım.

Gülümseyerek bana, "*World*'de çıkan haber çok etkileyici," dedi.

"Ne haberi?"

"Ne? Görmedin mi yani?"

"Ben *World* almam ki," dedim. "Haber neyle ilgili?" "Neyle olacak, seninle. Temmuz pamuğunun fiyatını bilerek yüksek tuttuğunu yazıyor."

"Haberi görmedim," dedim ve yanından ayrıldım. Bana inandı mı inanmadı mı bilmiyorum. Herhalde benden haberi doğrulamamı ya da yalanlamamı bekliyordu.

Ofisime varınca gazeteden bir tane ısmarladım. Gerçekten de haber birinci sayfadan verilmişti, başlığı şöyleydi: LARRY LIVINSTON TEMMUZ PAMUĞUNU YÜKSELTTİ.

Hemen haberde yazanların borsayı etkileyeceğini düşündüm. Eğer elimdeki yüz kırk bin balyayı satmak için özel bir plan yapsaydım, bu kadar iyi bir numara düşünemezdim. Bu haber benim için büyük bir fırsattı. O anda bütün ülkede herkes bu haberi ya *World* gazetesinde ya da haberi *World*'dan alan diğer gazetelerde okuyordu. Mutlaka haber Avrupa'ya da ulaşmıştı. Liverpool'daki fiyatların neden bu kadar arttığı anlaşılıyordu. Borsa zıvanadan çıkmıştı. Böyle bir haber karşısında bunu doğal karşılamak gerekiyordu.

New York'un ne yapacağını ve benim ne yapmam gerektiğini çok iyi biliyordum. Buradaki borsa saat onda açıldı. Saat onu on geçe elimde pamuk kalmamıştı. Yüz kırk bin balya pamuğu en son kırıntısına kadar sattım. Satışın çoğunu da o günün en yüksek fiyatlarından yaptım. Pamuğum için pazar kendiliğinden oluştu. Pamuğu satmak için karşıma çıkan fırsattan yararlanmasını bilmiştim. Bu fırsatın üzerine hemen atladım. O anda yapabileceğim tek şey buydu.

Beni çok zorlayacağını düşündüğüm bir sorun, böylece kendiliğinden hallolmuş oldu. Eğer *World*'de o haber çıkmasaydı, kâğıt üzerindeki kârlarımın önemli bir bölümünü feda etmeden o pamuğu satamazdım. Fiyatı düşürmeden yüz kırk bin balya temmuz pamuğunu satmak beni aşan bir şeydi. Ama *World*'deki haber sayesinde o işten rahatlıkla sıyrıldım.

World'ün bu haberi niçin yayınmladığını hiç bilmiyorum. Hiçbir zaman da anlayamadım. Herhalde haberi yazan gazeteci pamuk borsasında bir ahbabından tüyo almıştı ve bunu çok büyük bir haber sanıp diğer gazeteleri atlatmak için hemen yayımladı. Ne haberi yazanı ne de *World*'de çalışan diğer gazetecileri tanıyorum. Haberin çıktığını o gün saat dokuzdan sonra öğrendim ve eğer arkadaşım bana söylemeseydi asla öğrenemeyecektim.

O haber olmasaydı asla elimdeki pamuğu satacak kadar büyük bir pazar oluşturamazdım. Büyük miktarda alım satım yapmanın böyle bir sakıncası vardır. Satışa geçeceğiniz zaman bunu kimse sezmeden yapamazsınız. İstediğiniz zaman ya da en uygun an geldiğinde satış yapamayabilirsiniz. Ancak elinizdekileri sindirecek kadar büyük bir pazar oluştuğunda satışa geçebilirsiniz. Satış fırsatını kaçırmak size milyonlarca dolara malolabilir. Tereddüt edemezsiniz. Eğer ederseniz kaybedersiniz. Almaya devam ederek borsanın düşeceği beklentisi ile satış yapanları da şaşırtma şansınız yoktur, çünkü o zaman kendi pazarınızın kapasitesini azaltmış olursunuz. Ayrıca fırsatları tanımak da hiç kolay değildir. İnsan son derece uyanık olmalı ve satış fırsatını hissettiği anda hemen uzanıp yakalamasını bilmelidir.

Elbette benim pamuk satışımın talihli bir kaza sonucu gerçekleştiğini kimseye anlatmadım. Her yerde olduğu gibi Wall Street'te de büyük kazanç sağlayan kazalara kuşkuyla bakılır. Eğer kaza kâr yerine zarar getirirse buna kaza denmez, sizin aptallığınızın ya da dikkatsizliğinizin mantıklı bir sonucu olarak değerlendirilir. Ama kâr ederseniz, bu kâra hemen ganimet denir ve vurdumduymaz davrananların kazandığından, oysa aklı başında ve temkinli davrananların kaybettiğinden yakınılır.

Kendi aptallıkları yüzünden kısa pozisyona giren bazı fesat insanlar, benim bu oyunu özellikle düzenlediğimi söylediler. Sadece onlar değil, başkaları da bu düşünceyi taşıyordu.

Pamuk borsasının en büyük isimlerinden biri olaydan bir iki gün sonra beni görünce, "Çok iyi bir numara çevirdin Livingston," dedi. "O elindeki pamuğu satmaya kalkınca ne kadar zarar edeceğini görmek için seni dikkatle izledim. Zarar etmeden ancak elli ya da altmış bin balya satabilirdin, ondan sonra mutlaka zarar gelecekti. Bu durumdan nasıl sıyrılacağını merakla bekliyordum. Ama böyle bir dolap çevireceğin hiç aklıma gelmemişti. Gerçekten de çok iyi bir numaraydı."

Elimden geldiğince dürüst bir ifadeyle, "Benim bu olayla hiç ilgim yoktu," dedim.

Ama o sözlerini tekrarlamakla yetindi: "İyi numaraydı evladım, çok iyiydi! Bu kadar alçakgönüllü olma!"

O olaydan sonra bazı gazeteler bana Pamuk Kralı adını taktılar. Ama dediğim gibi, ben bu tacı haketmiyordum. Amerika'da hiç kimse *World*'e para yedirerek ya da özel ilişkilerini kullanarak böyle bir haberi yayımlatamaz. Bu da o dönemde bana hiç haketmediğim bir şöhret kazandırdı.

Bu olayı size hakedilmeyen taçları taşıyan adamları eleştirmek için ya da fırsat nereden ve nasıl gelirse gelsin mutlaka değerlendirmesini bilin demek için anlatmadım. Tek amacım temmuz pamuğu olayından sonra gazetelerde hakkımda çıkan asılsız haberlerin arkasında yatan şeyi anlatmaktı. Eğer gazeteler olmasaydı, Percy Thomas denen o muhteşem adamla asla tanışamayacaktım.

XII. BÖLÜM

Temmuz pamuğu satışlarımı düşündüğümden çok daha büyük bir başarıyla tamamladıktan sonra postayla bir görüşme talebi aldım. Mektup, Percy Thomas'tan geliyordu. Elbette hemen cevap yazıp istediği zaman kendisiyle ofisimde görüşmekten büyük mutluluk duyacağımı belirttim. Ertesi gün geldi.

Thomas, uzun süredir hayranlık beslediğim bir insandı. Pamuk yetiştiren, alan, satan herkes onun adını bilirdi. Hem Avrupa'da hem de Amerika'da pamuk borsasındakiler bana sık sık onun fikirlerini aktarırdı. Bir keresinde, bir İsviçre sayfiye kasabasında Mısır'da pamuk yetiştirmeyi düşünen Kahireli bir bankerle sohbet ediyorduk. Benim New York'lu olduğumu duyunca hemen Percy Thomas'ı sordu ve Thomas'ın yazdığı borsa raporlarını yakın bir ilgiyle izlediğini, hiç kaçırmadığını söyledi.

Ben her zaman Thomas'ın işlerini bilimsel yöntemlerle yürüttüğünü düşünürdüm. O, gerçek bir spekülatördü, büyük düşleri olan, ileri görüşlü bir düşünür, aynı zamanda cesur bir savaşçıydı. Çok bilgiliydi, pamuk alım satımında hem teori hem de uygulamada geniş deneyime sahipti. Başkalarıyla fikirlerini, teorilerini ve analizlerini tartışmayı sever, aynı zamanda her fırsatta pamuk borsasını ve pamuk borsasında alım satım yapanların psikolojisini ne kadar iyi bildiğini gösterirdi. Ne de olsa yıllarca pamuk borsasında çalışmış, bu arada büyük miktarda para kazanmış ve kaybetmişti.

Sheldon & Thomas menkul değerler firmasının iflasından sonra tek başına çalışmaya başlamıştı. İki yıl içinde kaybettiği parayı son kuruşuna kadar geri kazanmıştı. *Sun*'da okuduğum kadarıyla, durumu düzelir düzelmez, ilk işi eski alacaklılarına bütün borcunu ödemek, sonra da bir milyon dolarlık sermayesini nasıl en iyi şekilde değerlendirebileceği konusunda kendisine yardımcı olacak bir uzman tutmak oldu. Bu uzman borsadaki hisse senetlerini inceledi, çeşitli şirketlerin raporlarını okudu ve sonunda Delaware & Hudson hisselerinde karar kıldı.

Milyonlarca dolar zarar ettikten sonra yeniden milyonlar kazanarak borsaya dönüş yapan Thomas, mart pamuğu alım satımları yüzünden yine beş parasız kalmıştı. Gelip benimle görüştükten sonra hemen harekete geçtik. Bir ittifak oluşturmamızı önerdi. Eline geçen her tür bilgiyi halka açıklamadan önce bana verecekti. Ben de borsadaki alım satımları yürütecektim. Bu konuda kendisinde olmayan özel bir yeteneğim olduğunu ileri sürüyordu.

Bu öneri birkaç nedenden ötürü pek hoşuma gitmedi. Ona açıkça ikili işleri pek beceremediğimi ve öğrenmeye de istekli olmadığımı söyledim. Ama o bunun ikimiz için de en iyi kombinasyon olacağında ısrar etti, ben de sonunda başkalarının alım satımlarını etkilemek istemediğimi söylemek zorunda kaldım.

Ona dedim ki: "Eğer attığım adım yanlışsa bunun acısını ben çeker, bedelini ben öderim. Kimseye borcum olmaz ve beklenmedik aksiliklerle karşılaşmam. Ben kendim öyle istediğim için yalnız çalışıyorum. Ayrıca bu çok daha zekice ve ucuz bir yöntem. Ben kendi zekâmı diğer borsacıların zekâlarıyla –hiç görmediğim, hiç tanımadığım, ne alıp ne satmaları gerektiği konusunda hiç öneride bulunmadığım, asla tanışmayacağım ve konuşmayacağım insanların zekâlarıyla– yarıştırmaktan keyif alıyorum. Kâr ettiğim zaman kendi fikirlerim sayesinde ederim. Bu fikirleri satmaya ya da başkalarına zorla benimsetmeye çalışmam. Başka türlü kazandığım parayı para saymam ben. Teklifiniz ilgimi çekmiyor, çünkü ben bu oyunu kendi kendime, kendi bildiğim gibi oynamak istiyorum."

Böyle düşündüğüm için üzüldüğünü söyledi ve planını reddetmekte haksız olduğuma beni inandırmaya çalıştı. Ama ben kararımı değiştirmedim. Geri kalan zamanda ise havadan sudan sohbet ettik. Eninde sonunda borsaya "geri döneceğine" inandığımı söyledim ve kendisine mali yardımda bulunmama izin verirse çok memnun olacağımı belirttim. Ama o, benden kredi kabul edemeyeceğini söyledi. Sonra bana temmuz pamuğu işini sordu, ben de anlattım; bu işe nasıl girdiğimi, ne kadar pamuk satın aldığımı, fiyatı ve diğer ayrıntıları anlattım. Biraz daha sohbet ettik, ondan sonra da gitti.

Biraz önce size bir borsacının en büyük düşmanı kendisidir derken, aslında kendi yaptığım hataları kastediyordum. Bir insan çok zeki olabilir, yaşamı boyunca başkalarının fikirlerinden bağımsız olarak düşünmeye alışmış olabilir, ama kendini kişiliğinden gelen bazı tehlikelere karşı koruyamaz. Ben tamah, korku, umut gibi, borsada alım satım yapan insanları etkileyen duygulardan uzak durmayı başarabiliyorum. Ama sonuçta ben de bir insanım ve bazen çok kolay hata yapabiliyorum.

O dönemde özellikle savunmaya geçmiştim, çünkü kısa bir süre önce, insanın başkaları tarafından kolayca ikna edilerek kendi kararları ve hatta dileklerinin tam tersine hareket edebileceğini görmüştüm. Bu olayı Harding'in ofisinde yaşadım. Orada bana ayrılan bir oda vardı ve borsa saatleri sırasında kimse benim iznim olmadan odama gelemiyordu. Çok büyük miktarlarda alım satım yapıyordum ve hesabım oldukça kârlıydı. O yüzden rahatsız edilmek istemiyordum ve odama kimse yaklaştırılmıyordu.

Bir gün borsa kapanışından hemen sonra birilerinin, "İyi günler Bay Livingston," diye bana seslendiğini duydum.

Dönüp arkama baktığımda otuz, otuz beş yaşlarında hiç tanımadığım bir adam gördüm. İçeri nasıl girdiğini bilmiyordum, ama adam karşımda duruyordu. Herhalde benimle bir işi olduğunu söylemişti. Hiç sesimi çıkarmadım. Adamın yüzüne bakmakla yetindim. Birkaç saniye sonra, "Sizinle şu Walter Scott işini konuşacaktım," dedi ve anlatmaya başladı.

Kitap satıcısıydı. Tavırları ya da konuşması fazla etkileyici değildi. Dış görünüşünde de fazla bir şey yoktu. Ama çok güçlü bir kişiliği vardı. Sürekli konuşuyordu, ben de onu dinlediğimi sanıyordum. Ama ne dediğini hiç hatırlamıyorum. O anda da anladığımı zannetmiyorum. Tiradını bitirdiğinde bana dolma kalemiyle boş bir form uzattı, ben de o kalemle formu imzaladım. Scott'ın bir dizi kitabını beş yüz dolara satın almıştım böylece. Formu imzaladığım anda kendime geldim. Ama artık form imzalanmış, katlanarak satıcının cebine girmişti. O kitapları istemiyordum. Onları koyacak yerim yoktu. Onlara hiç ihtiyacım yoktu. Onları verecek kimsem yoktu. Yine de o kitapları beş yüz dolara satın almak üzere bir kontrata imzamı atmıştım.

Ben para kazanmaya o kadar alışığım ki hata yaptığımda aklıma gelen ilk şey para kaybetmem olmaz. Ben her zaman oyunun kendisiyle, nedenlerle ilgilenmişimdir. Öncelikle, kendi sınırlamalarını ve alışkanlıklarını sorgulayan bir insanım. İkinci olarak da aynı hataya ikinci kez düşmek istemem. İnsan ancak ders alarak kâra çevirebildiği hataları affettirebilir.

Beş yüz dolarlık bir hata işleyip henüz sorunun ne olduğunu anlayamadığım için önce karşımdaki adama bir bakıp onu tarttım. Adam resmen bana gülümsüyordu, yüzünde anlayış dolu, minik bir gülücük vardı. Aklımdan geçenleri okuyor gibiydi. Ona hiçbir şey açıklamak zorunda olmadığımı anladım; o, ben söylemeden içimden geçenleri anlamıştı. Ben de açıklama ve giriş yapma zahmetine girmeden doğrudan sordum: "Beş yüz dolarlık bir sipariş karşılığı ne kadar komisyon alıyorsunuz?"

Hemen başını salladı ve, "Özür dilerim ama size söyleyemem," dedi.

"Ne kadar alıyorsunuz?" diye üsteledim.

"Üçte birini. Ama aslında söylememem gerekiyor." "Beş yüz doların üçte biri yüz altmış altı dolar altmış altı sent eder. Eğer bana imzaladığım kontratı geri verirseniz, size iki yüz dolar nakit öderim." Doğru söylediğimi kanıtlamak için parayı cebimden çıkardım.

"Yapamam, söyledim size," dedi.

"Bütün müşterileriniz size aynı teklifte bulunuyor mu?" diye sordum.

"Hayır," diye yanıtladı beni.

"Öyleyse benim bu teklifi yapacağımı nereden bildiniz?"

"Sizin gibi usta işadamları bu tür teklifler yapar. Siz kaybetmeyi çok iyi biliyorsunuz, bu da sizi birinci sınıf bir işadamı yapıyor. Size çok teşekkür ederim ama teklifinizi kabul edemem."

"Neden alacağınız komisyondan daha fazlasını kazanmak istemiyorsunuz?"

"O yüzden değil," dedi. "Ben bu işi sadece komisyon için yapmıyorum."

"Ne için yapıyorsunuz o zaman?"

"Hem komisyon için hem de rekoru kırmak için."

"Hangi rekoru?"

"Kendi rekorumu."

"Sözü nereye getireceksiniz?"

"Siz yalnızca para için mi çalışıyorsunuz?" diye sordu bana.

"Evet," dedim.

"Hayır," diyerek başını salladı. "Hayır, para için çalışmıyorsunuz siz. Yoksa işinizden bu kadar keyif almazdınız. Sadece banka hesabınıza birkaç dolar daha ilave etmek için çalışmıyorsunuz siz, Wall Street'e de kolay para peşinde olduğunuz için gelmediniz. Siz işinizin başka yönlerinden zevk alıyorsunuz. Ben de öyle."

Ona karşı çıkacak yerde bir soru sordum: "Siz işinizin hangi yönünden zevk alıyorsunuz?"

"Aslında," diye itirafa başladı, "hepimizin zayıf bir noktası vardır."

"Sizinki ne?"

"Gurur," dedi.

"Nasıl olsa formu bana imzalattınız. Şimdi iptal etmek istiyorum ve size on dakikalık iş için iki yüz dolar öneriyorum. Bu sizin gururunuzu tatmin etmek için yeterli sayılmaz mı?

"Hayır," dedi. "Bakın, diğer arkadaşlar aylardır Wall Street'te çalışıyor, ama satış yapamadılar. Bunun üründen ve bölgeden kaynaklandığını öne sürdüler. Ofis de beni kusurun kitaplarda ya da yerde değil, onların satış tekniğinde olduğunu kanıtlamak için buraya gönderdi. Onların aldığı komisyon yüzde 25 idi. Ben Cleveland'daydım. Orada iki haftada seksen iki takım sattım. Buraya gelmemin nedeni yalnızca diğer meslektaşlarımdan almayanlara satış yapmak değil, onların hiç görüşemediği insanlarla görüşmek. O yüzden bana yüzde 33 1/3 komisyon veriyorlar."

"Bana o takımı nasıl sattığınızı anlayamadım."

Beni teselli etmek istercesine, "Aslında J. P. Morgan'a da sattım," dedi.

"Yok canım, daha neler," dedim.

Bana kızmadı. "Yemin ederim sattım, " demekle yetindi.

"J. P. Morgan'a bir takım Walter Scott sattınız demek. Oysa onun elinde çok güzel baskıları, hatta belki de orijinal el yazmaları vardır."

"İşte imzası burada," dedi ve bana J. P. Morgan'ın imzasını taşıyan bir form gösterdi. Belki de bu onun imzası değildi, ama bir an için aklıma kuşkulanmak gelmedi. Benim kontratım da cebinde değil miydi?

Yalnızca merak ediyordum. Dayanamayıp sordum: "Kütüphaneciden nasıl izin aldınız?"

"Kütüphaneciyle görüşmedim ki. Ben Morgan'ın kendisiyle görüştüm. Hem de ofisinde."

"Bu kadarı da fazla," dedim. Herkes Bay Morgan'ın özel ofisine boş elle girmenin saatli bombayla Beyaz Saray'a girmekten daha zor olduğunu bilirdi.

"Ofisinde görüştüm onunla," diye yineledi bir kez daha.

"Nasıl girdiniz ofisine?"

"Sizinkine nasıl girdim?" diye sordu bana.

"Bilmem, nasıl girdiniz?"

"Morgan'ın ofisine nasıl girdiysem sizinkine de öyle girdim. Kapıdaki güvenlik görevlisini ikna ettim. Kitapları size nasıl sattıysam Morgan'a da öyle sattım. Siz formu imzalarken bir takım kitap aldığınızın bilincinde değildiniz. Size uzattığım dolma kalemi aldınız ve sizden ne istiyorsam onu yaptınız. O da aynı şeyi yaptı. Arada hiç fark yoktu."

"Peki bu gerçekten Morgan'ın imzası mı?" diye kuşkuyla sordum. Bu soruyu sormakta üç dakika kadar geç kalmıştım.

"Elbette! Bu küçüklüğünden beri kullandığı imza." "Bu kadar mı?"

"Bu kadar," diye cevap verdi. "Ben ne yaptığımı çok iyi biliyorum. Tek sırrım bu. Size çok teşekkür ederim. Hoşçakalın Bay Livingston." Sonra da dışarı çıktı.

Ben, "Bir dakika bekleyin," dedim. "Benim üzerimden iki yüz dolar kazanacağınıza söz vermiştim." Ve ona otuz beş dolar uzattım.

Başını salladı. Sonra da, "Hayır," dedi. Bunu yapamam. Ama şunu yapabilirim!" Cebinden kontratı çıkardı, yırttı ve parçalarını bana verdi.

İki yüz dolar sayıp uzattım, ama yine başını salladı. "Bunu demek istememiş miydiniz?" dedim.

"Hayır."

"Öyleyse neden o kontratı yırttınız?"

"Çünkü şikâyet etmediniz ve sizin yerinizde olsaydım ben de aynı tepkiyi verir, aynı şekilde davranırdım."

"Ama ben kendim size iki yüz dolar vereceğimi söylemiştim," dedim.

"Biliyorum, ama para her şey değildir," dedi. Sesinde öyle bir şey vardı ki dayanamayıp, "Haklısınız, gerçekten de para her şey değil," dedim. "Şimdi söyleyin bakalım benden ne istiyorsunuz?"

"Gözünüzden hiçbir şey kaçmıyor," dedi. "Gerçekten de bana bir iyilik yapmak ister misiniz?"

"Evet," dedim. "İsterim. Ama söyleyeceğiniz şeye bağlı."

"Beni Ed Harding'in ofisine götürüp ona beni tam üç dakika dinlemesini söyler misiniz? Sonra da beni onunla yalnız bırakacaksınız;"

Başımı salladım. "O benim iyi bir dostumdur," dedim.

"Bu adam elli yaşında ve bir broker," dedi satıcı.

Söylediğinde çok haklıydı, ben de onu Ed'in ofisine götürdüm. Bir daha o kitap satıcısından ses çıkmadı. Ama birkaç hafta sonra bir akşam ona trende rastladım. Kibarca şapkasını çıkararak beni selamladı, ben de başımla selamını aldım. Yanıma yaklaşıp, "Nasılsınız Bay Livingston? Bay Harding nasıllar?" diye sordu.

"Çok iyi. Neden sordunuz?" diye sordum. Bana anlatacak bir şeyleri olduğuna emindim.

"Beni ona götürdüğünüz gün kendisine iki bin dolarlık kitap satmıştım da."

"Bana bu konuda tek kelime etmedi," dedim.

"Hayır, onun gibi insanlar böyle şeylerden bahsetmez."

"Kim bahsetmez?"

"Hata yapmayı sevmediği için hata yapmayan insanlar. O tip insan her zaman ne istediğini bilir ve kimse onun fikrini değiştiremez. Ben o insanların sayesinde çocuklarımı okutup karıma bakabiliyorum. Bana büyük bir iyilik yaptınız Sayın Livingston. Bana büyük bir nezaketle önerdiğiniz iki yüz doları geri çevirirken böyle olacağını biliyordum."

"Ya Bay Harding size sipariş vermeseydi?"

"Ben vereceğinden emindim. Onun ne tür bir insan olduğunu önceden araştırmıştım. O sipariş çantada keklikti."

"Evet, ama ya sizden kitap almasaydı?"

"Size geri gelip bir şeyler satardım. Hoşçakalın Bay Livingston. Şimdi belediye başkanıyla randevum var." Tren Park Place istasyonuna yaklaşırken ayağa kalktı.

"İnşallah ona on takım satarsınız," dedim. Başkan eli açık bir adamdı.

"Ben de Cumhuriyetçiyim," dedi ve hiç acele etmeden trenden indi. Trenin o inmeden kalkmayacağına emindi. Gerçekten de tren onun inmesini bekledi.

Bu olayı size bütün ayrıntılarıyla aktardım, çünkü o muhteşem adam bana hiç almak istemediğim bir şeyi satabilmişti. Hayatım boyunca bunu başaran ilk insandı o. Böyle bir şeyin bir daha asla tekrar etmemesi gerekiyor ama eminim eder. Dünyada bu tip satıcılar var ve insan kendini kişilik özelliklerinden her zaman koruyamayabiliyor.

Percy Thomas ofisimden çıkınca, yani ben kibar ama kesin bir dille kendisiyle ortak olmak istemediğimi söyledikten sonra, yollarımızın bir kez daha kesişeceği asla aklıma gelmezdi. Onu bir daha göreceğimi sanmıyordum. Ama hemen ertesi gün bana bir mektup yazarak kendisine yardım teklifim için teşekkür etti ve beni davet etti. Ben de olumlu cevap veren bir mektup yazdım. O da bana cevap yazdı. Ben de onu görmeye gittim.

Böylece Thomas'ı daha yakından tanıma fırsatını buldum. Benim için her zaman onu dinlemek büyük bir zevk olmuştur. Çok bilgili bir insandı ve kendini dinletmesini çok iyi biliyordu. Karşısındakini mıknatıs gibi kendine çekiyordu.

O gün çok farklı konulardan bahsettik. Çok okuyan, çok farklı konular hakkında bilgisi olan ve çok ilginç genellemeler yapabilen bir insandır. Anlattığı şeyler gerçekten de insanı etkiler ve çok inandırıcı şeyler söyler. Birçoklarının Percy Thomas'ı suçlayıcı şeyler söylediğini, özellikle onu yapmacık bulduklarını biliyorum ama belki de bu kadar inandırıcı konuşabilmesinin altında yatan sebep, anlattığı şeylere önce kendisinin yürekten inanmasıdır.

Elbette önce uzun uzun borsayla ilgili konulardan bahsettik. Ben pamuk fiyatında artış beklemiyordum ama o bekliyordu. Artış olması için herhangi bir neden göremiyordum, o ise görüyordu. Önüme o kadar çok kanıt ve rakam serdi ki ona inanmam gerekirdi, ama bir türlü ikna olmadım. Kanıtları çürütemedim, çünkü gerçek olduklarını biliyordum, ama öte yandan benim doğru bildiğim şeyden caymama yetecek kadar güçlü de değildi. Fakat Thomas, ben ekonomi gazetelerinden ve dergilerinden okuduğum haberlerden kuşkulanmaya başlayana kadar aynı şeyleri söylemeye devam etti. Yani artık borsayı kendi gözlerimden göremez oldum. İnsanı inandıklarından vazgeçirmek kolay değildir ama bir belirsizlik ve kararsızlık duygusuna sürüklemek kolaydır. Bu da daha kötü bir şeydir, çünkü o zaman insan borsada kendine güvenerek, huzur içinde oynayamaz.

Kafam tam olarak karışmamıştı, ama artık dengemi kaybetmiştim, daha doğrusu salim kafayla düşünemiyordum. Daha sonra bana çok şeye malolacak olan duygulara nasıl kapıldığımı size ayrıntılı olarak aktaramam. Sanırım Thomas bana gösterdiği ve tamamen kendi hesabı olan rakamların ne kadar doğru olduğunda ısrar ettikçe ve bana benim hesaplamadığım ama gazetlerden aldığım rakamların ne kadar yanlış olduğunu anlattıkça kendimden kuşkulanmaya başladım. Güney bölgelerinde onun için çalışan on bin muhabirin, geçmişte de kanıtlanan güvenilirliğinden dem vuruyordu sürekli. Sonunda ben de durumu onun gibi yorumlamaya başladım, çünkü ikimiz de aynı kitabın aynı sayfasını okur olmuştuk ama kitabı bana okutan kişi oydu. Çok mantıklı bir insandı. Bana sunduğu kanıtların doğruluğunu kabul edince, ister istemez onun vardığı sonuçlara varmaya başladım.

Bana pamuk durumunu anlatmaya başladığında, ben borsada düşüş beklentisi içindeydim ve hatta kısa pozisyona girmiştim. Ne var ki onun gösterdiği kanıtları ve sayıları kabul edince, eski kararımı yanlış bilgilere göre aldığımdan korkmaya başladım. Öyle olunca da pozisyon değiştirmem gerektiğini hissettim. Thomas kendimden kuşkulanmama neden olup da beni kısa pozisyonda sattığım hisseleri satın almak zorunda bırakınca bununla da yetinmedim ve daha fazla hisse senedi aldım. Benim aklım böyle çalışır. Bütün yaşamım menkul değerler borsasında ve hammadde piyasalarında alım satım yapmakla geçti. Eğer borsa düşmeyecekse o zaman mutlaka yükselir diye düşünmeye alışmışım ben.

Eğer borsa yükselecekse, o zaman da mutlaka hisse senedi almak gerekir. Palm Beach'teki arkadaşımın Pat Hearne'in bir sözünü aktardığını hatırlayacaksınız: "Yarış bitene kadar galibi kimse bilemez," dermiş Hearne. Ben de borsa konusundaki tahminlerimin doğru olduğunu kanıtlamalıyım, ama bu kanıtlar ancak ay sonunda brokerlerimden gelen hesap durumunda bulunabilir.

Hızla pamuk satın almaya başladım ve kısa sürede her zamanki miktarı, yani altmış bin balyayı almıştım. Bu, meslek hayatımın en aptalca adımı oldu. Kendi gözlemlerim ve çıkarımlarım doğrultusunda başarılı ya da başarısız olacak yerde, bir başkasının fikirlerine göre hareket etmeye başladım. Başıma gelecekleri fazlasıyla hak etmiştim. Borsanın yükseleceğine gerçekten inanmıyordum ama yine de hisse aldım, üstelik hisseleri deneyimlerimin bana öğrettiği yönteme göre de almadım. Doğru oynamıyordum. Thomas'ı dinleyerek ölüm fermanımı imzalamıştım.

Borsa benim lehime ilerlemiyordu. Ben, tahminimde haklı olduğuma inanıyorsam, asla korkmam ya da sabırsız davranmam. Ama borsa, Thomas'ın söylediği gibi hareket etmiyordu. Yanlış bir adım attıktan sonra, ikinci ve hatta üçüncü kez yanlış adım attım ve bu yüzden işler sarpa sardı. Yol yakınken geri dönmek varken, kendi kendimi hisse senetlerimi elden çıkarmamaya ikna ettim. Bu tamamen benim kişiliğime, borsa ilkelerime ve teorilerime aykırı bir karardı. Çocukluğumda bucket shop'larda çalışırken bile daha mantıklı davranırdım. Ama bu kez kendim gibi davranmıyordum. Bir başkası olmuştum, Thomaslaşmıştım.

Elimde hem yüksek miktarda pamuk hem de buğday vardı. Buğday çok iyi gidiyordu ve bana bol kâr sağlamıştı. Pamuk fiyatını yükseltme çabalarım yüzünden elimdeki pamuk, yüz elli bin balyaya çıkmıştı. Artık kendimi o kadar iyi hissetmiyordum. Bunu kendimi bağışlatmak için bir bahane olarak ileri sürmüyorum, gerçekten de pek iyi değildim. Biraz dinlenmek için Bayshore'a bile gittim.

Bayshore'dayken biraz dinlenme fırsatı buldum. Fazlasıyla büyük bir yükün altına girdiğime karar verdim. Ben borsa konusunda pek çekingen değilimdir ama, birden endişelendim ve yükümü hafifletmeye karar verdim. Bunu yapmak için de ya elimdeki pamuğu satacaktım ya da buğdayı.

Borsayı benim kadar iyi tanıyan ve on iki, öndört yıldır hem hisse senedi hem de hammadde alıp satan biri için utanılacak şey, ama gidip en yanlış şeyi yaptım. Pamuk zarar ediyordu, ben satmadım. Buğday kâr getiriyordu, tuttum onu sattım. Son derece aptalca bir hareketti, ama sonuçta benim değil Thomas'ın aklıydı bu. Borsada insan çok gaf yapabilir, ancak hataların en büyüğü göz göre göre zarar etmektir. Çok geçmeden pamuk sayesinde bu sözün ne kadar doğru olduğunu anladım. Unutmayın, zararın neresinden dönülse kârdır. Bunu o zaman da çok iyi biliyordum, buna rağmen bugün bile nasıl olduğunu anlamıyorum, tam tersini yaptım.

Böylece bile bile buğdayımı sattım ve oradan kazanacağım kârı engellemiş oldum. Ben sattıktan sonra fiyat hiç durmadan kile başına yirmi sent arttı. Eğer satmamış olsaydım, elimdeki buğdaydan sekiz milyon dolar kâr edebilirdim. Diğer taraftan o güne kadar aldığım pamuk yetmiyormuş gibi, daha fazla pamuk satın aldım.

Her gün sürekli pamuk, daha fazla pamuk alıyordum. Neden alıyordum dersiniz bu pamuğu? Fiyat düşmesin diye! Eğer buna acemilik denmezse ne denir acaba? Pamuğa hiç durmaksızın para yatırıyordum ve bu parayı çok yakında kaybedecektim. Brokerlerim ve yakın dostlarım buna anlam veremiyordu, hâlâ da veremezler. Elbette eğer işler düşündüğüm gibi yürüseydi, bana çok daha farklı bir gözle bakacaklardı. Beni Percy Thomas'ın muhteşem analizlerine karşı uyaran insanların sayısı hayli kabarıktı. Bunlara hiç aldırmadım ve pamuğun fiyatı düşmesin diye pamuğa para yatırmaya devam ettim. Liverpool borsasında bile alım yapıyordum. Aklım başıma gelene kadar dört yüz kırk bin balya pamuk almıştım. Fakat artık iş işten geçmişti. Ben de elimdeki pamuğu sattım.

Hisse senetlerinden ve hammaddelerden kazandığım paranın hemen hepsini pamuk işinde kaybettim. Beş parasız kalmamıştım, ama süper zekâ dostum Percy Thomas'la ilk tanıştığımda milyonlarla ifade edilen param artık yüz binlere düşmüştü. Benim kadar dikkatli birinin deneyimleri ve gözlemleri sonucu oluşturduğu tüm kuralları bir çırpıda çiğneyebilmesi gerçekten de inanılmaz bir olaydı.

İnsanın durup dururken büyük hatalar işleyebileceğini görmek benim için unutulmaz bir ders oldu. Bana milyonlara malolan bir diğer ders de, karizmatik bir insanın inandırıcı konuşmalarla herkesi etkileyebileceğini ve bunun da bir borsacının en büyük düşmanlarından biri olduğunu görmekti. Ne yazık ki aynı dersi yalnızca bir milyon dolar kaybederek de alabilirdim. Ama ne yaparsınız ki bazen derslerin bedelini kader belirliyor. Kader insana dersini verip ondan sonra da faturayı çıkarıyor, siz de miktarı ne olursa olsun ödemek zorunda kalıyorsunuz. Yeri geldiğinde ne kadar aptal olabildiğimi anladıktan sonra ben de hayatımın o sayfasını kapattım. Percy Thomas yaşamımdan çıktı.

Sermayemin onda dokuzu havaya karışıp uçmuştu. Milyonerliği ancak bir yıldan az bir süre tadabilmiştim. Milyonlarımı zekâmın sayesinde, talihin yardımıyla kazanmıştım. Kaybederken de bunun tam tersi oldu. Aldığım iki yatı sattım ve doğal olarak masraflarımı iyice kısmak zorunda kaldım.

Ama beni bekleyen başka darbeler de vardı. Talih bana karşıydı. Önce hastalandım, sonra da acil olarak iki yüzbin dolar nakit para bulmam gerekti. Birkaç ay önce bu para benim için devede kulaktı, ama o günlerde geri kalan servetimin son kırıntılarıydı. Bu parayı bulmam gerekiyordu ve sorun nereden bulacağımdı. Brokerimdeki hesabımdan çekmek istemedim, çünkü o durumda alım satım yapmak için marjım kalmayacaktı ve milyonlarımı geri kazanmak için o marja her zamankinden çok ihtiyacım vardı. Geriye tek alternatif kalıyordu, bu parayı borsadan kazanmak.

Bir düşünün! Borsada kaç tane aracı kurum ve hayatını borsadan kazanmayı uman kaç tane müşteri vardır. Bu umut, Wall Street'in en önemli geçim kaynaklarından biridir. Hayatlarını borsadan kazanmaya kararlı olanların çoğu, yavaş yavaş ellerindekini avuçlarındakini de tüketirler.

Bir kış Harding'in ofisinde iyice yüksekten uçan bir avuç müşteri tek bir manto için otuz, kırk bin dolar harcıyordu, ama hiçbiri aldığı mantoyu eskitemedi. O zaman ünü dünyayı saran bir borsacı bir gün Borsa'ya geldiğinde, üzerinde astarı su samurundan bir kürk manto vardı. O günlerde kürkler henüz bugünkü kadar değerli değildi ve mantonun fiyatı yalnızca on bin dolardı. Harding'in ofisindeki müşterilerden Bob Keown kendisine Rus samurundan astarı olan bir kürk almaya karar verdi. Gidip fiyatına baktı. Fiyat hemen hemen aynıydı, o da on bin dolardı.

Arkadaşlardan biri, "Bu çok para," dedi.

"Doğru, çok para!" diye cevap verdi Bob Keown tatlı tatlı. "Bir haftalık kazancım. Ama tabii, siz ofiste en sevdiğiniz arkadaşınıza ona olan duygularınızın bir işareti olarak bu kürkü hediye etmek isterseniz, o başka. Etmez misiniz? Hayır mı? Pekâlâ. O zaman ben de bunun parasını borsadan çıkarmak zorunda kalacağım."

Ed Harding, "Sen samur kürkü ne yapacaksın?" diye sordu.

Bob da parmak uçları üzerinde durarak, "Benim boyumda birinin üzerinde güzel durur," dedi.

Ofisin en hızlı tüyo avcılarından Jim Murphy de, "Parayı nereden bulacağım demiştin?" diye sordu.

"Gayet zekice planladığım geçici bir yatırım sayesinde James," diye yanıtladı Bob. Murphy'nin yalnızca tüyo peşinde koştuğunu biliyordu.

Elbette Jimmy hemen atıldı, "Ne hissesi alacaksın?"

"Yine yanıldın dostum. Şimdi bir şey almanın zamanı değil. Ben beşbin çelik satacağım. En az on puan düşecek. Ben net iki buçuk puan düşene kadar bekleyeceğim. Fazla cüretkâr bir plan sayılmaz, değil mi?"

"Ne duydun bu konuda?" diye sordu Murphy heyecanla. Uzun boylu, siyah saçlı, zayıf bir adamdı. Hep aç görünürdü, çünkü banttan gelen fiyatları kaçırma korkusuyla hiç yemeğe çıkmazdı.

"O manto bana çok yakışacak," diyen Bob Harding'e dönerek, "Ed, bana hemen borsada beş bin U. S. Steel satar mısın? Hemen şimdi hayatım!" dedi.

Bob hızlı oynamayı severdi ve şakacı bir insandı. Çelik gibi sinirleri olduğunu herkese bu yolla kanıtlıyordu. O beş bin çelik hissesi satar satmaz fiyat yükseldi. Göründüğünden çok daha zeki bir insan olan Bob zararını bir buçuk puanda kapattı ve ofis halkına New York'un zaten kürk giymek için fazla sıcak bir iklimi olduğunu söyledi. Üstelik kürkler sağlıksız ve fazla gösterişliydi. Herkes onunla alay etti. Ama çok geçmeden içlerinden biri, aynı kürkü almak için Union Pacific hisselerinden almaya başladı. Bin sekiz yüz dolar kaybettikten sonra samur kürkün kadınlara yakıştığını, kendisi gibi alçakgönüllü ve zeki bir erkeğin giyeceği mantonun astarına uygun olmadığını söyledi.

Ondan sonra birkaç kişi daha borsayı altederek o mantoya kavuşmayı denedi. Bir gün mantoyu ben alayım da bari ofis iflas etmesin dedim. Bana bunun mızıkçılık olduğunu, eğer mantoyu kendim satın almak istiyorsam, mutlaka parasını borsadan çıkarmam gerektiğini söylediler. Ama Ed Harding benim önerimi hararetle destekledi ve ben aynı gün mantoyu almak için kürkçü dükkânına gittim. Chicago'lu bir adamın bir hafta önce mantoyu satın aldığını öğrendim.

Böyle sayısız olay yaşanmıştır. Wall Street'te bir araba, bir bilezik, motorlu bir tekne ya da bir tablo almak için borsada oynayıp da kaybetmeyen tek bir insan bile bulamazsınız. Borsanın yatırımcılardan esirgediği doğum günü hediyeleri paralarını toplasak dev bir hastane kurulabilir. Wall Street'te en uğursuz gelen şey borsayı istediğiniz şeyleri size getirecek bir masal perisi gibi görmektir derler.

Ateş olmayan yerden duman çıkmaz, bu laf da boşuna çıkmamıştır. İnsan ani bir ihtiyaç için borsadan para kazanmaya çalışırsa ne yapar? Kendini umuda kaptırır. Kumar oynar. Bu yüzden zekâsını kullanarak spekülasyon yaparken atılmayacağı risklere atar kendini ve soğukkanlılıkla borsanın genel koşullarını incelemesi gerektiğini unutur. Bir kere hemen kâr etmek ister. Bekleyecek zamanı yoktur. Borsa hemen yüzüne gülmelidir. Ancak ihtiyacı olduğu kadar para kazanmak istediğini söyleyerek övünür. Kâr ya da zararını düşük tutacağını, iki puan dediyse iki puanda ayrılacağını söyler. Kendisini şansının yarı yarıya olduğu aldatmacasına kaptırır. Birçokları bu tür işlerde binlerce dolar kaybetmiştir, özellikle de borsa yükselirken aniden ufak bir düşüşle karşılaştılarsa. Borsada böyle kâr edilmez.

Bu benim için bardağı taşıran son damla oldu. Her şeyimi kaybettim. Pamuk işinden sonra elimde kalan birkaç kuruşu da böylece kaptırdım. Bir türlü durmasını bilmedim, sürekli aldım sattım ve sürekli kaybettim. Nedense borsanın eninde sonunda bana para kazandıracağına inandırdım kendimi. Ama yakında görünen tek son, benim kaynaklarımın sonuydu. Borca girdim, hem kendi brokerlerime, hem de benden marj almadan alım satım yapmama izin veren başka brokerlere. Borca girdim ve ondan sonra da bu borçtan kurtulamadım bir türlü.

XIII. BÖLÜM

İşte yine beş parasız kalmıştım, bu yeterince kötü bir şeydi, ama en kötüsü borsadaki adımlarımı yanlış atmam ve haksız çıkmamdı. Hastaydım, sinirliydim, üzgündüm ve kafamı toparlayıp sağlıklı bir şekilde düşünemiyordum. Yani hiçbir borsacının kendisini kaptırmaması gereken bir durumdaydım. Her işim ters gidiyordu. Oran duygumu bile kaybettiğimi düşünüyordum. Sürekli büyük miktarlarda, diyelim ki yüz bin hisse alıp sattığım için artık küçük miktarlara alışamayacağımı sanıyordum. Elimde yalnızca yüz hisse varken kâr etmek olanaksız görünüyordu. Elimde büyük miktarda hisse senedi olunca zamanlama konusunda başarılı olup ne zaman kâr edeceğimi biliyordum, ama aynı şeyi az sayıda hisseyle yapamayacakmışım gibi geliyordu. Kendimi ne kadar savunmasız hissettiğimi size anlatamam.

Beş parasız kalmıştım ve bu durumdan nasıl kurtulacağımı bilemiyordum. Hem borcum vardı hem de attığım her adım yanlıştı. Başarıyla dolu yıllardan sonra, beni daha da zenginleştiren hataları işledikten sonra, kendimi bucket shop'larda çalıştığım günlerden daha kötü bir durumda buluvermiştim. Hisse senedi spekülasyonu konusunda çok şey biliyordum, ama insan ruhunun zaafları konusunda kara cahildim. İnsan zekâsı makine gibi, her zaman aynı başarıyla işleyen bir mekanizma değildir. Artık ben de talihin sonsuza kadar yüzüme gülmeyeceğini anlamıştım.

Para kaybetmek beni asla fazla üzmez. Ama beni üzen başka şeyler vardır. O dönemde içine düştüğüm felaketi ayrıntılarıyla inceledim ve nerelerde hata yaptığımı görmekte gecikmedim. Tam olarak nerede, neyi yanlış yaptığımı biliyordum. İnsan borsada para kazanmak istiyorsa, kendisini çok iyi tanımalı. Benim ne kadar aptal olabileceğimi anlamam benim için çok önemli bir adım oldu. Bazen bedeli ne olursa olsun, insanın gelecekte daha akıllıca hareket etmesini sağlayacak her ders yararlıdır, diye düşünüyorum. Birçok insan gözleri kendi başarılarıyla kör olduğu için büyük hatalar işleyebiliyor. Kendini başarının büyüsüne kaptırmak herkes için her yerde, özellikle de Wall Street'te çok pahalı bir hastalıktır.

New York'ta kendimi hiç de iyi hissetmiyordum. Borsada alım satım yapmak istemiyordum, çünkü yanlış kararlar alacağımı biliyordum. Oradan ayrılıp başka bir yerde para bulup yeniden borsaya dönmeye karar verdim. Hava değişikliğinin bana iyi geleceğimi düşündüm. Böylece bir kez daha borsa yılgını olarak ayrıldım New York'tan. Meteliksizdim, üstelik farklı brokerlere yüz bin dolar borcum vardı.

Chicago'ya gittim ve orada para buldum. Para fazla değildi, ama yine borsaya girebilecektim. Yalnızca eskisi kadar zengin olabilmek biraz daha fazla zamanımı alacaktı, o kadar. Geçmişte çalıştığım bir firma borsacılık yeteneğime güveniyordu ve bana ofislerinde ufak çapta alım satım yapma olanağını tanıdı.

İşe azla başladım. Orada kalsaydım durum ne olurdu bilemiyorum, ama meslek yaşamımın en ilginç olaylarından biri Chicago'daki günlerimi kısa kesmeme yol açtı. Bu inanılması zor bir hikâyedir.

Bir gün Lucius Tucker'dan bir telgraf aldım. Onu arada sırada çalıştığım bir menkul değerler firmasının ofis müdürü iken tanırdım, ama sonra izini kaybetmiştim.

Telgraf şöyleydi:

Hemen New York'a gelin.
L. TUCKER

Benim başıma gelenleri ortak tanıdıklarımızdan öğrendiğini biliyordum, bu yüzden beni çağırması boşuna değildi. Ama aynı zamanda New York'a gereksiz bir seyahat yapmak için boşa harcayacak param da yoktu, bu yüzden söylediğini yapacak yerde ona telefon ettim.

"Telgrafınızı aldım," dedim. "Ne oldu?"

"New York'ta çok büyük bir banker sizi görmek istiyor."

"Kim?" diye sordum. Kim olabileceğine ilişkin en ufak fikrim yoktu.

"NewYork'a gelince söylerim. Zaten gelmezseniz bir anlamı yok."

"Beni görmek mi istiyor dediniz?"

"Evet."

"Neyle ilgili?"

"Eğer fırsat verirseniz, bunu size kendisi söylemek istiyor," dedi Lucius.

"Bana mektupla bildiremez misiniz?"

"Olmaz."

"Öyleyse biraz daha açın konuyu," dedim.

"Yapamam."

"Bakın Lucius," dedim, "Bari şu kadarını söyleyin: Bu seyahat boşuna mı olacak?"

"Kesinlikle hayır. Gelmeniz sizin yararınıza."

"Biraz daha ayrıntı veremez misiniz?"

"Hayır," dedi. "Ona haksızlık olur. Ayrıca size tam olarak ne sağlayacak onu da bilmiyorum. Ama siz beni dinleyin: Gelin, hemen gelin."

"Görüşmek istediği kişinin ben olduğuma emin misiniz?"

"Sizden başka kimse olmaz. Gelseniz çok iyi olur. Hangi trenle geleceğinizi bana telgrafla bildirin, sizi istasyonda karşılarım."

"Olur," dedim ve telefonu kapattım.

Ben gizli kapaklı işlerden hoşlanmam, ama Lucius'un benim iyiliğimi istediğini ve böyle davranıyorsa bunun mutlaka iyi bir sebebi olduğunu biliyordum. Chicago'dan ayrılacağıma da fazla üzülmüyordum doğrusu. Eski servetime kavuşmak için o hızla daha uzun süre uğraşmam gerekecekti.

Beni neyin beklediğinden habersiz New York'a döndüm. Doğrusu yolda bunun boş bir iş olduğunu, bilet parasını ve zamanımı boşuna harcadığımı düşünüp durmuştum. Hayatımın en tuhaf olayını yaşamak üzere olduğumu bilmiyordum.

Lucius beni istasyonda karşıladı ve hemen benimle görüşmek isteyen kişinin ünlü Williamson & Brown menkul değerler şirketinin sahiplerinden Daniel Williamson olduğunu söyledi. Bay Williamson ona, bana bir iş teklifinde bulunacağını ve bunun çok kârlı bir iş olduğundan benim hiç düşünmeden kabul edeceğime inandığını, bu yüzden beni hemen bulmasını söylemiş. Lucius bu teklifin ne olduğunu bilmediğine yemin etti. Böylesine saygın bir firmanın benden uygunsuz bir iş istemeyeceği belliydi.

Dan Williamson, 1870'lerde Egbert Williamson tarafından kurulan şirketin ortaklarından biriydi. Diğer ortak Brown öleli çok olmuştu. Şirket Dan'in babasının döneminde borsanın en büyük firmalarından biriymiş ve Dan'e oldukça büyük bir servet kalmış. Dan, iş dışında pek dışarı çıkmazdı. Yüz müşteriye bedel bir müşterileri vardı, o da Williamson'un eniştesi olan Alvin Marquand'dı. Marquand bir düzine banka ve vakfın yöneticisi olmanın yanı sıra, dev Chesapeake ve Atlantic Demiryolu sisteminin de genel müdürüydü. James J. Hill'den sonra demiryolu dünyasının en renkli kişiliklerinden biriydi, ayrıca Fort Dawson çetesi olarak bilinen güçlü bankacılık grubunun sözcüsü ve etkin bir üyesiydi. Kimilerine göre elli, kimilerine göre beşy üz milyon dolarlık bir servetin sahibiydi. Öldüğünde iki yüz elli milyon doları olduğu anlaşıldı. Bu paranın hepsini Wall Street'te kazanmıştı. Sözün kısası çok önemli bir müşteriydi.

Lucius kısa bir süre önce Williamson & Brown'da çalışmaya başladığını ve işinin tam kendisine göre olduğunu anlattı. Firmaya daha fazla müşteri çekmek için sürekli seyahat ediyordu. Firma komisyonlardan daha fazla kazanç sağlama kararını almıştı. Lucius da bu doğrultuda Bay Williamson'u iki tane şube açmaya ikna etmişti. Bunlardan biri New York'taki büyük otellerden biri, diğeri ise Chicago'da olacaktı. Ben, bana Chicago'daki şubede büyük bir olasılıkla müdürlük pozisyonunu teklif edeceğini düşündüm. Bu benim kabul edeceğim bir iş değildi. Lucius'a bir şey söylemedim. Önce teklif yapılsın, ondan sonra reddederim diye düşündüm.

Lucius beni Bay Williamson'un özel ofisine götürdü, beni patronuyla tanıştırdı ve odadan aceleyle çıktı. Her iki tarafı da tanıdığı için sonradan tanık olarak çağrılmaktan korkuyormuş gibiydi. Kendimi söylenecekleri dinlemeye, ondan sonra da hayır demeye hazırladım.

Bay Williamson çok kibar bir adamdı. Gerçek bir beyefendiydi, çok nazik bir tavırla konuşuyor ve gülümsüyordu. Kolay dost edinen ve onları kaybetmeyen birine benziyordu. Neden olmasın ki? Sağlıklı ve bu nedenle de neşeli bir insandı. Çok parası vardı, o yüzden kimse onu art niyetli olmakla suçlayamazdı. Bütün bunlara aldığı eğitim ve sosyal nitelikleri eklenince, yalnızca kibar değil candan, sadece candan değil, yardımsever bir insan haline gelmişti.

Ben önce hiç konuşmadım. Söyleyecek bir şeyim yoktu, hem ayrıca ben konuşmadan önce karşımdakinin sözlerini bitirmesini beklerim. Birileri bana, aynı zamanda Williamson'un çok yakın dostu olan, National City Bank'in eski müdürü James Stillman'ın kendisine herhangi bir teklif getiren herkesi hiç konuşmadan, ifadesiz bir yüzle dinlediğini anlatmıştı. Karşısındaki kişi sözlerini bitirdikten sonra, Stillman sanki sözleri bitmemiş gibi ona bakmaya devam edermiş. Böylece karşısındaki, biraz daha konuşması gerektiğini hissederek bir şeyler daha söylermiş. Sadece karşısındakini dinleyerek ve ona bakarak Stillman düşündüğünden de fazlasını alabiliyormuş. Bu şekilde bankası için çok avantajlı anlaşmalar yapmış.

Ben, karşımdaki kişinin daha iyi bir teklif getirmesini sağlamak için susmam. Önce her şeyi öğrenmek istediğim için susarım. Bu sayede zamandan kazanırım. Hiçbir yere varmayacak gereksiz tartışmaların çıkmasını önlemiş olurum. Bana getirilen teklifleri ayrıntısıyla tartışmama gerek yoktur, evet ya da hayır diye yanıtlamam yeterli olur. Ama teklifi ayrıntılarıyla öğrenmeden önce evet ya da hayır diyemem.

Dan Williamson konuştu, ben dinledim. Bana borsadaki çalışmalarım hakkında çok şey duyduğunu ve uzmanlık alanımdan çıkarak pamuk işine dalmama ve iflas etmeme çok üzüldüğünü söyledi. Yine de benim işlerim kötü gitmeseydi, benimle tanışma şansını elde edemeyeceğini de sözlerine ekledi. Benim asıl usta olduğum alanın menkul değerler borsası olduğunu, benim borsa için doğduğumu ve oradan asla ayrılmamam gerektiğini düşünüyordu.

Sözlerini sevimli bir şekilde, "İşte bu yüzden sizinle çalışmak istiyoruz Bay Livingston," diye bitirdi.

"Nasıl çalışmak?"

"Sizin brokeriniz olmak," dedi. "Firmamız sizin hisse senedi konusundaki emirlerinizi yerine getirmek istiyor."

"Keşke kabul edebilseydim," dedim, "ama edemem."

"Neden?"

"Hiç param yok," diye yanıtladım.

"İşin o kısmını bana bırakın," dedi dostça bir gülümsemeyle. "Ben hallederim." Cebinden çek defterini çıkardı, benim adıma yirmi beş bin dolarlık bir çek yazdı ve bana uzattı.

"Bu çeki ne yapacağım?" diye sordum.

"Bankanıza yatırın. Kendinize çek defteri alın. Sizin bizim ofisimizde alım satım yapmanızı istiyorum. Kazanmanız ya da kaybetmeniz o kadar önemli değil. Eğer bu para biterse size yeni bir çek veririm. O yüzden bunu kaybedeceğim korkusuyla kendinizi sınırlamayın. Anladınız mı?"

Firmanın ne denli zengin ve büyük olduğunu, bu yüzden yeni müşterilere ihtiyacı olmadığını, hele benim gibi birine bedava marj verecek durumda olmadığını biliyordum. Üstelik o kadar da kibar davranıyordu ki. Bana firma kredisi açacak yerde çıkarıp nakit para veriyordu, böylece o paranın nereden geldiğini yalnızca ikimiz bilecektik. Tek koşulu eğer borsada alım satım yaparsam, bunu onun firmasında yapmamdı. Bir de bu parayı harcarsam, bana yeniden para vereceğini söylemişti. Yine de bütün bunların bir nedeni olmalıydı.

"Bunu niçin yapıyorsunuz?" diye sordum.

"Yalnızca büyük, aktif bir borsacı olarak tanınan bir müşterinin bizim ofisimizde görünmesini istiyoruz. Herkes özellikle kısa pozisyonda, yüksek miktarda açığa satış yaptığınızı biliyor, benim de en çok bu hoşuma gitti zaten. Cesur bir spekülatör olarak tanınıyorsunuz."

"Hâlâ anlamadım," dedim.

"Sizinle açık konuşacağım Bay Livingston. Bizim büyük çaplı hisse alım satımı ile uğraşan iki, üç çok zengin müşterimiz var. Hangi hisseden on ya da yirmi bin adet satacak olsak, Wall Street onların ellerindeki hisselerin satışa geçtiğini düşünüyor. Ama sizin de bizim ofisimizle çalıştığınız bilinirse, firmamızdan satılan hisselerin onların elindeki hisseler mi, yoksa sizin kısa pozisyonda sattığınız hisseler mi olduğu anlaşılmaz."

Olayı hemen anladım. Eniştesinin yaptırdığı işlemleri benim borsadaki şöhretim sayesinde örtbas etmek istiyordu. Bir buçuk yıl önce milyoner olduğumda bunu kısa pozisyonda hisse satarak başarmıştım ve elbette Wall Street dedikoducuları, kulaktan kulağa söylenti yayanlar, fiyatlardaki her düşüş için beni suçlamaya başlamışlardı. Bugün bile borsa düşmeye başlayınca, bunun benim işim olduğu düşünülür.

Düşünmeme gerek yoku. Bir bakışta Dan Williamson'un bana borsaya geriye dönmem, hem de hemen dönebilmem için büyük bir fırsat önerdiğini anladım. Çeki aldım, bozdurdum, firmasında bir hesap açtırdım ve borsaya yeniden girdim. Borsa oldukça iyi ve aktif bir durumdaydı, bir ya da iki özel hisseyle sınırlı kalmadan istediğim gibi alım satım yapabiliyordum. Size daha önce de anlattığım gibi ufak çaplı alım satımlarda başarılı olamayacağımdan korkuyordum. Ama anlaşılan korkum boşunaymış. Üç haftada Dan Williamson'un bana verdiği yirmi beş bin dolar sayesinde yüz yirmi bin dolar kâr etmiştim.

Gidip ona, "Size yirmi beş bin dolarınızı geri ödemeye geldim," dedim.

O da sanki kendisini Hint yağı içmeye zorluyormuşum gibi eliyle olmaz işareti yaparak, "Hayır, katiyen!" dedi. "Olmaz evladım. Önce hesabın biraz artsın, ondan sonra. Şimdi bu parayı düşünme. Kazandığın para daha çerez."

İşte o anda Wall Street'teki meslek yaşamımın en pişman olduğum hatasını yaptım. Bu hata benim için uzun ve sıkıntılı yılların nedeni oldu. Parayı alması için üstelemem gerekirdi. Ben geçmişteki servetimden çok daha fazlasını kazanma yolunda hızla ilerliyordum. Üç haftadır ortalama kârım haftada yüzde 150 idi. O andan sonra alıp sattığım hisselerin oranı da gittikçe artacaktı. Ama kendimi bütün yükümlülüklerimden kurtaracak yerde onun söylediğini kabul ettim ve yirmi beş bin doları kabul etmesi için onu zorlamadım. O bana verdiği yirmi beş bin doları geri almayınca, ben de kârımı istediğim gibi kullanamadım. Ona müteşekkirdim, ama yapım gereği kimseye borçlu kalmayı, bana karşılıksız iyilik yapılmasını sevmem. Parayı geri ödemek mümkündür, ama yapılan iyilikler parayla ödenmez ve bazen bu sorumlulukların size çok şeye malolduğunu görürsünüz. Ayrıca bu iyiliklerin karşılığını öderken insan nerede duracağını bilemez.

Paraya dokunmadan borsaya geri döndüm. Gayet iyi kazanıyordum. Yavaş yavaş eski durumuma yaklaşıyordum ve kısa bir süre sonra, 1907'deki hızıma kavuşacaktım. Bunu başardıktan sonra borsanın biraz duraklamasını bekleyecek, sonra da zararlarımı telafi edip kârımı alacaktım. Ama beni düşündüren şey, para kazanmak ya da kazanmamak değildi. Beni sevindiren şey, sürekli yanılmaktan kurtulup eski benliğime kavuşmam oldu. Aylarca sürünmüştüm ama sonunda dersimi almıştım.

Tam o sırada borsanın düşmeye başlayacağını hissettim ve bazı demiryolu hisselerinde kısa pozisyona girerek satışa başladım. Bunların arasında Chesapeake & Atlantic de vardı. O hisseden sekiz bin adet kadar satışa çıkardım.

Bir sabah şehre indiğimde daha borsa açılmadan Dan Williamson beni ofisine çağırdı ve bana, "Larry, şimdilik Chesapeake & Atlantic'e dokunma. Sekiz bin hisse satmakla iyi etmedin. Ben senin adına bu sabah Londra'da alım yaptım ve kısaları kapattım. Üstüne de hisse aldım," dedi.

Ben Chesapeake & Atlantic'in fiyatının düşeceğine emindim. Fiyatlar bunu açıkça gösteriyordu, ayrıca borsa genelinde bir düşüş bekliyordum. Belki bu çok büyük ya da çılgınca bir düşüş olmayacaktı, ama benim kısa pozisyona girmem için yeterli bir düşüştü. Williamson'a, "Bunu neden yaptınız? Borsadaki bütün hisselerde kısa pozisyona girdim ben, fiyatlar düşüyor," dedim.

O, başını sallamakla yetinip, "Hisseleri aldım, çünkü Chesapeake & Atlantic hakkında senin bilmediğin bir şey biliyorum. Sana tavsiyem, ben sana söyleyene kadar o hissede kısa pozisyona girmemen."

Ne yapabilirdim? Verdiği tüyo asılsız değildi. Yönetim kurulu başkanı olan eniştesinin verdiği bir haberdi. Dan, Alvin Marquand'ın en yakın dostuydu ve bana karşı da son derece iyi ve cömert davranmıştı. Bana güvendiğini her fırsatta göstermişti. O an yapabileceğim tek şey ona teşekkür etmekti. Duygularım bir kez daha kararlarımı etkiledi ve ben pes ettim. Kararlarımı onun istekleri doğrultusunda değiştirmek benim sonum oldu. Aklı başında bir insan, kendisine iyilik yapanlara müteşekkirdir, ama bu duygunun kendisine ayak bağı olmasına izin vermez. Çok geçmeden bütün kârımı kaybetmekle kalmamış, ayrıca firmaya yüz elli bin dolar borçlanmıştım. Kendimi çok kötü hissediyordum, ama Dan bana endişelenmememi söyledi.

"Seni bu durumdan kurtaracağım," diye söz verdi bana. "Kurtarabileceğimi biliyorum. Ama bunu ancak bana izin verirsen başarabilirim. Kendi başına alım satım yapmaktan vazgeç. Senin için yaptıklarımı bir anda silersen, her şey boşa gitmiş olur. Sen şimdilik borsadan uzak dur ve bırak ben senin adına para kazanayım. Olmaz mı Larry?"

Yine soruyorum size: Ne yapabilirdim? Bana ne kadar iyi davrandığını biliyorsunuz, ona karşı çıkmak nankörlük olacaktı. Adamı tanıdıkça çok sevmiştim. Çok nazik ve dost canlısı bir adamdı. Beni her zaman teşvik etmeye çalışıyordu. Sürekli bana her şeyin yakında düzeleceği güvencesini veriyordu. Yaklaşık altı ay sonra bir gün gülümseyerek bana geldi. Elinde bana vereceği kredi makbuzları vardı.

"Seni o durumdan kurtaracağımı söylemiştim," dedi. "İşte, sonunda kurtardım." Bir baktım ki bütün borçlarımı ödemekle kalmamış, ayrıca bana ufak bir kâr da sağlamıştı.

Bu kârı istediğim gibi artırabilirdim, çünkü borsada koşullar çok uygundu, ama o bana, "Sana on bin Southem Atlantic hissesi aldım," dedi. Bu, eniştesi Alvin Marquand'ın yönettiği demiryolu şirketlerinden biriydi ve hissenin borsadaki gidişatı da onun kontrolü altındaydı.

Bu kararını hiç onaylamasam da Dan Williamson kadar iyiliğini gördüğüm bir insana teşekkür etmekten başka ne söyleyebilirdim? O hisseyi almak istemiyordum, ama Pat Heame'in dediği gibi, "Yarış bitene kadar galibi kimse bilemez." Dan Williamson da bu yarışta benim adıma bahse girmişti, hem de kendi parasıyla.

Southern Atlantic fiyatı düştü, ben de Dan elimdeki on bin hisseyi satana kadar zarar ettim. Şimdi bu zararın ne kadar olduğunu hatırlamıyorum. Ama ona borcum her zamankinden fazlaydı. Öte yandan hayatımda onun kadar kibar ve düşünceli bir alacaklı da görmemiştim. Ağzını açıp borcum hakkında tek laf etmiyor, bunun yerine sürekli bana kendimi üzmememi söyleyerek teşvik ediyordu. Sonunda zararım yine çok cömert, ama bir o kadar da esrarengiz bir yolla kapandı.

Williamson bana hiçbir bilgi vermedi. Hesapların hepsi numaralıydı. Dan Williamson bana, "Southern Atlantic zararını şu öbür işten ettiğin kârla kapattık," dedi. Sonra da bana başka bir hisseden yedi bin beş yüz tane sattığını ve kâr ettiğini söyledi. Açıkçası bana borcumun silindiğini söyleyene kadar o hissenin alındığından haberim bile yoktu.

Bu olay birkaç kez tekrarlandıktan sonra beni bir düşünce aldı ve her şeye farklı bir açıdan bakmaya başladım. Birdenbire her şeyi anladım. Dan Williamson'un beni kullandığı gün gibi apaçıktı. Bu beni kızdırıyordu, ama daha önce anlamamam daha da çok kızdırıyordu. Her şeyi kafamda açıkladıktan sonra Dan Williamson'a gittim ve firmadan ayrıldığımı söyledim. Bir daha da Williamson & Brown ofisine uğramadım. Ne onunla, ne de diğer ortaklarıyla konuşacak hiçbir şeyim yoktu. Bunun bana ne yararı olacaktı? Ama çok sinirlendiğimi söyleyeyim, Williamson & Brown'a olduğu kadar kendime de sinirlenmiştim.

Zarar etmek beni üzmedi. Ben ne zaman borsada para kaybetsem karşılığında bir ders aldığımı düşünürüm. Zarar ettiysem karşılığında deneyim kazanmışımdır, yani kaybettiğim parayı aslında okul ücreti gibi kullanmışımdır. İnsan sürekli deneyim kazanır ve bunun karşılığını ödemek zorundadır. Ancak Dan Williamson'un firmasında yaşadığım deneyim beni rahatsız etmişti, çünkü çok önemli bir fırsatı kaybetmiştim. Kaybedilen para önemli değildir, yerine konabilir. Ama orada benim elime geçen fırsata benzer fırsatları yeniden bulmak pek kolay değildir.

Borsa alım satıma çok uygun durumdaydı. Ben borsadaki göstergeleri doğru okuyordum. Milyonlar kazanmak mümkündü. Ama ben duyduğum şükran hissinin kararlarımı etkilemesine izin vermiştim. Kendi elimi kolumu kendim bağlamıştım. Dan Williamson'un bütün nezaketiyle bana yaptırdığı şeyleri yapmak zorundaydım. Bu, insanın akrabasıyla iş yapmasından bile daha kötü bir şeydi. Aptalca bir hareketti!

Üstelik bununla da bitmiyordu. O dönemden sonra borsada para kazanmak için fırsat bulamadım. Borsa duruldu. Koşullar kötüye gitti. Elimdekileri kaybetmekle kalmadım, yine borca girdim, hem de eskisinden de fazla. 1911, 1912, 1913 ve 1914 benim için uzun ve sıkıntılı yıllardı. Borsa para getirmiyordu. Ortalıkta hiçbir fırsat yoktu ve durumum her zamankinden kötüydü.

İnsan zarar ettiği zaman o zararın kaynağını, ondan kaçmak için neler yapabileceğini de öğrenmek ister. Ben de sürekli bu konuyu düşünüyordum ve bu da beni büsbütün kızdırıyordu. Bir borsacının sınırsız zaafı olduğunu öğrenmiştim. Benim Dan Williamson'a karşı tutumum, bir beyefendiye yakışan bir davranıştı, ama kendi kararlarının tersine hareket etmek, gerçek bir borsacıya hiç yakışmıyordu. Borsada zorunlu nezakete yer yoktur, çünkü fiyatlar soylu davranışları değil, isabetli kararları ödüllendirir. Yine de ben farklı davranamayacağımı biliyordum. Sadece borsaya gireceğim diye karşımdakini ezip geçemezdim. Ama iş iştir ve benim de spekülatör olarak işim her zaman kendi kararlarıma bağlıdır.

Bu benim için çok ilginç bir deneyim oldu. Bence olaylar şöyle gelişti. Dan Williamson benimle ilk görüştüğünde söylediklerinde samimiydi. Firması ne zaman bir hisseden birkaç bin adet satsa borsa, bunun arkasında Alvin Marquand'ın olduğunu düşünüyordu. Ofisin en büyük müşterisi oydu ve Wall Street'in o güne kadar gördüğü en ünlü ve başarılı isimlerden biriydi. Ben ise Marquand'ın satışlarını gizlemek için paravan olarak kullanılacaktım.

Ben firmayla çalışmaya başladıktan kısa bir süre sonra Alvin Marquand hastalandı. Hastalığının tedavisi yoktu ve Dan Williamson bunu Marquand'dan önce öğrenmişti. Bu yüzden benim Chesapeake & Atlantic hissesi satmamı engelledi. Eniştesinin o hisse de dahil olmak üzere bir dizi diğer hissesini yavaş yavaş satmaya başlıyordu.

Marquand öldüğü zaman mirasçıları hisselerini satmak istedi, o dönemde borsa iyice düşmüştü. Beni engellemekle Williamson, mirasçılara yardımcı olmaya çalışıyordu. Büyük miktarda alım satım yaparım ve borsa ile ilgili kararlarımda genellikle haklı çıkarım diyerek kendimi övmek istemiyorum, ama Williamson benim 1907 yılında borsa düşerken elde ettiğim başarıları hatırlıyordu ve bu kez onun yolunu tıkamamı istemiyordu. Eğer ben doğru bildiğim yolda ilerleyebilseydim, o kadar çok para kazanacaktım ki o Alvin Marquand'dan kalan hisseleri temizlerken, yüz binlerce hisse alıp satar konuma gelecektim. Borsa düşerken büyük çaplı satış yaparsam Marquand'dan mirasçılarına kalacak parayı azaltabilirdim. Alvin zaten onlara hepsi hepsi iki yüz milyon dolarcık para bırakmıştı.

Firma için ikide bir bana borç verip ondan sonra benim adıma alım satım yapmak, benim başka bir ofiste kısa pozisyondan satış yapmamdan çok daha iyi ve ucuz bir çözümdü. Dan Williamson'a vefa borcum olmasaydı, kesinlikle yapacağım şey bu olurdu.

Bu, benim borsada yaşadığım en ilginç ve en talihsiz deneyim oldu. Aldığım ders karşılığında fazlasıyla büyük bir para ödemek zorunda kaldım. Benim tekrar toparlanıp ayağa kalkmamı birkaç yıl geciktirdi. Elimden kaçan milyonların geri dönüşünü sabırla bekleyecek kadar gençtim. Ama yoksul geçen beş yıl uzun bir süredir. İster genç olsun, ister yaşlı, herkes için zor bir şeydir bu. Yatlarım olmadan da yaşayabilirdim, ama borsadan uzak kalmaya dayanamıyordum. Yaşamımın en büyük fırsatı, gözümün önüne kaybettiğim paraları uzatıyordu, ama ben elimi uzatıp onları yakalayamıyordum. Ah o kurnaz adam, Dan Williamson, işini bilir, ileri görüşlü, zeki ve cesur, hepsi onun başının altından çıktı. Derinlemesine düşünmesini bilir, hayal gücü kuvvetlidir, insanın zayıf noktasını hemen farkeder ve serinkanlılıkla onu o noktadan vurmak için harekete geçer. Önce beni bir tarttı, ondan sonra da beni borsada tamamen etkisiz hale getirebilmek için nasıl davranması gerektiğini buldu. Bana zarar da ettirmedi. Tam tersine, bana karşı çok cömert davrandı. Kız kardeşini, yani Bayan Marquand'ı çok severdi ve ona karşı sorumluluğunu yerine getirmesini bildi.

XIV. BÖLÜM

Hep, ben Williamson & Brown'dan ayrılır ayrılmaz borsanın bozulmasına yanarım. Bitmek bilmeyen, paranın iyice dar olduğu, dört sıkıntı dolu yıl yaşadık. Ortalıkta tek kuruş yoktu. Billy Henriquez'in de bir zamanlar söylediği gibi bu borsada, "Kokarca bile koku çıkaramazdı."

Kader bana oyun oynuyor gibiydi. Belki de Tanrı beni cezalandırıyordu, ama bu kadar büyük bir cezayı haketmemiştim. Bir borsacının işleyebileceği günahlardan hiçbirini işlememiştim. Acemi davrandığım söylenemezdi. Yaptığım, daha doğrusu yapmadığım şey, borsanın dışında takdirle karşılanacak bir davranıştı. Wall Street'te ise saçma ve pahalı bir tutumdu. Ama bu işin en kötü tarafı, insanın borsada duygularını bir kenara bırakması için onu zorlamasıydı.

Williamson'un firmasından ayrıldıktan sonra başka brokerleri denedim. Her birinde para kaybettim. Bunu haketmiştim, çünkü borsadan bana vermek istemediği bir şeyi, yani kâr etme fırsatını zorla almaya çalışıyordum. Kredi bulmam sorun olmadı, çünkü beni tanıyanlar bana güveniyordu. Bu güvenin ne kadar sağlam olduğunu anlatmak için borsadan çekilmeye karar verdiğimde toplam borcumun bir milyon doları aştığını söylemem yeter sanırım.

Sorun, benim artık borsada oynama yeteneğimi kaybetmem değildi, o dört sefil yıl boyunca borsa kimseye metelik kazandırmadı. Yine de vazgeçmiyor, kendime sermaye oluşturmaya çalışıyordum, ama sonuçta borçlarımı artırmaktan başka bir şey yapmadım. Kendi adıma alım satım yapmaktan vazgeçtikten sonra, borsa durgunken bile onlara para kazandıracağıma inanan insanların hesaplarını idare ederek borsada kaldım. Verdiğim hizmet karşılığı, eğer kâr olursa, kârın yüzde birini alıyordum. Yaşamımı böyle sürdürdüm. Daha doğrusu sürdürmeye çalıştım.

Elbette her zaman kaybetmiyordum ama borçlarımı kapatacak kadar da kazanmıyordum. Sonunda her şey daha da kötüye gidince, yaşamımda ilk kez umutsuzluğa kapılmaya başladım.

Her şey ters gidiyordu. Milyonlarımın ve yatlarımın olduğu günleri özlemiyor, borç içinde, basit bir hayat sürmek zorunda kaldığım için şikâyet etmiyordum. Bu durum fazla hoşuma gitmiyordu, ama kendi kendime acımaya da kalkmıyordum. Zamanın ve Tanrı'nın dertlerime çare bulmasını beklemeye de niyetim yoktu. O yüzden oturup sorunun nerede olduğunu anlamaya çalıştım. Sorunu çözmenin tek yolunun para kazanmak olduğu aşikârdı. Para kazanabilmek için doğru hisseleri alıp satmam gerekiyordu. Geçmişte bunu başarmıştım, tekrar başaramamam için bir neden yoktu. Birkaç kez sıfırdan başlayıp kısa zamanda yüz binlerce dolar kazanmıştım. Eninde sonunda borsa bana aradığım fırsatı verecekti.

Kendi kendime sorunun borsada değil, kendimde olduğuna karar verdim. Bendeki sorun neydi acaba? Bu soruyu da borsayla ilgili her konuyu incelediğim gibi ele aldım. Sakin kafayla düşündüm ve sorunun borçlarım için endişelenmemden kaynaklandığını gördüm. Bu sorun sürekli aklımın bir kıyısında duruyor ve beni rahatsız ediyordu. Bu sadece borçlu olmanın verdiği vicdan azabı değildi. Her işadamı meslek yaşamı sırasında borç almak zorunda kalabilir. Benim borçlarımın çoğu da geçici borçlardı. Benim aleyhime gelişen bazı koşullar yüzünden ortaya çıkmıştı ve herhangi bir tüccarın, diyelim ki hava koşulları yüzünden kötü bir hasat yaşamasından kaynaklanan borçları gibiydi.

Ne var ki zaman uzadıkça ve ben borçlarımı bir türlü ödeyemedikçe telaşlanmaya başladım. Şöyle anlatayım: Hepsini menkul değerler borsasında kaybettiğim bir milyon dolardan fazla borcum vardı. Alacaklılarımın çoğu çok kibar insanlardı ve bana tek kelime etmiyorlardı, ama alacaklılarımdan iki tanesi beni çıldırtıyordu. Sürekli peşimdeydiler. Ne zaman biraz para kazanacak olsam, ikisi de hemen yanımda bitiyor, ne kadar kazandığımı soruyor, onlara hemen ödeme yapmam için beni sıkıştırıyorlardı. Sekiz yüz dolar borç vereni beni mahkemeye vereceğini, evime haciz getireceğini söylüyor, benzer tehditler savuruyordu. Paralarımı ondan sakladığımı düşünüyordu, bunun nedeni kılık kıyafetime dikkat edişim olsa gerekti.

Sorunu enine boyuna düşününce anladım ki asıl çözümlemem gereken şey fiyatlar değil, bendim. Kaygılandığım sürece hiçbir şeyi başaramayacağımı biliyordum, ama etrafa borcum olduğu sürece kaygılanmamak elimde değildi. Alacaklılarım beni sıkıştırarak paralarını isteyecek, yeniden kendimi toparlayacak kadar parayı bir araya getirmemi engelleyeceklerdi. Bunun tek bir çözümü vardı, o da iflasımı ilan etmemdi. Başka türlü rahat edemeyecektim.

Bu ilk bakışta hem çok kolay hem de mantıklı bir şey gibi görünüyor. Ama gerçekte çok tatsız bir deneyim. Gerçekten o günleri nefretle anıyorum şimdi. İnsanların beni yanlış anlamasından ya da yanlış değerlendirmesinden korkuyordum. Ben hiçbir zaman paraya fazla önem veren biri olmadım. Asla para için yalan söylemek aklıma gelmedi. Elbette durumum düzelir düzelmez herkese borcumu geri ödeyecektim, borcum borçtu. Ancak eskisi gibi borsada alım satım yapamadığım sürece, o bir milyon doları bir araya getirmem mümkün değildi.

Cesaretimi toplayıp alacaklılarımla görüşmeye gittim. Bu benim için hiç de kolay olmadı, çünkü alacaklılarımın çoğu dost ya da tanıdığımdı.

Onlara durumu açık açık anlattım. "İflasımı ilan etmemin sebebi size olan borçlarımdan kaçmak değil, tam tersine, borçlarımı ödeyebilmek için yeniden para kazanabilmek. Bu çareyi son iki yıldır düşünüyorum, ama bu güne kadar gelip de size söyleyecek cesareti bulamadım. Keşke bulabilseydim. Şöyle söyleyeyim: Sırtımda bu borçlar varken eskisi gibi çalışamıyorum. Şimdi yaptığım şeyi bir yıl önce yapmış olmalıydım. Ve bunu yapmamın tek nedeni de size biraz önce anlattığım şey."

İlk konuştuğum kişinin söyledikleri aşağı yukarı hepsinden duyduğum sözler oldu. Bu, firması adına konuşan bir tanıdığımdı.

"Livingston," dedi. "Seni anlıyoruz. Durumunu çok iyi biliyoruz. En iyisi seni borcundan ibra edelim. Avukatın istediği belgeyi hazırlasın, biz imzalarız."

Büyük alacaklılarımın hepsi hemen hemen aynı şey söyledi. Bu da Wall Street'in pek bilinmeyen bir tarafıdır. Bu ibrayı bana kibarlık ya da iyilik olsun diye vermediler. Kendileri için kazançlı bir karardı bu. Onların bu denli iyi niyetli ve akıllıca davranmaları beni çok sevindirdi.

Bu alacaklılar benim bir milyon doları aşan borcumu ibra ettiler. Ama buna yanaşmayan iki küçük alacaklı vardı. Bunlardan biri şu 800 dolarlık adamdı. Ayrıca iflas ettiği için el değiştiren bir brokerlik firmasına altı bin dolar borcum vardı. Firma sahipleri beni hiç tanımıyordu ve borcumu ödemem için gece gündüz peşimde dolaşıyorlardı. Ayrıca büyük alacaklılarım gibi borcumu ibra etmeleri mümkün değildi, büyük bir olasılıkla mahkeme buna izin vermezdi. Her neyse, iflas sonucu ödemem gereken para yalnızca yüz bin dolar oldu, oysa daha önce de söylediğim gibi borçlarım bir milyonu aşıyordu.

Gazetelerde iflasımla ilgili çıkan haberleri okumak çok acı oldu. Ben her zaman borcuna sadık bir insandım ve bu olay beni fazlasıyla üzmüştü. Eğer hayatta kalırsam bir gün mutlaka borçlarımı ödeyeceğimi biliyordum, ama haberi okuyan herkesin bunu bilmesine olanak yoktu. Gazeteleri gördükten sonra dışarı çıkmaya utanır olmuştum. Bu duygum fazla sürmedi ve artık borsada para kazanmaya çalışan bir insanın aklını tümüyle hisse senetlerine vermesi gerektiğini anlamayan insanlar tarafından rahatsız edilmeyeceğimi bilmek beni müthiş rahatlattı.

Artık huzura kavuşmuştum. Borsada başarılı olma şansım artmış, üzerimden borçların yükü kalkmıştı. Sıra kendime sermaye oluşturmaya geliyordu. Menkul Değerler Borsası 1914'ün 31 Temmuz'undan Aralık ayının ortasına kadar kapalı kaldı ve Wall Street en perişan günlerini yaşıyordu. Uzun süredir bir canlanma görülmemişti. Bütün arkadaşlarıma borcum vardı. Onlardan tekrar yardım isteyemezdim, çünkü kimsenin kimseye yardım edemeyecek bir durumda olduğu zamanlarda, onlar bana karşı çok iyi ve dostça davranmışlardı.

Borsaya yatıracak para bulmak çok zor bir işti. Borsa kapalı olduğu için brokerlerden bir şey isteyemiyordum. Bir iki yeri denedim, hiç yararı olmadı.

Sonunda Dan Williamson'u görmeye gittim. 1915 yılının Şubat ayıydı. Ona kendimi borç kâbusundan kurtardığımı ve eskisi gibi alım satım yapmaya hazır olduğumu söyledim. Hatırlayacaksınız, kendisinin ihtiyacı olduğunda, ben istemeden bana yirmi beş bin dolar vermişti.

Oysa şimdi benim ona ihtiyacım vardı, bana, "Beğendiğin bir şey görürsen ve beş yüz hisse almak istersen bizden al, para istemeyiz," demekle yetindi.

Ona teşekkür ederek yanından ayrıldım. Zamanında benim büyük kâr etmemi engellemişti, ayrıca firma benim üzerimden çok komisyon kazanmıştı. Yine de Williamson & Brown'un bana karşı cimri davrandığını söylemek doğru olmaz. Başlangıçta biraz muhafazakâr davranmayı düşünüyordum. İşe beş yüz hisseden daha fazla hisse ile başlayabilseydim, durumumun düzelmesi daha kolay olacaktı. Yine de ne olursa olsun, bu benim için önemli bir şanstı.

Dan Williamson'un ofisinden ayrıldım, genel koşulları ve kendi sorunumu derinlemesine düşündüm. Borsa yükselmeye başlıyordu. Bunu hem ben hem de benim gibi borsadan para kazanmaya çalışan iki bin müşteri çok iyi biliyordu. Bütün sermayem Williamson'un bana vereceği beş yüz hisseden ibaretti. Elim kolum bağlıydı, yapabileceğim pek bir şey yoktu. En ufak bir pürüz bile elimdekini silip süpürebilirdi. Hemen ilk işlemden başlayarak sermayemi artırmam gerekiyordu. O alacağım ilk beş yüz hisse bana kâr getirmeliydi. Para kazanmalıydım. Elimde yeterince sermaye olmayınca, doğru karar vermem de zorlaşacaktı. Gerektiği kadar soğuk kanlı, tarafsız davranamayacaktım çünkü tek kuruş kaybetmeyi göze alamazdım, bu da benim borsayı denemek için önce küçük çaplı alım satım yapma yöntemimi olanaksız kılıyordu.

Şimdi düşünüyorum da, bu benim borsa yaşamımın en kritik dönemiydi. Eğer başarısız olursam, bir daha ne zaman, kimden para bulurdum bilemiyorum. Zamanlama konusunda çok dikkatli olmam gerektiği açıktı.

Williamson & Brown'a bir süre gitmedim. Altı uzun hafta boyunca sürekli fiyatları izledim ve bilerek firmanın ofisinden uzak durdum. Oraya gidersem beş yüz hisse almaya hakkım olduğunu bildiğim için yanlış zamanda yanlış hisseye yatırım yapmaktan korkuyordum. Bir borsacı borsanın genel koşullarını incelemenin, hisselerin geçmişteki performanslarını akılda tutmanın, halkın psikolojisini ve brokerlerinin sınırlamalarını gözetmenin yanı sıra kendini çok iyi tanımalı ve kendi zaaflarına karşı koymasını bilmeli. İnsan olduğunuz için kendinize kızmanız gerekmez. Sadece hisse fiyatlarını nasıl inceliyorsanız, kendinizi de öyle incelemeniz gerekir. Ben belli dürtülere verdiğim tepkileri, borsa aktifken kaçınılmaz olarak kendimi kaptırdığım alım isteklerini, aynen hasat durumunu inceler ya da kazanç raporlarını okur gibi değerlendirmeyi öğrendim.

Böylece günler geçti, beş parasızdım ve borsaya dönmek için can atıyordum. Buna karşın tek bir hisse bile alıp satamayacağım bir diğer brokerin ofisinde, fiyat tahtasının karşısında oturup duruyor, banttan gelen bütün işlemleri pür dikkat inceliyor, ne zaman tam yol ileri gidebileceğimi düşünerek doğru anı kolluyordum.

Bütün dünyanın bildiği nedenlerden ötürü 1915'in ilk ve zor aylarında Bethlehem Steel çelik hisselerinin fiyatının yükselmesini bekliyordum. Fiyatın yükseleceğinden kesinlikle emindim, ama yine de kendimi güvenceye almak ve ilk oyunu kazanabilmek için hisse fiyatı yuvarlak değeri geçene kadar beklemeye karar verdim.

Size daha önce de anlatmıştım. Gözlemlerime göre bir hisse senedinin fiyatı ilk kez 100, 200 ya da 300 sınırını aşıyorsa, fiyat genellikle 30 ya da 50 puan daha yükselir. Eğer fiyat 300'ü aşmışsa bu artış 100 ya da 200'ü aştığı zamanlardakinden daha hızlı olur. Bunun en iyi örneği Anaconda olmuştu. Hisseyi 200 sınırını aşınca almış, ertesi gün 260'a satmıştım. Fiyatı yüzlü puanları geçen hisseleri satın alma ilkem, bucket shop günlerime dayanır. Eski bir borsa kuralıdır bu.

Eskisi gibi büyük çaplı alım satımlar yapmak için sabırsızlanıyordum. Öyle ki başka hiçbir şey düşünemiyor, kendimi zorla kontrol altına alıyordum. Bethlehem Steel'in tahmin ettiğim gibi her gün biraz daha yükseldiğini görüyor, yine de Williamson & Brown ofisine koşup beş yüz hisse alma isteğimi bastırmaya çalışıyordum. Yapacağım ilk alımın mümkün olduğu kadar sağlam olması gerektiğinin farkındaydım.

Hisse fiyatının her bir puanlık yükselişinde göz göre göre beş yüz dolar kaçırmış oluyordum. İlk on puanlık artış bana piramit kuralına göre alım yapabileceğimi, belki de o anda beş yüz yerine bin hisse alıp her puan karşılığı bin dolar kazanabileceğimi gösterdi. Ama ben yerimden bile kıpırdamadım ve içimde kıpırdayan umutları ya da bas bas bağıran korkuları dinlemek yerine, deneyimlerimin ve sağduyumun sesine kulak verdim. Biraz sermaye toparlayınca kendimi daha fazla riske atabilirdim. Ama henüz elimde sermaye yokken riske atılmak, bu risk çok ufak bile olsa lükstü. Altı hafta sabırla bekledim ve bu sırada sağduyum açgözlülüğümü ve umutlarımı yenmesini bildi!

Hisse fiyatı 90'a gelince tir tir titremeye ve ter dökmeye başladım. Fiyatın yükseleceğine emin olmama rağmen hisseyi almamış ve onca parayı kaybetmiştim. Sonra hisse 98'e dayandı ve ben de kendi kendime, "Bethlehem 100 puanı geçecek ve sonra da onu kimse tutamayacak," diye düşündüm. Banttan gelen bilgiler de bunu açıkça gösteriyordu. Hatta megafonla ilan ediyordu. Ticker fiyatın 98 olduğunu yazıyordu, ama benim gözüme görünen 100'dü. Bunun boş bir umut ya da dilek olmadığını, fiyatları doğru okumanın bana verdiği bir içgüdü olduğunu biliyordum. Ben de kendi kendime, "100'ü geçene kadar bekleyemeyeceğim. Bu hisseyi şimdi almalıyım. Artık 100'ü geçmiş sayılır," dedim.

Williamson & Brown'a gittim ve beş yüz adet Bethlehem Steel hissesi için alım emri verdim. Fiyat o sırada 98'di. 98'le 99 arasında değişen fiyatlarla beş yüz hisse aldım. Ondan sonra da fiyat ok gibi fırladı ve borsa kapanışında, sanıyorum 114 ya da 115 oldu. Ben de beş yüz hisse daha satın aldım.

Ertesi gün Bethlehem Steel 145'e çıktı ve artık istediğim sermaye cebimdeydi: Ama onu bileğimin hakkıyla kazanmıştım. Doğru anı bekleyerek geçirdiğim o altı hafta yaşamımın en uzun ve sıkıntılı altı haftası oldu. Ancak karşılığını almıştım ve artık istediğim gibi yüksek miktarlarda alım satım yapabilecektim. Sadece beş yüz hisseyle hiçbir yere varamazdım.

Hangi iş olursa olsun, bir iş nasıl başladıysa öyle gider, benim de Bethlehem olayından sonra talih yüzüme güldü, hatta o kadar güldü ki kısa bir süre önce beş parasız dolaşan insan olduğuma inanamazdınız. Aslında gerçekten de artık o insan değildim, çünkü bir zamanlar kendimi rahatsız ve başarısız hissederken, şimdi kendimi gayet rahat ve başarılı görüyordum. Peşimde beni sıkıştıran alacaklılar yoktu, parasızlıktan kurtulmuş, deneyimlerimin bana gösterdiği yolda rahatça ilerleyebiliyordum. Bu nedenle de kazanmaya başlamıştım.

Derken birden bire, ben her geçen gün servete biraz daha yaklaşırken Lusitania olayı yaşandı ve fiyatlar düştü. Arada sırada böyle olaylar insanı kendine getirmek için iyidir. Kimse borsanın tam olarak ne getireceğini bilemez, her zaman bir kaza payı bırakmak gerekir. Bazıları

Lusitania'nın torpillenmesi olayının profesyonel borsacıları fazla sarsmadığını, haberi zaten Wall Street'e yayılmadan çok önce duyduklarını söylerler. Ben ise haberi önceden duyup elimdekileri satacak kadar hızlı davranamadım. Ama şu kadarını söyleyeyim, Lusitania olayında kaybettiklerim ve böyle bir iki beklenmedik olay yüzünden ettiğim zararları saymazsak, 1915'in sonunda brokerlerimdeki hesabım yüz kırk bin dolar kadardı. Yılın büyük bir kısmında borsanın seyrini doğru tahmin etmiştim ama ancak bu kadar kazanabilmiştim.

Ertesi yıl çok daha fazla kazandım. Şans yüzüme gülmüştü. Fiyatlar sürekli yükselirken ben de devamlı hisse satın alıyordum. Her şey benim lehime işliyordu, kâr etmek için fazla uğraşmaya gerek yoktu. Bu bana Standard Oil Company'den H. H. Rogers'ın söylediği bir şeyi hatırlattı, bazen para kazanmamak insanın elinde değildir, yağmurda şemsiyesiz çıkıp kuru kalmanın mümkün olmadığı gibi. Borsa tarihinin en hızlı yükselişleri yaşanıyordu. Herkes Müttefiklerin birçok malzemeyi Amerika'dan satın almasının bu ülkeyi dünyanın en zengin yeri haline getirdiğini biliyordu. Hiçbir yerde bulunmayan şeyler Amerika'da satılıyordu ve dünyadaki bütün nakit para buraya yağıyordu. Dünyadaki bütün altınlar su gibi Amerika'ya doğru akıyordu. Enflasyon kaçınılmazdı, bu da her şeyin fiyatının artması anlamına geliyordu.

Bütün bunlar ilk başından beri öylesine açıktı ki, borsanın yükselmesi için hiçbir manipülasyona gerek yoktu. Bu yüzden yatırım yapmadan önce öyle fazla düşünmüyorduk. Savaşın getirdiği bu canlanma diğerlerinden çok daha geniş çaplı oldu ve halkın geneline görülmemiş bir kâr sağladı. 1915 süresince borsanın kazandırdığı para halkın çok geniş bir kısmına yayılmıştı ve bu Wall Street tarihinde ilk kez görünüyordu. Halkın kâğıt üzerindeki kârlarını hemen nakde çevirmemesi ve elde ettiği kârı tekrar borsaya yatırması tarihin kendini tekrarlamasından başka bir şey değildi. Wall Street de tarihin sürekli olarak kendini tekrarladığı bir yerdir. Borsadaki canlanmalar ya da paniklerle ilgili haberleri okurken, insan spekülasyon olayının ya da borsacıların dünden bugüne ne kadar az değiştiğini görerek şaşırıyor. Ne borsa oyunu ne de insan doğası fazla değişmez.

1916 yılındaki yükseliş beni de zengin etti. Kısa vadede borsanın yükselmeye devam edeceğini düşünüyordum, ama diğer taraftan gözlerimi açık tutmaya çalışıyordum. Herkes gibi ben de bu işin bir sonu olacağını biliyor, uyarı sinyallerini kaçırmamaya bakıyordum. Bu sinyalin nereden geleceğini kestiremediğim için dikkatimi tek bir noktaya yönlendirmemiştim. Ben asla borsanın tek bir yönüne takılıp kalmam. Borsa yükselirken para kazandıysam ya da düşerken çok kâr ettiysem farketmez, alarm zilleri çalmaya başlar başlamaz arkama bakmaz, kaçarım. İnsan ille de hep fiyatlar artacak ya da düşecek beklentisiyle hareket etmemeli. İster yükseliş olsun ister düşüş, önemli olan isabetli tahminlerde bulunabilmektir.

Unutulmaması gereken bir şey daha var, o da borsanın hiçbir zaman büyük bir yangın gibi parlamadığı gerçeği. Tıpkı aniden sebepsiz inişe geçmemesi gibi. Borsadaki genel düşüş fiyatlar düşmeye başlamadan önce tahmin edilebilir. O günlerde benim beklemekte olduğum uyarı, uzun süredir başı çeken bazı hisselerin aylardır ilk kez birkaç puan aşağı kayması ve tekrar yükselmemesiyle geldi. Artık solukları tükenmişti ve benim de taktik değiştirme zamanım gelmişti.

Bunu yapmak pek zor olmadı. Borsada genel bir yükseliş yaşanırken bütün fiyatlar sürekli tırmanır. O nedenle bir hisse senedi genel trendin tersine giderse, bunun o hisse senedine özgü bir olumsuzluktan kaynaklandığı düşünülür. Deneyimli bir borsacı bir şeylerin ters gittiğini hemen anlar. Fiyatların gidişine göre çıkarımlar yapar ve borsa alarm zilleri çalmadan önce uyarıyı alıp elindeki hisseleri satar.

Daha önce de söylediğim gibi, kısa bir süre önce borsadaki yükselişin başını çeken hisselerin fiyatı düşmeye başlıyordu. Beşer altışar puan düşerek o düzeyde kaldılar. O sırada borsa bayrağı teslim alan başka hisselerin önderliğinde yükselişine devam ediyordu. Hisselerin ait olduğu şirketlerin durumu gayet iyiydi, demek ki sorunun kaynağını başka yerde aramak gerekiyordu. O hisseler aylar boyunca genel akıntıya göre hareket etmişti. Artışları durduğunda borsa genel yükselişine devam etse de, artık o hisselerin yükselmeyeceği belliydi. Borsadaki diğer hisseler ise henüz yolun sonuna gelmemişlerdi.

O an hisseleri satmaya gerek yoktu, çünkü borsada genel bir düşüş başlama olasılığı azdı. Ben de hisse satmaya başlamadım, banttan gelen bilgiler henüz bunun zamanının gelmediğini haber veriyordu. Yükseliş henüz sona ermemişti ama sona oldukça yaklaşmıştı. Bu arada hâlâ para kazanma fırsatları vardı. Ben de yükselişi sona eren hisseleri sattım, ama borsanın biraz daha yükseleceğine inandığım için satın almayı da kesmedim.

Artışa eskiden önderlik edip de sonradan düşen hisseleri satmaya başladım. Bu hisselerin her birinde beşer bin hisse kısa pozisyona girdim, yeni önderlerden de hisse aldım. Sattığım hisseler yerinden kıpırdamadı, satın aldıklarımsa artmaya devam etti. Bunlar da yükselişlerini tamamlayıp sabit bir düzeye oturunca, elimdekileri sattım ve yine beşer bin hisse kısa pozisyona girdim. Artık borsanın düşeceği beklentisiyle hareket ediyordum ve bundan sonraki kârları fiyatlar düşerken elde edeceğime inanıyordum. Yine de henüz toplu satışa geçmek için erkendi. Kraldan çok kralcı olmaya gerek yoktu, hele daha bu kadar vakit varken. Fiyatlar yalnızca düşüş kokularının geldiğini gösteriyordu. Hazırlık yapmak gerekiyordu.

Sürekli alım satım yapmaya devam ettim, bir ayın sonunda elimde altmış bin hisselik bir kısa pozisyon vardı ve bu pozisyon birkaç ay önce fiyat artışında başı çektikleri için yatırımcıların gözdesi haline gelmiş olan hisselerden oluşuyordu. Belki bu çok yüksek bir miktar değildi, ama unutmayalım ki henüz borsa asıl düşüşe geçmemişti.

Derken bir gün borsa çok zayıfladı ve bütün hisse fiyatları düşmeye başladı. Kısa pozisyona girerek sattığım on iki hissenin her biri bana en az dört puan kâr sağlayınca haklı olduğumu anladım. Borsa bana daha fazla düşeceğini haber veriyordu, ben de satışlarımı ikiye katladım.

Kendime iyi bir pozisyon oluşturmuştum. Düşme beklentisi olan bir borsada kısa pozisyonda satış yapmıştım. Hiçbir şeyi fazla zorlamaya gerek yoktu. Borsa nasıl olsa benim istediğim gibi hareket ediyordu ve bunu bildiğim için bir süre beklemeye karar verdim. Sattığım hisselerin sayısını ikiye çıkardıktan sonra uzun süre başka alım satım yapmadım. Yedi hafta kadar sonra açıklarımı kapattım. O günlerde ünlü "haber sızdırma" olayı yaşandı ve hisse fiyatları ani bir düşüş gösterdi. Washington'dan borsaya Başkan Wilson'un Avrupa'ya acilen barış getirecek bir mesaj yayınlayacağı haberi sızmıştı. Savaş nasıl borsayı canlandırdıysa barış da olumsuz etki yaptı. Borsanın en zeki müşterilerinden biri haber sızdırarak hisse satmakla suçlanınca, haber falan almadığını, artık borsadaki yükselişin vadesini doldurduğunu düşündüğü için satış yaptığını söylemişti. Ben ise sattıklarımı yedi hafta önce ikiye katlamıştım.

Bu haber duyulur duyulmaz borsa hızla düştü ve doğal olarak da ben hisse alarak açıklarımı kapattım. Yapılabilecek tek şey buydu. Plan yaparken hesaba katmadığınız beklenmedik şeyler bazen sizin için kârlı olabiliyor. Öncelikle bu tip bir düşüş sonucunda satıcı bulmak kolaydır, hisseleri istediğiniz yerden alabilir ve kâğıt üzerindeki kârlarınızı nakde çevirebilirsiniz. Borsa ne kadar düşük olursa olsun yüz yirmi bin adet hisse alırken insan fiyatta belli ölçüde artışa neden olabiliyor. O yüzden uygun anı beklemesi ve hisseleri kendisine en az zarar verecek şekilde satın almak için fırsat kollaması gerekir.

Açıkçası ben, tam o günlerde, öylesi bir nedenle borsada bu kadar büyük bir düşüş gerçekleşmesini beklemiyordum. Ama daha önce de söylediğim gibi, borsada geçirdiğim otuz yıl bana gösterdi ki, bu tip beklenmedik kazalar borsada zaten var olan eğilimleri güçlendirir, ben de genellikle bu eğilimin içinde yer alırım. Unutulmaması gereken bir diğer şey ise şudur: Asla hisseyi fiyatı en yüksek düzeydeyken satmaya çalışmayın. Bu akıllıca bir hareket değildir. Hissenin birkaç puan gerilemesini bekledikten sonra satın.

1916 yılında borsa yükselirken hisse satarak, borsa düşerken de hisse alarak üç milyon dolar kadar kazandım. Dediğim gibi, insan ille de borsanın her zaman yükselmesini ya da düşmesini beklememeli, gerektiği gibi yön değiştirmesini bilmelidir.

O kış her tatilde olduğu gibi yine güneye, Palm Beach'e gittim, çünkü balık tutmayı çok severim. Hisse senetleri ve buğdayda kısa pozisyondaydım ve her iki borsada da kâr ediyordum. Beni rahatsız edecek hiçbir şey yoktu, keyfime bakıyordum. Elbette eğer Avrupa'ya gitmemişsem, menkul değerler borsasından ya da hammadde piyasalarından tamamen uzak durmam mümkün olmaz. Örneğin Adirondacks'teki evimle brokerimin ofisi arasında doğrudan telgraf bağlantısı var.

Palm Beach'de düzenli olarak brokerimin şubesine gidiyordum. O sırada elimde bulunmayan pamuğun güçlü bir konumda olduğunu ve değerinin sürekli arttığını gördüm. O sırada, yani 1917'de, Başkan Wilson'un savaşa son vermek istemesiyle ilgili çeşitli söylentiler dolaşıyordu. Bu söylentiler hem Washington'da çıkan gazetlerde yayımlanıyor, hem de yüksek yerlerden Palm Beach'teki dostlarımın kulağına fısıldanıyordu. O yüzden bir gün borsaların durumunun Başkan Wilson'a duyulan güveni yansıttığını düşünmeye başladım. Barışın bu kadar yakın olduğu söyleniyorsa, hisse senetlerinin ve buğdayın düşmesi, pamuğun da yükselmesi gerekiyordu. Hisse senetleri ve buğday konusunda hazırlıklıydım, ama uzun bir süredir pamuk alım satımına girmemiştim.

O gün saat 14.20'de elimde tek bir balya yoktu, ama barışın yakın olduğuna olan inancım, saat 14.25'te başlangıç olarak on beş bin balya pamuk satın almama neden oldu. Eski sistemimi, yani size daha önce anlattığım toplu alım yapma yöntemimi izlemeye karar vermiştim.

O gün borsa kapandıktan sonra Almanya'nın Amerika'ya savaş açtığı haberi geldi. Ertesi gün borsanın açılmasını beklemekten başka yapılabilecek hiçbir şey yoktu. Hiç unutmam, o akşam Gridley'de ülkenin en büyük sanayicilerinden biri, isteyen herkese elindeki United States Steel çelik hisselerini kapanış fiyatının beş puan altında satacağını ilan etmişti. Çevrede Pittsburgh'lu milyonerler vardı, ama kimse teklifi kabul etmedi. Borsa açılır açılmaz fiyatların alaşağı olacağını biliyorlardı.

Tahmin edebileceğiniz gibi, gerçekten de ertesi sabah menkul değerler ve emtia borsaları altüst oldu. Bazı hisse senetleri bir önceki günkü kapanış fiyatlarının sekiz puan altında açılış yaptılar. Bu benim bütün açıklarımı kârlı bir şekilde kapatmam için bulunmaz bir fırsattı. Daha önce de söylediğim gibi, borsa düşmeye başladığında halkın morali de tümüyle bozulursa, bir an önce hisseleri alıp açıkları kapatmak en iyi stratejidir. Eğer yüksek miktarda kısa pozisyona girdiyseniz kâğıt üzerindeki kârlarınızı hızlı ve kârlı bir biçimde nakde çevirmenin tek yolu budur. Örneğin ben sadece United States Steel hisselerinde on beş bin adet satarak kısa pozisyona girmiştim. Kısa pozisyonda olduğum başka hisseler de vardı, kârlı bir şekilde alım yapabileceğimi anlar anlamaz açıklarımı kapattım. Toplam bir buçuk milyon dolar kâr ettim. Bu benim için gerçekten büyük bir şanstı.

Elimde bir gün önce borsa kapanmadan önceki son yarım saatte aldığım on beş bin balya pamuk vardı ve pamuk fiyatı borsa açılışında beş yüz puan düşmüştü. Ne düşüş ama! Bir gecede üç yüz yetmiş beş bin dolar zarar etmiş oldum. Hisse senetlerini ve buğdayı bir an önce satın alıp kısa pozisyondan çıkmam gerektiğini çok iyi biliyordum, ama pamuk konusunda ne yapacağımı şaşırmıştım. Göz önünde bulundurmam gereken çeşitli faktörler vardı ve ben genellikle yanıldığımı anladığım anda, zararın neresinden dönsem kârdır diye düşünür ve elimdekilerden kurtulurum. Pamukta ise o sabah zarar edip satış yapmak istemiyordum. Sonra oturup pamuk borsasının durumunu izleyecek yerde, güneye tatile gittiğim ve zamanımı balık tutarak geçirdiğim aklıma geldi. Üstelik hisse senetlerinden ve buğdaydan o kadar çok kâr etmiştim ki pamuğu zararına satmaya karar verdim. Böylece kârım bir buçuk milyon dolar yerine bir milyonun biraz üzerinde olacaktı. Olayı bir muhasebe sorunu olarak algılamaya kendimi koşullandırdım.

Eğer bir gün önce borsa kapanmadan o pamuğu almasaydım dört yüz bin dolar cebimde kalacaktı. İşte insan ortalama miktarlarda alım satım yaptığında bile oldukça büyük paralar kaybedebiliyor. Aslında benimsediğim pozisyon doğruydu. Hisse senetleri ve buğdaydaki pozisyonumu oluşturmama yardımcı olan düşüncenin tam tersi gerçekleştiği için rastlantısal olarak kâr etmiştim. Yine gelen felaket haberi borsadaki eğilimi güçlendirmişti. Beklenmedik savaş haberine karşın fiyatlar tam düşündüğüm gibi seyretti. Eğer her şey düşündüğüm gibi olsaydı her üç cephede de ben kazanacaktım, çünkü barış zamanı hisselerin ve buğdayın fiyatı yine düşecekti, pamuğun fiyatı hızla yükselecekti. Böylece ben her üçünden de kâr etmiş olacaktım. İster savaş olsun, ister barış, menkul değerler borsasındaki ve buğdaydaki tahminlerimde haklıydım, o yüzden de beklenmedik savaş haberi benim işime yaradı. Pamuktaki tahminim ise borsanın dışında bir şeye, yani Başkan Wilson'un barış görüşmelerindeki başarısına bağlıydı. Pamukta zarar etmeme neden olanlar, Alman komutanlardı.

1917 yılı başında New York'a döndüğümde bir milyonu aşan borçlarımı ödedim. Borçlarımı ödemek benim için büyük bir zevkti. Bu parayı birkaç ay önce de geri ödeyebilirdim, ama çok basit bir nedenden ötürü ödememiştim. Çok aktif ve başarılı bir şekilde alım satım yapıyordum ve elimdeki sermayeyi azaltmak istemiyordum. 1915 ve 1916 yıllarındaki canlanmadan en iyi şekilde yararlanmak benim kendime olan borcumdu. Çok para kazanacağımı biliyordum ve alacaklılarımı zaten umudu kestikleri bir parayı ödemek için birkaç ay daha bekletmemin bir sakıncası olmadığını düşünmüştüm. Borçlarımı azar azar ya da farklı alacaklılara farklı zamanlarda ödemek istemiyordum, hepsini birden ödemekti amacım. Borsa benim lehime işlediği sürece, kaynaklarımın izin verdiği kadar büyük çaplı alım satım yapmaya çalıştım.

Borçlarımı faiziyle ödemek istedim, ama beni ibra eden alacaklılarım bunu kesinlikle kabul etmediler. Borcumu en son ödediğim kişi sekiz yüz dolar borç veren ve bana hayatı zehir edip çalışamayacak hale getiren adamdı. Onu herkese borcumu ödediğimi öğrenene kadar beklettim. Ondan sonra parasını verdim. Ona bir dahaki sefere birilerine birkaç yüz dolar borç verdiğinde nasıl davranması gerektiği konusunda bir ders vermek istedim.

İşte borsaya dönüşüm böyle oldu.

Borçlarımın hepsini ödedikten sonra paramın yüklüce bir kısmını bana düzenli gelir sağlayacak hisselere yatırdım. Bir daha asla parasız kalmamaya, hiçbir güvencem ve sermayem olmadan yaşamamaya kararlıydım. Elbette evlendikten sonra karım için bir fon oluşturdum. Oğlumuz doğduktan sonra aynı şeyi onun için de yaptım.

Bunu yapmamın nedeni paramı borsaya kaptırma korkusu değil, insanın elindeki avcundaki bütün parayı gözünü hiç kırpmadan harcayabileceğini bilmemdi. Bu fonları oluşturarak eşimi ve çocuğumu kendimden korumuş oldum.

Tanıdıklarımdan bazıları aynı şeyi yaptılar, ama daha sonra paraya ihtiyaçları olduğunda karılarını ikna edip fondaki parayı çekmeleri için onlara imza verdirdiler ve sonra da bu parayı kaybettiler. Ben ise öyle bir düzenleme yaptırdım ki ben ya da karım ne kadar istersek isteyelim bu fonu bozamıyoruz. İkimizin de saldırılarından korunmuş halde bu para. Borsada ne kadar paraya ihtiyacım olursa olsun, karım bana olan sevgisinden bu parayı çekmeye kalkışsa bile paraya dokunamıyoruz. Bir daha kendimi riske atmamaya kararlıyım.

XV. BÖLÜM

Borsada spekülasyon yapmanın en tehlikeli yanlarından biri beklenmedik bir şeyle karşılaşmaktır. Bir sürüngen olarak yaşamaya devam etmek istemiyorsa, en temkinli adamın bile göze alması gereken bazı haklı riskler vardır. İş dünyasının tehlikeleri insanın evinden sokağa çıktığı ya da trene bindiği zaman göze aldığı risklerden daha büyük değildir. Kimsenin önceden tahmin etmediği bir nedenden ötürü zarar ettiğimde, bunu dert edinmem ve kendimi beklenmedik bir fırtınaya yakalanmış sayarım. Yaşam, beşikten mezara bir kumardır ve altıncı hissim olmadığı için başıma gelen şeyleri kabullenmem gerektiğini bilirim. Yine de borsa yaşamım sırasında isabetli kararlar alıp dikkatli adımlar atmama karşın, dürüst davranmayan bazı rakiplerimin yaptığı haksızlıklar yüzünden zarar ettiğim oldu.

Çevik ve uzak görüşlü bir işadamı kendini sahtekârlardan, korkaklardan ve kalabalıktan nasıl koruyacağını bilir. Bu güne kadar ben hiç açık açık dolandırılmadım. Bir iki bucket shop'ta yaşadığım olaylar hariç, oralarda bile genellikle dürüstlük en iyi politika olarak kabul edilir. Asıl kazanç üçkâğıtçıların değil, namusuyla oynayanların cebine gider. Ben sürekli karşımdaki memur hile yapıyor mu diye gözümü açık tutmam gereken yerlerde oynamamayı tercih ederim. Fakat bazı sahtekârlara karşı dürüst insanların yapabileceği hiçbir şey yoktur. Verdiğim sözde durduğum ya da centilmenlik anlaşmalarını çiğnemek istemediğim için başımdan geçen bir sürü olay anlatabilirim, ama anlatmayacağım, çünkü bunun bir işe yarayacağını düşünmüyorum.

Roman yazarları, rahipler ve kadınlar borsa salonunu kanlı bir savaş alanına, Wall Street'in günlük işleyişini ise savaşa benzetmeyi pek severler. Bu benzetme çarpıcı, ama aynı zamanda da yanlıştır. Ben borsayı savaş ya da mücadele olarak görmüyorum. Ben ne insanlar ne de gruplarla savaşırım. Yalnızca fikirlerim değişik olabilir, yani borsanın genel koşullarını herkesten farklı değerlendirebilirim. Oyun yazarlarının ticari savaş dedikleri şey, insanlar arasında yaşanan bir savaş değildir, farklı görüşler arasında yaşanan bir savaştır. Ben sadece ve sadece gerçeklere bakarım ve hareketlerimi ona göre planlarım. Berbard M. Baruch da zenginliğin reçetesini böyle vermiştir. Bazen gerçekleri, bütün gerçekleri olduğu gibi ya da zamanında görmek zor olabilir ve bu yüzden doğru düşünemeyebilirim. Böyle zamanlarda da genellikle zarar ederim. Haksız çıkarım. Ve benim için haksız çıkmanın bedeli hep yüksek olur.

Aklı başında bir insan hatalarının bedelini ödemesi gerektiğini bilir. Kimse kendini bazı kaçınılmaz hatalardan kurtaramaz. Ama ben haklı olduğumda zarar etmeye dayanamam. Oyunun kurallarında ani bir değişiklik olduğu için zarar ettiğim durumlardan da sözetmiyorum. İnsanın bazen kâr ettiğini sanıp da bankadan boş elle çıktığı durumlardan sözediyorum.

Avrupa'da Büyük Savaş çıktıktan sonra hammadde fiyatlarında beklenen bazı artışlar gerçekleşti. Hem savaşın getireceği enflasyonu hem de bunu tahmin etmek zor değildi. Savaş uzadıkça fiyatlardaki genel artış devam etti. Hatırlayacağınız gibi ben 1915 yılında borsaya dönüşümü gerçekleştirmeye çalışıyordum. Menkul değerler borsası canlanmaya başlamıştı ve bundan yararlanmak da benim görevimdi. Benim için en kolay, en güvenli ve en hızlı kâr menkul değerler borsasındaydı ve bildiğiniz gibi orada şans yüzüme güldü.

Temmuz 1917'ye geldiğimizde artık bütün borçlarımı ödemiş, ayrıca iyi bir sermaye oluşturmuştum. Yani artık hisse senetlerinin yanı sıra hammadde alım satımına da başlamak için yeterince zamanım, param ve hevesim vardı. Yıllar boyu her türlü borsayı takip etmeyi kendime iş edinmiştim. Hammadde fiyatları savaş öncesi düzeylerine göre yüzde 100'le yüzde 400 arası artış göstermişti. Buna tek bir istisna vardı, o da kahveydi. Elbette bunun da belli bir nedeni vardı.

Savaşın çıkması Avrupa pazarlarının kapanması anlamına geliyordu ve Amerika dünyada kahvenin en büyük pazarı haline gelmişti. Zaman içinde ülkede bir kahve fazlası oluştu ve bu da fiyatın yükselmesini engelledi. Ben kahveye para yatırmayı ilk düşündüğümde, kahve fiyatı savaştan önceki fiyatının da altına düşmüştü. Bunun nedeni açıktı, ayrıca Alman ve Avusturya denizaltılarının engellemesi yüzünden ticari gemilerin sayısında azalma olduğu da biliniyordu. Zamanla kahve ithalinde azalma olacağı belliydi. Tüketim azalmayacağına göre, ülkeye giren kahve miktarı azalınca, kahve fiyatı da diğer malların fiyatları gibi artmaya başlayacaktı.

Durumu görmek için Sherlock Holmes olmaya gerek yoktu. Neden herkesin kahve almadığını anlayamıyordum. Ben kahve almaya karar verdiğimde buna spekülasyon gözüyle bakmadım. Benim için daha çok bir yatırımdı. Bu yatırımı paraya çevirmenin zaman alacağını biliyordum, ama çok iyi kâr getireceğinin de farkındaydım. Bu da kahveyi muhafazakâr bir yatırım haline getiriyordu. Bu bir kumarbazdan çok bir bankacının yapacağı türden bir yatırımdı.

Alımlarıma 1917 kışında başladım. Oldukça yüksek miktarda kahve aldım. Ancak piyasada bir değişiklik olmadı. Eskisi gibi durgundu, fiyatlar da benim beklediğim artışı göstermedi. Sonuçta aldığım kahve hiçbir değişiklik göstermeden dokuz ay elimde kaldı. Kontratlarımın süresi doldu ve ben de bütün opsiyonlarımı[9] sattım. Kahve işinden büyük zarar ettim, yine de tahminimin doğru çıkacağına emindim. Zaman açısından yanılmıştım, ama eninde sonunda kahvenin de diğer hammaddeler gibi değerleneceğine inanıyordum. O yüzden elimdekileri satar satmaz yeniden almaya başladım. O dokuz sıkıcı ay boyunca elimde tuttuğum ve beni zarara sokan kahveyi üç kez satıp tekrar geri aldım.

Artık pek de haksız olmadığımı görmeye başlıyordum. Ben üçüncü kez alım yaptıktan sonra fiyatlar artmaya başladı. Herkes aniden kahve piyasasında olacakları anlamış gibiydi. Yatırımım bana yüksek bir kazanç sağlayacağa benziyordu.

Aldığım kontratları bana satanların çoğu Alman adı taşıyan ya da Almanya ile bağlantısı olan kişilerdi. Kahveyi gizli olarak Brezilya'dan alıp kavuruyor, sonra da Amerika'ya getiriyorlardı. Ancak bu kahveyi taşıyacak gemi yoktu ve orada dağ gibi kahveleri olmasına rağmen bana sağlayacakları kahveleri getiremiyorlardı.

9 Opsiyon; onu elinde bulunduran kişiye belli bir finansal varlığı, belli bir fiyattan alma veya satma hakkını veren bir araçtır. ç.n.

Unutmayın ki ben önce kahve fiyatının artacağı beklentisiyle yola çıkmıştım. O dönemde fiyat savaştan önceki düzeyine inmişti ve ben kahve satın alıp bir yıla yakın elimde tuttuktan sonra bile fiyat artmadığı için zarar edip elimdekileri satmak zorunda kalmıştım. Haksız çıkmanın cezası zarar etmektir. Oysa ben haklıydım ve elimde bol miktarda kahve vardı, doğal olarak büyük para kazanmayı umuyordum. Birkaç yüz bin çuval almıştım, bu yüzden kâr edebilmem için fiyatta ufak bir artış yeterliydi. Ben yaptığım işlemlerin miktarlarından sözetmeyi sevmem, çünkü çok büyük miktarda alım satım yaptığım için başkaları övündüğümü düşünebiliyorlar. Aslında ben her zaman ayağımı yorganıma göre uzatır ve kendime güvenli bir sınır bırakırım. Kahve olayında da muhafazakâr bir tarzda hareket ediyordum. Bu kadar fazla opsiyon almamın nedeni bu işte mutlaka kazanacağıma emin olmamdı. Koşullar benim lehimeydi. Bir yıl beklemek zorunda kalmıştım, ama artık hem beklemenin hem de haklı çıkmanın ödülünü alacaktım. Çok yakında büyük kâr edeceğimi biliyordum. Bunu görmek için falcı olmak gerekmiyordu. Ben de kör değildim.

Milyonlarca dolarlık kâr hızla ve kaçınılmaz bir şekilde bana doğru geliyordu, ama bana hiç ulaşamadı. Hayır, genel durumda herhangi bir değişiklik olmadı. Piyasa birdenbire yön değiştirmedi. Ülkeye aniden kahve yağmadı. O zaman ne olmuştu? En beklenmedik şey! Kimsenin o güne kadar yaşamadığı, benim aklımdan bile geçmeyen bir şey. Bunu da hiç önümden ayırmadığım beklenmedik riskler listesine ekledim. Bana kısa pozisyona girerek kahve satan adamlar kendilerini neyin beklediğini biliyorlardı ve düştükleri durumdan kurtulabilmek için bir üçkâğıt düşündüler. Washington'a koşup yardım istediler ve aldılar.

Belki hatırlarsınız, hükümet ihtiyaç mallarından kâr edilmesini engellemek için çeşitli düzenlemeler getirmişti. Bu düzenlemelerin nasıl işlediğini hepimiz biliyoruz. Bu kahveciler, Savaş Sanayileri Kurulu'nun Fiyat Belirleme Komitesi'ne başvurdular ve Amerikalıların kahvaltıda en çok içtiği içeceği vatansiperane bir şekilde korumaya karar verdiler. Profesyonel bir spekülatör olan Lawrence Livingston'un kahve fiyatını sabitlediğini ya da sabitlemek üzere olduğunu bildirdiler. Eğer bu kişinin spekülasyon planları engellenmezse, savaş koşullarından istifade edecek ve yüz milyon Amerikalı her gün içtikleri kahve için akıl almaz fiyatlar ödemek zorunda kalacaktı. Bana gemi bulamadıkları için bir türlü getiremedikleri kahveleri bir güzel satan vatansever kahveciler, böylece beni vicdansız bir spekülatör yerine koydular. Kendilerini kahve kumarbazı değil, kahve tüccarı olarak tanımlayan bu kişiler, hükümete kahve üzerinden fahiş kâr edilmesini engellemek için ellerinden gelecek yardımı yapacaklarını bildirdiler.

Şimdi böyle sinsi insanlardan ödüm kopuyor. Fiyat Belirleme Komitesi'nin yolsuzlukları ya da fahiş kârı engelleme konusunda elinden geleni yaptığına eminim. Ancak yine de komitenin kahve piyasasını fazla derinlemesine incelemediğini söylemem gerekiyor. Komite ham kahve için belli bir fiyat belirledi ve mevcut bütün kontratların kapatılması için bir zaman sınırı getirdi. Bu karar yüzünden Kahve Borsası kapanmak zorunda kaldı. Yapabileceğim tek şey elimdeki kontratları satmaktı. Çantada keklik gözüyle baktığım o milyonlarca dolarlık kâr aniden buhar olup uçtu. Ben de ihtiyaç mallarında kâr edilmesine herkes kadar karşıyım, ama Fiyat Belirleme Komitesi bu kararı aldığı dönemde, bütün diğer hammaddeler savaş öncesi fiyatlarının yüzde 250 ile 400 fazlası fiyatlardan satılıyordu, kahve ise savaştan birkaç yıl önce bulunduğu düzeydeydi. Kahvenin kimin elinde bulunduğu önemli değildi. Fiyat er ya da geç artacaktı, bunun nedeni de vicdansız spekülatörler değil, azalan ithalat ve kahve stoku olacaktı. Bunun tek sorumlusu dünyadaki bütün gemileri havaya uçurmayı kendilerine iş edinmiş olan Alman denizaltılarıydı. Komite kahve fiyatlarının artmasına izin vermedi ve frenlere asıldı.

O dönemde Kahve Borsası'nın kapanmaya zorlanması tam bir politik hata oldu. Eğer komite kahveyi kendi kaderine bıraksaydı, fiyat yukarıda belirttiğim nedenlerden ötürü artacaktı, bunun da benim fiyat sabitlediğim söylentileriyle ilgisi yoktu. Ancak fiyatın fazla değil de; biraz yükselmesi tedarikçileri bu piyasaya çekmek için yeterli olacaktı. Berbard M. Baruch'un, Savaş Sanayileri Kurulu fiyatları belirlerken, bu faktörü, yani tedariğin sağlanması konusunu göz önünde bulundurduğunu, bu nedenle bazı mallara getirilen yüksek sınırdan şikâyet edenlerin haksız olduğunu söylediği anlatılır. Kahve Borsası daha sonra yeniden açıldığında, kahve yirmi üç sente satılıyordu. Amerikalılar bu fiyatı ödemek zorundaydı, çünkü kahve bulunmuyordu. Kahve bulunmuyordu, çünkü belirlenen fiyat kahve tüccarlarının önerisi yüzünden çok düşüktü. Bu yüzden yüksek navlunu ödemeleri ve ithalata devam etmeleri mümkün olmadı.

Hammadde piyasalarında yaptığım alım satımlar içinde kahve en iyisiydi. Bu benim için spekülasyondan çok bir yatırımdı. Bir yıldan uzun bir süre kahve alıp sattım. Eğer ortada bir kumar döndüyse, isimleri ve ataları Alman olan o kahve tüccarlarının işiydi bu. Brezilya'daki kahvelerini New York'ta bana satıyorlardı. Fiyat Belirleme Komitesi de fiyatı artmayan tek malın fiyatını sabit tutmaya karar verdi. Halkı kahve üzerinden edilecek kârdan korumaya çalıştılar, ama daha sonraki fiyat artışına karşı koruyamadılar. Sadece o değil, çiğ kahvenin onsu dokuz sent civarındayken, kavrulmuş kahvenin fiyatı diğer bütün mallarla birlikte arttı. Bundan yarar gören tek kesim kahveciler oldu. Eğer çiğ kahvenin fiyatı ons başına iki ya da üç sent artmış olsaydı, bu benim için birkaç milyon dolar anlamına gelecekti.

Borsada pişmanlıklara yer yoktur. Pişman olarak hiçbir yere varamazsınız. Ancak bu olay benim için iyi bir ders oldu. Girdiğim işler arasında en kolay görüneniydi. Fiyatın artacağından emindim ve bile bile gözümün önündeki milyonları kaçırmak istemedim. Ama paralar aniden uçup gitti.

İki olayda daha borsa kurullarının herhangi bir uyarı yapmadan işlem kurallarını değiştirmesi yüzünden zarar ettim. Fakat o olaylarda pozisyonum teknik olarak doğru olsa da, ticari açıdan kahve işinde olduğu kadar sağlam değildi. Spekülasyon yaparken hiçbir şeyden kesin olarak emin olamazsınız. Size anlattığım olay, gerçekten de beklenmedik tehlikeler listesine bir numaradan girecek nitelikteydi.

Kahve hikâyesinden sonra, diğer hammaddelerde ve menkul değerler borsasında girdiğim kısa pozisyonlarda o kadar başarılı oldum ki, hakkımda tuhaf söylentiler çıktı. Wall Street'teki profesyonel borsacılar ve gazeteciler, borsadaki kaçınılmaz fiyat düşüşlerinin arkasında benim olduğumu öne sürmeye başladılar. Kimi zaman gerçekten satış yapayım ya da yapmayayım, yaptığım sanılan satışlar vatan hainliği olarak nitelendirildi. Benim yaptığım işlemlerin boyutlarının ve etkisinin abartılmasının nedeni, halkın her fiyat hareketi için bir sebep talep eden, doymak bilmez açlığını gidermekti sanırım.

Daha önce bin kez söylediğim gibi, hiçbir manipülasyon, hisse fiyatlarını düşürüp düşük kalmalarını sağlayamaz. Bunu anlamak hiç de zor değildir. Yarım dakika bu konu üzerinde düşünmeye zahmet eden herkes nedeni kavrayabilir. Diyelim ki bir borsacı bir hisse senedinin fiyatını gerçek değerinin altına düşürdü, bundan sonra ne olacaktır? Öncelikle bu kişi hisseyi satın almak isteyenlerin ekmeğine yağ sürecektir. Hisse senedinin değerini bilenler, mutlaka düşük fiyattan satılıyorken o hisseyi almak isteyecektir. Eğer hisseyi alan çıkmıyorsa, demek ki borsanın genel koşulları olumsuzdur ve borsada genel bir düşüş beklentisi vardır. Fiyatın özellikle düşük tutulması borsada hoş görülmeyen bir tutumdur, buna neredeyse bir suç gözüyle bakılır. Ama bir hisse senedini gerçek değerinin çok altında bir fiyattan satmak tehlikeli bir iştir. Eğer fiyatı özellikle düşük tutulan, yani haksız bir biçimde kısa pozisyona girilen bir hissenin fiyatı yükselmiyorsa, alıcı bulamıyor demektir; alıcı çıktığında fiyat hemen yükselir. Şu kadarını söyleyeyim, fiyatların haksız yollardan düşük tutulduğu öne sürülen olayların yüzde doksan dokuzunda düşüş doğal yollardan gerçekleşmiştir. Profesyonel bir borsacının işlemleri bu düşüşü hızlandırmış olabilir, ama elinde ne kadar fazla hisse olursa olsun, düşüşün asıl nedeni olamaz.

Ani düşüşlerin ya da değer kayıplarının bazı borsacıların işi olduğu teorisi, yalnızca borsayı kumar zanneden ve kendi akılları ile hareket edecek yerde söylenen her şeye inanan spekülatörlere gerekçe olarak uydurulmuştur. Talihsiz müşteriler, uğradıkları zararları açıklamak isteyen brokerlerinden bu gerekçeyi sık sık duyarlar, ama aslında bu zararlı bir tüyodur. Zararlı ve yararlı tüyolar arasındaki fark şurada yatar: Borsanın düşeceği tüyosu kısa pozisyona girip hisse senedi satılmasını öneren olumlu bir tavsiyedir. Zararlı tüyo ise yalnızca bir bahanedir ve gerektiği yerde kısa pozisyona girilmesini engeller. Bir hisse senedi ani bir düşüş gösterdiğinde, genel eğilim onu satmak yönündedir. Bu düşüşün mutlaka bir nedeni olmalı, belki bu neden şu anda bilinmiyor ama mutlaka geçerli bir nedendir, o yüzden hisseler satılmalı, diye düşünülür. Öte yandan, eğer düşüş bir borsacının işi ise hisseleri satmamak gerekir. Çünkü bu borsacı hissenin peşini bıraktığı an fiyat yeniden fırlayacaktır. Ah şu yanlış tüyolar!

XVI. BÖLÜM

Tüyolar! İnsanlar tüyo için deli olur. Sadece tüyo almak değil, vermek için de yanar tutuşur borsanın müdavimleri. Tüyolar insanlardaki tamah ve gurur duygularını su yüzüne çıkarır. Gerçekte çok zeki olan insanların tüyo peşinde ne hale geldiğini görmek eğlenceli olabiliyor bazen. Tüyo doğru olmasa da olur, tüyocu doğru tüyonun değil, her tüyonun peşindedir. Eğer tüyo doğru çıkarsa ne alâ. Yok eğer asılsız çıkarsa olsun, önemli değil, bir dahaki sefere doğru çıkar. Ortalama aracı kurumlarla çalışan ortalama borsa müşterisinden sözediyorum. Bir de sürekli tüyo ile uğraşan bir borsacı türü vardır. Bu borsacı için iyi bir tüyo akışı reklam gibi bir şeydir, dünyanın en iyi haber aracıdır. Çünkü tüyo avcıları, aynı zamanda tüyo yayıcıları ve yayıncılarıdır. Bu tüyo uzmanı nefes alan hiçbir insan evladının iyi bir tüyoyu geriye çevirmeyeceği kanısını taşır. Bu tüyoları gayet artistik bir biçimde dağıtmak konusunda özel bir yetenek geliştirmiştir.

Ben çeşit çeşit insandan her gün yüzlerce tüyo alırım. Size Borneo Tin hakkında bir hikâye anlatayım. Hissenin borsaya ilk kez sürüldüğü zamanı hatırlıyor musunuz? Borsa en canlı dönemini yaşıyordu. Hisseyi borsaya sürecek olan kişiler kendi aralarında bir grup oluşturmuşlar, deneyimli bir bankacıya danışmışlar ve bu yeni hisseyi taahhütlü aracılık firması yoluyla borsaya verecek yerde, doğrudan halka sunmaya karar vermişlerdi. Bu yerinde bir karardı, ama uygulamada deneyimsizlik nedeniyle aksamalar çıktı. Aşırı canlılık dönemlerinde borsanın neler yapabileceğini bilmiyorlardı ve yeterince liberal davranmadılar. Hisseyi satabilmek için bir fiyat belirlediler, ancak bu fiyat işlemciler ve borsanın öncüleri tarafından kuşkuyla karşılandı.

Hisseyi borsaya süren grup, ilk belirlediği fiyatta kalmalıydı, ama grubun üyeleri fiyatların ok gibi fırladığı o günlerde fazlasıyla açgözlü davranma hatasına düştüler. Halk, uygun tüyo aldığı her şeyi deli gibi satın alıyordu. Yatırım istenmiyordu. Herkes kolay para peşindeydi; borsayı kumarhaneye çevirmişlerdi. Savaş malzemeleri alımı nedeniyle ülkeye su gibi altın akıyordu. Bir söylentiye göre, Borneo hisselerini borsaya süren grup, ilk işlem gerçekleşene kadar fiyatı üç kez artırmıştı.

Ben de bu gruba katılmak için teklifler almıştım ve bu teklifleri gözden geçirmiştim, ama sonuçta kabul etmedim. Borsada yapılacak manevra varsa, bunu yalnız yapmayı tercih ederim. Ben kendi topladığım bilgilere göre hareket ederim ve kendi yöntemlerimi izlerim. Borneo Tin borsada satışa sunulduğunda grubun kaynaklarının ve planlarının neler olduğunu, ayrıca halkın neler yapabileceğini bildiğim için ilk günün ilk saatinde on bin adet hisse aldım. Hissenin borsaya girişi oldukça başarılı oldu. Hatta talep o kadar yüksekti ki, grubun üyeleri bir anda bu kadar çok hissenin satılmasını engellemeye çalıştı. Benim on bin hisse satın aldığımı öğrendikleri sırada, fiyatı yirmi beş ya da otuz puan arttırsalar bile ellerindeki her hisseyi satabileceklerini anlamışlardı. Benim aldığım on bin hisseden elde edeceğim kâr, onların şimdiden bankada bildikleri milyonların önemli bir kısmını alıp götürecekti. Böylece hisse fiyatını artırmamaya karar verdiler ve beni yıldırmaya çalıştılar. Ben ise hiç istifimi bozmadan bekledim. Sonunda beni gözden çıkardılar ve borsanın geri kalan müşterilerini kaçırmak istemedikleri için fazla hisse kaybetmeden fiyatı artırmaya başladılar.

Diğer hisse fiyatlarının ulaştığı akıl almaz düzeyleri gördüler ve bu işten milyarlar kazanacaklarını hayâl etmeye başladılar. Borneo Tin 120 puana çıktığında elimdeki on bin hisseyi sattım. Bu satış fiyatı duraklattı ve grup yöneticileri tekrar fiyatı artırmaya başladılar. Diğer fiyatlar genel bir artış gösterince Borneo Tin için de aktif bir pazar yaratılmaya çalışıldı, ama hissenin fiyatı fazla yüksekti. Sonunda hisse fiyatını 150'ye çıkardılar. Ama bu arada borsadaki canlanma sona ermişti ve hisseyi düşük fiyattan satmak zorunda kaldılar. Müşterileri, genellikle fiyatlar düşüşe geçtiğinde alım yapan, eskiden 150'ye satan bir hisse senedi 130'a satılıyorsa bu çok iyi bir fiyattır, hele 120'ye gidiyorsa buna kelepir denir diye düşünen insanlardı. Bu tüyo önce geçici piyasa yaratabilen salon işlemcilerine, daha sonra da aracı firmalara iletildi. Bilinen her numaraya başvuruldu, ama bunlar fazla işe yaramadı. Artık halk, fiyatı şişirilmiş hisselere doymuştu. Acemiler başka oltalara takılmıştı. Borneo grubu ise gerçekleri görmemekte inat ediyordu.

Ben eşimle birlikte Palm Beach'teydim. Bir gün Gridley's'te biraz para kazandım ve eve gidince Bayan Livingston'a bu paranın içinden beş yüz dolarlık bir banknot verdim. İlginç bir tesadüf, eşim aynı gece bir yemekte Borneo Tin şirketinin genel müdürü olan Wisenstein diye bir adamla tanıştı. Bu adam aynı zamanda borsadaki grubun da başındaydı. Olaydan bir süre sonra Wisenstein'in özellikle manevra yaparak karımın yanına oturduğunu öğrendik.

Bu bey karımla pek ilgilendi, onu eğlendirecek şeyler anlattı. Sonunda da ona gizli gizli, "Bayan Livingston, şimdi daha önce hiç yapmadığım bir şey yapacağım. Bunu büyük bir keyifle yapıyorum, çünkü siz kıymetini bileceksiniz," demiş. Sonra da durup kaygıyla karımın yüzüne bakmış, olayı başkalarına anlatmayacağına emin olmak istiyormuş. Karım adamın yüzünden her şeyi anlamış, ama yalnızca, "Evet," demekle yetinmiş.

"Evet, Bayan Livingston. Sizinle ve eşinizle tanışmak benim için büyük bir zevk. Bunu içtenlikle söylediğimi de kanıtlamak istiyorum. Çünkü ileride de görüşeceğimizi umuyorum. Herhalde anlamışsınızdır, size şimdi vereceğim bilgi çok çok gizli!" Sonra da kulağına fısıldamış: "Eğer Borneo Tin hissesi satın alırsanız, çok para kazanırsınız."

"Öyle mi?" demiş karım.

"Ben otelden ayrılmadan hemen önce, telgrafla halkın en az birkaç gün duymayacağı önemli bir haber geldi. Ben de alabildiğim kadar hisse alacağım. Eğer yarın açılışta alırsanız, benimle aynı zamanda ve aynı fiyata almış olursunuz. Borneo Tin'in yükseleceği konusunda size güvence veririm. Bunu bir tek size söyledim. Sadece size!"

Karım adama teşekkür ettikten sonra, kendisinin borsa hakkında hiçbir şey bilmediğini söylemiş. Wisenstein da ona söylediğinden başka bir şey bilmesine gerek olmadığını belirtmiş. Kendisini doğru duyduğuna emin olmak için de tavsiyesini bir kez daha tekrarlamış:

"Yapmanız gereken tek şey, istediğiniz miktarda Borneo Tin satın almak. Size yemin ederim ki eğer alırsanız, tek bir sent bile kaybetmezsiniz.

Ben hayatımda hiçbir kadına ya da erkeğe bir hisseyi almaları konusunda tavsiyede bulunmadım. Ama hissenin 200'e varmadan durmayacağına o kadar eminim ki, sizin de bundan kâr etmenizi isterim. Bütün hisseleri ben alamam, benden başka kâr edecek biri olacaksa, onun da bir yabancı değil, siz olmasını isterim. Bütün bunları size anlattım, çünkü kimseye söylemeyeceğinizi biliyorum. Bana güvenin Bayan Livingston ve Borneo Tin alın!"

Bu konuda çok içten görünüyormuş ve karımı öylesine kandırmış ki kendisine o gün verdiğim beş yüz doları bu işe yatırmaya karar vermiş. Bu para bana da havadan gelmişti ve ona verdiğim harçlığın dışında, fazladan bir tutardı. Yani eğer şans yüzüne gülmezse, kaybettiği için üzülmeyeceği bir paraydı. Ama Wisenstein, mutlaka kazanacağını söylemişti. O da kendi kendine borsada oynamaya, bana da sonradan anlatmaya karar vermiş.

Ertesi sabah borsa açılmadan önce Harding'in ofisine gitmiş ve müdüre, "Bay Haley," demiş. "Biraz hisse senedi almak istiyorum, ama her zamanki hesabıma yatırmayın. Ben kâr edene kadar eşimin bilmesini istemiyorum. Yapabilir misiniz?"

Müdür Haley, "Tabii yaparım. Sizin için özel bir hesap açarız. Hangi hisseden ve ne kadar alacaksınız?"

Karım ona beş yüz dolar uzatmış ve demiş ki: "Bakın, bu paradan fazlasını kaybetmek istemiyorum. Size borcum olmasın, bir de lütfen sakın Bay Livingston'a bu konuda bir şey söylemeyin. Açılışta bana bu parayla alabildiğiniz kadar Borneo Tin alın."

Haley parayı almış ve karıma kimseye bir şey söylemeyeceğine söz vermiş. Borsa açılışında da onun için, sanıyorum 108 puandan yüz hisse satın almış. O gün borsa çok aktifti, hisse de günü üç puan artışla kapadı. Bayan Livingston bu başarısına öyle sevinmiş ki bana anlatmak için sabırsızlanmaya başlamış.

Ben ise borsada genel bir düşüş bekliyordum. Borneo Tin'deki beklenmedik canlanma dikkatimi çekti. O an hiçbir hissenin, hele Borneo Tin'in yükselmesini beklemiyordum. O gün kısa pozisyondan hisse satmaya başlamayı planlıyordum ve işe on bin Borneo hissesi satarak başladım. Eğer satmasaydım hissenin değeri üç yerine beş ya da altı puan artardı herhalde.

Hemen ertesi gün borsa açılışında iki bin hisse daha sattım, kapanıştan önce de iki bin hisse sattım ve hisse fiyatı 102'ye indi.

Harding Brothers'ın Palm Beach şubesinin müdürü Haley üçüncü sabah Bayan Livingston'un yolunu gözlüyormuş. Karım genellikle saat onbir civarı uğrayıp işlerimin nasıl gittiğine bakardı.

Haley onu kenara çekerek, "Bayan Livingston, o yüz Borneo Tin hissesini elinizde tutmak istiyorsanız, marjınızı artırmak zorundasınız," demiş.

Karım da, "Ama benim başka param yok," diye yanıtlamış.

"Hisseyi normal hesabınıza aktarabilirim."

"Olmaz," diye karşı çıkmış karım, "O zaman kocam öğrenir."

Haley, "Ama hesabınızda zarar..." diye söze başlamış.

Karımsa, "Ama size özellikle beş yüz dolardan fazla kaybetmek istemediğimi söylemiştim. Hatta o beş yüz doları da kaybetmek istemiyordum," demiş.

"Biliyorum Bayan Livingston, ama size danışmadan satmak istemedim. Şimdi de bana daha fazla marj (teminat) vermezseniz, hisseleri satmak zorunda kalacağım."

"Ama ilk aldığım gün ne güzel yükselmişti fiyatı," demiş karım. "Böyle hemen düşeceğini beklemiyordum. Siz bekliyor muydunuz?"

Haley, "Hayır, ben de beklemiyordum," demiş. Brokerlerin diplomatik davranması gerekir ne de olsa.

"Niye böyle oldu Bay Haley?"

Haley hissenin niye düştüğünü çok iyi biliyordu, ama beni ele vermeden karıma açıklama yapamazdı, müşterilerin işlemlerini gizli tutmak ilkesiyle hareket ediyordu. O yüzden, "Bu hisse hakkında ne iyi ne kötü bir şey duymadım ben. Aa, yine düştü! İyice değer kaybetti artık," diyerek fiyat tahtasını göstermiş.

Bayan Livingston hızla düşmekte olan fiyata bakıp haykırmış: "Bay Haley, ben beş yüz dolarımı kaybetmek istemiyorum. Ne yapabilirim?"

"Bilmiyorum Bayan Livingston. Ben sizin yerinizde olsaydım Bay Livingston'dan isterdim."

"Hayır, olmaz! O benim kendi başıma spekülasyon yapmamı istemiyor. Bana kaç defa söyledi. İstersem benim adıma hisse alıp satar, ama daha önce hiç ondan habersiz iş yapmamıştım. Ona söyleyemem."

Haley onu teselli etmek için, "Korkmayın Bayan Livingston. O çok iyi bir borsacı ve bu durumda ne yapılacağını bilir." Karımın başını olumsuz bir şekilde salladığını görünce bu kez şeytanca bir tavırla ilave etmiş: "Yoksa Borneo'lar için bin ya da iki bin dolar koymanız gerekecek."

Bu ona yetti. O gün uzun süre ofiste oyalandı, ama borsa düştükçe benim yanıma gelerek fiyat tahtasını izlemeye başladı ve sonra da benimle konuşmak istediğini söyledi. Müdürün odasına girdik, orada bana bütün olayı anlattı. Ben de ona, "Seni aptal küçük kız, artık o hisseye dokunma" dedim.

O da dokunmayacağına söz verdi, ona beş yüz dolar verdim ve mutlu bir şekilde ofisten ayrıldı. Artık Borneo 100 puana düşmüştü.

Hemen neler döndüğünü anladım. Wisenstein kurnaz bir adamdı. Bayan Livingston'a söylediği şeyin benim kulağıma geleceğini ve benim de hisseyi almak isteyeceğimi düşündü. Benim aktif hisseleri sevdiğimi ve her zaman yüksek miktarda hisse ile hareket ettiğimi biliyordu. Benim on ya da yirmi bin hisse alacağımı umuyordu.

Bu benim aldığım en planlı ve ince düşünülmüş tüyolardan biriydi. Ama tutmadı. Tutmayacağı belliydi. Bir defa karım o gün havadan beş yüz dolar almıştı ve her zamankinden daha girişimci bir ruh hali içindeydi. Kendi başına para kazanmak istiyordu ve kadınlık dürtüleriyle durumu kendi gözünde dramatize ederek çekici hale getirdi. Borsayı iyi bilmeyen birinin hisse alıp satmaması gerektiğini düşündüğümü biliyordu, bu yüzden konuyu bana açmaya cesaret edemedi. Wisenstein karımın psikolojisini anlayamamıştı.

Ayrıca Wisenstein benim de nasıl bir borsacı olduğumu bilmiyordu. Ben tüyolara kulak asmam. Ayrıca o dönemde borsada genel bir düşüş bekliyordum. Beni Borneo almaya ikna etmek için kullandığı taktikler –hissenin aniden canlanması, üç puan yükselmesi– benim üzerimde ters etki yapmış ve satışlarıma Borneo'dan başlamama neden olmuştu.

Bayan Livingston'un anlattıklarını duyunca Borneo hissesi satmaya her zamankinden daha kararlı hale geldim. Her sabah açılışta ve her akşam kapanıştan hemen önce bu hisseden bir miktar sattım, ta ki açıklarımı iyi bir kârla kapatana kadar.

Bana tüyolara göre hareket etmek çok saçma geliyor. Ben tüyo avcısı olarak yaratılmamışım. Bazen tüyo avcılarının sarhoşlar gibi olduğunu düşünüyorum. Bazıları içkiye dayanamaz ve içkiyi mutlu olmaları için şart sanırlar. Tüyo alması da çok kolaydır, kulaklarınızı açık tutmanız yeter. İnsanın mutlu olabilmek için ne yapması gerektiğini öğrenmesi de mutlu olmak kadar güzel bir şeydir, ama aslında insanı mutluluktan uzaklaştırır. Tüyo avcıları gözlerini para bürümüş, açgözlü insanlar değildir, düşünce tembeli olan ve bir umuttan diğerine koşan zavallılardır.

Bu tüyo avcıları yalnızca halk arasından çıkmaz. New York Menkul Değerler Borsası salonunda işlem yapan profesyonel borsacılar arasında da vardır bu tür insanlar. Bunlar asla tüyo vermediğim için benden nefret ederler. Eğer sıradan bir insana, "Hemen beş bin çelik hissesi sat," desen satar. Ama borsada genel bir düşüş beklediğimi söyleyip nedenlerini ayrıntıları ile anlatırsam, önce beni dinlerken sıkılır, sonra da borsanın genel koşullları hakkında ahkâm kesip değerli zamanını harcadığım ve Wall Street'te eş dost, yabancı demeden herkesin cebine milyonlar doldurmaya hazır, diğer tüyocular gibi işine yarayacak, somut bir tüyo vermediğim için bana kızar.

Mucizelere inanmak kendini fazlasıyla umuda kaptırmaktır. Düzenli aralıklarla kendilerini bir umut furyasına kaptıran insanlar vardır, kimileri bu umutkoliklere iyimser adını verir. İşte tüyo avcıları bunlardır.

Benim New York Menkul Değerler Borsası'nda çalışan bir tanıdığım var. Asla tüyo vermediğim ve arkadaşlarıma akıl vermekten hoşlanmadığım için benim bencil ve soğuk biri olduğumu düşünür. Bundan birkaç yıl önce bir gün bir gazeteciyle konuşuyormuş. Gazeteci laf arasında iyi bir kaynaktan G. O. H.'nin değer kazanacağını duyduğunu söylemiş. Broker arkadaşım da gitmiş, hemen bin adet hisse almış, ama hisse fiyatı göz açıp kapayana kadar düşmüş ve arkadaşım zararını üç bin beş yüz dolarla zor sınırlamış. Bir iki gün sonra tekrar gazeteciyi görmüş, ona karşı hiç de iyi duygular beslemiyormuş.

"Amma tüyo verdin bana," diye şikâyet etmiş. Konuşmayı hatırlamayan gazeteci, "Ne tüyosu?" diye sormuş.

"Şu G. O. H. Hem de iyi bir kaynaktan duyduğunu söylemiştin."

"Öyleydi zaten. Finans kurulunun üyesi olan müdürlerden biri söylemişti."

"Hangisi?" diye sormuş bizimki acı acı.

"Aslını ararsan senin kayınpederin, Bay Westlake'di," demiş gazeteci de.

"Niye baştan söylemedin?" diye bağırmaya başlamış brokerimiz. "Bu iş bana üç bin beş yüz dolara maloldu!" Aile içinden gelen tüyolara inanmazdı. Kaynak ne kadar uzak olursa, tüyo o kadar sağlamdır diye düşünürdü.

Westlake zengin ve başarılı bir bankerdi ve birçok hissenin borsaya sürülmesine önayak olmuştu. Bir gün yolda John W. Gates'i görmüş. Gates ona o aralar iyi bir şeyler duyup duymadığını sormuş. Westlake, "Eğer kullanacaksan sana bir tüyo vereyim. Kullanmayacaksan beni hiç boşuna yorma," diye homurdanmış.

Gates de neşeyle, "Tabii kullanırım," diye söz vermiş.

"Reading hisselerini sat! Kesin yirmi beş puan düşecek, belki daha da çok düşer. Ama yirmi beş puan kesinlikle düşecek," demiş Westlake üzerine basa basa.

"Çok teşekkür ederim," diyen milyonluk Gates, Westlake'in elini hararetle sıkmış ve brokerinin yolunu tutmuş.

Westlake, Reading konusunda uzmanlaşmıştı. Şirketin tüm girdi çıktısını biliyor, yöneticilerle içli dışlı olduğu için hisseyi yakından tanıyordu, bütün borsa da bunu bilmekteydi. Şimdi de tarihin en hızlı borsacısına hisseden kısa pozisyona girmesini öğütlüyordu.

Reading sürekli yükselmeye devam etti. Birkaç hafta içinde yüz puana yakın artış gösterdi. Bir süre sonra Westlake yine Wall Street'te John W. Gates'i görmüş ama görmemiş gibi yapıp yürümesine devam etmiş. John W. Gates ise ona yetişip ağzı kulaklarına vararak elini uzatmış. Westlake şaşkınlıkla sıkmış elini.

"Size Reading tüyosu için teşekkür etmek istiyorum," demiş Gates.

"Ben sana tüyo falan vermedim," demiş Westlake ters ters.

"Verdiniz ya. Hem de çok esaslı bir tüyoydu. Sayenizde altmış bin dolar kazandım."

"Altmış bin dolar mı kazandın?"

"Evet! Hatırlamıyor musunuz? Bana Reading satmamı söylemiştiniz, ben de satın aldım. Ben her zaman verdiğiniz tüyoların tam tersini yaparım ve bu güne kadar bu sayede çok para kazandım Bay Westlake," demiş Gates neşeyle.

Westlake Gates'e bakmış, sonra da hayranlıkla şunları söylemiş: "Gates, eğer senin zekân bende olsaydı, çok zengin olurdum."

Geçenlerde brokerlerin Wall Street karikatürlerine bayıldıkları ünlü karikatürist W. A. Rogers'le tanıştım. Onun yıllardır *New York Herald* gazetesinde çıkan karikatürleri her gün binlerce insanı güldürür. Bana bir hikâye anlattı. Biz İspanya'yla savaşa girmeden az önceymiş. Bir akşam bir broker arkadaşının evine gitmiş. Oradan ayrılırken kendisinin sandığı bir şapkayı askıdan almış ve takmış. Bu şapka kendisininkiyle aynı modelmiş ve başına tıpatıp uymuş.

Wall Street'in o günlerde konuştuğu tek konu İspanya savaşıymış. Savaş çıkacak mı çıkmayacak mı? Savaş çıkacaksa borsa düşecek, bunun nedeni de bizim kendi satışlarımız değil, bizden menkul değer alan Avrupalıların baskıları olacak diye düşünülüyormuş. Eğer savaş çıkmazsa yapılacak en iyi şey, hisse senedi satın almak olacakmış, çünkü hisse fiyatları savaş söylentileri yüzünden zaten oldukça düşükmüş. Bay Rogers bana hikâyenin geri kalan kısmını şöyle anlattı:

"Bir gece önce gittiğim broker arkadaşım ertesi gün borsanın ortasında durmuş fiyatların ne yöne gideceğini tahmin etmeye çalışıyor, bundan sonraki adımının ne olacağını kara kara düşünüyormuş. Eksileri ve artıları kafasında tartıyor, neyin gerçek neyin söylenti olduğunu anlamaya çalışıyormuş. Ama bunu yapmak da pek kolay değilmiş. Ona yol gösterecek güvenilir bir haber yokmuş. Bazen savaşın kaçınılmaz olduğunu düşünüyor, bir sonraki an kesinlikle savaş çıkmayacağı kanısına kapılıyormuş. İçine düştüğü bu sıkıntı yüzünden ateşi çıkmış olacak ki şapkasını çıkararak alnını silmiş. Hisseleri alsın mı satsın mı bilemiyormuş.

Nedense gözü şapkanın astarına takılmış. Şapkanın içinde altın harflerle benim adımın baş harfleri olan WAR[10] yazıyormuş. İstediği haber böylece kendisine ulaşmış. Tanrı'nın benim şapkam yoluyla ona bir işaret gönderdiğine inanmış. Böylece yüksek sayıda hisse senedi sattı, o arada savaş çıktı, açıklarını hemen kapattı ve inanılmaz para kazandı. Şapkamı da bir daha bana geri vermedi."

Fakat benim duyduğum hikâyeler içinde en iyisi New York Menkul Değerler Borsası'nın en gözde üyelerinden biri, J. T. Hood hakkında olanıdır. Bir gün bir başka işlemci Bert Walker, kendisine Atlantic & Southern'in bir müdürüne bir iyilik yaptığını, karşılığında da müdürün kendisine alabildiği kadar A. & S. hisse alması için tüyo verdiğini söylemiş. Şirketin yöneticileri çok yakında hisse fiyatını en az yirmi beş puan artıracak bir şey yapacaklarmış. İşin içinde bütün müdürler yokmuş, ama çoğu kendilerinden istendiği gibi oy kullanacakmış.

Bert Walker temettü oranının artırılacağını düşünüyormuş. Bunu Hood'a söylemiş, böylece iki kafadar ikişer bin A. & S. hissesi satın almış. Hisse fiyatı çok düşükmüş. Hood da bunun Bert'in arkadaşının da aralarında bulunduğu grup tarafından alımları artırmak için düzenlendiğini düşünmüş.

Ertesi perşembe günü borsa kapandıktan sonra Atlantic & Southern müdürleri toplanarak temettü oranını belirlemiş. Hisse fiyatı perşembe günü, borsanın ilk altı dakikasında altı puan düşmüş.

Bert Walker küplere binmiş. Kendisine tüyo veren müdürü aramış. Müdür çok mahcupmuş, nasıl özür dileyeceğini bilemiyormuş. Walker'a hisse satın almasını söylediğini unutmuş. O yüzden onu arayıp yönetim kurulunda alınacak kararın değiştiğini belirtmek aklına gelmemiş. Adamcağız o kadar üzülmüş ki kendini affettirmek için Bert'e başka bir tüyo vermiş. Diğer müdürlerden bazıları ucuza hisse kapatmak istediklerinden onun onayı olmadan bazı işler çevirmişler. O da onların oyunu kazanabilmek için ses çıkarmamış. Ama şimdi kendilerine gerektiği kadar hisse aldıkları için hisse fiyatını artırmaya başlayacaklarmış. Bundan sonra A. & S. almanın tam zamanıymış.

Bert onu affetmekle kalmamış, bu yüksek düzey yöneticinin eli-

10 İngilizce, "savaş".

ni sıkarak ona teşekkür etmiş. Elbette hemen arkadaşı ve kurbanı Hood'a koşmuş, müjdeyi vermiş. Birlikte korkunç kâr edeceklermiş. Daha önce hisse fiyatının yükseleceği tüyosunu duyunca hisseyi almışlar. Oysa şimdi hisse fiyatı onbeş puan daha düşükmüş. Yani daha çok hisse alabileceklermiş. Onlar da ortaklaşa beş bin hisse almışlar.

Sanki onları bekliyormuş gibi hisseleri alır almaz bir de bakmışlar ki hisse fiyatı düşüyor. Şirket yöneticilerinin satış yapmaya başladığı belliymiş. İki ortak hata yaptıklarını anlamışlar. Hood ellerindeki beş bin adet hisseyi satmış. Elinde hiç hisse kalmayınca Bert Walker ona, "Eğer o alçak evvelsi gün Florida'ya gitmiş olmasaydı boyunun ölçüsünü alırdım. Hem de ne biçim alırdım. Ama şimdi sen gel benimle," demiş.

Hood, "Nereye gidiyoruz?" diye sormuş.

"Postahaneye. O üçkâğıtçıya ömür boyu unutmayacağı bir telgraf çekeceğim. Gel gidelim."

Hood onunla gitmiş. Bert postaneye gitmiş. Orada duygularının etkisiyle, beş bin hisse yüzünden ettikleri zarar onu epeyce duygulandırmış ne de olsa, ağır bir teessüf telgrafı döşenmiş. Telgrafı Hood'a okumuş ve bitirdikten sonra da "Böylece onun hakkında neler düşündüğümü anlar," demiş.

Telgrafı tam görevli memura uzatacakmış ki Hood, "Dur biraz Bert," demiş.

"Ne oldu?"

"Ben olsam göndermem," demiş Hood dobra dobra. "Niye?" diye sert sert sormuş Bert.

"Okuyunca çok kızacak."

Bert şaşkınlıkla Hood'a bakarak, "Biz de bunu istemiyor muyuz?"

Hood başını olumsuz anlamda sallayarak tüm ciddiyetiyle, "O telgrafı gönderirsen bir daha asla ondan tüyo alamayız," demiş.

Düşünün, profesyonel bir borsacının ağzından böyle bir şey çıkabiliyor. Kim bilir acemi tüyo avcıları neler yapıyordur. İnsanlar tüyolara aptal oldukları için değil, kendilerini umuda kaptırdıkları için inanırlar. Baron Rothschild'ın borsada kâr etmesine yardımcı olan bir sırrı varmış. Birileri ona borsada para kazanmarnın zor olup olmadığını sormuş, o da çok kolay olduğunu söylemiş.

Soruyu soran kişi, "Size kolay geliyor, çünkü zaten çok zenginsiniz," demiş.

"Hiç de değil. Ben işin kolayını buldum ve ondan şaşmıyorum. Bu yolla para kazanmamak imkânsız. İsterseniz size sırrımı söyleyeyim. Sırrım şu: Ben asla fiyat en düşük düzeydeyken hisse almam ve her zaman erken satarım."

Yatırımcılar farklı türde insanlardır. Çoğu envanterleri ve istatistikleri inceler, matematiksel verilerin içine dalar ve bunları kesin doğrular sanır. İnsan unsuru genellikle en aza indirgenir. Genellikle tek başına çalışmayı sevmezler. Benim tanıdığım en zeki yatırımcı ise, işe Pennsylvania'da başlayıp daha sonra Wall Street'e gelerek başarı basamaklarını tırmanan biriydi.

Son derece usta bir araştırmacı, yorulmak bilmez bir insandı. Hep kendi sorularını sormak ve her şeyi kendi gözleriyle görmek isterdi. Olayları başkasının gözlükleriyle görmeye gereksinim duymazdı. Bu yıllar önceydi. Elinde az miktarda Atchinson vardı. Derken şirketle ve yönetimiyle ilgili tatsız haberler duymaya başladı. Şirketin yönetim kurulu başkanı Bay Reinhart göründüğü kadar iyi bir yönetici değildi, şirketini felakete doğru sürükleyen müsrif ve sorumsuz bir insandı. Çok yakında hesap vermek zorunda kalacaktı.

Bu, bizim Pennsylvania'lının arayıp da bulamadığı türden bir haberdi. Hemen Boston'a giderek Bay Reinhart'la görüştü ve kendisine birkaç soru sordu. Bu sorularda duyduğu suçlamaları yineledi. Atchinson, Topeka & Santa Fe Demiryolları'nın genel müdürüne bunların doğru olup olmadığını sordu.

Bay Reinhart bu söylentileri yalanlamakla kalmadı, bu söylentileri çıkaranları fesat birer yalancı olmakla suçladı. Pennsylvania'lı ondan kesin bilgi istedi ve genel müdür de ona istediği bilgileri vererek şirketin durumunu, mali hesaplarını kuruşu kuruşuna açıkladı.

Pennsylvania'lı Reinhart'a teşekkür ederek New York'a döndü ve hemen elindeki bütün Atchinson hisselerini sattı. Bir hafta kadar sonra elindeki parayı yüksek miktarda Delaware, Lackawanna & Western hissesi almakta kullandı.

Yıllarca sonra bize kâr getiren işlemlerden bahsediyorduk, o da bana bu olayı anlattı. Onu hisseleri satmaya iten şeyin ne olduğunu da açıkladı.

"Reinhart bana şirketin durumunu anlatırken sayıları yazmak için çalışma masasının çekmecesinden mektup kağıdı çıkardı. Kullandığı kâğıt son derece kaliteli, iki renk kabartmalı antetli bir kâğıttı. Bu kâğıt çok, hem de çok pahalıydı. Kağıdın üzerine birkaç sayı yazarak şirketin bazı bölümlerinin ne kadar kâr ettiğini, harcamaları ve işletme masraflarını nasıl azalttıklarını anlattı. Ondan sonra da o güzelim kağıdı buruşturarak çöp sepetine attı. Birazdan yeni uyguladıkları bir yöntemi anlatmak için iki renkli antetli yeni bir sayfa çekip aldı. Birkaç sayı yazdıktan sonra, o kâğıt da çöp sepetini boyladı. Bir an düşünmeden boşa harcanan bu kadar para. Eğer genel müdür böyleyse, yanında çalışanlar kim bilir nasıldır diye düşündüm. O yüzden genel müdüre inanacak yerde, bana onun ne kadar müsrif olduğunu anlatanlara inanmaya karar verdim ve elimdeki bütün Atchinson'ları sattım.

Bir rastlantı sonucu birkaç gün sonra Delaware, Lackawanna & Western'in ofisine gitmem gerekti. O günlerde genel müdür Sam Sloan'dı. Ofisi girişin hemen yanındaki odaydı ve kapısı da ardına dek açıktı. Onun kapısı her zaman açıktı. D. L. & W.'nin merkez ofisine giren herkes şirketin genel müdürünü masasında otururken görebilirdi. İsteyen herkes gidip işini doğrudan onunla görebilirdi. Ekonomi muhabirleri Sam Sloan'la doğrudan konuşup lafı hiç dolandırmadan kendisine soru sorabildiklerini ve borsada durum ne olursa olsun kendisinden açık bir evet ya da hayır cevabı alabildiklerini anlatırlar.

Sloan'ın odasına girince onun meşgul olduğunu gördüm. Önce mektuplarını açtığını sandım, ama sonra masasına yaklaşınca ne yaptığını farkettim. Sonradan bunun günlük alışkanlığı olduğunu öğrendim. Ofise gelen mektuplar ayırılıp açıldıktan sonra boş zarflar atılacak yerde Sloan'ın odasına getirilirmiş. O da boş dakikalarında zarfın kenarlarını yırtarmış. Böylece bir yüzü boş iki parça kâğıt elde edermiş. Bu kâğıtları biriktirir, ondan sonra da ofisteki elemanlara dağıtır, Reinhart'ın benim için kullandığı antetli kağıdın yerine, not kağıdı olarak kullanmalarını sağlarmış. Ne boş zarflar, ne de müdürün zamanı boşa harcanırmış. Her şey için bir kullanım alanı bulunurmuş anlayacağınız.

Eğer D. L. & W. 'nin genel müdürü böyleyse, şirketin her bölümü de iktisatlı bir şekilde yönetiliyordur mutlaka, Sloan bunun böyle olmasını sağlıyordur, diye düşündüm. Elbette şirketin düzenli temettü ödediğini ve bol gayrimenkulü olduğunu biliyordum. Alabildiğim kadar D. L. & W. hisse senedi aldım. O zamandan bu yana hissenin değeri önce ikiye, sonra da dörde katlandı. Şimdi neredeyse ilk yatırdığım para kadar yıllık temettü alıyorum. Bugün hâlâ D. L. & W.'lerimi elimde tutuyorum. Atchinson firması ise genel müdürü bana müsrif olmadığını kanıtlamak için sayfa sayfa antetli kâğıtları çöp sepetine attıktan kısa bir süre sonra el değiştirdi."

Bu gerçek bir olaydır ve D. L. & W. hisseleri o Pennsyilvania'lının borsa yaşamı boyunca yaptığı en iyi yatırımdır.

XVII. BÖLÜM

En yakın arkadaşlarımdan biri benim kapıldığım şu sezgiler hakkında bin bir hikâye anlatır. Sürekli benim anlaşılmayan güçlere sahip olduğumu söyler durur. Benim körü körüne bazı gizemli içgüdüleri izlediğimi ve bu yüzden borsada zamanlamamın hep doğru olduğunu söyler. En sevdiği hikâye de benimle siyah bir kedi arasında geçen bir konuşmadır. Güya bir gün onun evinde, kahvaltı sofrasında bir kara kedi bana elimdeki bir hisse senedini satmamı söylemiş, ben de satana kadar rahat etmemişim. Bu satışı en yüksek fiyatlardan yaptığım için müthiş kâr etmişim. Duyan da bu masala inanır!

Oysa gerçekte, o sıralar Washington'da bazı parlamenterlerle görüşüyor, onları borsaya uygulanan vergilerin indirilmesi konusunda ikna etmeye çalışıyordum. Dikkatim borsanın üzerinde değildi. Elimdeki hisseleri satma fikri aniden doğdu, arkadaşım da bu hikâyeyi uydurdu işte.

Gerçekten de arada sırada borsada olmayacak şeyleri yapmak için tuhaf bir isteğe kapıldığım olur. İster kısa ister uzun pozisyonda olayım, hiç farketmez. Hemen borsadan kurtulmam gerektiğini hissederim. Kurtulana kadar da içim rahat etmez. Sanıyorum çevremde bazı uyarı işaretleri görmeye başlıyorum. Belki bu işaretlerden tek bir tanesi yapmak istediğim şeyi yapmam için yeterli bir neden olamıyor. Belki de James R. Keene ve ondan önce gelen bazı borsacıların sahip olduğu söylenen altıncı his bu. İtiraf edeyim ki bu uyarı genellikle hem doğru hem de tam zamanındadır. Ama bu olayda sezgiye falan kapılmadım. İşin kara kediyle ilgisi yoktu. Arkadaşım benim o sabah çok aksi davrandığımı söylüyor. Bu, hayal kırıklığına uğramış olmamdan kaynaklanıyordu. Konuştuğum parlamenterleri ikna edemediğimi ve kurulan komitenin Wall Street'ten vergi alma konusunda benimle aynı görüşü paylaşmadığını çok iyi biliyordum. Borsa işlemlerinde vergi indirimine gidilmesine ya da vergi kaçırılmasına göz yumulmasını önermiyordum ben. Yalnızca uygulanan vergi oranlarının borsacılar açısından pek adil ve mantıklı olmadığını anlatmaya çalışıyordum. Sam Amca'nın kaz gelecek yerden tavuk esirgememesini istiyordum. Bu konuda başarısız olunca hem sinirlendim, hem de haksız vergi ödemek zorunda kalan bir sektörün geleceği hakkında kötümser duygulara kapıldım. Size ne olup bittiğini anlatayım.

Borsada fiyatlar yükselmeye başladığında, hem Wall Street'te hem de bakır piyasasında işlerin iyi gideceğini düşünüyordum, bu yüzden bu iki tür hisse senedinden de bol miktarda aldım. Önce 5 bin Utah Copper aldım, ama daha fazla almaktan vazgeçtim, çünkü hisse gerektiği gibi hareket etmiyordu. Yani o hisseyi aldığıma memnun olmama yetecek kadar artış göstermedi. Sanıyorum fiyat 114 civarındaydı. Hemen hemen aynı fiyata United States Steel de satın almaya başladım. İlk gün hisse düşündüğüm gibi hareket ettiği için 20 bin adet aldım. Size daha önce anlattığım yöntemi izliyordum.

Steel hisseleri düşündüğüm gibi artmaya devam etti ve ben de toplam 72 bin hisse toplayana kadar alımlarımı sürdürdüm. Fakat Utah Copper hisselerimi artırmadım. Hâlâ elimde 5 bin hisse vardı. Daha fazla almak için bir neden göremiyordum.

O sırada olanları herkes biliyor. Borsada müthiş bir canlanma görüldü. Fiyatların artacağı belliydi. Genel koşullar elverişliydi. Hisse senetleri büyük çapta değer kazandıktan ve kâğıt üzerindeki kârım hatırı sayılır bir miktara ulaştıktan sonra bile, henüz satış zamanının gelmediğini biliyordum. Washington'a geldiğimde hâlâ bu görüşü taşıyordum. Borsanın biraz daha yükseleceğini düşünüyordum, ama elbette o saatten sonra yeni hisse almak amacında değildim. Borsa tamamen düşündüğüm yönde gidiyordu. Bütün gün fiyat tahtasının karşısında oturup hisseleri satacak anı kollamama da gerek yoktu. Satma zamanı gelmeden önce, çok büyük bir felaket olmadığı sürece, borsa mutlaka duraklayacak ya da bana durumumu tam tersine çevirmem için bir işaret verecekti. O yüzden ben de içim rahat bir şekilde parlamenterlerle görüşmeye gittim.

Bu arada fiyatlar artıyordu ve bu da pek yakında artışın duracağı anlamına geliyordu. Bunun için belli bir tarih verilmesi gerekmiyordu.

Borsanın ne zaman düşüşe geçeceğini tahmin etmek benim gücümü aşıyordu. Yine de bir gözüm borsadaydı. Zaten benim bir gözüm her zaman borsadadır. Bu benim için bir alışkanlık haline gelmiştir.

Emin değilim ama, sanıyorum hisselerimi satmadan önceki gün yüksek fiyatları görünce aklıma kâğıt üzerindeki kârımın ne kadar yüksek olduğu, elimde ne kadar çok hisse senedi tuttuğum ve bir türlü devlet adamlarımızı Wall Street'e karşı daha mantıklı ve adil davranmaya ikna edemediğim geldi. Böylece içime bir kuşku tohumu atıldı. Bilinçaltım bütün gece fazla mesai yaptı. Sabah borsayı ve o gün nasıl hareket edeceğini düşünmeye başladım. Sonra da ofise gidince fiyatların hâlâ yükselmekte olduğunu ve benim de kâr ettiğimi düşünmeyip, hisselerimi şimdi satarsam rahatlıkla alıcı bulacağımı farkettim. Borsa bu durumdayken istediğim kadar hisse satabilirdim. İnsan elinde bu kadar çok hisse varken, kâğıt üzerindeki kârlarını nakde çevirme fırsatını buldu mu elinden kaçırmamalıdır. İşlem sırasında kârdan fazla kaybetmemek için çaba harcamak gerekir. Deneyimlerim bana her zaman kârlarımı nakde çevirmek için fırsat bulabileceğimi ve bu fırsatın da genellikle borsa düşüşe hazırlanırken karşıma çıktığını gösterir. Bunun sezgilerimle ilgisi yoktur.

Elbette o sabah elimdeki hisse senetleri için alıcı bulunca hemen sattım. Satış yaparken elli hisseyle de başlayabilirsiniz, elli bin hisseyle de. Ama elli hisse satarsanız, bunu fiyatı en düşük düzeyde bile oynatmadan yapabilirsiniz, elli bin hisse satmaksa daha farklı olacaktır. Benim elimde yetmiş iki bin adet U. S. Steel hissesi vardı. Bu size çok yüksek bir miktar gibi görünmeyebilir, ama satış yaparken mutlaka kâğıt üzerinde onca yüksek görünen kârın bir miktarını silip süpürecektir ve bu kayıp, sizi bankadaki nakit paranızı kaybetmiş kadar üzecektir.

Toplam kârım 1 milyon 500 bin dolar civarındaydı ve elime fırsat geçmişken bunu hemen nakde çevirdim. Ancak satmakla doğru şeyi yaptığımı düşünmemin nedeni, kâr etmem ve elime fırsat geçmesi değildi. Satma zamanımın geldiğini borsadaki bazı işaretlerden anladım ve beni asıl mutlu eden şey bu oldu. Elimdeki 72 bin U. S. Steel hisse senedini günün en yüksek fiyatının sadece bir puan altında bir değere satmayı başardım. Ama aynı gün, aynı saatte 5 bin Utah Copper'ımı satmaya çalışınca, fiyat beş puan düştü. Hatırlayacaksınız, her iki hisse senedini de aynı zamanda satın almaya başlamıştım ve gayet akıllıca davranarak elimdeki U. S. Steel'in sayısını yirmi bin hisseden yetmiş iki bin hisseye çıkarmış, Utah hisselerimi ise beş bin hisse ile sınırlandırmıştım. Utah Copper'ları daha önce satmamamın nedeni, genelde bakır fiyatlarının artacağını düşünmemdi. Nasıl olsa hisse senetlerinden iyi kazanıyordum, Utah'ta büyük kâr etmesem bile elimdeki hisseleri satmamak bana fazla bir zarar getirmeyecekti. Ama işin içinde sezgi falan yoktu.

Bir borsacının yetişmesi tıp eğitimine benzer. Doktor adayının uzun yıllar boyunca çalışarak anatomi, fizyoloji, farmakoloji gibi birçok konuyu öğrenmesi gerekir. Önce işin teorisini kavrar, ondan sonra da hayatını işin uygulamasına adar. Her tür patolojik olguyu gözlemleyerek bunları sınıflandırır. Tanı koymasını öğrenir. Eğer tanıları doğru çıkarsa –bu da gözlemlerinin eksiksiz olması ile mümkün olur ancak– tedavide de başarılı olacaktır. Ancak her zaman insanın yanılabileceğini ve beklenmedik bazı olayların bunu etkileyebileceğini aklında tutmak zorundadır. Sonra yavaş yavaş deneyim edinir, yalnızca doğru şeyleri yapmasını değil, bunları zamanında yapmasını da öğrenir, öyle ki doktor olmayan insanlar onun bazı içgüdülerini izleyerek hareket ettiğine inanmaya başlar. Oysa doktor bunu otomatik olarak yapmaz. Uzun yıllar boyunca aynı hastalıkla defalarca karşılaştığı ve tanı koyduğu için deneyimlerine dayanarak en uygun tedavi biçimi neyse onu seçer. Bilgilerinizi, yani kitaplardan öğrendiğiniz şeyleri başkalarına aktarabilirsiniz ama deneyiminizi aktaramazsınız. Bir yatırımcı ne yapması gerektiğini çok iyi bilebilir, ama bu bildiğini zamanında uygulamadığı sürece zarar etmekten kurtulamayacaktır.

Gözlem, deneyim, bellek ve matematik, bunlar başarılı bir borsacının yararlanması gereken şeylerdir. Doğru gözlem yapmakla kalmamalı, gördüğü şeyleri her zaman aklında tutmalıdır. Olağandışı ya da beklenmedik şeylerden yola çıkarak hareket edemez, beklenmedik şeylerle çok sık karşılaşsa bile... Her zaman olasılıklardan hareketle yola çıkmalıdır, yani hep gerçekleşmesi olası şeyleri hesaba katmalıdır. Borsada geçen yıllar, sıkı çalışma ve iyi bir hafıza sayesinde, borsacı hem beklediği hem de beklemediği şeylere karşı nasıl davranacağını bilecektir.

İnsanın matematiğe büyük yeteneği ve korkunç bir gözlem kabiliyeti olabilir, ama eğer deneyim ve hafızası yoksa borsada başarısız olabilir. Ayrıca bilimsel yenilikleri izleyen bir doktor gibi borsacının da sürekli olarak borsadaki yeni gelişmeleri ve genel koşulları etkileyebilecek her türlü hareketi izlemesi gerekir. Zamanla bu bir alışkanlık haline gelir. Artık bütün bunları otomatik olarak yapar. Paha biçilmez bir özellik olan profesyonel davranma becerisine kavuşur ve bu da onun başarılı olmasını sağlar, ama her zaman değil! Profesyonel ve amatör ya da geçici borsacı arasındaki bu fark, çok çok önemlidir. Örneğin hafızamın ve matematiğin benim için çok büyük önem taşıdığını belirtmeliyim. Wall Street'te para matematiksel olarak kazanılır. Yani borsa bazı gerçeklere ve sayılara dayalı olarak yürür.

Borsacı çevresinde olanları dakikası dakikasına izlemeli ve tüm piyasalara ve gelişmelere karşı profesyonel bir tavır benimsemeli derken, başarıda sezgilerin ve altıncı hissin abartıldığı kadar büyük bir rolü olmadığını söylemek istiyorum. Elbette, bazen deneyimli bir borsacı o kadar hızlı hareket eder ki neyi neden ve nasıl yaptığını açıklayacak zamanı bulamaz. Yine de bunlar mutlaka iyi ve yeterli nedenlerdir. Çünkü borsadaki gelişmeleri profesyonel bir açıdan görüp değerlendirerek edindiği birikimin bir sonucudur. Profesyonel bir yaklaşım demekle neyi kastettiğimi size açıklayayım.

Ben her zaman hammadde piyasalarını yakından izlerim. Bu, yılların bana verdiği bir alışkanlıktır. O yıl hükümet kış hasadının bir önceki yılla hemen hemen aynı, bahar hasadının ise 1921'den daha iyi olacağını bildirmişti. Koşullar çok daha iyiydi ve hasat da her zamankinden erken olacağa benziyordu. Koşullarla ilgili sayıları alıp hasadın ne kadar olacağını hesaplayınca –matematik– aklıma hemen kömür madencilerinin ve demiryolu işçilerinin grevi geldi. Bu olayları düşünmeden edemedim. Çünkü benim aklım sürekli piyasaları etkileyecek gelişmelerle meşguldür. Hemen farkettim ki kargoların taşınmasını olumsuz yönde etkileyen grev, mutlaka fiyatları da olumsuz yönde etkileyecekti. Şöyle düşündüm: Grev yüzünden aksayan ulaşım nedeniyle, kış buğdayının piyasaya gelmesi gecikecek, grevin bitmesiyle de bahar hasadı tamamlanmış olacaktı. Yani trenler buğday taşımaya başladıklarında her iki hasadı da, geciken kış buğdayını ve erken biçilen bahar buğdayını birlikte taşıyacaklar, böylece piyasa aniden büyük bir buğday yığınının altında kalacaktı. Durum böyle olunca, yani olasılıklar böyle gösterince, benim gibi düşünen borsacılar bir süre buğday fiyatında artış beklemeyeceklerdi. Buğdayın fiyatı düşüp buğday alımını iyi bir yatırım haline getirene kadar buğdaya dokunmayacaklardı. Piyasada alıcı bulunmayınca buğdayın fiyatı düşecekti. Ben böyle düşünüyordum, ama düşündüklerimde haklı olup olmadığımı öğrenmek için yanıp tutuşuyordum. Pat Heame'in her zaman söylediği gibi, "Yarış bitene kadar galibi kimse bilemez." Fiyatların düşeceğini düşündüğüme göre, bir an önce kısa pozisyondan satışa başlamam gerekiyordu.

Deneyimlerim bana en iyi kılavuzun borsanın kendisi olduğunu gösterdi. Aynen bir hastanın ateşine bakmak, nabzını tutmak, gözkapaklarının rengine bakmak ya da dilinin durumunu kontrol etmek gibi.

Genellikle bir milyon kile buğdayı 1/4 sentlik bir fiyat sınırı içinde almak ya da satmak mümkündür. Ben o gün deneme olarak 250 bin kile buğday sattığımda fiyat 1/4 sent düştü. Bu hareket benim için yeterince iyi bir kanıt olmadığı için ben 250 bin kile buğday daha sattım. Sattığım buğdayın gıdım gıdım alındığını farkettim. Yani alımlar benim beklediğim gibi iki ya da üç işlemde değil, on, on beş bin kilelik alımlar halinde yapılıyordu. Azar azar gerçekleşen bu alımlardan sonra fiyat 1 1/4 sent düştü. Piyasada buğdayın alınış şekli ve bu satış sonucu fiyatın bu kadar düşmesi, bana açıkça fazla alım gücü olmadığını gösteriyordu. Öyleyse ne yapacaktım? Elbette daha fazla satacaktım. İnsanın geçmiş deneyimlerine kulak vermesi arada sırada yanılmasına da yol açabiliyor. Ama vermemesi kesinlikle onu rezil ediyor. Neyse, iki milyon kile buğday daha sattım ve fiyat biraz daha düştü. Birkaç gün sonra borsanın hareketi beni resmen iki milyon kile buğday daha satmaya zorladı ve fiyat daha da düştü. Birkaç gün sonra buğdayın fiyatı büyük ölçüde düştü ve kile başına 6 sent değer kaybetti. Orada da kalmadı, düşüşe devam etti. O zamandan beri ufak tefek geçici artışlara karşın buğday fiyatı düşüşünü sürdürüyor.

Ben özel bir sezginin peşine düşmedim. Hiç kimse bana tüyo vermedi. Hammadde piyasasına karşı benimsediğim ve yılların deneyiminden kaynaklanan profesyonel yaklaşım sayesinde kâr ettim. Ben piyasaları incelerim, çünkü işim borsada işlem yapmaktır. Fiyatlar bana doğru yolda olduğumu haber verir vermez, sattığım hisselerin sayısını artırmak benim görevim haline geldi. Bu görevi yerine getirdim. Hepsi bu.

Deneyim borsada insana en fazla temettü getiren şeydir ve gözlem en iyi tüyodur. Bazen gereken tek bilgi, belli bir hisse fiyatının izlediği yöndür. Bunu gözlemlemek gerekir. Sonra da deneyiminiz normal olandan, yani olası olandan saparak, nasıl para kazanabileceğinizi gösterecektir. Örneğin hepimiz hisse senetlerinin hep birlikte hareket etmediklerini biliyoruz, ama borsada genel bir yükseliş ya da düşüş varsa, belli hisse grupları o yönde hareket edecektir. Borsada bu sık rastlanılan bir durumdur. Aracı kurumlar bu durumu çok iyi bilirler ve her fırsatta müşterilerine bunu tüyo diye sunarlar. Yani belli bir gruptaki hisselerden biri diğerlerinin arkasında kaldıysa bunu almalarını ya da satmalarını öğütlerler. Böylece eğer U. S. Steel'in fiyatı yukarı çıktıysa, mantıksal olarak Crucible, Republic ya da Bethlehem gibi çelik hisselerinin de artış göstereceğini düşünürler. Belli hisse senedi gruplarının kaderlerinin ortak olduğu, artış ve düşüşlerde birlikte hareket edeceği varsayılır. Pratikte yüzlerce kez çürütülmüş olmasına karşın, teoride bu hisselerin eninde sonunda aynı yerde buluşacaklarına kesin gözüyle bakılır, bu nedenle halk C. D. Çelik ile X. Y. Çelik yükselirken A. B. Çelik henüz yükselmediyse, hemen bu sonuncu hisseden almaya koşar.

Ben borsada genel yükseliş beklentisi varsa bile, bir hisse gerektiği gibi hareket etmiyorsa onu satın almam. Bazen fiyatların yükselmesi an meselesiyken, ben bir hisse senedini satın alırım, sonra da onun grubundaki diğer hisselerin fiyatı artmıyor diye satarım. Neden? Deneyimlerim bana grup eğilimlerine ters hareket etmemem gerektiğini göstermiştir de ondan. Her zaman kesin gerçeklere dayanarak hareket edilemeyebilir. Olasılıkları da göz önünde bulundurmak gerekir. Yaşlı bir broker bir keresinde bana demişti ki: "Eğer rayların üzerinde yürüyorsam ve bir trenin saatte yüz kilometre hızla üzerime doğru geldiğini görüyorsam yolumda yürümeye devam eder miyim? Hemen kenara çekilirim. Ve kendimi bu kadar akıllı ve tedbirli olduğum için kutlamaya da kalkışmam."

Geçen yıl borsadaki yükselme başladıktan sonra, bir hisse grubundaki hisselerden birinin farklı hareket ettiğini, gruptaki diğer hisseler borsanın geneline uygun davranırken, o hissenin fiyatının başka yöne gittiğini farkettim. Elimde yüksek miktarda Blackwood Motors hissesi vardı. Herkes şirketin çok başarılı olduğunu biliyordu. Hisse fiyatı da günde bir ila üç puan arasında artış gösteriyordu ve halkın ilgisi her geçen gün biraz daha artıyordu. Bu da doğal olarak dikkatleri bu grubun üzerine çekti ve otomobil hisseleri birer birer yükselmeye başladı. Ancak hisselerden biri, Chester, ısrarla yerinden oynamıyordu. Kısa sürede fiyatı diğer hisselerin gerisinde kaldı ve çok geçmeden borsanın diline düştü. Chester'ın düşük fiyatı ve hareketsizliği Blackwood ve diğer otomobil hisselerinin dinamizmi ve yüksek değeri ile karşılaştırılıyordu. Halk böylece tüyoculara ve dedikoduculara kulak verdi, mutlaka grubun diğer hisselerine yetişeceği varsayımıyla Chester satın almaya başladı.

Bu alımlar üzerine değer kazanacağı yerde, Chester'ın fiyatı daha da düştü. Aynı gruptan Blackwood'un ne kadar değer kazandığı, otomobil talebindeki artış ve rekor üretim göz önüne alındığında, Chester hisselerinin fiyatını yükseltmenin pek zor olmadığı anlaşılıyordu.

Ancak hisse fiyatı artmadığına göre, Chester şirketinin yöneticileri borsada sık sık görülen bu tür bir oyunun peşinde değildi. Bunun iki nedeni olabilirdi. Belki yöneticiler fiyatı özellikle düşük tutuyor, fiyat artmadan daha fazla hisse senedi toplamaya çalışıyorlardı. Ancak Ancak Chester'daki alım satım hacmini ve karakterini incelerseniz, bu geçersiz bir teoriydi. Diğer sebep ise, (satamayacaklarını düşündükleri için ve ellerinde öncekinden daha fazla hisse olacağından dolayı) yöneticilerin hisse satın almak istememesiydi.

Hisseleri istemesi gereken insanlar istemiyorsa, ben ne diye isteyeyim? Diğer otomobil şirketlerinin durumu ne kadar iyi olursa olsun,

Chester'da kısa pozisyona girerek satışa geçmenin yapılacak en iyi şey olduğuna karar verdim. Deneyimlerim bana grup liderini izlemeyen hisseleri alırken dikkatli olmam gerektiğini göstermiştir.

Hemen Chester hisselerinde şirket içi yönetimin hisse almak yerine hisse sattığını anladım. Chester'ı almamam için başka uyarılar da vardı ama benim için gerekli tek uyarı, Chester'ın istikrarsız borsa performansıydı. Beni uyaran şey, yine fiyatlar oldu ve fiyatları izleyerek Chester'da kısa pozisyona girmeye karar verdim. Kısa bir süre sonra, bir gün fiyat dibi boyladı. Daha sonra resmi ağızdan, gerçekten de şirketin durumunun iyi olmadığını bilen şirket yöneticilerinin hisseyi satmakta olduğunu duyduk. Bunun nedeni de fiyat iyice düştükten sonra açıklandı. Ama uyarı fiyat düşmeden önce verilmişti aslında. Ben fiyat düşüşlerini değil, düşüşten önce yayılan uyarı sinyallerini kollarım. Chester şirketindeki sorunun ne olduğunu bilmiyordum, herhangi bir sezgiye de kapılmamıştım. Yalnızca ters giden bir şeyler olduğunu biliyordum.

Bir gün gazeteler Guiana Gold altın hisselerinde "sansasyonel" bir düşüş yaşandığını yazdı. Bu hisse borsa dışı piyasada 50 puana yakın bir fiyattan el değiştirirken Menkul Değerler Borsası'na girdi. Bu borsada 35 civarında alınıp satılmaya başladı, sonra düştü ve sonunda 20 puana kadar indi.

Bence bu düşüş hiç de "sansasyonel" değil, beklenen bir düşüştü. İsteyen herkes bu şirketin geçmişini öğrenebilirdi. Bilen bir sürü insan vardı zaten. Bana şöyle anlatıldı: Altı adet önde gelen kapitalist ve bir bankadan oluşan bir konsorsiyum oluşturulmuş. Konsorsiyumun üyelerinden biri Belle Isle Exploration Company'nin müdürüymüş. Bu firma Guiana'ya 1 milyon doların üzerinde nakit para vermiş, karşılığında da tahvil ve Guiana Gold Mining Company'nin toplam bir milyon hissesinden 250 bin adet almış. Hisse senedi temettü de dağıtıyordu ve bu çok iyi bir reklam kampanyasıyla duyurulmaktaydı. Bu arada Belle Isle hisselerini nakite çevirmeye karar vermiş ve bankalara 250 bin hisse satmak üzere çağrıda bulunmuş. Bankalar da hem bu hisseleri hem de kendilerine ait bazı hisseleri pazarlamaya çalışmışlar. Bu hisseleri satması için hisseleri 36 puana sattığı takdirde, kârın üçte birini alacak olan bir uzmanla anlaşmışlar. O sırada fiyat 41 puanmış. Yani aslında şirket yöneticileri bankacı arkadaşlarına ilk baştan 5 puanlık bir kâr ödemiş oluyorlarmış. Bunun farkında olup olmadıklarını bilmiyorum.

Bankacılar için bu satış kolay bir işlemdi. Borsanın genelinde artış bekleniyordu ve Guiana Gold'un ait olduğu gruptaki hisseler borsada lider konumdaydı. Şirket iyi kâr ediyor ve temettülerini düzenli olarak ödüyordu. Bu ve şirketin prestijli sponsorları, halkın Guiana'ya neredeyse bir yatırım hissesi olarak bakmasına neden oldu. Halka toplam 400 bin hisse senedi satıldığı ve fiyatın 47'ye kadar çıktığı söyleniyor.

Altın grubu çok güçlüydü. Ama Guiana'nın yeri sallantıdaydı. On puan değer kaybetti. Eğer hisseler konsorsiyum tarafından pazarlansaydı sorun kalmayacaktı. Ama çok geçmeden Wall Street'te işlerin pek de yolunda gitmediği ve hisselerin istenen getiriyi sağlayamadığı duyulmaya başlandı. Böylece düşüşün nedeni ortaya çıktı. Fakat neden anlaşılmadan önce ben gerekli uyarıyı görmüş ve Guiana'yı satmak için denemelerime başlamıştım. Hisse, aynen Chester Motors gibi hareket ediyordu. Elimdeki Guiana'ları sattım. Fiyat düştü. Daha çok sattım. Fiyat daha da düştü. Hisse, Chester'ın ve klinik öykülerini çok iyi hatırladığım daha birçok hissenin performansını tekrarlıyordu. Fiyat, bana ters giden bir şeyler olduğunu, şirket yöneticilerinin hisseyi almaya yanaşmadıklarını ve o yöneticilerin fiyatlar böylesine artarken o hisseyi almamak için mutlaka çok iyi bir nedenleri olduğunu anlatıyordu. Öte yandan olayı bilmeyenler hisseyi almaya devam ediyorlardı, çünkü geçmişte 45 puanı aşan bir hissenin fiyatı 35 puana inince onlara ucuz geliyordu. Temettüler ödenmeye devam ediyordu. Bu bir kelepirdi.

Derken haber yayıldı. Haberi, borsayla ilgili diğer önemli gelişmelerde olduğu gibi, herkesten önce duydum. Guiana'nın altın madeni yerine kayalıkları kazıp durduğu haberini alınca, şirket yöneticilerinin hisseyi neden sattıklarını anladım. Ama ben bu haber üzerine elimdeki hisseleri satmadım. Ben çok daha önce, hisse fiyatının düştüğünü görünce satmıştım. Benim için fazla karmaşık bir nedene gerek yoktur. Ben borsacıyım ve benim için tek bir işaret gerekir: Şirketin kendi yöneticileri hisseyi alıyor mu? Almıyorlardı. Yöneticilerin fiyat düşerken hisseyi neden almak istemedikleri beni ilgilendirmiyordu. Hisse fiyatını artırmak için özel çaba harcamamaları benim için yeterliydi. Böylece kısa pozisyona girerek hisseyi satmam farz oldu. Halk yaklaşık yarım milyon hisse almıştı ve şimdi daha fazla zarar etmek istemeyen bir grup çaylak, elindeki hisseleri fiyatı düşük bulup kâr etmeyi uman diğer bir grup çaylağa satacaktı.

Bu olayı size Guiana alan halkı eleştirmek ya da hisseleri satarak kâr ettiğim için kendimle övünmek için anlatmadım. Size anlatmaya çalıştığım şey, grup hareketlerinin önemi ve bunlardan çıkarılabilecek derslerin, küçük, büyük birçok borsacı tarafından gözardı edilmesi. Fiyatlar yalnızca menkul değerler borsasında değil, hammadde piyasalarında da insana yol gösterir.

Ben pamukta ilginç bir olay yaşadım. Borsada düşüş bekliyordum ve bu nedenle de hisse senetlerinde kısa pozisyona girmiştim. Pamukta da kısa pozisyonda 50 bin balya satış yapmıştım. Hisse senetlerinden kâr etmeye başladım ve pamuğu ihmal ettim. Birdenbire 50 bin balyadan 250 bin dolar zarar ettiğimi gördüm. Dediğim gibi, hisse senetleri çok hareketliydi ve kafam tamamen onlarla meşguldü, o yüzden dikkatimi onlardan ayıramamıştım. Ne zaman aklıma pamuk gelse kendi kendime, "Fiyat biraz düşünce açıklarımı kapatırım," diye düşünüyordum. Fiyat biraz düşecek gibi oluyor, ama ben açıklarımı kapatıp zararımı sınırlandırmaya karar verene kadar tekrar yükseliyor, bir önceki fiyatı da geçiyordu. Ben de biraz daha beklemeye karar veriyor, hisse senetlerine dönüyor ve yalnızca onlarla ilgileniyordum. Sonunda çok iyi bir kârla borsadan çıktım ve biraz dinlenip tatil yapmak için Hot Springs'e gittim.

O zaman pamuktan ettiğim zararı düşünecek fırsatı buldum. Piyasa benim aleyhime işliyordu. Bazen neredeyse kazanacak gibi oluyordum. Birileri yüksek miktarda pamuk satınca fiyatta gerileme oluyordu, ama fiyat hemen tekrar yükseliyor, bir önceki düzeyini de geçiyordu.

Sonunda Hot Springs'e geldikten birkaç gün sonra, zararım bir milyona çıkmıştı ve pamuk hâlâ artışını sürdürüyordu. Bütün yaptıklarımı ve yapmadıklarımı yeniden düşündükten sonra, kendi kendime, "Yanılıyor olmalıyım," diye düşündüm. Benim için yanıldığımı kabul etmem, işlemi hemen sonlandırmak demektir. Böylece yaklaşık bir milyon dolar zararla açıklarımı kapattım.

Ertesi sabah golf oynuyordum ve aklım tamamen oyundaydı. Pamukta kısa pozisyona girmeye kendim karar vermiştim. Yanılmıştım. Yanılmanın bedelini ödemiştim ve makbuzu cebimdeydi. Artık pamuk piyasası ile ilgilenmiyordum. Öğle yemeği için otele giderken brokerimin ofisine uğradım ve fiyatlara bir göz attım. Pamuğun 50 puan değer kaybettiğini gördüm. Buraya kadarı önemli değildi. Önemli olan, haftalardır ilk kez, belli bir satışın getirdiği baskı dağılır dağılmaz fiyatın tekrar yükselmemesiydi. Bu yükselmeler fiyatın artmaya devam edeceğini gösteriyordu, ama ben gözümü buna hep kapalı tutmuştum, bu da bana bir milyon dolara malolmuştu.

Ancak artık açıklarımı kapatmama neden olan faktör ortadan kalkmış gibiydi, fiyat eski düzeyine dönmüyordu. Ben de 10 bin balya pamuk sattım ve bekleyişe geçtim. Çok geçmeden piyasa fiyatı 50 puan düştü. Biraz daha bekledim. Fiyat geri yükselmiyordu. Karnım çok acıkmıştı, ben de yemek salonuna gidip yemeğimi ısmarladım. Garson yemeğimi getirirken kalkıp hemen brokere gittim, fiyatın yükselmediğini gördüm ve 10 bin balya daha sattım. Biraz bekledim ve fiyatın 40 puan daha düştüğünü görme zevkine eriştim. Bu bana doğru adımı attığımı gösteriyordu, ben de yemek salonuna döndüm, yemeğimi yedim ve gerisin geriye brokerime geldim. O gün pamuk fiyatında yükseliş olmadı. Hemen o gece Hot Springs'ten ayrıldım.

Golf oynamak çok keyifliydi, ama pamuk satış ve alışlarımda yanılmıştım, zamanlamam da yanlıştı. O yüzden işimin başına geri dönüp rahat rahat alım satım yapabileceğim bir yerde olmam gerekiyordu. Piyasanın ilk on bin balya satışımdaki tepkisi, ikinci on bin balyamı satmama neden oldu. Bu ikinci satışımdaki piyasanın tepkisi, artık market yönünün değiştiğinden emin olmamı sağladı. Fiyatın satışa tepkisi farklıydı."

Neyse, Washington'a varınca brokerimin oradaki ofisine gittim. Ofisi eski dostum Tucker yönetiyordu. Ben oradayken piyasa biraz daha düştü. Kendimi bu kez gerçekten haklı hissediyordum. Böylece 40 bin balya sattım ve piyasa 75 puan düştü. Pamuğun arkasında destek yoktu. O akşam piyasa kapanırken fiyat daha da düşmüştü. Eski alım gücü yok olup gitmişti. Bu alım gücünün hangi düzeyde yeniden ortaya çıkacağını kestirmek zordu, ama ben kendi pozisyonumdan emindim. Ertesi gün Washington'dan New York'a doğru arabayla yola çıktım. Acelem yoktu.

Philadelphia'ya vardığımızda doğruca brokerimin şubesine gittim. Pamuk piyasasının allak bullak olduğunu gördüm. Fiyatlar dehşet düşmüştü ve ortalıkta ufak çaplı bir panik vardı. New York'a gidene kadar beklememeye karar verdim. Telefonla brokerlerimi arayıp hisse almalarını söyledim, böylece açıklarımı kapattım. Raporlar elime geçince gördüm ki zararımın çoğunu bu yolla kapatmışım. Yolda fiyatlara bakmak için hiç durmadan New York'a gittim.

Benimle birlikte Hot Springs'te olan bazı arkadaşlarım, hâlâ nasıl yemek masasından kalkıp ikinci on bin balyalık satışımı yapmak için brokere koştuğumu anlatır. Ama bu da sezgi falan değildi. Bu sadece, bir önceki hatam bana ne kadar çok zarar getirirse getirsin, pamuk satmanın zamanının şimdi geldiğini haber veren bir içgüdüydü; bundan yararlanmam gerekiyordu. Bu benim için büyük bir fırsattı. Büyük bir olasılıkla bilinçaltım sürekli işliyor ve benim için bazı kararlar veriyordu. Washington'da verdiğim satma kararı ise gözlemlerimin bir sonucuydu. Borsada uzun yıllar çalışmanın verdiği deneyim, bana fiyatların yön değiştirmeye başlamak üzere olduğunu ve bundan sonra pamuğun değer kaybedeceğini söylüyordu.

Beni bir milyon dolar zarara soktuğu için pamuk piyasasına hiç hınçlanmadım. Kendime de bu kadar büyük bir hata yaptığım için kızmadım. Ayrıca Philadelphia'da açıklarımı kapatıp zararımı telafi ettiğim için kendimle fazla gururlanmadım. Çünkü bütün bunları dâhi oluşuma değil, deneyim ve hafızama borçluyum.

XVIII. BÖLÜM

Wall Street'te tarih tekerrürden ibarettir. Stratton'un mısır fiyatının düşmesine izin vermediği dönemde açıklarımı nasıl kapattığımı size anlatmıştım. Başka bir zaman hemen hemen aynı taktiği menkul değerler borsasında da kullandım. Söz konusu hisse senedi Tropical Trading'di. Geçmişte bu hisseyi hem kısa pozisyondan satarak hem de borsanın yükseldiği dönemlerde satın alarak kâr ettim. Bu hisse her zaman aktifti ve macera seven borsacıların gözde hissesiydi. Şirketin yöneticileri zaman zaman gazeteler tarafından hisseyi kalıcı yatırım için çekici hale getirecek yerde, fiyattaki dalgalanmaları teşvik etmekle suçlanmışlardır. Geçenlerde borsanın en başarılı brokerlerinden biri Tropical Trading'in yönetim kurulu başkanı Mulligan ve arkadaşlarının borsada para çekmek için geliştirdiği yöntemle, Erie Genel Müdürü Danile Drew'yu ve İeker Genel Müdürü H. O. Havemeyer'i geride bıraktığını söyledi. Birçok kez borsanın düşeceği beklentisiyle hareket edenleri TT hisselerini kısa pozisyondan satmaya teşvik edip, ondan sonra da onları büyük bir serinkanlılıkla köşeye sıkıştırdılar. Bütün bu işlemler sırasında kişisel duygular hiçbir zaman işin içine katılmadı ve kimse daha sonra intikam peşine düşmedi.

Elbette TT hissesinin borsa kariyeri sırasında kimi "tatsız olaylardan" söz edenler oldu. Ama bunlar da TT tarafından köşeye sıkıştırılan talihsizlerdi. Neden ikide bir şirket yöneticilerinin oyununa gelen işlemciler yine de pes etmiyor? Çünkü öncelikle hareketten hoşlanıyorlar ve bu hareketi de Tropical Trading'de bol bol buluyorlar. TT'de hareket hiç bitmiyor. Hiçbir şeyin nedeni sorulmuyor ve açıklanmıyor. Boşa zaman harcanmıyor. Tüyosu önceden verilen hareketlerin başlaması için sabırlar zorlanmıyor. Borsada her zaman yeterince hisse senedi oluyor, piyasada geçici bir kıtlık yaratan kısa pozisyon satışlarının yoğun olduğu dönemler hariç. Dakika başı borsaya bir hisse senedi sürülüyor.

Bir süre önce kış tatilimi geçirmek üzere Florida'ya gitmiştim. Gazeteleri okuduğum zamanlar dışında, borsayı hiç aklıma getirmeden balık tutuyor, kendi kendime eğleniyordum. Bir sabah haftada iki kez gelen postayı aldım ve hisse fiyatlarına bakınca Tropical Trading'in 155'ten sattığını gördüm. Fiyatı son gördüğümde, sanıyorum 140 civarındaydı. Ben o günlerde borsanın düşeceği beklentisiyle hareket ediyor ve kısa pozisyona girmek için fırsat kolluyordum. Ama henüz acele etmeme gerek yoktu. Ben de o yüzden borsadan uzakta balık tutarak zaman geçirebiliyordum. Satışa geçme zamanı geldiğinde borsaya dönmüş olacaktım. O arada benim yaptığım ya da yapmadığım hiçbir şey borsanın seyrini değiştirmeyecekti nasıl olsa.

O günkü gazeteler Tropical Trading hissesinin borsanın tersine davrandığını yazıyordu. Bu da benim borsanın genelde düşeceği konusundaki kanımı güçlendirdi. Çünkü şirket yöneticilerinin borsadaki genel durgunluğa karşı TT hisselerinin fiyatını özellikle yükselttiği belliydi. Bazı zamanlarda para kazanmaktan önemli şeyler vardır. Bu anormal bir durumdu ve borsacıların hesaplarında anormal durumlara yer yoktur. O hissenin fiyatının yukarı çekilmesi bana büyük bir hataymış gibi göründü. Kimse borsada durup dururken bu kadar büyük bir hata yapmaz.

Gazeteleri okuduktan sonra balık tutmaya devam ettim, ama sürekli Tropical Trading yöneticilerinin ne yapmaya çalıştığını düşünüyordum. Eninde sonunda batacakları belliydi, bu yirmi katlı bir binanın damından paraşütsüz atlayan bir adamın akibeti kadar açık görünüyordu. Bu konuyu aklımdan çıkaramıyordum. Sonunda brokerlerime bir telgraf yollayarak borsa fiyatından iki bin TT hissesi satmalarını istedim. Ondan sonra da balıklarıma geri döndüm. Bu kez şansım yaver gitti.

O gün öğleden sonra telgrafıma özel ulakla cevap geldi. Brokerlerim iki bin Tropical Trading hissesini 153 puandan sattıklarını haber veriyordu. Buna sevindim. Çünkü fiyat düşüyordu ve ben de uygun adımı atmıştım. Ama artık balık tutmak istemiyordum. Borsaya fazla uzaktım. Tropical Trading'in borsadaki diğer hisseler gibi düşeceği yerde, yöneticilerinin manipülasyonu yüzünden yükselmesinin nedenini anlamaya çalışırken borsaya ne kadar uzak olduğumu keşfettim. Ben de balıkları rahat bırakıp Palm Beach'e, daha doğrusu New York'la direkt telgraf bağlantısına geri döndüm.

Palm Beach'e varıp da şirket yöneticilerinin hâlâ bildikleri yolda ilerlediklerini görünce, iki bin tane daha TT hissesi sattım. Satışın raporunu alınca, tekrar iki bin hisse sattım. Borsa tam istediğim gibi hareket ediyordu. Yani ben satış yaptığımda düşüş gösteriyordu. Her şey düşündüğüm gibi gelişince, ben de çıkıp biraz arabayla dolaşmaya karar verdim. Ancak içim rahat değildi. Niçin daha fazla hisse satmadığımı düşündükçe daha da huzursuz oluyordum. Ben de brokerimin ofisine geri dönerek iki bin hisse daha sattım.

Kendimi ancak o hisseyi satarken mutlu hissediyordum. Toplam 10 bin hisse satmıştım. Derken New York'a dönmeye karar verdim. İşim çoktu. Nasıl olsa başka zaman yine balığa çıkabilirdim.

New York'a varınca şirketin işleri ile ilgili küçük bir araştırma yaptım. Öğrendiklerim, yöneticilerin, borsanın durumu hiç de müsait değilken ve şirketin kazancı oldukça düşükken fiyatı yüksek tutmaya çalışmalarının son derece aptalca bir davranış olduğunu bana bir kez daha gösterdi. Fiyat artışı her ne kadar mantıksız ve zamansız da olsa, halk arasında ilgi uyandırmıştı ve bu da yöneticilerin taktiklerini sürdürmelerine neden oluyordu. Bu nedenle biraz daha hisse satmaya karar verdim. Bu arada yöneticilerin aklı başına geldi. Ben piyasayı yoklaya yoklaya sattığım Tropical Trading hisselerinin sayısını 30 bine çıkardım. Artık fiyat 133 puana düşmüştü.

Birileri beni uyararak TT yöneticilerinin Wall Street'te satılan her bir hissenin nerede olduğunu, kimlerin ne kadar kısa pozisyona girdiğini ve benzeri önemli bilgileri çok iyi takip ettiğini söylemişti. Bu adamlarla oyun oynamak tehlikeliydi. Ama ne yaptıkları gün gibi açıktı ve gerçekler benim tarafımdaydı.

Elbette hisse fiyatı 153'ten 133'e inerken kısa pozisyona girenlerin sayısı da artmıştı ve fiyat düşüşlerinde hisse almayı alışkanlık edinenler, kendi kendilerine hep aynı şeyi söylüyorlardı: Bu hisse 153 puandan satılıyordu. Şimdi fiyatı 20 puan indiğine göre kaçırmamak gerekir. Hisse aynı, temettü oranı aynı, yöneticiler aynı, şirket aynı. Bu hisse kelepir sayılır!

Alımlar alıcı bekleyen hisselerin sayısını azalttı, borsadaki işlemcilerin çoğunun kısa pozisyonda olduğunu bilen yöneticiler, onları oyuna getirme zamanının geldiğini anladılar ve fiyatı hemen 150 puana çıkardılar. Açıklarımı kapatmam için bol bol zaman vardı ama ben yine de yerimden kıpırdamadım. Niye kımıldayayım ki? Şirket yöneticileri 30 bin hisselik bir kısa pozisyonunun hâlâ yerinde durduğunu öğrenebilirlerdi, ama bu beni korkutmadı. 153 puanken hisseyi satmaya başlayıp 133 puana gelene kadar satmama devam etmemi sağlayan faktörler hâlâ mevcuttu, üstelik eskisinden daha da güçlüydü. Yöneticiler açıklarımı kapatmak için beni zorlamak isteseler de bunun için yeterince güçlü bir neden bulamadılar. Borsanın temel koşulları benim lehimeydi. Hem korkusuz hem de sabırlı olmak zor değildi. Bir spekülatör kendisine ve verdiği kararlara güvenmelidir. New York Pamuk Borsası'nın eski Başkanı Dickson G. Watts, *Güzel Sanat Olarak Spekülasyon* adlı kitabında bir borsacının cesur olması demek, verdiği kararlarda direnebilmesi demektir, diye yazar. Bense yanılmaktan korkmam, çünkü yanıldığım kanıtlanana kadar yanıldığımı düşünmem. Aslını ararsanız, ben kendi deneyimlerimden yola çıkarak hareket etmiyorsam, bir türlü rahat davranamam. Belli bir zamanda borsanın belli bir şekilde hareket etmesi benim yanlış olduğumu kanıtlayamaz. Benim verdiğim kararların doğru ya da yanlış olduğunu borsadaki yükseliş ya da düşüşün özellikleri belirler. Başarılı olacaksam bilgilerim sayesinde olmalıyım. Eğer başarısız olacaksam, bu da yine kendi hatalarım yüzünden olmalıdır.

Hissenin 133 puandan 150 puana çıkması benim gözümü hiç mi hiç korkutmadı ve çok geçmeden hisse fiyatı, sizin de tahmin edebileceğiniz gibi yeniden düşmeye başladı. Yöneticiler hisseye arka çıkmaya vakit bulamadan fiyat 140 puana indi. Hisseleri satın aldıkları sırada, bu hissenin çok yakında değer kazanacağı ile ilgili çeşitli söylentiler yaydılar. Duyduğumuza göre şirket çok iyi kâr etmekteydi ve bu kâr sayesinde temettü oranında artış olacaktı. Ayrıca kısa pozisyona giren birçok insan olduğu biliniyordu ve çok yakında bunlar, özellikle de yüksek miktarda hisse satmış olan bir operatör, büyük zarar edecekti. Fiyat on puan yükselirken daha ne dedikodular çıktı anlatamam.

Yapılan manipülasyon bana fazla tehlikeli görünmüyordu, ama fiyat 149'a dayandığında, Wall Street'in ortalığa yayılan bütün bu söylentileri doğru sanmasına daha fazla dayanamadım. Elbette benim ya da benim gibi şirket dışından birinin, kısa pozisyonda oldukları için korkuyla bekleşen yatırımcıları ya da aracı kurumların kulaktan dolma tüyolarla hareket eden saf müşterilerini ikna etmesine olanak yoktu. Onları ikna edecek tek şey fiyat olacaktı. İnsanlar noterden tasdikli belgeyle bile gelse böyle bir habere inanmak istemeyecekti, hele benim gibi 30 bin hisse satmış birine inanmaları olanaksızdı. Hatırlayacaksınız, ben Stratton mısır fiyatını yüksek tutmaya çalışırken, borsacıların mısır satmalarını sağlamak için yulaf satma yöntemine başvurmuştum. Bu kez de aynı taktiği kullandım. Bir kez daha deneyimlerimden ve hafızamdan yararlanmış oldum.

Şirket yöneticileri kısa pozisyondakilerin gözünü korkutmak için Tropical Trading'in fiyatını artırdıklarında, ben hisseyi satarak artışı kontrol etme yoluna gitmemiştim. Zaten 30 bin hisse satmış durumdaydım, bu da borsadaki hisselerin önemli bir kısmıydı. Başımı bana uzatılan idam ipine sokmaya hiç mi hiç niyetim yoktu. İkinci artış daha da ani oldu. TT 149 puana ulaşınca Equatorial Commercial Corporation şirketinin hisselerinden 10 bin adet sattım. Bu firma Tropical Trading'in en büyük ortaklarından biriydi.

TT kadar aktif bir hisse olmayan Equatorial Commercial, ben satışa geçince tahmin ettiğim gibi fena halde değer kaybetti ve ben de amacıma ulaşmış oldum. İşlemciler ve TT hakkındaki uydurma haberlere inanan aracı kurum müşterileri, Tropical hisseleri yükselmeye devam ederken Equatorial'ın biraz satışla nasıl değer kaybettiğini görünce, TT'nin yüksek fiyatının yalnızca bir paravan olduğunu ve TT hisselerinin en büyük sahibi olan Equatorial Commercial'ın tasfiyesini kolaylaştırmak için özellikle teşvik edildiğini anladılar. Tropical Trading hisselerinin fiyatı bu denli yüksekken, bu kadar çok Equatorial hissesi satmaya hiç kimse cesaret edemez, demek ki bu satış şirketin kendi yöneticileri tarafından yapılıyor, diye düşündüler. Ellerindeki bütün Tropical Trading hisselerini satmaya başladılar, şirket yöneticileri ise satışa sunulan bütün hisseleri alabilecek durumda değillerdi.

Yöneticiler desteklerini çeker çekmez TT'nin fiyatı düştü. İşlemciler ve belli başlı aracı kurumlar da Equatorial hissesi satmaya başladı. Ben de hisse satın alarak ufak bir kârla açıklarımı kapattım. Ben bu işlemi kâr etmek için değil, TT'nin fiyat artışını kontrol etmek için yapmıştım.

Zaman zaman Tropical Trading yöneticileri ve çalışkan halka ilişkiler uzmanları Wall Street'i kuşatarak çeşitli söylentilerle hisse fiyatını artırmaya çalıştılar. Ben de her seferinde Equatorial Commercial hisselerinde kısa pozisyondan satış yaparak TT'nin fiyatını düşürüp, beraberinde EC'yi de sürüklemesini sağladım. Böylece manipülasyon yapmaya çalışanların işleri bozuldu. TT'nin fiyatı en sonunda 125'e indi ve kısa pozisyona girenlerin sayısı arttıkça arttı, şirket yöneticileri hisse fiyatını 20 ya da 25 puan artırabildiler. Bu kez kendilerine karşı alınan kısa pozisyonlarla mücadele etmekte gerçekten de haklıydılar. Fiyat arttı, ama ben açıklarımı kapatmadım, çünkü pozisyonumu kapatmak istemiyordum. Equatorial Commercial'ın fiyatı artıştan etkilenerek yükselmeye başlamadan önce, bir miktar hisseyi kısa pozisyondan sattım ve her zamanki sonuçları elde ettim. Bundan sonra da son artışın ardından ayyuka çıkan söylentiler durdu ve TT'nin daha da yükseleceği haberlerinin asılsız olduğu anlaşıldı.

Bu arada borsada genel bir düşüş baş gösterdi. Size söylediğim gibi, beni Florida'daki balık tatilini kısa keserek TT hissesi satmaya yönelten şey, fiyatların düşmeye başlayacağına olan inancımdı. Bazı başka hisselerde de kısa pozisyona girmiştim, ama bunların içinde TT benim için bir numaraydı. Sonunda borsanın durumu şirket yöneticilerinin görmezden gelemeyeceği kadar ciddileşti ve TT tepetaklak düşmeye başladı. Yıllardır ilk kez 120'nin altına indi, sonra 110 oldu, 100'ün altına indi, bu arada ben hâlâ açıklarımı kapatmamıştım. Bir gün borsanın genelinde büyük bir düşüş gerçekleşti ve Tropical Trading 90'a düştü, ben de açıklarımı kapatmaya karar verdim. Sebep her zamankinin aynıydı! Elime fırsat geçmişti, piyasa büyüktü, fiyatlar düşük, satıcıların sayısı alıcılardan çoktu. Kendimle övünüyormuş gibi olacak ama, şu kadarını söyleyeyim, bana gereken 30 bin TT hissesini fiyatlar en düşük düzeydeyken almayı başardım. Ama asıl amacım bu değildi.

Amacım, kâğıt üzerindeki kârlarımın mümkün olduğu kadar büyük bir bölümünü nakde çevirebilmekti.

Bu süre içinde açıklarımı kapatmak için bir girişimde bulunmamıştım, çünkü pozisyonumun sağlam olduğundan emindim. Borsadaki genel eğilimin tersine hareket etmiyor, genel koşullar ne söylüyorsa onu yapıyordum, bu nedenle de şirket yöneticilerinin kendilerine bu kadar güvenmemeleri gerektiğini biliyordum. Ufak tefek artışları önceden tahmin edebiliyordum ve bunlar beni korkutmuyordu. Sonuçta bir şey yapmadan beklemenin, benim için erken bir aşamada açıklarımı kapatıp sonra daha yüksek bir fiyattan, yeniden kısa pozisyona girmekten daha kârlı olduğunu biliyordum. Doğru bildiğim pozisyonda kaldığım için bir milyonun üzerinde kâr ettim. Bu kârımı sezgilerime, fiyatları değerlendirmekteki ustalığıma ya da inatçı cesaretime borçlu değildim. Bu benim kendi verdiğim kararlara olan inancımın bir sonucuydu, zekâmla ya da gururumla ilgisi yoktu. Bilgi güçtür ve gücün yalanlardan korkmasına gerek yoktur, bu yalanlar borsanın fiyat tahtasında ilan edilse bile. Yalan olduğu kısa sürede ortaya çıkacaktır nasıl olsa.

Bir yıl sonra TT tekrar 150 puana çıktı ve iki hafta kadar o fiyatta kaldı. Borsanın genelinde düşüş bekleniyordu, çünkü son dönemlerde hiç durmadan yükselmişti ve artık yükselmeyeceği belliydi. Bunu biliyorum, çünkü deneme yapmıştım. TT'nin içinde bulunduğu grubun işleri kötü gidiyordu ve borsada genel bir yükseliş olsa bile, ki olmayacağını biliyordum, bu hisselerin fiyatı yükselmeyecekti. Böylece Tropical Trading hissesi satmaya başladım. Toplam 10 bin hisse satmayı planlıyordum. Ben satışa geçince fiyat düştü. Hissenin arkasında herhangi bir destek olmadığı belliydi. Sonra birdenbire alıcılar değişti.

Size hisseye destek geldiği anı tam olarak söyleyebilirim dersem, umarım zekâmla övündüğümü zannetmezsiniz. Geçmişte fiyatı yüksek tutmak için herhangi bir sorumluluk hissetmeyen şirket yöneticileri, borsa düşerken hisseyi satın almaya başlıyorlarsa, bunun bir nedeni olmalıydı. Bunlar ne aptaldı ne de saf. Henüz hisseyi borsa dışı piyasada satmak için fiyatı artırmaya çalışan bankerler haline de gelmemişlerdi. Benim ve diğerlerinin satışlarına rağmen hisse fiyatı artmaya devam ediyordu. Fiyat 153 puana geldiğinde 10 bin hisselik açığımı kapattım ve fiyat 156 puandayken hisse satın almaya başladım. Çünkü o andan itibaren fiyatların daha da artacağını anlamıştım. Borsada genel bir düşme bekliyordum, ama tek bir hisse senedi genel koşulların tersine yol alıyordu. Fiyat hemen 200'ü geçti. O yılın en büyük borsa olayı oldu. Benim hakkımda çıkan ve sekiz ya da dokuz milyon dolar kaybettiğimi öne süren haberleri okuyunca ağızım açık kaldı. Oysa gerçekte kısa pozisyonda kalacak yerde, açıklarımı kapatmış ve fiyat tırmanışa geçtikten sonra TT hissesi satın almaya başlamıştım. Aslında bu hisseleri elimde biraz fazla uzun tuttum ve kâğıt üzerindeki kârlarımın bir kısmını kaybettim. Bunu neden yaptığımı biliyor musunuz? Çünkü TT yöneticilerinin benim onların yerinde olsaydım yapacağım şeyi yapmalarını bekliyordum. Ama bu benim işim değildi, benim işim borsaydı, yani başkalarının yapmasını düşündüğüm şeylere göre değil, önümdeki gerçeklere göre hareket etmekti.

XIX. BÖLÜM

Menkul Değerler Borsası'nda bazı menkul değerlerin yığın halinde satılmasını kolaylaştırmak amacıyla yapılan tanzim teşhir faaliyetlerinden ibaret olan işlemleri anlatmak için "manipülasyon" sözcüğünün ilk kez kimin tarafından ve ne zaman kullanıldığını bilmiyorum. Satın alınmak istenen bir hissenin fiyatını indirmek için yapılan bazı faaliyetlere de manipülasyon denir. Ama bu daha farklıdır. Bunun için mutlaka yasadışı işlemlere girişmek gerekmez, ama kimilerine göre meşru sayılmayacak işlemlerden kaçmak da zordur. Borsada genel bir yükseliş yaşanıyorken, fiyatları artırmadan nasıl alım yapılabilir? İşte sorun budur. Bu sorun nasıl çözülebilir? İnce manipülasyona başvurmadan bu sorunu çözmek mümkün değildir. Örnek mi istersiniz? Veremem. Bu, duruma bağlı olarak değişecektir. Bu soru başka bir şekilde yanıtlanamaz.

Ben borsanın her aşamasıyla yakından ilgilenirim ve hem kendi deneyimlerimden hem de başkalarınınkinden yararlanırım. Fakat brokerlerin ofislerinde borsanın kapanışından sonra anlatılan hikâyelerden manipülasyonun nasıl yapılacağı öğrenilemez. Geçmişte uygulanan numaralar, çevrilen dolaplar artık ya unutuldu ya da yasadışı hale geldi. Menkul değerler borsasının kuralları ve koşulları değişti. Daniel Drew, Jacob Little veya Jay Gould'un 50 ya da 57 yıl önce başvurduğu yöntemlerin hikâyesini dinlemek, hikâye ne kadar ayrıntılı ve eksiksiz olursa olsun, artık boşa zaman kaybı. Bugün manipülasyon yapacak olanlar, bu eski borsacıların yaptıklarını bilmek zorunda değil, tıpkı askeri okulda atıcılık dersi alanların, atalarımızın nasıl kılıç kullandığını bilmek zorunda olmaması gibi.

Öte yandan insan unsurunu hesaba katmak, insanların nasıl gerçeklere değil de inanmak istedikleri şeye inandıklarını, kendilerini nasıl zaaflarına kaptırdıklarını ve bazı şeylerin çekiciliğine karşı koyamayıp yüksek bedeller ödemek zorunda kaldıklarını incelemek yararlı olacaktır. Korku ve umut hiç değişmeyen duygulardır, bu nedenle borsacıların psikolojisini incelemek her zaman için yararlıdır. Savaş alanında olduğu gibi, New York Menkul Değerler Borsası'nda da silahlar değişir ama stratejiler değişmez. Thomas F. Woodlock bunu son derece güzel bir şekilde ifade ederek şunları söylemiştir: "Borsada başarılı olmanın sırrı, insanların geçmişte işledikleri hataları gelecekte de işleyecekleri ilkesine dayalıdır."

Borsada canlanma görüldüğü dönemlerde, yani halkın akın akın borsaya hücum ettiği zamanlarda, manipülasyon ve spekülasyon konularını tartışmaya gerek yoktur; bu, aynı damın üzerine aynı anda düşen yağmur damlalarının sesini ayırt etmeye çalışmak olur. Acemi çaylak her zaman kolay kârın peşinde koşar ve bütün canlanmalarda insanların kumar oynama istekleri harekete geçer. Kolay para peşine düşenler, hep dünyada kolay para diye bir şey olmadığını anlayarak hüsrana uğrarlar. Ben eskiden borsadaki yaşlıların anlattığı hikâyeleri dinlerken, insanların 1860'larda ve 70'lerde 1900'lerden çok daha saf olduğunu düşünürdüm. Ama bir gün geçmiyordu ki gazetelerde dolandırıcılık olaylarıyla ya da bucket shop brokerlerinin üçkâğıtlarıyla ya da yatırımcıların havaya uçup giden milyonlarca dolarlık tasarruflarıyla ilgili haberler çıkmasın.

New York'a ilk geldiğimde borsada yasak olan naylon satışlarla ve iki taraflı emirlerle ilgili büyük bir kıyamet kopmuştu. Kimi zaman satışların sahte olduğu o kadar belliydi ki, kimseyi inandırmak mümkün olamazdı. Brokerler naylon hisse satışı gördüklerinde, hemen birbirlerine "naylonlar uçuşuyor" diye haber vermekten çekinmezlerdi ve "bucket shop usulü" dedikleri işlere girmekten de korkmazlardı. Bu tür olaylarda bir hissenin fiyatı, bucket shop'larda çok az marjla alım yapmış olan yığınla insanı silkelemek için geçici olarak, iki ya da üç puan indirilirdi. İki taraflı emirlere gelince, bu tür emirler hep kuşkuyla karşılanırdı, çünkü bu emirler borsada yasak olduğundan brokerler tarafından koordine edilmeleri ve zamanlamalarının yapılması çok zordu. Birkaç yıl önce ünlü bir operatör iki taraflı emrin satış kısmını iptal etti. Ama alış kısmını bıraktı ve sonuçta da bu masum broker fiyatı birkaç dakika içinde yirmi beş puan yükseltti, alımı tamamlar tamamlamaz da fiyatın gerisin geriye indiği görüldü. Oysa emrin verilmesindeki amaç, bir aktivite görünümü yaratmaktı. Böyle güvenilmez silahlar bazen geri tepebiliyor. Brokerlere her şeyi anlatmak da bir çare değil, çünkü onlar da New York Menkul Değerler Borsası üyeliklerini kaybetmek istemiyorlar. Ayrıca sahte işlemler alınan vergiler yüzünden artık çok daha pahalı hale geldi.

Manipülasyonun sözlük tanımına baktığımızda, bunun hisse fiyatını özellikle yüksek tutmak anlamına geldiğini görürüz. Hisse fiyatının gerçek değerinden yüksek görünmesi, gerçekten de bir manipülasyon sonucu olabilir ya da rakip alımlar sonucu ortaya çıkabilir. Buna bir örnek 9 Mayıs. 1901'deki Northern Pacific olayıdır. Stutz'un fiyatı yüksek tutması, herkese hem para hem de prestij açısından çok şeye maloldu. Üstelik bu, özellikle planlanmış bir işlem değildi.

Aslını ararsanız fiyatların bilerek yüksek tutulması pek az kişiye yarar sağlamıştır. Commodore Vanderbilt'in Harlem'de yaptığı numaraların ikisi de yüksek kâr getirdi. Aslında Vanderbilt bu parayı kendisini üçkağıda getirmeye çalışan borsacıları, devlet adamlarını ve belediye görevlilerini köşeye sıkıştırarak kazandığı için bol bol haketmiş sayılırdı. Öte yandan Jay Gould Northwestern hissesinin fiyatını yüksek tutayım derken zarar etti. S. V. White Lackawanna hisselerinden bir milyon dolar kazandı, ama Başkan Jim Keene Hannibal & St. Joe işinde bir milyon kaybetti. Yapılan işlemin getireceği kâr, eldeki hisselerin gerçek değerinin üzerinden satılabilmesine bağlıdır ve bunun için de kısa pozisyondan satış yapanların sayısının yüksek olması gerekir.

Eskiden, elli yıl önce, bu yöntemin ünlü operatörler arasında niçin bu kadar yaygın olduğunu merak ederdim. Bu borsacılar yetenekli, deneyimli ve uyanık insanlardı, meslektaşlarının iyi niyetine güvenecek kadar saf değillerdi. Yine de sık sık birbirlerinin kurbanı olurlardı. Eski toprak bir broker bana 1860'lı ve 70'li yıllardaki operatörlerin hayatta tek bir amacı olduğunu, onun da bir hisse senedinin fiyatını yüksek tutarak kâr etmek olduğunu söylemişti. Bazı durumlarda bu insanın gururunu okşayan bir şeydi, bazı durumlarda ise başkalarından öç almak için yapılırdı. Şu ya da bu hisse senedinde milleti oyuna getirip fiyatı yüksek tutmak, o işi yapan borsacının zeki, cesur ve kurnaz olduğunu kanıtlıyordu. Böyle borsacıların burnu büyük olurdu. Etraftakilerin tebrik ve iltifatlarını fazlasıyla hakettiklerine inanırlardı. Bu tip işleri çevirenler, bunu yalnızca kâr amacıyla yapmazlardı. Zamanın serinkanlı operatörleri, aynı zamanda herkesten ne kadar üstün olduklarını göstermek için bu tür numaralara kalkışırdı.

O günlerde borsa kim kime dum dumaydı. Size daha önce de anlattığım gibi, hisse fiyatlarının özellikle yüksek tutulduğu birkaç durumu önceden hissedip kaz gibi yolunmaktan kurtulduğum durumlar oldu. Bunu da herhangi bir altıncı duyu sayesinde değil, hangi hisseden ne zaman kısa pozisyona girmem gerektiğini bildiğim için başarabildim. Bunu da eskilerin de yaptığı gibi, bazı satış denemeleriyle anlıyorum. Daniel Drew borsadaki işlemcileri sık sık oyuna getirerek onlara kısa pozisyondan sattıkları hisselerin bedelini çok acı ödetirmiş. Kendisi de bir zamanlar Commodore Vanderbildt tarafından aynı şekilde sıkıştırılmış. Drew, Commodore'a yalvararak kendisine acımasını rica ettiğinde, Commodore aşağıdaki tekerlemeyle yanıt vermiş:

Kendi malı olmayanı satanlar
Ya geri alır ya hapsi boylar.

Wall Street koca bir kuşak boyunca en büyük önderlerinden biri olan bir operatörü unutmuş gibi görünüyor. Bu borsacının borsaya en büyük katkısı "naylon satış" terimini bulması oldu.

Addison G. Jerome 1863 baharında borsanın kralı ilan edilmişti. Verdiği tüyolar nakit değerindeydi. Her yönden kusursuz bir borsacıydı ve milyonlarca dolar kazanmıştı. Müsrif denebilecek kadar cömertti ve Sessiz William olarak da bilinen Henry Keep, Old Southern işinde onu sıkıştırıp milyonlarını elinden alana kadar Wall Street'in göz bebeğiydi. Bu arada Keep de Vali Roswell P. Flower'ın kayınbiraderiydi.

Eskiden manipülasyon yapılırken genellikle karşıdaki insana kısa pozisyondan satış yaptırabilmek için hisse fiyatının yüksek tutulacağı ona hissettirilmezdi. O yüzden bu tür tuzaklar daha çok, borsadaki profesyonel işlemciler arasında kurulur, halk pek kısa pozisyona girmezdi. Bu zeki işlemcileri bazı hisselerde kısa pozisyona girmeye iten neden bugünküyle aynıydı. Commodore'un Harlem işinde, fiyat düştüğü için satışa geçen politikacıların dışında, okuduğum haberlere göre profesyonel işlemcilerin hisseleri satmasının nedeni, bu hisselerin fiyatlarının fazla yüksek olmasıydı. Fiyatın yüksek olduğuna karar vermelerini sağlayan şey ise, o hissenin fiyatının daha önce hiç o düzeye çıkmaması oluyordu. Yani hisse fiyatı artık almaya değmeyecek kadar yüksekti, demek ki alım yapılmayacaktı. Alım yapılmayacaksa da en iyisi bu hisseyi satmak olacaktı. Ne kadar demode bir düşünce, değil mi? Bu borsacılar fiyatı düşünüyordu, Commodore ise hissenin değerini! Böylece olaydan sonra yıllar boyunca yoksul düşen birilerinden söz edilirken borsacılar, "Harlem'de kısa sattı," deyimini kullandılar.

Yıllar önce Jay Gould'un eski brokerlerinden biriyle sohbet ediyordum. Bana bütün içtenliği ile Bay Gould'un olağanüstü bir insan olduğunu – Daniel Drew onun için boşuna, "Bu adam ölümün ta kendisi," dememiş– ve gelmiş geçmiş bütün manipülasyonculardan üstün olduğunu söyledi. Bütün başardıklarına bakılırsa, bu adam gerçekten de bir finans dehasıymış. Aradan geçen tüm zamana karşın, onda bir borsacı için çok önemli bir özellik olan, yeni koşullara uyum yeteneğinin ne kadar güçlü olduğunu görebiliyorum. Bir an duraksamadan savunma ve saldırı yöntemlerini değiştirebilme becerisine sahipmiş. Çünkü aslında, hisse spekülasyonu ile değil, manipülasyonla ilgileniyormuş. Amacı borsanın yönünü değiştirmek değil, yatırımlarını artırmak için manipülasyon yapmakmış. Erken bir aşamada borsada hisselerini alıp satmaktansa, demiryolu şirketlerinin sahibi olmanın daha kârlı olduğunu anlamış. Elbette menkul değerler borsasından yararlanmış. Ama sanıyorum, bunun nedeni borsanın çabuk ve kolay paraya uzanan, en çabuk ve en kolay yol oluşuydu ve Gould'un da milyonlarca dolara ihtiyacı vardı. Tıpkı her zaman bankerlerin kendisine vermeyi kabul ettikleri krediden yirmi ya da otuz milyon fazlasına ihtiyaç duyan Collis P. Huntinton gibi. Parasız vizyon insanı yer bitirir, parası varsa vizyonu ona başarı getirir. Bu da güç demektir, güç daha fazla para getirir. Bu da daha fazla başarı demektir ve bu böyle uzar gider.

Elbette manipülasyon her zaman büyük miktarlarda yapılmıyordu. Küçük rakamların söz konusu olduğu olaylar da vardı. Yaşlı bir broker bana 1860'ların başında borsada nasıl bir davranış tarzı ve ahlak anlayışının hüküm sürdüğünü anlatmıştı:

"Wall Street'e ait ilk anılarım buraya yaptığım ilk ziyaretle ilgili. Babamın burada işi vardı ve nedense beni de yanında götürdü. Önce Broadway'e indik, sonra da Wall Street'in köşesini döndük. Wall Street üzerinde yürümeye başladık, tam Broad, daha doğrusu Nassau Street'e, bugün Bankers' Trust Company'nin binasının olduğu köşeye geldiğimizde, iki adamın peşine düşmüş bir kalabalık gördük. Bunlardan birincisi olayla hiç ilgilenmiyormuş gibi görünmeye çalışarak doğu yönünde yürüyordu. Arkasında da bir elinde şapkasını deli gibi sallayan, öbür elini ise yumruk halinde havaya savuran, yüzü kıpkırmızı olmuş bir adam vardı. Avaz avaz, 'Tefeci! Sende hiç utanma yok mu?' diye bağırıyordu. İnsanlar pencerelerden sarkmış olayı seyrediyordu. O günlerde gökdelen yoktu, ama ikinci ve üçüncü katlardan sarkanlar her an yeri boylayacakmış gibiydi. Babam neler oluyor diye sordu, birisi de benim duymadığım bir yanıt verdi. Kalabalıkta kaybetmemek için babamın koluna kenetlenmiştim. Kalabalık gittikçe artıyordu ve ben de korkmaya başlıyordum. Gözü dönmüş gibi bağıran adam Nassau Street'in doğusundan girip batısından çıkıyor, sonra tekrar Broad Street'e girip kendi çevresinde dönüp duruyordu. Sonunda kalabalıktan sıyrılınca, babam bana "Tefeci!" diye bağıran adamın kim olduğunu söyledi. Adını hatırlamıyorum, ama borsanın en büyük operatörlerinden biriydi ve Jacob Little'ın dışında, Wall Street onun kadar para kazanıp kaybeden kimseyi görmemişti. Jacob Little'ın adını unutmadım, çünkü o zaman bu isim komiğime gitmişti. Tefeci olarak adlandırılan adamsa, piyasadaki parayı toplamakla ünlenmiş bir işadamıydı. Şimdi onun da adını unuttum. Ama adamın uzun boylu, zayıf ve soluk yüzlü olduğunu hatırlıyorum. O günlerde bazı gruplar borsada kredi arayanlar kredi bulamasın diye piyasadaki paranın bir kısmını borç alarak borsadaki nakit miktarını azaltırlarmış. Bu parayı borç aldıktan sonra karşılığında onaylı bir çek alırlarmış. Parayı çekip kullanmazlarmış. Elbette bu pek dürüst bir işlem değilmiş. Sanıyorum buna bir tür manipülasyon diyebiliriz."

Yaşlı brokere katılıyorum. Bugünlerde görülmeyen bir manipülasyon yöntemiymiş bu da.

XX. BÖLÜM

Ben Wall Street'te hâlâ sözü edilen o büyük borsa manipülasyoncularından hiçbirini görme fırsatını bulamadım. Borsa liderlerinden bahsetmiyorum, manipülasyonculardan bahsediyorum. Ben biri dışında hiçbirine yetişemedim. Ben borsaya girdiğimde gelmiş geçmiş en usta manipülasyoncu James R. Keene hâlâ zirvedeki dönemini sürüyordu. Ancak o günlerde ben daha delikanlıydım ve tek derdim, doğduğum kentin bucket shop'larında elde ettiğim başarıyı bir brokerin ofisinde tekrarlamaktı. Keene ise U. S. Steel hisselerinde bir manipülasyon başyapıtı yaratmakla meşguldü. Benim manipülasyonla ilgili hiçbir deneyimim yoktu. Bu konuyu, değerini ya da anlamını bilmiyor, o nedenle de bu bilgiye gereksinim duymuyordum. Manipülasyon denince aklıma, benim de bucket shop'larda karşıma çıkmış olan bazı üçkâğıtların daha kalitelisi geliyordu. Manipülasyon hakkında bilinenler daha çok, söylentilere ve kuşkulara, mantıklı analizlerden çok bazı tahminlere dayanır.

Keene'i iyi tanıyanlar onun Wall Street'in gelmiş geçmiş en cesur ve akıllı operatörü olduğunu söylerler. Bu da az şey sayılmaz. Bu güne dek borsadan çok başarılı işlemciler geçmiştir. Bu insanların isimleri artık unutulmuş sayılır, ama hepsi de kendi zamanlarında kral sayılıyorlardı. Hiç tanınmayan insanlarken, aniden borsa onları karanlıkların içinden çekip gün ışığına çıkarmış, ama onlar tarihin sayfalarına geçemeden gerisin geri karanlıkların içine gömülüp gitmişlerdir. Her neyse, Keene gerçekten de kendi döneminin en iyi manipülasyoncusuydu, bu da uzun ve heyecan verici bir dönemdi.

Havemeyer kardeşlerin yanında Ieker hisseleri için pazar yaratmak amacıyla çalışırken, borsayı çok iyi tanımasından, operatör olarak kazandığı deneyimden ve yeteneğinden yararlanmasını bilmişti. O dönemde beş parasızdı, yoksa mutlaka kendi adına alım satım yapmaya devam ederdi. Gözü kara bir borsacıydı. Ieker hisselerinde büyük başarı kazandı, bu hisseleri borsanın en gözde hisse senetleri haline getirdi ve kolayca satılabilmelerini sağladı. Ondan sonra da zaman zaman hisse pazarlamak için oluşturulan havuzların yöneticiliğini yaptı. Bu havuz olaylarında asla ücret kabul etmediğini ve hisselerin bedelini havuzun diğer üyeleri gibi kendi cebinden ödediğini duydum. Bu havuzların pazarladığı hisseler tamamen onun yönetiminde olurdu. Kimi zaman her iki tarafın da yolsuzluk yaptığı söylentileri çıkardı. Whitney-Ryan grubuyla arasında çıkan anlaşmazlık, böyle bir söylenti yüzünden meydana geldi. Bir manipülasyoncunun ortakları tarafından yanlış anlaşılması sık görülen bir durumdur. Onun ihtiyaçlarını anlayamayabilirler. Ben kendi deneyimlerimden bunun böyle olduğunu biliyorum.

Keene'in 1901 baharında U. S. Steel hisselerinde elde ettiği büyük başarıyı anlatan ayrıntılı bir belge bırakmaması çok yazık. Bildiğim kadarıyla, Keene bu konuda J. P. Morgan'la hiç görüşmemiş. Morgan'ın firması Keene'in merkez ofis olarak kullandığı Talbot J. Taylor & Co aracılığı ile iş yapmış. Talbot Taylor, Keene'in damadıydı. Eminim Keene'in bu işten aldığı ücret, sadece o işi yapmanın kendisine verdiği keyif oldu. O baharda kendi oluşturduğu pazarda alım satım yaparak milyonlarca dolar kazandığı biliniyor. Bir arkadaşıma anlattığına göre, birkaç hafta içinde açık pazarda taahhütlü aracılardan oluşan bir gruba yedi yüz elli bin hisse satmış. İki şeyi düşünecek olursanız, bu rakam hiç de fena sayılmaz: Bunlar, o dönemde sermayesi Amerika Birleşik Devletleri'nin toplam borcundan fazla olan bir firmaya ait, yeni ve denenmemiş hisselerdi; ve ikinci olarak da, aynı günlerde Keene'in oluşturduğu pazarda D. G. Reid, W. B. Leeds, Moore kardeşler, Henry Phipps, H. C. Frick ve benzeri çelik devleri halka yüz binlerce hisse sattı.

Elbette genel koşullar onun tarafındaydı. Yalnızca ticari koşullar değil, o dönemde piyasaya hâkim olan duygular ve ardındaki sınırsız mali destek, başarısını mümkün kılan unsurlardı. Borsa büyük bir yükseliş içindeydi, ama bunun yanı sıra bir daha tanık olunamayacak müthiş bir canlanma ve farklı bir düşünme tarzı da borsayı ele geçirmeye başlıyordu. Büyük satış paniğinin çıkmasına daha çok vardı, bu panik sırasında Keene'in 1901'de 55 puana kadar yükselttiği Steel çelik hisseleri 1903'te 10 puana, 1904'te ise 8 7/8 puana indi.

Keene'in manipülasyon yöntemini incelememiz mümkün değil. Defterleri kayıp, ayrıntılı belge yok. Örneğin Amalgamated Copper olayında nasıl bir yol izlediğini öğrenebilmeyi çok isterdim. H. H. Rogers ve William Rockefeller ellerindeki hisse fazlasını borsada satmayı denemiş ve başarısız olmuşlardı. Sonunda Keene'den hisselerini pazarlamasını istediler, o da kabul etti. Unutmayın ki H. H. Rogers o günlerde, Wall Street'in en usta işadamlarından biriydi ve William Rockefeller da bütün Standard Oil grubunun en cesur spekülatörüydü. Ellerinde sınırsız kaynak vardı, yüksek prestije ve borsada uzun yılların deneyimine sahiplerdi. Yine de Keene'e başvurmak zorunda kaldılar. Bunu size bazı işleri uzmanına bırakmak gerektiğini göstermek için anlatıyorum. Söz konusu olan, fiyatı oldukça şişirilmiş bir hisse senediydi, ama Amerika'nın en zengin işadamları tarafından destekleniyordu. Buna rağmen para ve prestij kaybı olmadan bu işi gerçekleştirmek olanaksızdı. Rogers ve Rockefeller çok zeki insanlar olduğundan, bu işte kendilerine ancak Keene'in yardımcı olabileceğini anlamışlardı.

Keene hemen çalışmaya koyuldu. Borsa genelinde fiyatlar yüksekti ve iki yüz yirmi bin Amalgamated hissesini 100 puan civarında satmayı başardı. Yöneticilerin hisselerini sattıktan sonra halk alımlarına devam etti ve fiyat on puan arttı. Yöneticiler de halkın hisseye ne kadar büyük ilgi gösterdiğini görünce, hisselerinin bir kısmını geri almaya başladılar. Hatta Rogers'ın Keene'e Amalgamated hissesi satın almasını tavsiye ettiği bile söylenir. Rogers'ın elindeki hisseleri Keene'e kakalamaya çalıştığını pek zannetmiyorum. Keene'in ne kadar uyanık biri olduğunu çok iyi biliyordu. Keene her zaman bu tarzda çalışırdı, yani fiyat yükseldikten sonra elindekileri yavaş yavaş satardı. Elbette taktikleri ihtiyaçlarına ve günlük bazı dalgalanmalara göre değişirdi. Hem savaşta hem de borsada strateji ile taktik arasındaki farkı bilmek gerekir.

Keene'in en yakın adamlarından biri –ve dünyanın en iyi balıkçılarından biri– geçenlerde bana Amalgamated kampanyası sırasında Keene'in elindeki bütün hisseleri, yani fiyatı artırabilmek için almak zorunda kaldığı hisseleri tek bir gün içinde satabildiğini, ertesi gün de bin hisse geri satın aldığını anlattı. Ondan sonraki gün de elindekileri satarmış. Sonra da pazara hiç müdahale etmez, kendi kendine ne yön izlediğine bakar ve müdahale etmeden pazarın kendi kendini idare etmesini beklermiş. Hisselerin pazarlanması konusuna gelince, size anlattığım şekilde çalışırdı, yani fiyat düşmeye başladığı anda hisseleri elden çıkarmaya başlardı. Borsa her zaman artışların peşindedir, ayrıca artış olduğu an kısa pozisyondakiler açıklarını kapatabilmek için alım yapmaya başlarlar.

O kampanya sırasında Keene'in sağ kolu olan adam, bana Keene, Rogers-Rockefeller hisselerini nakit yirmi-yirmi beş milyon dolar karşılığında sattıktan sonra, Rogers'ın ona iki yüz bin dolarlık bir çek gönderdiğini söyledi. Bu, Metropolitan Operası'nda yüz bin dolarlık inci kolyesini kaybeden bir milyonerin, karısının kolyesini bulan temizlikçiye elli sent ödül vermesi gibi bir şey. Keene çeki nazik bir notla geri göndererek kendisinin broker olmadığını ve onlara yardım edebildiği için mutluluk duyduğunu söylemiş. Çeki geri alan Rogers ve Rockefeller da kendisiyle tekrar çalışmayı umduklarını yazan bir mektup göndermişler. Bundan kısa bir süre sonra da H. H. Rogers Keene'e 130 puandan Amalgamated alması tüyosunu vermiş!

James R. Keene gerçekten de üstün bir borsacıydı! Özel sekreteri bana borsa onun istediği gibi işliyorken, Keene'in çok asabi olduğunu söyledi. Çevresindekiler de bu asabiyet yüzünden yakınındakilere alaycı davrandığını söylüyorlar. Ama kaybediyorsa Keene, son derece neşeli, rafine, uyumlu, esprili ve ilginç bir insan haline gelirmiş.

Başarılı bir spekülatör için gerekli bütün nitelikler onda fazlasıyla varmış. Tümüyle fiyatlara göre hareket ettiği kesin. Son derece korkusuz, ama bir o kadar da temkinli bir insanmış. Yanıldığını anladığı anda konumunu değiştirebilen ender insanlardanmış.

Onun günlerinden bu yana borsa kurallarında büyük değişiklikler oldu. Kurallar eskisine göre, az çok daha sıkı bir şekilde uygulanmaya başlandı, hisse satışı ve kârlarına uygulanan vergiler arttı ve bu yüzden artık borsa farklı bir yere döndü. Keene'in büyük bir beceri ve kârla kullanabildiği araçlar artık kullanılamıyor. Ayrıca Wall Street'te iş ahlakının daha fazla ciddiye alındığı söyleniyor. Yine de şu kadarını söyleyebiliriz ki, Keene bugün yaşasaydı yine büyük bir manipülasyon uzmanı olarak tanınırdı, çünkü çok başarılı bir operatördü ve borsayı avucunun içi gibi tanıyordu. Bu kadar başarılı olmasının nedeni, zamanın koşullarının buna uygun olmasıydı. 1922 yılında da 1901'deki ya da California'dan New York'a ilk geldiği yıl olan 1876'daki kadar başarılı olabilirdi. O dönemde iki yıl içinde dokuz milyon dolar kazanmayı başarmıştı. Bu tür insanlar, sıradan borsacılardan çok daha zekidir, o yüzden borsa ne kadar değişirse değişsin, her dönemde onları geride bırakmayı becerirler.

Aslında borsadaki değişiklik düşünüldüğü kadar büyük değildir. Borsada öncülük yapmak eskisi kadar kârlı değil. Ancak Keene'in günleriyle karşılaştırıldığında, manipülasyon bazı açılardan çok daha kolay, bazı açılardansa çok daha zor.

Hiç kuşku yok ki reklam bir sanattır ve manipülasyon da borsada fiyatlar yoluyla reklam yapma sanatıdır. Banttan gelen bilgiler manipülasyoncunun görülmesini istediği bilgiler olmalıdır. Bu bilgiler gerçeğe ne kadar yakınsa, halkı ikna etmeleri de o kadar kolay olacaktır. Ne kadar ikna edici olurlarsa, reklam da o kadar etkili olacaktır. Örneğin bugün bir manipülasyoncu bir hissenin fiyatını yüksekmiş gibi göstermekle yetinemez, gerçekten de yükseltmesi gerekir. O yüzden manipülasyon, kaynağını borsadaki işlemlerden alır. Keene'i bu kadar iyi bir manipülasyoncu haline getiren şey de buydu; işin başlangıcından itibaren mükemmel bir borsacıydı o.

Son zamanlarda "manipülasyon" sözcüğü olumsuz bir anlam kazandı. Onun yerine başka sözcükler kullanılması tercih ediliyor. Bence manipülasyon işlemi eğer yolsuzluğa başvurmadan bir hisseyi büyük miktarlar halinde satmak amacını güdüyorsa, esrarengiz ya da çarpık bir içerik taşımaz. Elbette manipülasyoncular hissenin alıcılarını borsadaki spekülatörler arasından seçer. Yüzünü büyük kazanç elde etmek isteyen, bu yüzden normalin üzerinde risklere atılmaya hazır olan insanlara çevirir. Bunu bildiği halde, sırf kolay para kazanamadı diye başkalarını suçlayan insanlara acımam ben. Bu tür insanlar kazanınca ne kadar akıllı olduklarıyla övünürler. Ama kaybedince karşılarındaki kişiyi manipülasyon yapmakla, dolandırıcı olmakla suçlarlar. Böyle anlarda ve böyle insanların ağzında bu sözcük olumsuz bir anlama bürünür. Aslında bu, olumsuz bir işlem değildir.

Manipülasyonun amacı, genellikle bir hissenin pazarlamasını sağlamaktır, yani büyük miktarlarda satılacak olan bir hisseyi, belli bir zamanda belli bir fiyattan satabilmektir. Hisse pazarlamak için kurulan havuzlar, bazen borsada ani bir değişiklikle karşılaşabilir ve ellerindeki hisseyi büyük indirim yapmadan satamayacaklarını anlayabilirler. Bu durumda bir uzmanla anlaşarak onun becerisi ve deneyimi sayesinde, ellerindeki hisseleri az bir zararla pazarlamak isterler.

Dikkatinizi çekerim, ben burada bir hissenin mümkün olan en düşük fiyattan alınabilmesi için yapılan fiyat indirme operasyonlarından söz etmiyorum. Bunlar genellikle bir firmanın kontrolünü ele geçirmek için uygulanır ve bugünlerde bu tür işlemlerle fazla karşılaşılmıyor.

Jay Gould Western Union üzerindeki kontrolünü arttırmak için hisse satın almak istediğinde, yıllardır borsada görünmeyen Washington E. Connor, aniden Western Union hisselerinin satıldığı bölümde bitiverdi ve hisseyi almaya başladı. Onun kendilerini bu kadar aptal sanmasına gülen işlemciler, neşe içinde ona istediği kadar hisse sattılar. Jay Gould'un Western Union'u satın almak istiyormuş numarası yaparak fiyatı artırmaya çalıştığını sanıyorlardı. Buna manipülasyon denebilir mi? Hem evet, hem hayır.

Genellikle manipülasyonun amacı, daha önce de söylediğim gibi, bir hisseyi halka mümkün olan en yüksek fiyattan satmaktır. Amaç yalnızca satış yapmak değil, hisselerin eşit dağılımını da sağlamaktır. Elbette bir hissenin tek bir kişinin elinde olmasındansa, bin kişinin elinde bulunması daha iyidir. Yani manipülasyonda önemli olan, sadece iyi fiyattan satmak değil, hissenin dağılımına da dikkat etmektir.

Fiyatı, halkın alım gücünü aşan bir düzeye çıkarmak da tehlikelidir. Deneyimsiz manipülasyoncular hisse fiyatını yükselttikten sonra, ellerindeki hisseleri satmaya çalıştıklarında alıcı bulamazlar. Eski borsacılar buna atı suya götürmek ama su içirmeden döndürmek derler. Ah şu eski toprak! Manipülasyon konusunda hiç unutulmaması gereken önemli bir kural vardır. Bu kuralı Keene ve kendisinden önce gelen borsacılar çok iyi bilirdi. Hisse senetlerinin fiyatı mümkün olan en yüksek düzeye çıkartıldıktan sonra, düşmelerine izin verilir ve satışlar bu düşüş sırasında yapılır.

Baştan alayım. Diyelim ki birilerinin bir taahhütlü aracılık şirketinin,[11] bir havuzun ya da bir kişinin elinde, mümkün olan en yüksek fiyattan satılmasını istediği bir blok hisse var. Bu, New York Menkul Değerler Borsası'nda kayıtlı, saygın bir hisse senedi. Bunu satmak için en iyi yer, aslında açık pazardır ve en iyi alıcı da halktır. Bu satışla ilgili görüşmeleri yürütmesi için bir kişiye yetki verilmiştir. Bu kişi ya da ortakları, hisseyi Menkul Değerler Borsası'nda satmaya çalışmış, ama başarılı olamamışlardır. Bu kişi kendisinde söz konusu satışı yapabilmek için gerekli deneyim ve bilginin olmadığını farkedecek kadar borsayı tanır ya da tanımak zorunda kalır. Kendisi kişisel olarak ya da kulaktan dolma bilgilerle bu tür satışlarda başarılı insanlar olduğunu bilir ve bunların profesyonel olarak sundukları hizmetlerden yararlanmaya karar verir. Doktora giden bir hasta gibi ya da tamirciye giden bir araba sahibi gibi duyduğu uzmanlardan birine gider.

Diyelim ki duyduğu uzman benim. Önce benim hakkımda bir araştırma yapar. Sonra da benimle görüşmek üzere bir randevu alır ve ofisime gelir.

Büyük bir olasılıkla, ben zaten hisse senedini ve yapılmaya çalışılanları biliyorumdur. Bunu bilmek benim işimdir. Ben hayatımı böyle kazanırım. Misafirim ortaklarının ve kendisinin benden ne istediğini söyler ve benden bu işi kabul etmemi ister.

Sonra konuşma sırası bana gelir. Benden istenen şeyi tam olarak anlayabilmek için kendisinden daha fazla bilgi alırım. Söz konusu hisse senedinin değerini belirler, bu hisseyi nasıl pazarlayabileceğimi düşünürüm. Bu bilgileri elde ettikten sonra, borsadaki genel koşulları da hesaba katar ve istenen pazarlama operasyonunun başarılı olup olmayacağı konusunda bir tahmin yürütürüm.

Eğer elimdeki bilgiler bana başarı şansının yüksek olduğunu haber verirse öneriyi kabul eder, bunu karşımdaki kişiye bildirir ve hizmetim karşılığında neler istediğimi açıklarım. Eğer o da benim istediklerimi yani ücreti ve gerekli koşulları kabul ederse hemen işe başlarım.

Hisse senetlerini satmak için çağrı yaparım. Kimseye haksızlık

11 Taahhütlü aracılık şirketi: Hisse senetlerinin halka arzını gerçekleştiren şirket. ç.n.

olmasın diye hisseleri azar azar satışa çıkarır ve fiyatı yavaş yavaş yükseltirim. Genellikle ilk fiyat borsada geçerli olan fiyatın biraz altında verilir ve sonra yükselir; diyelim ki örneğin yüz bin hisse satacağım ve borsa fiyatı da 40 puan. Önce bin hisseyi 35'ten, bin hisseyi 37'den, sonra 40'tan, 45'ten, 50'den satışa çıkarır, fiyat 75 ya da 80'i bulana kadar buna devam ederim.

Eğer yaptığım profesyonel çalışmanın -yani manipülasyonun- sonucunda fiyat artarsa ve eğer hisseye en yüksek düzeyde yoğun talep varsa, hemen elimdeki bütün hisseleri satışa çıkarırım. Böylece hem ben, hem de müşterilerim para kazanır. Bunun böyle olması gerekir.

Eğer benim yeteneğim için para ödüyorlarsa, karşılığını da almalılar. Havuzun zarar ettiği dönemler de olur, ama bu pek sık görülmeyen bir olaydır, çünkü ben kâr edeceğinden emin değilsem o işi almam. Bu yıl bir ya da iki işte şansım pek yaver gitmedi ve kâr edemedim. Bunun farklı nedenleri vardı, ama bu ayrı bir hikâye, belki başka bir gün anlatırım.

Bir hissenin fiyatını artırmanın ilk adımı, hisse fiyatının artacağını herkese ilan etmektir. Saçma mı geldi? Yine de bir düşünün. Aslında göründüğü kadar saçma değil. Satmak istediğiniz hisselerin reklamını yapmanın en iyi yolu o hisseyi aktif ve değerli hale getirmektir. Dünyanın en etkili halkla ilişkiler görevlisi fiyat tahtası, en etkili reklam aracı da borsadan gelen bilgileri taşıyan banttır. Benim müşterilerim adına broşür bastırmama gerek yoktur. Gazetelere hissenin ne kadar değerli olduğu ile ilgili haberler göndermem ya da ekonomi dergilerine şirketin geleceğinin ne kadar parlak olduğunu anlatan makaleler yazmam da gerekmez. Beni izleyecek bir grup oluşturmaya da çalışmam. Bütün bunların hepsini hisseyi aktif hale getirerek başarırım ben. Hisse aktifleştiğinde hemen herkes bunun nedenini bilmek ister ve bu nedeni de benim yardımım olmadan her türlü yayında görebilirler.

Borsa işlemcisinin istediği tek şey harekettir. Eğer serbest bir pazar oluşmuşsa, her fiyattan her hisseyi alıp satmaya hazırdır. Aktivite gördükleri yerde binlerce hisse alıp satmaya başlarlar ve kapasitelerini birleştirdiklerinde, bu önemli bir etki yaratabilir. Bir manipülasyoncunun ilk müşterileri işlemciler olacaktır. Hisseleri aldıktan sonra, fiyat arttığı sürece ellerinde tutarlar ve giriştiğiniz işte size büyük yarar sağlarlar. James R. Keene elindeki her hisseyi önce, borsadaki en aktif işlemcilere satarmış. Böylece manipülasyonun kaynağını saklayabilir, bu arada da işlemcilerin yaydığı tüyolarla istediği reklamı yaparmış. Genellikle onlara borsa fiyatının üzerinden "sözlü" çağrıda bulunur, böylece haberi başkalarına yayarak daha fazla hisse satılmasına aracı olmalarını sağlarmış. Keene, bu işlemcilerin kazandıkları kârı son kuruşuna kadar hak etmesini istermiş. Ben ise profesyonel borsacıların ilgisini çekmek için hisseyi aktif hale getirmekten öte hiçbir şey yapmam. Borsacıların başka bir şeye ihtiyacı yoktur. Bu arada unutmamakta yarar var ki, borsadaki profesyonel işlemciler hisse senetlerini daha sonra kâr karşılığı satabilmek için alırlar. Bu kârın fazla büyük olmasına gerek yoktur, ama hızlı bir kâr olması gerekir.

Ben, hisseleri, demin size söz ettiğim nedenlerden ötürü spekülatörlerin dikkatini çekebilmek için aktif hale getiririm. Hisseyi önce ben alır satarım, arkası mutlaka gelir. Hisseler, benim yaptığım gibi azar azar satışa sunulursa, satış fazla bir baskı da yaratmaz. Alıcıların sayısı genellikle satıcıların sayısından fazla olur ve halk manipülasyoncuları değil, işlemcileri takip eder. Böylece satın alımlar başlar. Artan talebi ben karşılarım, yani elimdeki hisselerin hepsini satarım. Eğer talep gerektiği gibi yaratılabilmişse, manipülasyonun ilk aşamalarında almak zorunda kaldığım hisseleri rahatça elden çıkarabilir, bu arada açığa da satış yapabilirim. Yani elimdeki hisselerin sayısından daha fazla hisse satarım. Bu, benim için tümüyle güvenli bir işlemdir, çünkü talebi ben yaratmışımdır. Halkın talebi azalınca hisse fiyatı da duraklar. Ben beklemeye başlarım.

Diyelim ki hisse fiyatının artışı durdu. Fiyatın düşmesi bekleniyor. Borsada genel bir düşüş beklentisi oluşabilir ya da gözü keskin bir borsacı benim hisseme alım emri gelmediğini farkeder ve hisselerini satmaya başlar, onu başkaları izler. Neden ne olursa olsun, hissemin fiyatı inişe geçer. Ben bu kez satın almaya başlarım. Eğer bir hissenin arkası sağlamsa, bu aşamada düşmesine izin verilmez. Ancak bu arada hisseyi biriktirmemeye, yani daha sonra satmak zorunda kalacağım miktarı artırmamaya çalışırım. Elimdeki mali kaynakları da tüketmemem gerekir. Aslında yaptığım şey, halkın ya da işlemcilerin talebi yoğunken, yüksek fiyata açığa sattığım hisseleri kapatmaktır. Her zaman işlemcilere ve halka, hisse fiyatı düşmesine karşın talebin yüksek olduğunu göstermek gerekir. Bu, hem profesyonel işlemcilerin yüksek miktarda açığa satış yapmalarını, hem de gözü korkan halkın elindeki hisseleri satmasını önler. Bu tür satışlar tehlikelidir, çünkü hisse desteksiz kalır ve fiyatı sürekli düşmeye başlar. Benim açıklarımı kapatmak için yaptığım bu alımlara ben istikrarı sağlama süreci diyorum.

Pazar genişledikçe fiyat artmaya başlar ve ben de elimdeki hisseleri satarım. Ama asla artışı kontrol altına alacak kadar yüksek miktarda hisse satmam. Bu benim istikrar planımla ilgilidir. Mantıklı ve düzenli bir yükseliş sırasında ne kadar çok hisse satabilirsem, sayıları gözü kara işlemcilerden çok daha yüksek olan muhafazakâr spekülatörleri de o kadar özendirmiş olurum. Böylece kaçınılmaz düşüş geldiğinde hisseye verilecek desteği artırırım. Hep kısa pozisyonda kalarak, kendime zarar vermeden hisseyi destekleme fırsatını elde ederim. Genellikle satışıma bana kâr getirecek bir fiyattan başlarım. Ancak çoğunlukla satıştan kâr etmem, amacım kendime risksiz alım gücü yaratmak ya da alım gücümü artırmaktır. İşim yalnızca fiyatı artırmak ya da bir müşterime ait hisseleri satmak değil, aynı zamanda kendime de kâr sağlamaktır. O yüzden müşterilerimden yaptığım iş karşılığı bir ücret talep etmem. Ücretim, başarıma bağlı olarak değişecektir.

Elbette size şimdi anlattığım şey, benim için değişmez bir yöntem değildir. Benim özellikle uyguladığım katı bir sistem yoktur. Çalışma koşullarımı duruma göre değiştiririm.

Eşit dağılım sağlanmak istenen bir hissenin fiyatı ise mümkün olan en yüksek noktaya kadar çıkarılmalı, ondan sonra satılmalıdır. Bunu, özellikle önemli olduğu ve halkın nedense bütün satışların fiyat en yüksek düzeydeyken yapıldığını sandığı için vurgulamak istiyorum. Kimi zaman bir hisseyi kımıldatmak, yani fiyatını yükseltmek olanaksızdır. İşte o zaman satma zamanı gelmiş demektir. Satış başlayınca fiyat doğal olarak inecektir, ama bir süre sonra tekrar yükseltilebilir. Manipüle ettiğim bir hisse, benim satın alımlarımla değer kazanıyorsa, haklı olduğumu, gerekirse onu güvenle satın alabileceğimi ve hiç çekinmeden kendi paramı yatırabileceğimi bilirim. O hisseyi aynı şekilde hareket eden diğer hisselerden ayırmam. Fiyatın hangi yöne gideceğini anladıktan sonra o yönü izlerim. Bunun nedeni, benim o anda o hisseyi manipüle ediyor olmam değil, her zaman bir borsacı olarak kalacak olmamdır.

Satın alımlarım hisse fiyatını yükseltmezse alımlarıma son verir, ondan sonra da fiyat düşerken satmaya başlarım. Aynı şeyi manipülasyona girmediğim diğer hisseler söz konusu olduğunda da yaparım. Bir hisse en iyi, fiyatı düşerken pazarlanır. Fiyatlar düşerken insan elindeki hisselerin hepsini satma fırsatını elde edecektir.

Sözlerimi yineliyorum, manipülasyon sırasında asla, aslında bir borsacı olduğumu unutmam. Manipülasyoncu olarak karşılaştığım sorunlar, operatör olarak karşılaştığım sorunların hemen hemen aynısıdır. Manipülasyoncu hisseye istediği şeyi yaptıramıyorsa, manipülasyon artık sona erer. Üzerinde çalıştığınız hisse senedi artık size cevap vermez olunca vazgeçin, kâr peşine düşmeyin. Unutmayın, zararın neresinden dönülse kârdır.

XXI. BÖLÜM

Bütün bu genellemelerin sizi fazla etkilemediğini biliyorum. Zaten genellemeler hiçbir zaman fazla çarpıcı değildir. Belki size somut bir örnek verirsem, olayı daha iyi anlatabilirim. Size bir hissenin fiyatını nasıl 30 puan artırırken, yalnızca yedi bin hisse toplamayı, yine de yüksek miktarda hisse satılmasına uygun bir pazar oluşturmayı başardığımı anlatayım.

Söz konusu hisse Imperial Steel'di. Hisse son derece saygın işadamları tarafından satışa sunulmuş ve değerli bir hisse olduğu yolunda tüyolar yayılmıştı. Hisselerin yüzde otuz kadarı farklı Wall Street firmaları aracılığıyla halka arzedilmişti, ama hisselerde fazla bir aktivite görülmemişti. Zaman zaman birileri hisseyi sorduğunda insider'lardan biri –yani taahhütlü aracılar– şirket kazancının beklendiğinden yüksek olduğunu ve geleceğinin çok parlak göründüğünü söylüyordu. Bu doğruydu, ama halkı harekete geçirmek için yeterli değildi. O hissede spekülasyon yapmak isteyen yoktu, yatırımcılar ise henüz fiyat istikrarı ve temettü oranına güvenemiyorlardı. Bu, asla sürpriz yapmayan bir hisseydi. Öyle efendi bir hisseydi ki, insider'ların onca doğru ve olumlu açıklamasına karşın, yerinden bir puan bile kıpırdamıyordu. Ne ileri, ne geri.

Imperial Steel, kıymeti bilinmeyen, fazla sözü edilmeyen ve tüyolarda adı geçmeyen bir hisse olarak kaldı. Fiyat düşmüyordu, çünkü kimse dağılımı eşit olmayan bu hisseyi açığa satmıyordu; satıcılar kaderlerini elinde çok fazla hisse bulunduran insider'ların vicdanına bırakmak istemiyordu. Aynı şekilde böyle bir hisseyi satın almak için de fazla bir teşvik yoktu. Böylece yatırımcılar için Imperial Steel bir spekülasyon aracı olarak kaldı. Spekülatörler içinse ölü bir hisseydi, satın aldıktan sonra insanın elinde kalacak ve istemeden uzun vadeli yatırıma yöneltecek bir hisse. Bir, iki yıl ölü bir hisseyi taşımak zorunda kalan borsacı, sonunda hisseye ödediği paradan daha fazlasını kaybeder, karşısına kârlı hisseler çıktığında parasını bağladığı için fırsatları değerlendiremez.

Bir gün Imperial Steel grubundan en önde gelen kişi, şahsı ve ortakları adına benimle görüşmeye geldi. Yüzde 70'ini ellerinde tuttukları hisse için bir pazar yaratmaya çalışıyorlardı. Hisseleri açık pazarda satarlarsa, istedikleri fiyatı alamayacaklarını düşünüyor, benden yüksek fiyata satmamı istiyorlardı. Konuğum bu işi hangi koşullarda kabul edeceğimi sordu.

Ben de ona birkaç gün içinde cevap vereceğimi söyledim. Ondan sonra da hissenin durumunu araştırdım. Şirketin farklı departmanlarını, sanayi, ticaret ve finans departmanlarını uzmanlara incelettim. Bana tarafsız raporlar hazırladılar. Hisselerin olumlu ya da olumsuz yanlarının peşinde değildim, sadece olduğu gibi gerçekleri görmek istiyordum.

Raporlar, bu hissenin aslında değerli bir hisse olduğunu gösteriyordu. Şirketin durumu, hisse o anki borsa fiyatından alınırsa kâr edilebileceğini, ancak yatırımcıların sabırlı olmaları gerektiğini gösteriyordu. Bu koşullar altında fiyatın yükselmesi son derece haklı ve gerekli bir hareket olacak, firmanın geleceğinin parlak olduğunu kanıtlayacaktı. Bu nedenle lmperial Steel hisselerinde manipülasyona girmemek için hiçbir neden yoktu.

Imperial Steel yöneticisine kararımı bildirdim ve ayrıntıları görüşmek üzere onu ofisime davet ettim. Koşullarımı anlattım. Vereceğim hizmet karşılığı para değil, yüz bin Imperial Steel hissesi istiyordum. İşlemlerim sonucunda hisse fiyatı 70'ten 100'e çıktı. Bu, bazılarına yüksek bir fiyat gibi gelebilir. Ancak unutmayın ki insider'lar 70 puandan yüz bin, hatta elli bin hisse bile satabileceklerine inanmıyorlardı. Hissenin alıcısı yoktu. Firmanın kazancının ne kadar yüksek olduğu, geleceğinin ne denli parlak olacağı ile ilgili tüm açıklamalar fazla alıcı getirmemişti. Ayrıca müşterilerime birkaç milyon kâr getirmeden önce ben ücretimi alamayacaktım. Sonuçta benim istediğim hisseler satış komisyonu olarak fazla yüksek değildi. Mantıklı bir ücretti.

Hissenin gerçekten değerli olduğunu ve borsanın genel bir yükselişe doğru gittiğini bildiğim için bu işten oldukça yüksek kâr sağlayacağımı düşündüm. Benim fikirlerim müşterilerimi de teşvik etti, ileri sürdüğüm koşulları hemen kabul ettiler. Bu anlaşma her iki tarafı da memnun etti.

Kendimi mümkün olduğu kadar koruma altına alarak işe giriştim. Imperial Steel grubu hissenin yüzde 70'ini elinde tutuyordu. Bu hisseleri bir fona yatırmalarını sağladım. Böylece hisselerin çoğu kilit altına girdi. Dağınık durumda bulunan hisselerin oranı yüzde 30'du, ama bu da benim göz önünde bulundurmak zorunda olduğum bir riskti. Deneyimli spekülatörler tümüyle risksiz işe girmez. Zaten dağınık durumda bulunan hisselerin hepsinin aynı anda satışa çıkması, bir sigorta şirketinin bütün müşterilerinin aynı gün, aynı saatte ölmesi gibi bir şey olurdu. Borsadaki bütün riskleri hesaba katarak hareket etmek olanaksızdır.

Bu tür bir girişimin kaçınılmaz olarak yaratabileceği risklere karşı kendimi korumaya aldıktan sonra, operasyona başlamaya hazırdım. Amacım elimdeki hisseleri daha değerli kılmaktı. Bunun için de fiyatı yükseltmem ve opsiyonunu aldığım yüz bin hisseyi satabilmek için bir pazar oluşturmam gerekiyordu.

Önce fiyat arttığı takdirde ne kadar hissenin satışa çıkarılacağını bulmak zorundaydım. Bunu brokerim aracılığı ile yaptım. Hangi hissenin borsa fiyatından ya da borsa fiyatının biraz üzerinden satışa çıkarıldığını öğrenmek onlar için hiç de zor olmadı. Uzmanların onlara defterlerinde yazılı emirleri söyleyip söylemediklerini bilmiyorum. Fiyat 70 puandı, ama o fiyata bin hisse bile satamazdım. Bu fiyata, hatta birkaç puan düşüğüne talep olduğunu hiç sanmıyordum. Brokerimin topladığı bilgilere dayanarak hareket etmek zorundaydım. Ama bu da bana kaç hissenin satılık olduğunu ve talebin ne kadar düşük olduğunu göstermeye yetti.

Bu bilgileri edindikten sonra, sessiz sedasız 70 puan ve üzerinde satılan hisseleri satın aldım. Bu satış, elinde az hisse bulunan kişiler tarafından yapılıyordu, çünkü müşterilerim hisselerini borsadan çekmeden önce verdikleri satış emirlerini iptal etmişlerdi.

Fazla hisse almama gerek kalmadı. Zaten iyi bir yükselişten sonra alım ve satış emirlerinin artacağını biliyordum.

Kimseye lmperial Steel hisseleri ile ilgili tüyo vermedim. Görevim mümkün olan en iyi reklamı yapmak ve halkın hisse hakkındaki kanısını değiştirmekti.

Asla hisseler hakkında propaganda yapılmasın demek istemiyorum. Nasıl giysi, ayakkabı ya da otomobil reklamı yapılıyorsa, borsaya yeni ihraç edilen bir hissenin de reklamı yapılabilir. Halka doğru ve güvenilir bilgi ulaştırılmalıdır. Benim ise reklam yapmama gerek yoktu, çünkü istediğim reklamı borsadaki fiyat benim için yapıyordu. Daha önce söylediğim gibi, saygın gazeteler sürekli borsadaki hareketlerin nedenlerini açıklayan makaleler yayımlar. Bunlar haber değeri olan makalelerdir. Bu gazetelerin okurları borsada neler olduğunu öğrenmekle yetinmez, bunların nedenini de öğrenmek ister. Bu yüzden manipülasyoncunun parmağını bile kıpırdatmasına gerek yoktur. Ekonomi gazeteleri bilinen her türlü haberi ve dedikoduyu kendiliklerinden yayımlayacak, kazanç raporlarını, ticaret koşullarını, hesap durumlarını, yani hisse fiyatının yükselmesine neden olabilecek her şeyi birer birer analiz edeceklerdir. Bir gazeteci ya da bir tanıdığım gelip benden bir hisse hakkındaki fikrimi istediğinde, eğer fikrim varsa söylemekten çekinmem. Ancak kendiliğimden tavsiyede de bulunmam, asla tüyo vermem, ama gerçekleri de saklamam. Aynı zamanda, en iyi tüyoların, en ikna edici tavsiyelerin borsadaki fiyatlardan geldiğini bilirim.

70 puan ve üzerinde satılan hisselerin hepsini satın aldıktan sonra borsa üzerindeki baskıyı kaldırmış oldum. Bu da doğal olarak, Imperial Steel'in önünü açtı. Hisse fiyatı belirgin bir şekilde artmaya başladı. Borsa işlemcileri gözlem yeteneklerini kullanarak bunu farkeder etmez, hisse fiyatının nerede duracağını bilemedikleri bir tırmanışa geçtiğini anladılar. Ancak çok iyi bildikleri bir şey vardı, o da hisseyi satın almaları gerektiği. Hisse fiyatındaki artıştan ötürü fiyatın kendisinden iyi tüyo olamaz! Imperial Steel'e olan talep artınca, ben de elimdekileri satışa çıkardım. Başlangıçta hisseden yaka silkmiş olan kişilerden aldığım hisseleri işlemcilere sattım. Bu satış haklı bir satıştı, sadece talebi karşılıyordum. Elimdeki hisseleri zorla satmıyor, fiyatın fazla hızlı yükselmesini istemiyordum. Elimdeki yüz bin hissenin yarısını bu aşamada satmak işime gelmiyordu. İşim, hisselerin hepsini aynı anda satabileceğim bir pazar oluşturmaktı.

Ancak işlemcilerin istediği kadar satış yapmama karşın, o ana kadar düzenli bir şekilde yaptığım alımlar sona ermişti. Bu arada işlemcilerin alımları ortadan kalktı ve fiyat artışı durdu. O andan itibaren fiyatın daha da artmasını bekleyen ve hayal kırıklığına uğrayan işlemciler, ellerindeki hisseleri satmaya başladılar. Fakat ben bu düşüşe hazırdım ve fiyat düşmeye devam ederken, işlemcilere sattığım hisseleri geri aldım. Bu hisseleri daha sonra tekrar satacağımı biliyordum. Bu alım fiyat düşüşünü durdurdu ve fiyat sabitleşince satış emirleri de durdu.

Sonra her şeye yeniden başladım. Hisse fiyatı artarken satılık bütün hisseleri geri aldım, zaten satılık fazla hisse yoktu ve fiyat ikinci bir kez artmaya başladı. Bu kez artış 70 puanın üzerinde bir değerden başlamıştı. Unutmayın ki bir hissenin fiyatı düşerken hisseleri satmak isteyen, fakat fiyat üç dört puan düştü diye bunu yapmayanlar olacaktır. Bu insanlar fiyat tekrar yükselir yükselmez hisselerini satacaklarına yemin eder dururlar. Fiyat artınca satış yapılması için emir verir, sonra da artış devam ediyor diye fikirlerini değiştirirler. Asıl kârlar da gözü doymak bilmeyen bu kararsızlardan edilir.

Bundan sonra işlemi tekrarladım; tekrar önce alım sonra satış yaptım, ama bu arada fiyat ilk değerine oranla çok daha yüksekti.

Bazen hisselerin hepsini aldıktan sonra fiyatı aniden yükseltmek, manipülasyona girdiğiniz hisselerde heyecan yaratmak iyi olabilir. Bu çok iyi bir reklam olacaktır, çünkü hissenin borsanın gündemine girmesini sağlar. Profesyonel işlemcileri ve heyecandan hoşlanan halkı bu hisse senedine çeker. Borsayla ilgilenen halkın büyük bir kesimi heyecan sever. Imperial Steel'de ben bu yöntemi uyguladım ve bu artış sonucu ortaya çıkan talebi kendi elimdeki hisselerle karşıladım. Satışlarım fiyat artışını hem miktar hem de hız olarak kontrol altında tuttu. Fiyatlar düşmeye başlayınca hisse alıp, fiyatlar artarken satarak fiyatı yükseltmenin ötesinde bir şey yapıyordum: Imperial Steel'in pazarlanmasını kolaylaştırıyordum.

Ben manipülasyona başladıktan sonra isteyen herkes istediği zaman hisse alıp satabildi, yani fiyatta fazla büyük dalgalanmalara yol açmadan rahatça işlem yapabildi. Alınan hissenin elde kalacağı ya da açığa satanların köşeye sıkıştırılacağı korkusu ortadan kalktı. Hisseye karşı bir güven oluştu; profesyonel işlemciler ve halk arasında yavaş yavaş Imperial Steel'in kalıcı bir pazarı olduğu inancı yayıldı. Bu arada hissenin aktif hale gelmesi hisse karşıtlarının getirdiği itirazları da bertaraf etti. Sonuçta binlerce hisse alıp satarak hissenin fiyatını 100 puana çıkarmayı başardım. Fiyat 100 dolar olunca herkes Imperial Steel almak istedi. Neden istemesinler? Herkes bunun sağlam bir hisse olduğunu, her zaman –ve hâlâ– gerçek değerinin altında fiyata satıldığını anlamıştı. Bunun kanıtı fiyattaki artıştı. 70'ten başlayıp 30 puan artan bir hisse yüzün üzerine çıkıp 30 puan daha yükselebilirdi. Birçokları böyle düşünüyordu.

Fiyatı otuz puan artırırken elimde yalnızca yedi bin hisse birikti. Bu hisseleri alış fiyatım ortalama 85 puandı. Yani on beş puan kâr etmiştim, ama kâğıt üzerindeki kârımın toplamı çok daha fazlaydı. Bu kârı olduğu gibi nakde çevirebilecektim, çünkü hisselerin hepsi için alıcı vardı. Manipülasyona devam edersem, hisse fiyatını daha da artırabilirdim. Ayrıca elimde değerini 70'le başlayıp 100'e kadar çıkardığım yüz bin hisselik bir opsiyon vardı.

Koşullar kâğıt üzerindeki kârımı nakde çevirmek için yaptığım planları gerçekleştirmeme engel oldu. Yaptığım iş kusursuz bir manipülasyon örneğiydi, son derece yasaldı ve ulaştığı başarıyı fazlasıyla haketmişti. Şirket gerçekten değerli bir şirketti ve hisse fiyatı yükseldiği halde, hâlâ gerçek değerine ulaşmamıştı. Imperial Steel grubunun üyelerinden biri olan, geniş kaynaklara sahip ünlü bir banka, şirketin mülkiyetini kontrolü altına almaya karar verdi. Imperial Steel Corporation gibi zengin ve büyümekte olan bir şirketin kontrolünü ele geçirmek bir banka için, bireyler için olduğundan çok daha önemlidir. Her neyse, bu banka bana hisse opsiyonlarım için bir fiyat önerdi. Bu bana büyük kâr getirecek bir teklifti ve ben de hiç duraksamadan kabul ettim. Ben yüksek kâr getirecekse her zaman hisselerimi satmaya hazırım. Bu işten de kazandığım kâr beni fazlasıyla memnun etti.

Yüz bin hisselik opsiyonumu elden çıkartmadan önce, bu bankanın benden daha fazla uzman tutarak şirketin son derece ayrıntılı bir analizini yaptırdığını öğrendim. Uzmanların hazırladıkları raporlar sayesinde benim hisselerimi yüksek fiyattan almaya karar vermişlerdi. Birkaç bin hisseyi yatırım olarak elimde tuttum. Ben bu hisseye inanıyorum.

Imperial Steel'de yaptığım manipülasyon normal ve sağlıklı bir işlemdi. Benim alımlarımla fiyat yükseldikçe güvencede olduğumu biliyordum. Hisse fiyatı bazı hisselerde yaşanan duraklamayı yaşamadı. Ancak bir hisse artık alımlarınıza gereken tepkiyi vermiyorsa, onu satmak için bundan iyi tüyo olmaz. Bir hisse gerçekten değerliyse ve borsa koşulları uygunsa, fiyat 20 puan bile düşse yeniden artacaktır. Ben Imperial Steel'de bu tür bir artış gerçekleştirmek zorunda kalmadım.

Ben hisse manipülasyonlarında her zaman temel işlem ilkesini gözetirim. Belki bunu neden sürekli yinelediğimi ya da asla borsayla kavgaya tutuşmadığımı veya istediğim gibi gelişme göstermedi diye borsaya kızmadığımı neden sürekli tekrarladığımı merak edebilirsiniz. Kendi işlerini kurarak milyonlarca dolar kazanan, bu arada Wall Street'te de çok başarılı olan bir kişinin, artık serinkanlılıkla hareket edebileceğini sanıyorsunuzdur. Bizim büyük işadamı sandığımız bazı insanların borsa istedikleri yönde gitmediğinde nasıl şirret bir kadın gibi davranmaya başladıklarını görseniz şaşarsınız. Bu başarısızlığı kişisel bir sorun olarak algılar ve bu arada kontrollerini kaybettikleri için para da kaybetmeye başlarlar.

Bir ara John Prentiss'le aramda çıkan bir anlaşmazlıkla ilgili birtakım dedikodular yayılmıştı. İnsanlar birlikte giriştiğimiz borsa işini dramatik bir sonla kaybettiğimizi ya da birbirimizi üçkağıda getirerek milyarlarca dolar kaybettiğimizi sanıyor, buna benzer çeşitli senaryolar yazıyorlardı. Oysa bunların hiçbiri doğru değil.

Prentiss ve ben yıllarca arkadaş olarak kaldık. O bana kâr getiren bilgiler verdi, ben de, uygulayıp uygulamadığını bilmiyorum ama, ona çeşitli tavsiyelerde bulundum. Uyguladıysa mutlaka kazanan o olmuştur.

Prentiss, Petroleum Products Company hisselerinin halka sunulmasını düzenleyenler arasında yer almıştı. Az çok başarılı olan bir çıkıştan sonra, borsanın genel koşulları olumsuz yönde değişti ve hisse fiyatı Prentiss ve ortaklarının umduğu kadar yükselmedi. Temel koşullar biraz düzelince, Prentiss bir havuz oluşturdu ve Petroleum Products'ı pazarlamaya koyuldu.

Nasıl bir teknik uyguladığını bilmiyorum. Bana nasıl çalıştığını anlatmadı, ben de hiç sormadım. Ancak tüm Wall Street deneyimine ve su götürmez zekâsına karşın, yaptığı işlemler pek işe yaramadı. Havuz üyeleri fazla hisse satılmadığını farkettiler. Bildiği tüm yöntemleri denemiş olmalı, çünkü bir havuz yöneticisi için, aslında herkes için, başarısız olduğunu itiraf edip dışarıdan birinden yardım istemek kolay bir şey değildir. Her neyse, bir gün bana geldi ve biraz havadan sudan konuştuktan sonra benden, Petroleum Products pazarını oluşturmam, havuzun elindeki hisseleri, yani yüz binin üzerinde hisseyi satmamı istedi. O günlerde hisse fiyatı 102, 103 civarındaydı.

Bu iş bana biraz bulanık göründü ve teşekkür ederek önerisini geri çevirdim. Ancak o kabul etmem için ısrar etti. Benden arkadaş olarak ricada bulundu, ben de sonunda kabul etmek zorunda kaldım. Başarılı olacağına inanmadığım girişimlere destek vermekten hoşlanmam, ama bence insanın dostlarına ve çevresine karşı da sorumlulukları vardır. Ona elimden geleni yapacağımı söyledim. Yine de fazla umutlu olmadığımı da belirtip farkında olduğum tüm olumsuzlukları önüne serdim. Prentiss bana havuza milyonlarca dolar kâr sağlamamı beklemediklerini söylemekle yetindi. İşin başına geçince benim herkesi memnun edecek kadar kâr sağlayacağıma emindi.

Böylece kendi isteğimin dışında bu işe girmiş oldum. Tıpkı korktuğum gibi, hissenin durumu pek iyi değildi, bu da büyük ölçüde Prentiss'in havuz adına yaptığı manipülasyon sırasında işlediği hatalardan kaynaklanıyordu. Ama karşımdaki baş düşman zamandı. Borsadaki genel yükselişin sona ermek üzere olduğunu ve Prentiss'i umutlandıran fiyat artışının geçici olduğunu biliyordum. Petroleum Products hisselerinde fazla başarı kaydedemeden, borsanın uzun bir düşüş dönemine gireceğinden korkuyordum. Yine de arkadaşıma söz vermiştim ve elimden geleni yapmaya karar verdim.

Fiyatı yükseltmeye başladım. İşler pek fena gitmiyordu. Fiyatı oldukça iyi bir değer olan 107 puana kadar çıkarabildim ve hatta aldığım hisseleri satma fırsatını bile buldum. Bu hisselerin sayısı fazla değildi, ama en azından havuzun elindeki hisseleri daha da artırmamıştım. Havuz dışından birçok işlemci hisseleri elden çıkarabilmek için küçük bir artış bekliyordu ve ben onlara ilaç gibi geldim. Borsanın genel koşulları daha iyi olsaydı, ben de daha başarılı olabilirdim. Keşke beni daha erken bir aşamada davet etselerdi. O anda ise yapabileceğim tek şey, hisseleri havuza en az zarar getirecek şekilde satabilmekti.

Prentiss'i çağırıp ona düşüncelerimi aktardım. Ama o bana karşı çıkmaya başladı. Ben de ona niye teklifini kabul etmek durumunda kaldığımı açıkladım. Dedim ki: "Prentiss, borsanın nabzını duyabiliyorum. Bu hisseye alıcı yok. Benim manipülasyonuma bile ilgi göstermedi halk. Bak şimdi, Pete Products borsacılar için mümkün olduğu kadar çekici hale getiriliyorsa, siz destek sağlamaya devam ediyorsanız, buna karşın halk hisseyle ilgilenmiyorsa demek ki ortada bir sorun var. Bu sorun da hissede değil, borsada. İşin üzerine gitmeye gerek yok. Fazla ısrar edersen kaybedersin. Bir havuz yöneticisi başka müşteri varsa hissesini satın almalı, ama borsadaki tek müşteri kendisiyse satın alması aptallık olur. Benim aldığım her beş bin hisseye karşılık halk da beş bin hisse almalı ya da almaya istekli olmalı. Ancak ben tek başıma bütün hisseleri alacak değilim. Eğer alırsam sonuçta hisseler elimde patlar. Şu anda yapılacak tek bir şey var, o da satmak. Satmanın da tek yolu satmaktır."

"Yani hangi fiyata olursa olsun satalım mı?" diye sordu Prentiss.

"Evet!" dedim. İtiraz etmeye hazırlandığının farkındaydım. "Eğer havuzdaki hisseleri ben satacaksam, fiyatın yüzün altına düşeceğini ve..."

"Hayır! Asla!" diye haykırdı Prentiss. Sanki ona kendini köprüden atmasını söylemişim gibi davranıyordu.

"Prentiss," dedim. "Manipülasyonun birinci kuralı bir hisse senedini satabilmek için fiyatını yükseltmektir. Ama fiyat yükselir yükselmez elindeki hisselerin hepsini birden satamazsın. Bu mümkün değildir. Asıl satışı fiyat yükselip düşmeye başladıktan sonra yaparsın. Ben senin hisselerinin fiyatını 125'e ya da 130'a çıkaramam, keşke çıkarabilsem. O yüzden satışlara bu fiyattan başlamanız gerekiyor. Bence yakında bütün hisselerin fiyatları düşecek ve Petroleum Products da bundan kurtulamayacak. En iyisi fiyat şimdi sizin yapacağınız satışlarla düşsün, önümüzdeki ay başka birilerinin satış yapmasını beklemeyin. Fiyat zaten düşecek."

Söylediğim şey gayet mantıklıydı; ama siz bir de onun bağırışını duysaydınız. Sesi herhalde Çin'den duyuluyordu. Kesinlikle beni dinlemek istemiyor, tavsiyeme uymaya yanaşmıyordu. Bu hem hissenin prestijini bozar, hem de hissenin kredilere karşı teminat olarak gösterildiği bankaların işini güçleştirir, diyordu.

Ona bir kez daha düşündüklerimi olduğu gibi söyledim ve Pete Products'ın onbeş ya da yirmi puan değer kaybedeceğini, çünkü borsada genel bir düşüş olacağını belirttim. Borsa düşerken bu hissenin yükselmesini beklememeleri gerektiğini yineledim. Ama söylediklerim bir kulağından girdi, ötekinden çıktı. Hisseye destek çıkmam konusunda ısrar etti.

Karşımda oturan adam dönemin en dişli işadamlarından biri, Wall Street'teki operasyonlarında milyonlarca dolar para kazanmış başarılı borsacıydı. Spekülasyon işini sıradan bir insandan çok daha iyi biliyordu. Buna rağmen benden kesinlikle düşme beklentisi olan bir borsada hissesini desteklememi istiyordu. Hisse belki onun hissesiydi, ama bu onu haklı kılmıyordu. Bu yaptığı şey ona yakışmıyordu. Ona tekrar anlatmaya çalıştım. Ama hiç faydası yoktu. Hisseden desteğini çekmemekte kararlıydı.

Elbette borsa düşüşe geçtiğinde Pete Products da diğer hisselerle birlikte değer kaybetti. Bense hisse satacağım yerde, Prentiss'in talimatını izleyerek havuz üyeleri için hisse satın aldım.

Bu olayın tek açıklaması, Prentiss'in borsanın düşeceğine inanmamasıydı. Ben ise düşüşün çok yakın olduğuna emindim. Bu kanımı sadece Pete Products'ta değil, diğer hisselerde de yaptığım denemelerle sınamıştım. Satışa geçmeden önce fiyatların düşeceklerini resmen ilan etmelerini beklemeye gerek görmedim. Diğer hisseleri açığa satmama rağmen, tek bir Pete Products hissesi bile satmadım.

Pete Products havuzu benim beklediğim gibi ellerindeki bütün hisselerle kalakaldı. Ayrıca fiyatı yükseltmek için boş yere aldıkları hisseler de buna eklenmişti. Sonunda hisseleri satmak zorunda kaldılar, ama benim Prentiss'e satmayı önerdiğim zamandan çok daha düşük fiyatlara. Böyle olacağı belliydi. Yine de Prentiss hâlâ kendisini haklı buluyor ya da haklı bulduğunu söylüyor. Duyduğum kadarıyla, kendisine hisseleri satmalarını tavsiye etme nedenimin, diğer hisselerde kısa pozisyonda bulunmam ve borsanın yükselmesi olduğunu söylüyormuş. Yani Pete Products hisselerinin düşük fiyattan satılmasının benim işime geleceğini ve diğer hisselerde girdiğim pozisyonu güçlendireceğini iddia ediyormuş.

Bütün bunlar uydurma. Ben açığa satış yaptığım için borsada düşüş bekliyordum. Düşüş bekliyordum, çünkü durumu iyice incelemiştim ve düşüş beklentisi içinde olduğum için açığa satış yapmıştım. Hiçbir şeyi tersine yapmak kâr getirmez, hele borsada hiç. Havuzun hisselerini satma planımı yirmi yıllık borsa deneyimime dayanarak oluşturmuş, en mantıklı ve güvenilir adımları atmıştım. Prentiss'in de bunu benim kadar açık görebilmesi gerekirdi. Bu son çareydi ve artık yapılabilecek hiçbir şey yoktu.

Sanırım Prentiss de binlerce insanın kapıldığı bir yanılsamaya, bir manipülasyoncunun istediği her şeyi yapabileceği kanısına kapıldı. Oysa bu doğru değildir. Keene'in en büyük manipülasyonu, 1901 baharında, U. S. Steel hisseleri için oluşturduğu pazar oldu. Bu adam yalnızca zeki ve yaratıcı olduğu, ülkenin en zengin insanlarını arkasına alabildiği için başarılı olmadı. Başarısı kısmen bu nedenlere de bağlıydı, ama asıl nedeni borsanın ve halkın beklentilerinin duruma uygun olmasıydı.

İnsan asla deneyiminin ve sağduyunun sesine kulaklarını tıkamamalı. Fakat Wall Street'te birçok büyük grubun içinde de çaylaklara rastlamak mümkündür. Prentiss'in bana kırgın olmasının sebebi anlattığım olaydır. Bana dargın çünkü ben manipülasyonu kendi bildiğim gibi değil, onun istediği gibi yapmak zorunda kaldım.

İşin içine yalan girmediği sürece, hisseleri toptan satabilmek için yapılan manipülasyonun gizli kapaklı, sakıncalı ya da yasadışı bir yönü yoktur. Sağlam manipülasyonun sağlam işlem ilkelerine dayanması gerekir. Eskiden yapılan naylon satış gibi uygulamalar insanların kafasında çok yer etmiş durumda. Oysa yapılan yolsuzluğun yöntemi önemli değildir. Borsadaki manipülasyonla hisse senetleri ve tahvillerin borsa dışı piyasada satılması arasındaki fark, işlemin kendisinde değil, müşterilerindedir. J. P. Morgan & Co. halka, yani yatırımcılara bir parti tahvil satar. Bir manipülasyoncu ise halka, yani spekülatörlere bir blok hisse pazarlar. Yatırımcı güvenlik arar, sermayesine karşılık düzenli getiri ister. Spekülatör ise hızlı kâr peşindedir.

Manipülasyoncunun en önemli pazarı yüksek kâr etme olasılığı olduğu sürece, kendilerini normalden daha büyük bir riske atmaktan çekinmeyecek spekülatörlerdir. Ben asla körü körüne kumar oynamam. Bazen yüksek miktarda hisse alır, kimi zaman yüz hisseyle yetinirim. Ne olursa olsun, verdiğim kararın iyi bir nedeni vardır.

Manipülasyon işine, yani başkaları adına hisse senedi pazarlama işine nasıl girdiğimi çok iyi hatırlıyorum. Bu bana büyük keyif veren bir anıdır, çünkü Wall Street profesyonellerinin borsa operasyonlarına karşı tutumunu çok iyi yansıtır. Manipülasyona girişim, borsaya "geri döndükten" yani 1915'te Bethlehem Steel hisseleri mali durumumu düzelttikten sonra oldu.

Düzenli olarak alım satım yapıyordum ve şansım yaver gidiyordu. Ben gazetelere reklam vermem, ama gizli kapaklı iş de çevirmem. Yine de Wall Street profesyonelleri her zaman aktif operatörlerin başarılarını ve başarısızlıklarını abartır ve elbette bu söylentiler gazetecilerin kulağına kadar gider, sonunda da haber diye yayımlanır. Aynı gazeteci bir haberde, benim bilmem ne kadar zarar ettiğimi yazabiliyor, bir başka haberde ise milyonlarca dolarlık kârımdan bahsediyor. Ben artık böyle haberlere tepki vermiyorum. Bu haberler inanılmaz bir şekilde yayılıyor. Broker dostlarım gelip bana aynı hikâyeyi, her seferinde biraz daha değişmiş, biraz daha ayrıntılı anlatabiliyorlar.

Bütün bu girişi, başkası adına ilk kez manipülasyon yaptığım zamanı anlatmak için yaptım. Her şey gazetelerin milyonlarca dolarlık borcumu nasıl son kuruşuna kadar ödediğimi yazmaları ile başladı. Gazeteler işlemlerimin boyutlarını ve kazançlarımı o kadar abartmışlardı ki, Wall Street'te adımı duymayan kalmamıştı. İki yüz bin hisse alıp satan operatörlerin borsayı idare ettikleri dönemler geride kalmıştı. Ama siz de bilirsiniz, insanlar hep eski liderlerin yerine yenilerini koymak ister. Keene'in usta bir borsacı olarak elde ettiği ün ve tek başına kazandığı milyonlarca dolar, bankacıların ve işadamlarının hisselerini pazarlaması için onu seçmelerinin başlıca nedeniydi. Kısacası, Wall Street'te adını duyurmuş olması, manipülasyon konusunda aranan bir uzman haline gelmesine neden oldu.

Ne yazık ki artık Keene yoktu, aramızdan ayrılmıştı. Birkaç ay süreyle Wall Street'in tarihinde beliren iki ya da üç borsacı çok geçmeden tekrar karanlıklara gömüldüler ve adlarını bir daha duyuramadılar. Özellikle Wall Street'e 1901'de Batı'dan gelen ve büyük oynayarak Steel hisselerinden yüksek kâr edip borsada kalan işlemcilerden söz ediyorum. Bunlar Keene gibi birer operatör olmaktan çok, hisse pazarlamacısıydılar. Kendilerinin ya da dostlarının kontrolü altında bulunan şirketlerin hisse senetlerini son derece büyük bir beceriyle idare edebildiler, ayrıca çok yetenekli ve zengin insanlardı. Ne var ki bunlar, Keene ya da Vali Flower gibi başarılı birer manipülasyoncu olamadı. Yine de Wall Street'in diline düşmekten kurtulamadılar ve bazı profesyonel işlemcilerin ve komisyoncu kuruluşların da desteğini kazanmayı becerdiler. Onlar borsada aktif olarak çalışmayı bırakınca, Wall Street'te manipülasyoncu kalmadı, en azından gazetelerde onlarla ilgili haberler çıkmamaya başladı.

Menkul Değerler Borsası 1915'te yeniden canlanınca oluşan büyük talebi hatırlayacaksınız. Talep artarken Müttefiklerin Amerika'dan aldıkları malların tutarı milyarları bulunca, borsada tam bir patlama yaşandı. Manipülasyona ihtiyaç yoktu, hisse satmak için parmağınızı bile kıpırdatmanız gerekmiyordu. Sayısız insan sözleşmeleri, hatta sözleşme vaatlerini satarak milyonlarca dolar kazandı. Bunlar ya banker dostları sayesinde ya da hisselerini Curb borsasına çıkararak çok başarılı satışlar yaptılar. Halk, önüne getirilen her şeyi alıyordu.

Borsadaki canlanma yatışınca, bu işlemcilerin bazıları hisse pazarlaması konusunda uzman olan kişilerin yardımına ihtiyaç duydular. Halkın elinde, bazıları yüksek fiyattan alınmış çeşit çeşit hisse senedi varken, yeni hisse senedi satmak zor bir iştir. Canlanma dönemi sona erdikten sonra, halk fiyatların bir daha yükselmeyeceğini düşünür. Alıcılar daha seçici hale gelmez, yalnızca artık körü körüne satış yapmaktan vazgeçer. İnsanların zihniyeti değişir. Karamsar olmaları için fiyatların düşmesine bile gerek yoktur. Borsanın durgunlaşması ve uzun süre bu durgunluktan kurtulamaması yeterlidir.

Her canlanma döneminde halkın hisseye olan açlığını gidermek için bazı şirketler kurulur. Ayrıca bazı hisselerin tanıtımında geç kalınmış da olabilir. Bu hisseleri pazarlayacak olan kişiler sadece insanlardır ve o yüzden canlanmanın asla sona ermeyeceğini düşünürler. Ayrıca işin ucunda yüksek kâr varsa, riske atılmak normal karşılanır. Umut, insanın görüşünü kapattıysa, yükselişin sonu bir türlü görünmez. Sıradan bir insan on iki ya da ondört dolardan kimsenin almak istemediği bir hissenin aniden otuz dolara fırladığını, en yüksek değerin bu olduğu düşünülürken, birden elli doları bulduğunu görür. Bu, kesinlikle en yüksek noktadır, diye düşünür. Derken hisse önce altmışa, sonra yetmişe, yetmiş beşe çıkar. Daha birkaç hafta önce onbeş doların altında fiyata satılan bu hissenin, kesinlikle daha fazla yükselemeyeceği düşünülür. Ama hisse seksen, sonra da seksen beş dolara çıkar. Bu aşamada, hisse senetlerinin değeri ile değil, fiyatı ile ilgilenen ve adımlarını genel koşullara göre değil, kendi korkularına göre atan, sıradan insan en kolay yolu seçer. Bu yükselişin bir sonu olduğunu düşünmekten vazgeçer. İşte o yüzden bir hisseyi fiyatı en yüksek düzeydeyken satın almayacak kadar zeki davranan işlemciler, iş hisseyi satmaya gelince bu kadar zekice davranamaz ve nedense kârlarını asla nakde çeviremezler. Borsadaki yükselişlerde mutlaka ilk önce halk kâr eder. Ve bu kâr kâğıt üzerinde kalır.

XXII. BÖLÜM

Yalnızca brokerim değil, aynı zamanda yakın bir arkadaşım olan Jim Barnes bir gün beni aradı. Benden büyük bir iyilik istediğini söyledi. Daha önce hiç böyle bir konuşma geçmemişti aramızda, ben de ona iyiliğin ne olduğunu sordum. Benim yapabileceğim bir şey olmasını umuyordum, çünkü gerçekten de ona yardım etmek istiyordum. Bana firmasının bir hisse senediyle yakından ilgili olduğunu, hatta bu hisselerin piyasaya sunulmasında da rol aldığını söyledi. Şimdi bazı koşullar nedeniyle, büyük bir blok hisse pazarlamaları gerekiyordu. Jim bunu benim yapmamı istiyordu. Hissenin adı Consolidated Stove'du.

Kimi nedenlerden ötürü bu hisseye bulaşmak istemiyordum. Ama Barnes'a karşı minnet borcum vardı ve bunu benden şahsi bir yardım olarak istemişti, bu da benim reddetmemi olanaksız kılıyordu. Çok iyi bir insan ve iyi bir dosttu. Firması bu işe büyük paralar bağlamıştı, o nedenle sonunda elimden geleni yapacağımı söyleyerek razı oldum.

Savaş döneminde yaşadığımız canlanma ile diğer dönemlerde ortaya çıkan canlanmalar arasındaki en önemli fark, borsada yeni ortaya çıkan yeni bir grup insanın, yani genç bankerlerin oynadığı roldür.

Borsa müthiş bir canlanma içindeydi ve bunun nedenlerini de sonuçlarını da herkes açıkça görebiliyordu. Bu arada, ülkenin büyük bankaları insanlara bir gecede milyoner olabilecek fırsatlar tanıyor, yeni yeni hisselerin pazarlanmasına ön ayak oluyorlardı. Öyle ki birinin bankaya gidip bir arkadaşının Müttefik komisyonlarından birinin üyesi olduğunu söylemesi, istediği sözleşmeleri satın alacak kadar sermaye bulmasına yetiyor da artıyordu. Bankalardan aldığı krediyle, milyonlarca dolarlık iş yapan şirketler kuran memurlarla ilgili inanılmaz olaylar anlatılıyor, elden ele geçerken herkese büyük kâr bırakan sözleşmelerin hikâyeleri dillerden düşmüyordu. Avrupa'dan Amerika'ya altın akıyordu ve bankalar da bunu kendilerine çekmenin yolunu bulmak zorundaydılar. Eskiler işlerin bu hale gelmesini hoş karşılamıyordu ama artık çoğu kendi kabuğuna çekilmişti. Artık banka yönetim kurullarının başında, eskiden olduğu gibi saçlarına ak düşmüş beyefendiler değil, gençler vardı. Gençlik, bu hareketli dönemde aranan en önemli özellikti. Bankalar her şeye rağmen yüksek kâr etmeye devam ediyordu.

Jim Barnes ve ortakları Marshall National Bank'ın genç genel müdürünün dostluk ve güvenini kazanarak üç ünlü soba üreticisi firmayı birleştirmeyi ve oluşan yeni hisseyi, aylardır önüne çıkan her şeyi satın alan halka satmaya karar vermişlerdi.

Ancak ortada bir sorun vardı, soba satışları o kadar iyi gidiyordu ki bu üç firma kuruluşlarından bu yana, ilk kez adi hisseleri üzerinden temettü kazanıyorlardı. Hissedarları firmalar üzerindeki haklarından vazgeçmek istemiyorlardı. Hisseleri için Curb'de hareketli bir pazar vardı, kıyabildikleri kadar hisse satmışlardı ve durumlarından son derece memnundular. Ellerindeki hisse sayısı büyük bir borsa hareketi yaratacak kadar yüksek değildi ve derken sahneye Jim Barnes'ın firması girdi. Şirketler birleşirse Menkul Değerler Borsası'na girecek kadar büyür, yeni hisseler eskilerinden çok daha değerli olur diyerek onları ikna etti. Bu, Wall Street'te kullanılan eski bir araçtır, hisse senetlerinin değeri artsın diye rengi değiştirilir. Diyelim ki bir hisse 100 puandan alıcı bulamamaya başlıyor. Hisseleri dörde bölerek yeni hisseleri 30 ya da 35'ten satmanız mümkün olabilir. Bu da eski hissenin 120 ya da 140'a çıkması, yani tek başına ulaşamayacağı bir değere ulaşması demektir.

Anlaşılan Barnes ve ortakları, spekülasyon amacıyla Gray Stove Company hissesi almış olan bazı dostlarını, her Gray hissesine dört Consolidated hissesi vereceklerini söyleyerek kendi taraflarına çekmişlerdi. Midland ve Western de bu şirketin ardından birleşmeye razı oldu ve bire bir bazında hisselerini değiştirdiler. Kendi hisseleri Curb'de 25-30 puan arasında alıcı bulurken, daha tanınmış bir firma olan ve temettü ödeyen Gray, 125 puana satılıyordu.

Hisselerini ancak nakit karşılığı satmakta ısrar eden hissedarlara ödenecek parayı, ayrıca yapılacak pazarlama ve tanıtım faaliyetleri için gerekli sermayeyi karşılayabilmek için birkaç milyon dolar gerekiyordu. Barnes da bankanın genel müdürüyle görüştü ve ondan üç buçuk milyon dolarlık bir kredi almayı başardı. Buna karşı gösterdiği teminat yeni kurulan şirkete ait yüz bin adet hisse senediydi. Banka müdürüne bu fiyatın 50 puanın altına düşmeyeceği garantisi verildi. Bu hisseler bankaya büyük kâr sağlayacaktı.

Yapılan ilk hata zamanlama konusundaydı. Artık borsa yeni hisselere doymuştu ve bunu farketmeleri gerekirdi. Buna rağmen fiyatların en yüksek döneminde, başka borsacılar tarafından denenerek büyük kâr getiren yöntemlere başvurmaya kalkmasalardı, yine de iyi para kazanacaklardı.

Jim Bames ve ortaklarının aptal ya da deneyimsiz çaylaklar olduğunu sanmayın. Hepsi son derece usta birer işadamıydı. Hepsi Wall Street yöntemlerini çok iyi biliyordu, hatta içlerinden bazıları son derece başarılı işlemcilerdi. Ama halkın alım kapasitesinin daha yüksek olduğu kanısına kapılmışlardı. Bu kapasiteyi ancak bazı denemeler yoluyla belirleyebilirlerdi. En büyük hataları borsada yükselişin devam edeceğini sanmaları oldu. Bunun nedeni, geçmişte bu insanların son derece büyük ve hızlı kârlar elde etmeleri ve borsa konusunda iyimser davranmaya başlamalarıydı. Borsa düşmeye başlamadan önce bu işi bitireceklerine inanıyorlardı. Bu kişilerin hepsi tanınmış borsacılardı, profesyonel işlemciler ve büyük aracı kuruluşlardan önemli miktarda destek görüyorlardı.

Hisselerin reklamını çok iyi yaptılar. Gazeteler ilanlara bol bol yer ayırmışlardı. Birleşen şirketler Amerika'nın soba sanayiini temsil ediyorlardı ve ürünleri bütün dünyada tanınıyordu. Bu, Amerika'nın yararına olacak bir birleşmeydi ve gazetelerde bu sobaların dünyayı nasıl fethedeceği ile ilgili yazılar çıktı. Asya, Afrika ve Güney Afrika pazarlarına ele geçirilmiş gözüyle bakılıyordu.

Şirketin yöneticileri, gazetelerin ekonomi sayfalarını izleyen okurlara hiç de yabancı değildi. Reklam işi o kadar iyi yapılmış, adı verilmeyen yöneticilerden alınan fiyat garantileri o kadar iyi duyurulmuştu ki, bu yeni hisse için büyük bir talep oluşmuştu. Sonuçta defterler kapanınca anlaşıldı ki, halka hisse başına elli dolardan sunulan hisselere yüzde 25 daha fazla taahhüt verilmiş.

Bir düşünün! Bu insanlar haftalardır çalışıyor, 50 ortalamayı elde edebilmek için fiyatı 75 ve üzerine çıkarıyorlardı. Bu durumda yeni hisseyi o fiyattan satmak en büyük beklentileri olmalıydı. Fiyat 50 olunca, yeni firmayı oluşturan eski şirketlerin hisse senetleri yüzde 100 değer kazanmış oluyordu. Bu bir krizdi ve bununla gerektiği gibi başa çıkılamadı. Bu, her şirketin kendine göre ihtiyaçları olduğunu gösteriyor. Hisseyi pazarlayanlar, bu beklenmedik ilgiden çok memnun kaldılar, halkın bu hisse için her fiyatı ödemeye hazır olduğunu düşündüler. Ve son derece aptal bir hareketle, eksik hisse dağıttılar. Yolsuzluk yapacaklarsa bari daha dikkatli olsalardı.

Elbette hisseyi tam olarak dağıtmaları gerekiyordu. Böylece halka arz edilen hisselerin yüzde 25'i oranında açığa satmaları gerekecekti, bu da onların gerektiğinde, kendilerine fazladan bir masraf getirmeden hisseyi desteklemelerini sağlayacaktı. Hiç çaba harcamadan, benim her manipülasyonda oluşturmaya çalıştığım stratejik pozisyonu yaratmış olacaklardı. Hisse fiyatının düşmesini önleyebilir, böylece yeni hissenin fiyat istikrarına ve hissenin arkasındaki gruba duyulan güveni artırabilirlerdi. Halka arz ettikleri hisseleri satınca işleri bitmemişti. Bu, pazarlayacakları şeyin bir parçasıydı ancak.

Başarılı olduklarını sanıyorlardı, ama çok geçmeden iki büyük hatalarının bedelini ödemeye başladılar. Halk, yeni hisseyi satın almıyordu, çünkü borsanın genelinde bir gerileme vardı. Insider'lar, gözleri korkunca Consolidated Steel'i desteklemez oldular. Eğer durgunluk sırasında hissedarlar kendi hisselerini satın almıyorlarsa kim alır? Bir hisseye ait olduğu firmadan destek gelmemesi, genellikle o hisseyi satmak için iyi bir nedendir.

İstatistiksel ayrıntılara girmeye gerek yok. Consolidated Stove'un fiyatı borsadaki diğer hisselerle birlikte dalgalanmaya başladı, ama asla ilk fiyatının, yani 50'nin üzerine çıkamadı. Sonunda Barnes ve arkadaşları fiyatı 40'ın üzerine çıkarabilmek için hisse satın almak zorunda kaldılar. Bu hisseyi daha borsa kariyerinin başındayken kendi kaderine terk etmeleri çok kötü oldu. Ama daha da kötüsü, halkın istediği kadar hisseyi satamamalarıydı.

Her neyse, hisse senedi New York Menkul Değerler Borsası'nın listesinde kayıtlıydı ve fiyatı da 37 puana kadar düşmüştü. Fiyat orada duruyordu, çünkü Jim Barnes ve ortakları fiyatı orada tutmak zorundaydılar, banka kredisi hisse başına otuz beş dolar koşuluna göre verilmişti. Banka bu krediyi geri istemeye kalkarsa, fiyatının ne kadar düşeceğini Tanrı bilirdi. Hisseyi 50 puandan almak için yarışan halk, şimdi 37 puandayken dönüp herhalde bakmıyordu, 27 puana düşünce de aynı şey olacaktı.

Zaman geçtikçe bankanın krediyi sürekli uzatması insanlarda kuşku yarattı. Artık genç bankerlerin devri sona ermişti. Bankacılık, daha muhafazakâr bir iş kolu haline gelmek üzereydi. Artık yakın dostlara dağıtılan krediler geri isteniyor, yönetim kurulu başkanıyla golf oynadığı günler bir anda unutuluveriyordu.

Bankaların borçluları tehdit etmelerine, borçluların da daha fazla süre isteyerek bankalara yalvarmalarına gerek yoktu. Durum, her iki taraf için de tatsızdı. Örneğin arkadaşım Jim Barnes'ın çalıştığı banka, hâlâ ona karşı pek nazik davranıyordu. Ama içten içe, "Allahım, şu krediyi bir an önce öde, yoksa batacağız," diye düşündükleri biliniyordu.

İşte bankanın bu durumu, Jim Barnes'ın gelip benden üç buçuk milyon dolarlık krediyi geri ödeyebilmek için yüz bin hisse satmamı istemesine yetmişti. Jim artık o hisseden kâr etme umudunu kesmişti. Eğer küçük bir zararla bu işten sıyrılabilirse çok sevinecekti.

Benden istediği şey imkânsız gibi görünüyordu. Borsa ne aktif ne de yüksekti, arada sırada ufak tefek fiyat artışları görülüyor, o zaman da insanlar kendilerini iyimserliğe kaptırıyor, borsanın yeniden yükselmeye başladığına inanmak istiyorlardı.

Barnes'a işi biraz araştıracağımı ve daha sonra kendisine hangi koşullarda bu işi kabul edebileceğimi bildireceğimi söyledim. İşi gerçekten araştırdım. Şirketin son yıllık raporunu okumadım. Araştırmalarım daha çok sorunun borsa tarafıyla ilgiliydi. Firmanın ne kadar çok kazandığını ya da geleceğinin ne kadar parlak olduğunu ilan ederek hisse fiyatını artırmaya çalışacak değildim. Elimdekileri açık pazarda satacaktım. Bu işlemde bana destek ya da köstek olacak unsurları bulmaya çalıştım.

Öncelikle, az sayıda insanın elinde çok fazla hisse tuttuğunu gördüm, bu da pek güven yaratmıyordu. New York Menkul Değerler

Borsası üyesi banka ve brokerlik firması Clifton P. Kane & Co.'nun elinde yetmiş bin hisse vardı. Bunlar yıllardır soba hisselerinde uzmanlaşmış ve şirketlerin birleşmesi sırasında çok yardımcı olmuşlardı, ayrıca Barnes'ın yakın arkadaşlarıydı. Hisseyi müşterilerine de satmışlardı. Yeğenine ait Gordon Bros. şirketinin ortaklarından eski senatör olan Samuel Gordon da yetmiş bin hisselik bir blokun sahibiydi. Ünlü Joshua Wolff'un da altmış bin hissesi vardı. Böylece iki yüz bin Consolidated Stove hissesinin Wall Street'in deneyimli işlemcilerinin elinde bulunduğu anlaşılıyordu. Bu insanlara hisseleri ne zaman satacaklarını söylemeye olanak yoktu. Manipülasyon yaparak halkın talebini artırırsam, yani hisseyi aktif hale getirip fiyatını yükseltirsem, Kane, Gordon ve Wolff'un ellerindeki hisselerden bir anda kurtulmak için satış yapacakları kesindi. Ellerindeki iki yüz bin hissenin Niagara Şelalesi gibi borsaya aktığını görmek pek hoş bir manzara olmazdı. Unutmayın ki borsadaki yükseliş sona ermek üzereydi ve ne kadar iyi planlarsam planlayayım, benim operasyonlarımın talep yaratma olasılığı düşüktü. Elbette gazetelerde borsanın düşüşe geçeceğinden bahsedilmiyordu, ama bunu hem ben, hem de Jim Barnes çok iyi biliyorduk. Bankanın da bildiğine kuşkum yoktu.

Yine de Jim'e söz vermiştim, bu yüzden Kane'i, Gordon'u ve Wolff'u arayarak onlarla görüşmek istediğimi söyledim. Ellerindeki iki yüz bin hisse Demokles'in kılıcı gibi üzerimde sallanıyordu. Kendimi güvenceye almak istiyordum. Bunun da en kolay yolu bir centilmenlik anlaşmasına girmekti. Eğer bankanın yüz bin hissesini satarken pasif kalarak bana yardımcı olurlarsa, ben de hepimiz için uygun bir pazar yaratarak onlara yardımcı olacaktım. Şu anda hisselerinin onda birini bile satsalar, Consolidated Stove fiyatı tepe aşağı uçacaktı. Bunu çok iyi biliyorlar, o yüzden satmayı akıllarından bile geçirmiyorlardı. Onlardan istediğim tek şey, satışın zamanlamasını iyi yapmaları ve biraz ileri görüşlü olup fazla bencilce davranmamalarıydı. Bencil bir tutumun ne Wall Street'te ne de herhangi başka bir yerde insana faydası olamaz. Onları erken ya da hesapsızca satış yaparlarsa, ileride ellerindeki hisselerin hepsini satma şansını kaybedeceklerine ikna etmekti amacım. Zaman geçiyordu.

Önerimi kabul edeceklerini umuyordum. Ne de olsa bunlar Wall

Street'in eskilerindendi ve Consolidated Stove'a olan gerçek talebi çok iyi biliyorlardı. Clifton P. Kane, onbir kentte şubesi olan, binlerce müşterili bir aracı kurumun sahibiydi. Şirketi geçmişte birçok havuzun yönetimini üstlenmişti.

Yetmiş bin hissenin sahibi Senatör Gordon son derece zengin bir adamdı. Gazete okurları onu çok iyi tanıyorlardı. Bir süre önce onaltı yaşında bir manikürcü kız, ondan hediye gelen beş bin dolarlık mink kürkü ve otuz iki aşk mektubunu kanıt göstererek, onu evlenme vadiyle kandırmak suçundan mahkemeye vermişti. Yeğenlerini broker olarak yetiştiren Gordon, kurdukları firmaya ortak olmuştu. Miras yoluyla Midland Stove Company'ye hissedar olmuş ve elindeki hisseler karşılığında, Consolidated Stove'dan yüz bin hisse almıştı. Bu hisseler, Jim Barnes'ın fiyatın yükseleceğini iddia ederek dağıttığı tüyoları görmezden gelmesine yetecek kadar fazlaydı. Bu nedenle, fiyat iyice düşmeden önce otuz bin hisse satmayı başarmıştı. Daha sonra bir arkadaşına, aslında daha fazla satabileceğini, ancak elinde hisse bulunan eski ve yakın arkadaşları kendisine daha fazla satmaması için yalvarınca dayanamayıp satışı durdurduğunu söylemiş. Ayrıca zaten alıcı bulacağı da kuşkuluydu.

Üçüncü adam Joshua Wolff'tu. Bütün borsacılar içinde en tanınmış olanı oydu. Yirmi yıl süreyle herkes onu gözünü budaktan sakınmayan bir işlemci olarak bilmişti. Hisse fiyatlarını yükseltmekte ya da satışları aracılığıyla düşürmekte onunla yarışabilecek kimse bulunamazdı. Onun için on bin ya da yirmibin hisse ile iki yüz ya da üç yüz bin hisse arasında bir fark yoktu. New York'a gelmeden önce onun ne kadar büyük çaplı bir işlemci olduğunu duymuştum. O dönemde borsada da at yarışlarında olduğu gibi sınırsız oynayan bir kumarbaz grubunun aracılığını yapıyordu.

Wolff'u bir kumarbazdan başka bir şey olmamakla suçlayanlar vardı, oysa onun spekülasyona karşı gerçek bir yeteneği ve eğilimi vardı. Aynı zamanda kültür konusundaki cehaleti, onu birçok hikâyenin kahramanı yapmıştı. Bu hikâyelerden birine göre Joshua bir ziyafete davetliymiş. Bir ara ev sahibesi ve bazı konuklar hararetle edebiyattan bahsetmeye başlamışlar.

Josh'ın yanında oturan ve onun ağzını ancak yemek yemek için açtığını gören bir kız, kendisine dönerek bu büyük finans uzmanının fikrini almak istemiş. "Sayın Wolff, Balzac hakkında neler düşünüyorsunuz?" diye sormuş.

Josh kibarca ağzındaki yemeği çiğnemiş ve yutmuş ondan sonra da, "Ben asla Curb borsasındaki o hisselerden almam," demiş.

İşte Consolidated Stove'un en büyük üç hissedarı bunlardı. Benimle görüşmeye geldiklerinde, bir grup kurarak aralarında para toplarlarsa ve hisselerini satmam için bana borsa fiyatının biraz üzerinde emir verirlerse, onlara pazar yaratmak için elimden geleni yapacağımı söyledim. Hemen bana ne kadar paraya gerek olduğunu sordular.

Ben de şöyle yanıt verdim: "Bu hisse kaç zamandır elinizde duruyor, ama bir türlü satamadınız. Sizin toplam iki yüz bin hisseniz var ve bunlar için bir pazar yaratılmazsa asla satamayacağınızı çok iyi biliyorsunuz. Üstelik bu pazar bu kadar hisseyi alabilecek kadar geniş olmalı. O yüzden fiyatı yükseltmek için ne kadar hisse almak gerekiyorsa, o kadar para bulunmalı. İşe başlayıp ondan sonra yeterli para yok diye vazgeçmek olmaz. Siz en iyisi aranızda bir grup kurun ve altı milyon dolar toplayın. Ondan sonra da iki yüz bin hisseyi 40 puandan satışa çıkarın ve elinizdeki hisseleri üçüncü bir şahsa emanet bırakın. Eğer her şey yolunda giderse hem hisselerden kurtulur hem de kâr edersiniz."

Size daha önce de söylediğim gibi, benim borsadan kazandığım paralar çeşitli söylentilerle fazla abartılmıştı. Bunun bana yararı oldu, para parayı çeker. Adamlara fazla açıklama yapmak zorunda kalmadım. Tek başlarına hareket ederlerse fazla yol alamayacaklarını biliyorlardı. Hazırladığım planı beğendiler. Yanımdan ayrılırken hemen bir grup oluşturacaklarını söylüyorlardı.

Arkadaşlarını da onlara katılmaya ikna ettiler. Mutlaka grubun edeceği kârı abartarak anlatmışlardı. Anladığım kadarıyla, gerçekten de kâr edeceklerine inanıyorlardı, yani rastgele tüyo dağıttıkları söylenemezdi. Her neyse, grubu iki gün içinde kurdular. Kane, Gordon ve Wolff hisselerini 40 puandan satışa çıkardı ve emanete bıraktı. Böylece ben fiyatı yükselttiğimde hiçbiri bu hisselere dokunamayacaktı. Benim de kendimi koruma altına almam gerekiyordu. Bugüne kadar pek çok kârlı iş havuzu ya da grubu oluşturan kişilerin birbirini atlatmaya çalışması yüzünden başarısız oldu. Wall Street'te kimin elinin kimin cebinde olduğu pek anlaşılmaz. American Steel and Wire Company hisseleri pazarlanırken, insider'lar birbirlerini sahtekârlıkla ve diğer üyelerin bilgisi dışında hisse satmakla suçlamışlardı. John W. Gates ve dostları ile Seligman ve bankacı ortakları arasında bir centilmenlik anlaşması vardı. Ama bu anlaşma tatsız bir sonla bitti. Bir gün bir brokerin ofisinde aşağıdaki dörtlüğün okunduğunu duydum:

Tarantula kırkayağın sırtında kıs kıs gülerek dedi ki:
"Bu katili sokmazsam eğer o beni zehriyle mahveder."

Yanlış anlamayın, asla Wall Street'teki dostlarımın yaptığımız anlaşmalarda beni aldatmak isteyebileceklerini düşünemem. Yine de ben eşeğini sağlam kazığa bağlamayı sevenlerdenim. Bu da anlaşılabilir bir şey.

Wolff, Kane ve Gordon bana gruplarını oluşturup altı milyon dolar bulduklarını haber verince, artık beklememe gerek kalmadı. Bir an önce parayı göndermelerini istedim. Yine de para azar azar geliyordu. Sanıyorum bu parayı dört ya da beş taksitte ödediler. Bunun nedenini bilemiyorum, ama hem Wolff'a, hem Kane'e hem de Gordon'a SOS mesajı göndermem gerekti.

O gün öğleden sonra gelen çeklerle, elimdeki nakit para dört milyona ulaştı. Gerisinin en geç bir iki gün içinde elimde olacağına söz verdiler. Borsa düşmeye başlamadan bu işi başarabileceğimizi düşünmeye başlamıştım. Yine de işim kolay değildi ve bir an önce başlamak istiyordum. Halk aktif olmayan hisselerdeki yeni pazar hareketleri ile pek ilgilenmiyordu. Ama elinde dört milyon doları olan bir işlemci istediği herkesin ilgisini, istediği hisseye çekebilir. Bu para, satışta olan hisselerin hepsini almama yeterdi. Acelemiz olduğuna göre geriye kalan iki milyon doları beklememe gerek yoktu. Hisse fiyatı 50 puanın üzerine ne kadar erken çıkarsa işimiz o kadar kolaylaşacaktı. Bu, gün gibi açıktı.

Ertesi sabah borsa açılışında, yoğun bir şekilde Consolidated Stove alımı yapıldığını görerek şaşırdım. Daha önce de söylediğim gibi, hisse aylardır yerinden kıpırdamıyordu. 35 sözü vererek aldıkları banka kredisini bekletmeye çalışan Jim Barnes'ın sayesinde fiyat 37'de kalmıştı. Ama fiyatın daha fazla yükseldiğini ancak rüyalarında görebilirdi.

Oysa o sabah hisseye talep artmıştı ve fiyat 39 puana çıktı. İlk bir saat içinde işlem hacmi son altı ayın toplam hacmini aştı. Hisse, günün sürprizi oldu ve borsada genel bir yükselişe yol açtı. Daha sonra öğrendiğime göre, aracı firmaların müşteri bekleme odalarında o gün bu hisseden başka bir şey konuşulmamış.

Bunun nedenini anlamadım, ama Consolidated Stove'un değer kazanmasına bir itirazım yoktu. Genellikle hisselerde görülen beklenmedik hareketlerin nedenini araştırmama gerek kalmaz. Çünkü borsada işlemci olarak çalışan dostlarım ve brokerlerim bana bu nedenleri hemen iletirler. Benim merak edeceğimi bildikleri için duydukları haberleri ve dedikoduları bana hemen telefonla bildirirler. O gün herkes Consolidated Stove'un şirket yöneticilerinin hisse satın almaya başladığını söylüyordu. Bunlar naylon satış değildi, hepsi gerçek satıştı. Satın alan kişiler 37 puanla 39 puan arasında satışa çıkarılan hisselerin hepsini almış ve kendilerine bunun nedeni ya da bundan sonraki planlarının ne olduğu sorulduğunda cevap vermeyi reddetmişlerdi. Böylece uyanık ve zeki borsacılar ortada büyük bir şeyler döndüğünü anladılar. Eğer insider'lar şirketlerinin hisselerini satın almaya başladılarsa, ama bu arada herkese hisseyi almaları için tüyo dağıtmıyorlarsa, borsacılar meraktan yerinde duramaz olur.

Ben hiçbir şey yapmadım. İşlemleri takip edip merakımı yenmeye çalıştım. Ama ertesi gün, alımlar hem hacim olarak arttı hem de daha atak hale geldi. Aylardır uzmanların defterlerinde bekleyen 37 puanın üzerindeki satış emirleri aniden yerine getirilmiş, bu arada fiyat yükselmeye devam etmişti, çünkü borsada talebi karşılayacak kadar hisse yoktu. Doğal olarak fiyat yerinden fırlayıverdi. 40 sınırını geçti ve 42'ye ulaştı.

Ulaşır ulaşmaz, bankanın teminat olarak elinde tuttuğu hisseleri satmayı kabul etmekte haklı olduğumu anladım. Ben satışa geçince fiyat tabii ki düşecekti, ama hisseleri ortalama 37 puana satabilirsem görevimi yerine getirmiş olacaktım. Hissenin gerçek değeri hakkında bir fikrim vardı ve aylarca yerinde saydığına göre, talebin pek yüksek olmadığı da belliydi. Yavaş yavaş satışa başladım. Otuz bin hisse sattığımda fiyat hâlâ yükselmeye devam ediyordu!

O gün öğleden sonra, o talihli ama esrarengiz yükselişin ardında yatan nedeni öğrendim. İlk gün borsa kapandıktan sonra salonda çalışan işlemciler arasında bir tüyo yayılmıştı. Benim Consolidated Stove'un yükseleceğini düşündüğüm, o yüzden fiyatı her zaman yaptığım gibi onbeş ya da yirmi puan artıracağım söylentisi dolaşıyordu. Oysa bu söylentileri yayanlar, benimle yakın ilişkisi olmayan ve çalışma tarzımı bilmeyen kişilerdi. Tüyoyu ilk çıkaran ise Joshua Wolff'un ta kendisiydi. Bir gün önceki yükselişi başlatan kendi yaptığı alımlar olmuştu. Borsadaki işlemciler arasındaki dostları da bu tüyoyu hemen uygulamaya geçmişlerdi, çünkü ondan asla yanlış bir tavsiye çıkmayacağını biliyorlardı.

Aslında piyasada korkulduğu kadar fazla hisse yoktu. Benim üç yüz bin hisseyi bağlamamdan önce Barnes korkmakta haklıydı. Şimdiyse hisseyi pazarlamak düşündüğümden daha kolay bir iş gibi görünüyordu. Vali Flower bir kez daha haklı çıkıyordu. Ne zaman Chicago Gas, Federal Steel ya da B.R.T. gibi, firmasının uzmanlık alanına giren hisselerde manipülasyon yapmakla suçlansa, "Ben bir hissenin fiyatını artırmak için onu satın almaktan başka yol bilmiyorum," dermiş. Borsadaki işlemcilerin bildiği tek yol da buydu ve bu sayede fiyat roket gibi fırladı.

Ertesi gün kahvaltıdan önce gazetedelerde bir haber okudum. Binlerce insana ulaşan bu haberde Larry Livingston Consolidated Stove hisselerini satın alma faaliyetlerine başlıyor, diye yazıyordu. Haberin ayrıntıları gazeteden gazeteye değişiyordu. Bir haberde insider'ların kendi aralarında bir havuz oluşturdukları ve kısa pozisyonda olanları zor duruma sokacakları yazıyordu. Bir diğer haberde yakın bir gelecekte temettü dağıtılması ile ilgili bir duyuru yapılacağı belirtiliyordu. Başka bir haberde, benim geçmişte fiyat yükselttiğim hisseleri nasıl satın aldığım anlatılıyordu. Bir haberde, insider'lar, hisseleri düşük fiyattan toplamak amacıyla, firmanın zengin mal varlığını halktan saklamakla suçlanıyordu. Haberlerin hepsinin katıldığı tek bir konu vardı, o da hisse fiyatının daha çok yükseleceğiydi.

Ofisime gidip borsa açılmadan önce gelen postayı gözden geçirirken, Wall Street'in hemen Consolidated Stove alınmasını öneren tüyolarla kaynadığını biliyordum. Telefonlar susmak bilmedi. Telefona cevap veren yardımcım o sabah aynı soruyla yüz kez karşılaştı: Consolidated Stove'un yükselmeye başladığı doğru muydu? Doğrusu Joshua Wolff, Kane ve Gordon –hatta belki de Jim Barnes– tüyo verme işini iyi becermişlerdi.

Arkamda bu kadar çok kişinin olduğunu bilmiyordum. O sabah ülkenin her yerinden alım emirleri yağmaya başladı. Üç gün önce kimsenin almak istemediği bir hisse, şimdi biner biner satılıyordu. Unutmayın ki halkın elindeki tek güvence, gazetelerde benim başarılarım hakkında çıkan yazılardı. Bunun için hayal gücü bu kadar renkli olan muhabir arkadaşlarıma teşekkür borçluyum.

Artışın üçüncü gününde Consolidated Stove hisselerini satmaya başladım. Dördüncü ve beşinci günlerde satışa devam ettim. Bir anda Marshall National Bank'ın üç buçuk milyon dolar kredi karşılığı teminat olarak alıkoyduğu yüz bin hisseyi Jim Barnes adına satıvermiştim. Eğer manipülasyon, manipülasyoncuya en az maliyetle en fazla kazancı sağlamak için yapılıyorsa, Consolidated Stove benim Wall Street'te girdiğim manipülasyon işleri içinde en başarılısıdır diyebilirim. Hemen hemen hiç hisse senedi almak zorunda kalmadım. Daha sonra, daha kolay satış yapabilmek için önce büyük alım yapmak zorunda kalmadım. Fiyatı önce en yüksek noktasına çıkarıp ondan sonra satışıma başlamak zorunda kalmadım. Satışların büyük bölümünü fiyat düşerken değil, yükselirken yaptım. Onca acelem varken, parmağımı bile kıpırdatmadan bu kadar taleple karşılaşmak mucize gibi bir şeydi. Vali Flower'ın bir arkadaşının anlattığına göre, bu ünlü borsacı B.R.T. hisseleri için oluşturulan bir havuz adına girdiği operasyonda elli bin hisseyi kârla satmış, ama bu arada Flower & Co. iki yüz elli bin hisseyi alıp satarak bunların üzerinden komisyon tahsil etmiş. W. P. Hamilton, bir keresinde iki yüz yirmi bin Amalgamated Copper hissesini pazarlayabilmek için James R. Keene'in manipülasyon işlemi sırasında en az yedi yüz bin hisse almak zorunda kaldığını anlatıyor. Ödediği komisyonları bir düşünün! Bir bu örneklere bakın, bir de benim Jim Barnes adına sattığım yüz bin hisseden başka komisyon ödemediğimi hatırlayın. Buna tasarruf denir.

Arkadaşım Jim'e verdiğim sözü yerine getirerek, bana vadedilen paranın hepsini kullanmadan, gerekli hisseleri sattıktan sonra, sattığım hisseleri tekrar satın almak için herhangi bir istek duymadım ve sanıyorum kısa bir tatil için bir yerlere gittim. Tam olarak hatırlamıyorum. Ancak hatırladığım bir şey var, o da hisseden elimi eteğimi çektiğim ve çok geçmeden fiyatın düşmesi. Bir gün borsada genel bir düşüş yaşanırken, elindeki bütün Consolidated Stove hisselerini bir anda satmak isteyen bir müşteri yüzünden fiyat 40 puanın altına düştü. Anlaşılan artık hisseye talip kimse yoktu. Size daha önce de söylediğim gibi, borsanın genel bir inişe doğru gittiğini düşünüyordum ve o yüzden o yüz bin hisseyi, fiyatı tüyocuların sandığı gibi bir hafta içinde yirmi ya da otuz puan yükseltmeme gerek kalmadan satmamı sağlayan mucizeyi büyük bir sevinçle karşılamıştım.

Etraftan destek görmeyince hisse fiyatı iyice düştü ve bir gün 32 sınırına dayandı. Bu, hissenin o güne kadar indiği en düşük değerdi. Çünkü, hatırlayacaksınız, Jim Barnes ve grubu, yüz bin hissenin banka tarafından satışa çıkarılmaması için fiyatı 37 puanda tutuyordu.

O gün sakin sakin ofisimde oturmuş fiyatları inceliyordum. Joshua Wolff'un geldiğini haber verdiler. Ben de onu içeri göndermelerini söyledim. Wolff fırtına gibi içeri daldı. Pek iriyarı bir insan değildi, ama o anda kızgınlıktan gözü dönmüş bir boğaya benziyordu.

Bana doğru seyirtti ve bas bas bağırdı, "Ee, ne oluyor?"

Ben nezaketle, "Buyrun, oturun Bay Wolff," dedim ve sakinleşmesine yardımcı olmak için ben de karşısına oturdum.

"Ben oturmak falan istemiyorum! Ben bütün bunların anlamını öğrenmek istiyorum," diye haykırdı.

"Neyin anlamını?"

"Ne yapıyorsun sen bu hisseye?"

"Hangi hisseye?"

"Şu hisseye."

"Hangisi?"

Bu soru üzerine iyice sinirlendi ve "Consolidated Stove! Ne yapıyorsun o hisseye?" diye bağırdı.

"Hiç! Hiçbir şey. Niye, ne oldu?" diye sordum.

Beş saniye süreyle yüzüme ters ters baktı ve sonunda patladı: "Fiyata bir bak! Bir bak şu fiyata!"

Gerçekten de çok kızmış gibiydi. Ben de yerimden kalkıp banttan gelen fiyata baktım.

"Fiyat şimdi 31 1/4," dedim.

"Yaa! Otuz bir çeyrek ve benim elimde bir yığın var o hisseden."

"Biliyorum, altmış bin hisseniz var. Uzun süredir de elinizde. Çünkü önce Gray Stove hissesi almıştınız ve..."

Ama sözümü bitirmeme izin vermedi. Bana, "Ama daha fazla aldım. Hatta bazılarını 40 puandan aldım ve hepsi de elimde," dedi.

Bana öyle büyük bir nefretle bakıyordu ki dayanamayıp, "Ben almanızı söylememiştim ki," dedim.

"Nasıl yani?"

"Bu hisseyi almanızı ben söylemedim size."

"Sen söyledin demedim. Ama hani fiyatı artıracaktın?"

"Niye artıracaktım?" diye sözünü kestim.

Yüzüme baktı, ama sinirden konuşacak durumda değildi. Sonunda ağzını açabildiğinde, "Fiyatı yükseltecektin. Sana para verdik," dedi.

"İyi de ben tek bir hisse almadım ki," dedim.

Bu, bardağı taşıran son damla oldu.

"Dört milyon doların vardı, ama tek hisse almadın öyle mi?"

"Tek bir hisse bile almadım," diye tekrarladım.

O kadar sinirlenmişti ki artık konuşacak gücü bulamıyordu. Sonunda, "Bu ne biçim bir oyun?" diye sordu.

İçten içe beni suçladığı belliydi. Bu, yüzünden okunuyordu. Ben de daha fazla dayanamayarak sordum: "Wolff, açık konuş. Bana niye fiyatı yükseltip senin elinden 40 puana aldığın hisseleri 50 puana satın almadığımı sormak istiyorsun, değil mi?"

"Hayır, değil. Sana 40 puandan satış emri ve ayrıca 4 milyon dolar verdik fiyatı yükseltesin diye."

"Evet, ama ben bu paraya dokunmadım bile ve grubunuz da tek kuruş zarar etmedi."

"Bana bak Livingston..." diye söze girişti.

Ama artık onu dinlemek istemiyordum.

"Sen bana bak Wolff. Sana, Gordon'a ve Kane'e ait iki yüz bin hisse bağlanınca borsada hisse kalmayacağını biliyordun. Benim de fiyatı yükseltmem gerekiyordu. İki sebepten: Birincisi hisseyi satabileceğimiz bir pazar oluşturmak için, ikincisi de 40 puana yapacağınız satıştan kâr edebilmeniz için. Ama sen aylardır elinde sürünen altmış bin hisseyi 40 puandan satmakla ya da gruptan alacağın kâr payıyla yetinmedin. Ve 40 puanın altında hisse alarak ben grubun parasıyla hissenin fiyatını yükseltirken bunları bana satmayı tasarladın. Erken davranıp hisseleri benden önce alacak, benden önce satacaktın ve büyük bir olasılıkla da bana satacaktın. Fiyatı en az 60'a çıkaracağımı düşündün herhalde. Bundan o kadar emindin ki sırf sonradan bana satabilmek için en az on bin hisse almışsındır. Eğer ben almazsam başka alıcılar olsun diye de, işimi güçleştireceğini hiç düşünmeden Amerika'da, Kanada'da ve Meksika'da herkese tüyo verdin. Bütün dostların ne yapmam gerektiğini biliyordu. Bir de onların alımları eklenince sen paraya para demeyecektin. Tüyo verdiğin yakın dostların hisseleri aldıktan sonra, kendi tanıdıklarına tavsiye etti ve bu tüyo böyle ağızdan ağıza yayıldı. Öyle ki ben tam hisse satın almaya hazırlanıyorken, binlerce kişi alım yapmaya başlamıştı bile. Çok düşünceli bir hareket, Wolff. Ben daha tek bir hisse bile satın almadan Consolidated Stove'un fiyatı yükselmeye başlayınca nasıl şaşırdığımı anlatamam. Hele yüz bin hisseyi 40 puan civarında satıp aynı hisseleri 50, 60 puana geri alacağımı düşünmeniz çok ilginç. O dört milyon doları kullanmadığıma inanamadınız, değil mi? Bu parayı sizden gerekirse hisse satın almak için istemiştim, ama gerekmedi."

Joshua Wall Street'in eskilerindendi ve öfkeyle kalkanın zararla oturacağını biliyordu. Sözlerimi dinlerken yavaş yavaş sakinleşti ve söyleyeceklerimi bitirince dostça bir ses tonuyla, "Larry, biz eski dostuz. Şimdi ne yapalım?" diye sordu.

"Ne isterseniz."

"Lütfen! Sen bizim yerimizde olsan ne yapardın?"

"Sizin yerinizde olsam," dedim ciddi ciddi, "biliyor musunuz ne yapardım?"

"Ne?"

"Hisseleri satardım!" dedim.

Bir an için bana baktı ve sonra tek kelime etmeden topukları üzerinde dönerek ofisimden çıktı. Bir daha da hiç gelmedi.

Bundan kısa bir süre sonra, Senatör Gordon da geldi. O da bütün yüzsüzlüğü ile içinde bulundukları durum nedeniyle beni suçladı. Derken Kane de onlara katıldı. Grubu ilk kurduklarında ellerindeki hisselerin satılamaz olduğunu unutmuşa benziyorlardı. Anımsadıkları tek şey, grubun milyonları elimdeyken ve hisse 44 puanda aktifken, ellerindeki hisseleri almadığımdı. Şimdi ise hisse 30 puandaydı ve bulaşık suyu kadar durgundu. Onlara göre kendilerine kâr sağlamak benim görevimdi.

Zamanla hepsi sakinleşti. Grubun elinden tek kuruş para çıkmamıştı ve sorun hâlâ aynıydı: hisselerini satmak. Bir iki gün sonra bana gelip benden yardım istediler. Özellikle Gordon çok ısrar ediyordu. Sonunda ellerindeki hisseleri en az 25 1/2'den satma emrini vermelerini sağladım. Hizmetim karşılığı alacağım ücret, hisseleri bu fiyatın üzerinde sattığımda yüzde bir buçuk olacaktı. En son satış 30 puan civarında yapılmıştı.

Bir kez daha aynı hisseyi satmak zorundaydım. Borsanın genel koşullarına ve özellikle Consolidated Stove'un geçmiş performansına bakarak, yapılabilecek tek şey olduğunu gördüm. O da fiyatı yükseltmeye kalkışmadan satışa başlamaktı. Fiyatı yükseltmek için satış yapamazdım, elim kolum zaten hisse doluydu. Ama fiyat biraz düşerse, kısa zamanda onbeş ya da yirmi puan değer kaybeden hisselerin ucuz olduğunu düşünen ve bunları alan kesime ulaşabilirdim. Bu kişiler böyle bir düşüşten sonra, fiyatın yükselmek üzere olduğu kanısını taşır. Consolidated Stove'un 44 puana yakın satıldığını hatırlayanlar, 30 puanın altına düşünce almak isteyebilirler.

Bu yöntem her zamanki gibi işe yaradı. Kelepir hisse peşinde olanlar, kısa sürede havuza ait hisseleri satın aldı. Ama Gordon'u, Wolff'u ya da Kane'i memnun edebildim mi? Hayır, asla! Bana hâlâ kızgınlar ya da arkadaşları kızgın olduklarını söylüyor. Arada sırada çevrelerindekilere benim onları nasıl dolandırdığımı anlatıyorlarmış. Bekledikleri gibi davranarak fiyatı artırmadığım, yani kendi kuyumu kazmadığım için beni affedemiyorlar.

Doğrusu Wolff ve diğerleri o tüyoları yaymasalardı, bankanın yüz bin hissesini biraz zor satardım. Eğer her zamanki yöntemimi -yani bana doğal ve mantıklı gelen yöntemi- kullansaydım, çok daha düşük fiyattan satmak zorunda kalacaktım. Daha önce de söylediğim gibi, borsada genel bir düşüş bekleniyordu. Borsa bu durumdayken hisseleri hemen, fiyata bakmadan satmak gerekir. Başka çaresi yoktur, ama kimseyi buna inandıramadım. Onlar bana hâlâ kızgınmış. Ben değilim. Kızgınlığın kimseye faydası yok. Keskin sirke küpüne zarar. Ancak bu olayda havuz üyelerinin kızgınlığı bir türlü geçmedi. Size ilginç bir şey anlatayım. Bir gün Bayan Livingston kendisine hararetle tavsiye edilen bir terziye gitmiş. Terzi kadın çok usta, nazik, üstelik de sıcak bir kadınmış. Üçüncü ya da dördüncü provadan sonra samimiyetleri artınca eşime demiş ki: "Umarım Bay Livingston yakında Consolidated Stove'un fiyatını yükseltir. Fiyatı yükseltecek diye aldık, elimizde kaldı. Oysa bize her girdiği işi kârla kapattığını söylemişlerdi."

Masum insanların bu tür tüyolara inanarak paralarını kaybetmeleri çok üzücü. İşte o yüzden, ben tüyo vermekten hoşlanmam. O terzinin söylediklerini duyunca Wolff'a gerçekten de çok sinirlendim.

XXIII. BÖLÜM

Borsa spekülasyonu asla bitmez. Zaten bitmemesi gerekir. Ne kadar tehlikeli olduğu söylenerek yapılan uyarılar, spekülasyonu engelleyemez. İnsanlar ne kadar zeki ya da deneyimli olurlarsa olsunlar, hata yapmaktan kaçamazlar. En ince ayrıntıya kadar planlanan bazı şeyler, beklenmedik ve beklenemeyecek şeyler yüzünden suya düşebilir. Kopan felaket bir doğal afet olabilir, hava muhalefeti olabilir, insanın kendi açgözlülüğü ya da kibri olabilir. Kendini gereksiz korkulara ve boş umutlara kaptıranlar çıkabilir. Ancak borsada insanın doğal düşmanlarından başka, bir de ahlaki ve ticari açıdan affedilemez suçlar işleyen, iki ayaklı düşmanları vardır.

Yirmi beş yıl önce Wall Street'e ilk geldiğimde karşılaştığım şeyleri düşününce, birçok şeyin olumlu bir şekilde değiştiğini anlıyorum. Eski bucket shop'lar çoktan tarihe karıştı, ama onların uygulamalarını sürdüren "brokerlik kurumları" hâlâ çabuk zengin olmak isteyen insanların üzerinden para kazanıyor. Menkul değerler borsası bu tür yolsuzlukların üzerine giderek üyelerinin kurallara sıkı bir şekilde bağlı kalmasını sağlıyor. Birçok kapsamlı düzenleme ve kısıtlama hiç taviz vermeden uygulanıyor, ama hâlâ düzeltilmesi gereken bazı şeyler var. Bazı yolsuzlukların hâlâ sürmesinin nedeni Wall Street'in ahlaki açıdan zayıf olması değil, aşırı muhafazakârlığı.

Hisse senedi spekülasyonundan kâr etmek asla kolay olmamıştır, ama bugünlerde gittikçe zorlaşıyor. Kısa sayılabilecek bir süre önce, spekülatörler borsada kayıtlı her hisse senedi hakkında ayrıntılı bilgiye sahip olabilirdi. 1901 yılında J. P. Morgan, iki yıl önce birleşmeye giden küçük bazı kuruluşların tekrar birleşmesinden oluşan United States Steel Corporation'un hisselerini halka sunduğunda, New York Menkul Değerler Borsası'nın listesinde 275, "liste dışı" bölümündeyse 100 hisse vardı. Bu hisseler arasında fazla kayda değer olmayan, küçük ya da azınlık hissesi veya garantili hisse olduğu için aktif görünmeyen, bu nedenle de spekülatörlere çekici gelmeyen hisseler de vardı. Aslında hisselerin çok büyük bir bölümünde yıllardır satış görülmemişti. Bugün resmi listede 900 hisse senedi var ve borsanın aktif olduğu dönemlerde aynı anda yaklaşık 600 ayrı hisse senedi el değiştiriyor. Ayrıca eski hisse senedi gruplarını ya da sınıflarını takip etmesi daha kolaydı. Hem hisse senedi sayısı daha azdı, hem de aktivite oranı ve işlemcilerin bilgi toplaması gereken alan çok daha kısıtlıydı. Oysa bugün bir borsacı her tür hisse senedini alır satar, borsada dünyadaki hemen hemen her sanayi dalı temsil edilir. Borsayı izlemek için daha fazla zaman ve çabaya gerek var. Akıllıca alım satım yapmak isteyenler için hisse senedi spekülasyonu çok daha zor hale gelmiş durumda.

Spekülasyon amacıyla hisse alıp satan binlerce insan var, ama spekülasyon sonucu kâr eden insanların sayısı az. Halk sürekli borsayla haşır neşir olduğu için sürekli zarar etme tehlikesiyle karşı karşıya. Bir spekülatörün ölümcül düşmanları, cehalet, tamah, korku ve umuttur. Dünyanın hiçbir borsa yönetmeliği bunları insandan koparıp ayıramaz. Soğukkanlı iktisatçılardan ya da insancıl işadamlarından oluşan kurullar, yapılan planları darmadağın eden kazaları önleyemez. Borsacılara zarar ettiren bir diğer şey de borsada kol gezen asılsız tüyolardır. Üstelik bu tüyolar ciddi haber kılığında gezdiği için en sinsi ve en tehlikeli düşmandır.

Ortalama bir insan genellikle tüyolara, sözlü ya da basılı söylentilere, doğrudan ya da dolaylı olarak aldığı haberlere göre hareket eder. Tüyolara karşı kendini korumak kolay değildir. Örneğin eski bir arkadaşınız güvendiği bir hisse senedinden bahsederken amacı, zengin olmanıza yardımcı olmaktır. Niyeti iyidir. Eğer tüyo yanlış çıkarsa onu suçlayabilir misiniz? Profesyonel ya da yalancı tüyoculara karşı korunmak pek zor değildir, çünkü bunları tanıması kolaydır. Oysa tipik Wall Street söylentilerine karşı halk tamamen savunmasızdır. Hisse senetlerini toptan satmak için plan yapan pazarlamacılar, manipülasyoncular, havuzlar ve bazı kişiler ellerindeki hisseleri en iyi fiyattan satabilmek için olmadık numaralara başvurur. Ayrıca borsadaki fiyatları ve gazetelerdeki haberleri izleyenler, bunlardan da çeşitli fikirler edinir.

Ajansların geçtiği ekonomi haberlerine bir bakın, çoğunun yarı resmi ağızlardan açıklanan tüyolar olduğunu görürsünüz. Açıklamayı yapan "bir üst düzey yönetici", "tanınmış bir müdür", "önde gelen bir yetkili" ya da "bir otorite"dir ve mutlaka her sözüne inanılır. Elimde bugün ajanstan gelen haberler var. Rastgele birini seçiyorum. Dinleyin: "Önde gelen bir banker henüz borsada düşüş beklemek için erken olduğunu belirtti," diyor.

Gerçekten de önde gelen bir banker böyle bir şey söylemiş mi, söylediyse niçin söylemiş? Adını niçin vermemiş? Eğer verirse insanların bu haberi daha fazla ciddiye alacağından mı korkmuş?

İşte bir diğer haber; bu hafta aktif işlem yapılan bir hisse senedinin ait olduğu şirket hakkında. Bu kez açıklamayı yapan şahıs, "tanınmış bir müdür". Acaba şirketin on iki müdürü arasında bu açıklamayı yapan kim? Ya da öyle biri var mı? Adını vermeyen kişi sonradan zarar görmeyeceğini bilerek istediği açıklamayı istediği gibi yapabilir.

Spekülasyon genel bir kavramdır ve birçok yerde uygulanır. Wall Street'te spekülasyona girişen bir borsacı ise, bu konuda birkaç unsuru göz önünde bulundurmalıdır. Nasıl para kazanacağını düşünürken, bir yandan da nasıl para kaybetmeyeceğini düşünmelidir. Ne yapılacağını bilmek kadar ne yapılmayacağını bilmek de önemlidir. Bu nedenle, unutmayın ki hisse fiyatlarında ayrı ayrı gerçekleşen yükselişlerde mutlaka bir tür manipülasyon vardır ve bu yükselişler insider'lar tarafından tek bir amaçla, yani hisseleri en iyi fiyattan satmak amacıyla planlanmıştır. Oysa brokerlerde yatırım yapan sıradan işlemciler bunu bir türlü görmek istemez. Doğal olarak, manipülasyonu yapanlar, hisseyi satmak için çevirdikleri bu numara için mutlaka bir "açıklama" bulurlar. Bana kalırsa gazetelerde borsanın yükseleceği ile ilgili isimsiz çıkan haberler, yani insanları bazı hisseleri almaya ya da satmaya teşvik etmek amacıyla basılan haberler yasaklansa halkın zarar etmesi büyük ölçüde engellenebilir.

Otoritelere ya da isimsiz yöneticilere dayanarak basılan haberlerin çoğu güvenilmez ve halkı yanlış yöne iten bilgiler içerir. Halk, bu tür haberleri yarı resmi ve güvenilir bilgiler olarak değerlendirdiği için her yıl milyonlarca dolar kaybeder.

Diyelim ki bir şirketin işleri bir süre kötü gitti. Hisse senedi aktif değil. Fiyat, halkın hisseye biçtiği genel değeri az çok yansıtıyor. Eğer o aşamada hisse fiyatı değerinin çok altındaysa ve biri bunu anlar da hisseyi satın alırsa fiyat yükselir. Eğer fiyat gerçek değerin üzerindeyse, biri çıkıp hisseyi satacak ve böylece fiyatın düşmesine neden olacaktır. Ne var ki halk ne olumlu, ne olumsuz bir karar alamadığı ve bu hisseden fazla bahsetmediği için hisse fiyatı da yerinde durmaktadır.

Birden şirketin çalıştığı alanda bir gelişme olur. Bunu önce kim öğrenecektir, şirketin kendi yöneticileri mi, yani insider'lar mı, yoksa halk mı? Halk olmadığına emin olabilirsiniz. Sonra ne olur? Eğer gelişme devam ederse, şirketin kazancı da artar ve şirket hisseye verdiği temettüyü yeniden uygulamaya koyar. Temettüler zaten kesilmemişse oranı yükseltir. Kısacası hissenin değeri artar.

Diyelim ki söz konusu gelişme devam ediyor. Yöneticiler bu sevindirici haberi halka verir mi? Yönetim kurulu başkanı bunu hissedarlara ilan eder mi? İyi niyetli bir müdür çıkıp da halk okusun diye ekonomi gazetelerine imzalı bir basın bülteni dağıtır mı? Bu arada hâlâ isimsiz kalmayı tercih eden bir yönetici, gazetelere firmanın geleceğinin çok parlak olduğunu belirten bir demeç verir mi? Hayır, henüz değil. Bu aşamada kimse kimseye bir şey söylemez ve gazetelerde konuyla ilgili tek kelime çıkmaz.

Bu değerli bilgi halktan bucak bucak saklanır ve aniden huy değiştirip ketumlaşan "tanınmış müdürler", borsadan düşük fiyata alabildikleri kadar hisse senedi alırlar. Bu isabetli ama sessiz alımlar devam ederken hisse fiyatı artmaya başlar. Şirket yöneticilerinin bu artışın nedenini bildiklerine emin olan ekonomi muhabirleri soru sormaya başlarlar. İsimsiz yöneticiler de ağız birliği etmişçesine, verecek yeni bir haberleri olmadığını isimsiz bir şekilde açıklarlar. Hisse fiyatının neden yükseldiği ile ilgili hiçbir fikirleri yoktur. Hatta bazen borsadaki dalgalanmalarla ya da spekülatörlerin davranışlarıyla ilgilenmediklerini söyleyecek kadar ileri gittikleri de olur.

Fiyatlar artmaya devam eder ve haberi önceden bilenlerin hisse satın almayı tamamladıkları mutlu gün gelir. Hisse fiyatının yükseleceği söylentileri Wall Street'e yayılır. İşlemciler şirketin köşeyi döndüğünü anlar. Daha önce hisse fiyatının neden yükseldiği ile ilgili hiçbir fikri olmadığını söyleyen müdür, şimdi -elbette adını vermeden- hissedarlara durumun ne kadar parlak olduğunu açıklayan bir demeç verir.

Sürekli olarak hissenin yükseleceği ile ilgili haberlere maruz kalan halk, hisse senetlerini satın almaya başlar. Bu alımlar fiyatı daha da yükseltir. Bu arada, isimsiz şirket yöneticilerinin hep bir ağızdan açıkladığı tahminler gerçekleşir ve şirket yeniden temettü ödemeye başlar ya da yerine göre temettü oranını yükseltir. Böylece hisse fiyatının önü iyice açılır. Artık herkes heyecanla o hisseden söz ediyordur. Şirketin durumu hakkında açıklama yapması istenen "bir üst düzey yönetici" gelişmelerin her geçen gün daha da iyileşerek devam ettiğini dünyaya duyurur. "Tanınmış bir yönetici," bir haber ajansının uzun süreli çabaları sonunda dayanamayarak, satış hacmindeki artışın daha önce dünyadaki hiçbir şirkette görülmediğini ağzından kaçırır. Başka sipariş alınmasa bile, fabrika şu anki talebi karşılayabilmek için bilmem kaç ay, gece gündüz tam kapasite çalışmak zorundadır. "Finans kurulunun bir yıllık üyesi" halkın hissenin fiyatının yükselmesine bu kadar şaşırdığına çok şaşırdığını söyler. Asıl şaşılacak şey, hisse fiyatının bu denli yavaş yükselmesidir. Yıllık raporu okuyan herkes, hissenin defter değerinin borsa fiyatının ne kadar üzerinde olduğunu görebilecektir. Ama hiçbir durumda açıklamayı yapan yetkilinin adı verilmez.

Firmanın kazancı arttıkça ve insider'lar firmanın durumunda herhangi bir sarsıntı görmedikçe, düşük fiyattan aldıkları hisseleri ellerinde tutarlar. Ortada fiyatın düşmesine neden olacak bir şey yokken niçin satsınlar hisselerini? Ama şirketin durumunda herhangi bir kötüleşme olduğu anda ne olur? Hiç müdürler çıkıp da durumun kötüye gittiğini ima eden açıklamalar yapar mı? Hayır. Hisse fiyatı artık düşmeye başlayacaktır. Şirketin işleri düzeldiğinde, sessiz sedasız aldıkları hisseleri, yine kimseye sezdirmeden satarlar. Bu satış sonucu elbette hissenin fiyatı düşmeye başlar. Ondan sonra da halka sunulan "açıklamalar" gelir. "Bir üst düzey yönetici", her şeyin yolunda gittiğini, satışı yapanların borsada genel bir düşüş yaratmak peşinde olan spekülatörler olduğunu söyler. Eğer fiyat düşmeye başladıktan sonra, günün birinde hisse aniden önemli ölçüde değer kaybederse şirketten bir "neden" ya da "açıklama" beklenmeye başlanır. Biri çıkıp da bir şey söylemediği sürece halk paniğe kapılır. Ajanslardan gelen haberlerde şu tür şeyler yazar: "Şirketin önde gelen müdürlerinden birine hisse fiyatının neden düştüğünü sorduğumuzda, bize bu düşüşün borsada genel bir düşme yaratmaya çalışan spekülatörlerin işi olduğunu söyledi. Şirketin genel durumunda hiçbir değişiklik yok. Şirketin işleri her zamankinden daha iyi gidiyor ve beklenmedik bir olay gerçekleşmediği takdirde, bir sonraki yönetim kurulu toplantısında temettü oranının yükseltilmesi olasılığı var. Borsada düşme beklentisi bulunan işlemciler gittikçe daha agresif davranmaya başlıyorlar ve hissenin değer kaybetmesi de bu tür bir grubun yaptığı işlemler yüzünden gerçekleşti." Ajans, mutlaka bu haberin sonunda "güvenilir kaynaklara göre", o gün satılan hisselerin çoğunun insider'lar tarafından satın alındığını ve açığa satanların zor durumda kalacaklarını da belirtir. Elbette yaptıkları karşılıksız kalmayacaktır.

Fiyatların yükselmesi için uydurulan haberlere inanan ve hisse satın alan halkın uğradığı zararların yanı sıra, hisseleri satmaktan caydıkları için zarar eden bir kesim de olacaktır. "Tanınmış bir yönetici", halkın hisse satın alması için elinden geleni yapar. Bunun yanı sıra kendisi hisse toplamaya ya da fiyatı artırmaya çalışmıyorsa, başkalarının elindeki hisseleri satmasını önlemeye çalışır. Halk, bu "önde gelen müdürün" açıklamasını okuduktan sonra ne düşünür? Bu durumda ortalama bir insan ne yapar? Elbette hissenin değerinin hiç düşmeyeceğine inanır. Değer kaybına borsada düşüş yaratmaya çalışanların neden olduğunu ve çok yakında, insider'ların açığa satış yapan bu işlemcileri cezalandırarak büyük bir artış yaratacaklarını düşünür. Halk buna gerçekten inanır, çünkü fiyat gerçekten de borsada düşüş yaratmaya çalışanlar yüzünden inseydi durum aynen böyle olurdu.

Söz konusu hisse, bütün tehditlere ve açığa satış yapanların çok yakında köşeye sıkıştırılacağı söylentilerine rağmen, bir türlü değer kazanmaz. Aksine sürekli değer kaybeder. Düştükçe düşer. Insider'lar borsanın hazmedebileceğinden çok daha fazla hisseyi satışa çıkarmıştır.

"Önde gelen müdürler" ve "üst düzey yöneticilerin" sattığı hisseler, profesyonel işlemciler arasında futbol topu gibi gider gelir. Sürekli düşmeye devam eder. Dipsiz kuyu gibidir. Ticari koşulların şirketin gelecekteki kazancını olumsuz biçimde etkileyeceğini bilen insider'lar, şirketin işleri düzelene kadar hisseleri almak istemeyeceklerdir. Sonra bir kez daha sessizce yapılan alım satımlar başlar.

Ben de borsanın girdisini çıktısını iyi bilirim, yıllardır gelişmeleri izlerim ve şu kadarını söyleyeyim, asla borsanın düşmesini sağlamaya çalışan işlemcilerin fiyatları fazla indirebildiğini görmedim. Fiyatları asıl düşüren şey, koşulların farkında olarak bilinçli yapılan satışlardır. Ancak hisse fiyatının yalnızca insider'ların satışları yüzünden düştüğünü söylemek doğru olmaz. Böyle durumlarda herkes hisseyi satmak için yarışır ve herkes satış yaparken alıcı çıkmazsa kıyamet kopar.

Halkın bir noktayı çok iyi anlaması gerekiyor: Sürekli devam eden bir düşüşün arkasında yatan şey, bazı işlemcilerin oyunları değildir. Bir hisse senedinin fiyatı sürekli düşüyorsa, hisseye olan taleple ilgili ya da hissenin ait olduğu şirketle ilgili önemli bir sorun vardır. Eğer bu geçici bir düşüşse, hisse fiyatı gerçek değerinin altına inecektir ve halk alım yapmaya başladığı için fiyat bir süre sonra tekrar yükselecektir. Hisse fiyatı fazla yükseldiyse satışlar başlar ve bu satışlar kâr getirir. Ama hiçbir zaman insider'lardan hisse fiyatının gerçek değerinin üzerine çıktığı yolunda bir açıklama beklemeyin.

Bunun klasik bir örneği New Haven'dır. O zamanlar çok az kişinin bildiği gerçeği bugün herkes öğrendi. Hisse, 1902 yılında 255 puandan satılıyordu ve New England'da demiryollarına yatırım yapmak isteyenlerin birinci tercihiydi. O bölgede yaşayan birinin saygınlığı ve toplum içindeki yeri, elindeki New Haven hisselerinin sayısına göre ölçülüyordu. Eğer biri çıkıp da firmanın iflasın eşiğinde olduğunu söyleyecek olsa, onu hapse atmazlar, tımarhaneye kapatırlardı. Ancak Bay Morgan firmanın başına yeni ve atak bir müdür getirip de büyük değişiklikler gerçekleştiğinde, bütün bunların demiryolunu nereye götüreceği bilinmiyordu. Ne var ki Consolidated Road'a fahiş fiyatlardan birtakım mallar alınınca, bazı dikkatli gözlemciler Mellen'in uyguladığı politikalardan kuşkulanmaya başladı. İki milyona alınan yeni bir yük arabası sistemi New Haven'a 10 milyon dolardan satıldı. Bunun üzerine bir iki münasebetsiz, yönetimin yanlış hareket ettiğini söyleme cüretini gösterdi. New

Haven'ın böyle bir müsrifliği kaldıramayacağını söylemek gerçekten de cesaret istiyordu.

Tabii ki hisse fiyatının sallantıda olduğunu ilk farkedenler insider'lar oldu. Şirketin gerçek durumunun farkına vardılar ve ellerindeki hisse sayısını azalttılar. Hisseye destek çıkacak yerde satış yapmaya başlayınca, New England'ın gözde demiryolu hissesinin fiyatı inmeye başladı. Her zamanki gibi sorular soruldu, açıklama istendi ve her zamanki açıklamalar yapıldı. "Üst düzey yöneticiler", şirkette hiçbir sorun olmadığını ve fiyattaki düşüşün borsada genel düşüş yaratmaya çalışanlar yüzünden gerçekleştiğini söylediler. Böylece New England'lı "yatırımcılar" ellerindeki New York, New Haven & Hartford hisselerini satmadı. Niçin satsınlar? Şirketin kendi yöneticileri hiçbir sorun olmadığını, fiyatın yeniden yükseleceğini söylememiş miydi? Hâlâ temettü ödenmeye devam edilmiyor muydu?

Bu arada açığa satanların cezalandırılacağı söylentisi bir türlü gerçekleşmedi ama fiyat düşüş rekorları kırdı. lnsider'ların satışları daha da arttı ve etraftan farkedilmeye başlandı. Yine de New England'da güvenli bir yatırım ve düzenli temettü istediği için bu hisseyi alan herkesin zarar ettiğini söyleyerek, hisse fiyatının düşüşü ile ilgili mantıklı bir açıklama talep edenler yerden yere vuruldu.

Hisse fiyatı borsa tarihinde hiç görülmemiş bir düşüşle, 255 dolardan 12 dolara indi. Bu düşüşün nedeni açığa satanlar değildi. Başından beri insider'lar yaptı satışı, hem de gerçeği açıkladıkları takdirde fiyatın daha da düşeceğini bildiklerinden gizli kapaklı devam ettiler işlemlerine. Fiyatın 250, 200, 150, 100, 50 ya da 25 olması farketmiyordu, çünkü bu fiyatlar bile o hisse için fazlaydı. lnsider'lar bunu çok iyi biliyordu ama halk henüz bu gerçeğin farkında değildi. Halk, ancak birkaç yetkilinin kontrolünde olan ve hakkında fazla bilgi alamadıkları hisseleri alıp satarken, bunun sakıncalarını da göz önünde bulundurmalıdır.

Son 20 yıl içinde en fazla değer kaybeden hisseler, açığa satanlar yüzünden değer kaybetmedi. Ancak halkın uğradığı milyonlarca dolarlık zararı mazur göstermek için hep bu mazeret verildi. Halk da hissenin gidişatını hiç beğenmese bile fiyatın yakında yeniden yükseleceği beklentisiyle elindeki hisseleri satmadı. Geçmişte Keene hisse fiyatlarını özellikle düşürmekle suçlanırdı. Ondan önce de Charley Woerishoffer ya da Addison Cammack için aynı şey söylenirdi. Daha sonra ben bütün hisse fiyatlarındaki düşüşlerden sorumlu tutulan adam haline geldim.

Intervale Oil olayını hatırlıyorum. Bu şirkete ait hisse senedinin pazarlanması için bir havuz oluşturulmuş, bu havuz fiyatı artırdıktan sonra hisselere alıcı çıkmıştı. Manipülasyonu yapanlar fiyatı 50 puana çıkardı. O noktada havuz elindeki hisseleri sattı ve hisse fiyatı hemen düştü. Hemen açıklama talep edildi. Intervale'in fiyatı neden düşüyordu? Bu sorunun yanıtı birçok insanı etkileyeceği için konu önemli bir haber haline geldi. Bir ekonomi haber ajansı Intervale Oil'in yükselişini izleyen ve düşüşüyle ilgili bilgiye de sahip olması gereken brokerleri arayarak onlardan açıklama istedi. Bu brokerler oluşturulan havuzun üyesiydi ve haber ajansı onlardan bir açıklama isteyip bu açıklamanın ülkedeki bütün ajanslara gönderileceğini söyleyince ne yaptılar biliyor musunuz? Larry Livingston'un açığa satarak borsayı düşürmeye çalıştığını söylediler! Bu da yetmiyormuş gibi, çok yakında onu "köşeye sıkıştıracaklarını" da ilave ettiler. Elbette bu arada, Intervale havuzu hisselerini satmaya devam ediyordu. O günlerde hisse fiyatı yalnızca 12 dolardı ve hisselerini 10 dolara, hatta biraz daha altına bile satsalar, ortalama satış fiyatları maliyetin üzerinde olacaktı.

lnsider'ların hisse fiyatı düşmeye başlayınca satışa geçmeleri kendileri için mantıklı ve uygun bir hareketti. Fakat aynı hisseye 35 ya da 40 puan ödemek zorunda kalan yatırımcılar için aynı şeyi söyleyemeyeceğim. Ajansların gönderdiği haberlere inanan halk, Larry Livingston'un dersinin verileceği ve hisse fiyatının tekrar tırmanışa geçeceği anı boş yere bekledi durdu.

Borsada genel yükseliş görüldüğü zamanlarda, özellikle canlanma dönemlerinde, halk önce kâr eder, ondan sonra da elindeki hisseleri zamanında satmasını bilmediği için zarara uğrar. Hisseleri satmalarını önleyen şey, yetkililerin yaptıkları açıklamalardır. Oysa isimsiz yetkililerin getirdiği açıklamalar, insana zarar getirmekten başka bir işe yaramaz.

XXIV. BÖLÜM

Halk her şeyi bilmek ister. O yüzden tüyo almak ve vermek evrensel bir uygulama haline gelmiştir. Brokerlerin müşterilerine ya yazdıkları mektuplar aracılığıyla ya da sözlü olarak tavsiye ve önerilerde bulunmaları normaldir. Ancak brokerler piyasanın gerçek koşullarını açıklamaya kalkışmamalıdır. Çünkü bu koşullar, borsayı altı ila dokuz ay arası geriden takip eder. Bugünkü kazançlara bakan bir brokerin müşterilerine belli bir hisse senedini almalarını tavsiye etmesi uygun olmaz. Çünkü altı ya da dokuz ay sonra aynı kazancın korunup korunmayacağı belli değildir. Eğer ileriye bakarak bazı koşulların değişeceğini ve bir şirketin durumunun kötüye gideceğini görebiliyorsanız, o şirkete ait hisselerin fiyatının hiç de düşünüldüğü kadar ucuz olmadığını anlarsınız. Bir borsacının ileriye bakması gerekir, ama brokerler bugünkü komisyonlarıyla ilgilidirler, bundan da brokerlerden gelen tavsiyelere pek uyulmaması gerektiği anlaşılıyor. Brokerler hayatlarını halktan aldıkları komisyonlar ile kazanır, yine de gönderdikleri mektuplarda ya da yaptıkları konuşmalarda, halkı insider'ların ya da manipülasyoncuların sattığı hisseleri almaya teşvik edeceklerdir.

Kimi zaman bir insider, bir brokerlik firmasının sahibine gider ve "Benim için 50 bin hisse satabileceğim bir pazar oluşturur musunuz?" der.

Broker daha fazla ayrıntı ister. Diyelim ki o hissenin borsa fiyatı 50. Insider, brokere beş bin hisseyi 45 puandan satma emrini verir, ondan sonra da fiyatın her bir puanlık artışında beş bin hisse daha satma emrini verir. Bu arada da borsa fiyatından 50 bin hisse satması emrini verir.

Eğer brokerin gerekli bağlantıları varsa, bu onun için çok kârlı bir iş olacaktır ve insider da böyle bir broker bulacaktır zaten. Şubeleriyle doğrudan telgraf hattı olan ve ülkenin farklı yerlerinde bağlantıları bulunan bir brokerlik firması, bu tür bir iş için hemen müşteri bulacaktır.

Unutmayın ki, satış emri aldığı için broker güvencededir. Eğer müşteri bulabilirse, alacağı komisyonun yanı sıra büyük bir kâr edebilir.

Bu olayı Wall Street'te çok iyi tanınan bir "insider"dan bahsetmek için anlattım.

Bu insider, zaman zaman büyük brokerlik firmalarından birinde genel müdürü arar. Hatta bazen bununla da yetinmeyerek firmanın ortaklarını da aradığı da olur. Şu tür bir şey söyler:

"Bana geçmişte çok iyilik yaptın, ben de şimdi bunun karşılığını ödemek istiyorum. Sana büyük kâr etme fırsatı vereceğim. Şirketlerimizden birinin mal varlığını devretmek üzere yeni bir şirket kuruyoruz ve bu şirketin hissesini de şimdiki fiyatın çok üzerinde bir fiyattan pazarlayacağız. Sana 65 dolardan 500 Bantam Shops hissesi gönderiyorum. Hissenin borsa fiyatı 72 dolar."

Bu iyiliksever insider aynı hikâyeyi broklerlik firmalarının çoğuna anlatır. Bu iyiliğe azil olan kişiler Wall Street'te çalıştıklarına göre, kendilerine kâr getirecek bu hisseleri alır almaz ne yapacaklar? Elbette herkese hemen bu hisseden almasını tavsiye edecekler ki fiyat daha da yükselsin. Insider bunu çok iyi bilmektedir. Bütün brokerler bir arada insider'ın elindeki hisseleri zavallı halka yüksek fiyattan yutturmasına yardımcı olacak bir pazar oluştururlar.

Kesinlikle yasaklanması gereken başka bazı uygulamalar da vardır. Borsalar, borsada kayıtlı hisselerin borsa dışında halka taksitle satılmasına izin vermemelidir. Fiyat resmi olarak belirlenmiştir ve bu fiyatın dışına çıkılmamalıdır. Serbest bir piyasa oluşu ve fiyatlar arasındaki farklar halkın kandırılmasına neden olur.

Bir diğer satış aracı da düşünmeden hareket eden halka milyonlarca dolara mal olur ve bu oyunu düzenleyenler hapse de atılamaz, çünkü yöntem son derece yasaldır. Bu yöntem, bazı gerekler nedeniyle sermaye karşılığı alınan hisse senetlerinin sayısını artırmaktır. Bu işlem, hisse sertifikalarının rengini değiştirmekten başka bir şey değildir.

Eski hisselerden bir tanesi karşılığında 2, 4, hatta 10 hisse verilen bu operasyonlar, aslında eski hisseyi daha kolay satılabilir hale getirmek için düzenlenir. Diyelim ki bir kilo şeker 1 dolara satılıyor, ama ambalaj ağır geldiği için tercih edilmiyor. Bu durumda şekeri iki yüz elli gramlık ambalajlarda 25 sentten satmak daha avantajlı olabilir. Hatta o durumda 27 ya da 30 sent bile olabilir:

Neden halk hisseyi satmanın bu yeni yöntemini hiç sorgulamaz? Çünkü bunun arkasında hayırsever yöneticiler olduğuna inanır, ama akıllı bir borsacı asla hediye getiren Yunanlılara inanmaz, Truva Atı'nın hikâyesini hiç unutmaz. Hisse artırımı çok önemli bir uyarıdır. Oysa halk bunu görmezden gelir ve her yıl milyonlarca dolar zarara uğrar.

Yasalar, kişi ya da kuruluşların güvenilirlik ya da ticari faaliyetlerini olumsuz etkileyecek, yani halkı satmaya teşvik ederek hisse senetlerinin değerini düşürecek söylentileri çıkaran ve yayan kişileri cezalandırır. Bu yasanın asıl amacı panik anında bankalardan para çekmek için yaşanan izdihamı önlemektir. Ama aynı zamanda halkı da ellerindeki hisseleri gerçek değerinin altında fiyatlardan satmaya karşı korur. Diğer bir deyişle, bir hissenin fiyatını düşürmek için söylenti çıkarmak yasalara aykırıdır.

Halk, gerçek değerinin üzerinde fiyatlarla hisse senedi almaya karşı nasıl korunur? Fiyat yükseltmeye dair uydurma haberleri çıkaranları kim cezalandırır? Hiç kimse, ama yine de halk, değerinin altında fiyatlardan hisse satmaktan çok, değerinin üzerinde fiyatlardan hisse satın almaya teşvik edildiği durumlarda zarar eder.

Fiyat yükseltme maksatlı söylentiler çıkaranlar için de bir yasa hazırlansa, kanımca halk milyonlarca dolar kaybetmekten kurtulur.

Doğal olarak, hisse pazarlayanlar, manipülasyoncular ve adını vermeden açıklama yapan hayırseverler, her koyunun kendi bacağından asıldığını ve zaten söylentilere dayanarak hareket edilmemesi gerektiğini söylerler. Demek ki uyuşturucu müptelalarını da uyuşturucuya kendileri alıştı diye kaderlerine terk etmemiz gerekiyor.

Menkul Değerler Borsası bu konuda bir şeyler yapmalı. Halkı usulsüz uygulamalara karşı korumaya çalışıyor zaten. Eğer bir kuruluşta yetkili düzeyinde bulunan bir kişi halka birtakım gerçekleri ya da görüşlerini açıklamak istiyorsa, adını da vermesi şart koşulmalı. Bu tip açıklamaların isimli çıkması, mutlaka doğru oldukları anlamına gelmeyecektir. Ama en azından "yetkili" ve "müdür"leri daha dikkatli olacaklardır.

Halk, her zaman borsanın temel kurallarını aklında tutmalıdır. Bir hissenin fiyatı yükseliyorsa, niçin yükseldiğini fazla derinlemesine bilmesine gerek yoktur. Hisse fiyatının yükselmesinin sebebi, sürekli satın alınmakta oluşudur. Hisse fiyatı, arada ufak tefek inişlere rağmen düzenli bir yükseliş sergiliyorsa, o hisseyi elde tutmak güvenli bir karar olur. Ancak eğer uzun ve istikrarlı bir yükselişten sonra hisse fiyatı yön değiştirip bir iki ufak yükseliş dışında inmeye başlarsa, artık hisseye talep azaldı demektir. Durum bu olduğuna göre, daha fazla bilgiye neden ihtiyacınız olsun? Mutlaka hisse fiyatının düşmesinin çok iyi nedenleri vardır, ama bu nedenleri bilen ancak birkaç kişi olacaktır ve bunlar da ya bildiklerini kimseye söyleyemeyecekler ya da halkı tam tersine, hissenin bu fiyattan çok ucuz olduğuna inandırmaya çalışacaklardır. Oyunun kuralına göre, bir gerçeği bilenler, mutlaka kendilerine saklarlar.

"Müdür", ya da "yetkili" gibi kişilerin söylediği öne sürülen birçok şeyin aslı astarı yoktur. Kimi zaman insider'lardan, isimli ya da isimsiz, hiçbir açıklama istenmez. Söylentileri çıkaranlar söz konusu hisseden çıkarı olan bazı şahıslardır. Bir hisse senedinin fiyatını yükseltmek isteyen insider'lar, profesyonel işlemcilerin hizmetlerinden yararlanabilirler. Ancak insider, brokerine hisseyi ne zaman satın alacağını söyler, ama ne zaman satacağını asla söylemez. Bu, profesyonel borsacıları da halkla aynı konuma yerleştirir, üstelik elindeki hisseleri satmak için bulması gereken alıcı sayısı çok daha fazladır. İşte o zaman halka inanmamaları gereken bazı "bilgiler" verilmeye başlanır. Bazı insider'lara asla güvenmemek gerekir. Büyük şirketlerin başında bulunan kişiler, borsada sahip oldukları özel bilgilerden yararlanırlar, ama tam olarak yalan da söylemezler. Sadece susarlar, çünkü kimi zaman sükutun altın olduğunu bilirler.

Daha önce de söyledim, şimdi de söylüyorum. Borsada geçirdiğim yılların bana kazandırdığı deneyim, insanın bazı zamanlar bazı hisse senetlerinde kâr edebileceğini, ama sürekli olarak borsayı yenmesinin mümkün olmadığını gösterdi. Bir işlemci ne kadar deneyimli olursa olsun, hata yapma olasılığı her zaman vardır, çünkü spekülasyon, yüzde 100 güvenli olamaz. Wall Street'te çalışan profesyonel borsacılar, insider'lardan gelen tüyolara göre hareket etmenin bir insan için açlıktan, salgın hastalıktan, kıtlıktan, rejim değişikliğinden ya da kazalardan çok daha yıkıcı olduğunu bilir. Ne Wall Street'te ne başka bir yerde, başarıya giden asfalt bir yol yoktur. Bir de trafiği tıkamaya ne gerek var?

33 yıl
SCALA®
YAYINCILIK
"Dünyanıza değer katar"
her kitap başka bir yolculuk
...
scalakitapci.com
ScalaKitapci
Scala_Kitapci
scalakitapci